Schöne Ferien!

Inhalt

1	Albanien, **Südliches Albanien**	6
2	Belgien, **Flandern**	10
3	Bulgarien, **Bulgarische Riviera**	12
4	Dänemark, **Grönland**	16
5	Däemark, **Jütland**	18
6	Dänemark, **Aerø**	22
7	Dänemark, **Fanø**	24
8	Deutschland, **Sylt und Amrum**	28
9	Deutschland, **Norderney**	32
10	Deutschland, **Helgoland**	34
11	Deutschland, **Rügen**	36
12	Deutschland, **Mecklenburger Seen**	40
13	Deutschland, **Spreewald**	44
14	Deutschland, **Sächsische Schweiz**	46
15	Deutschland, **Havelland**	48
16	Deutschland, **Wendland**	50
17	Deutschland, **Oberes Mittelrheintal**	52
18	Deutschland, **Bayerischer Wald**	54
19	Deutschland, **Allgäu**	56
20	Deutschland, **Bodensee**	58
21	Deutschland, **Schwarzwald**	60
22	Deutschland, **Fünfseenland**	62
23	Deutschland, **Ludwigschlösser in Oberbayern**	64
24	Deutschland, **Chiemgau**	66
25	Estland, **Ostseeküste von Nordestland**	70
26	Frankreich, **Loireschlösser**	72
27	Frankreich, **Côte d'Azur**	74
28	Frankreich, **Mittleres Rhonetal**	76
29	Frankreich, **Gironde**	78
30	Frankreich, **Normandie und Normannische Inseln**	80
31	Frankreich, **Korsika**	84
32	Griechenland, **Santorin und Thirassia**	88
33	Griechenland, **Korfu**	90
34	Griechenland, **Chalkidiki**	92
35	Griechenland, **Chania/West-Kreta**	94
36	Großbritannien/Kronbesitz, **Kanalinsel Jersey**	98
37	Großbritannien, **Cornwall**	100
38	Großbritannien, **Nord-Wales**	102
39	Großbritannien, **Antrim in Nordirland**	106
40	Großbritanien/Schottland, **Highlands**	108
41	Großbritannien/Schottland, **Lowlands**	112
42	Island, **Insel der Vulkane und Geysire**	114
43	Italien, **Südtirol und die Dolomiten**	118
44	Italien, **Gardasee und Nachbarn**	122
45	Italien, **Comer See**	124
46	Italien, **Piemont**	126
47	Italien, **Toskana-Chianti**	128
48	Italien, **Toskana-Crete**	130
49	Italien, **Apuliens Süden**	132
50	Italien, **Bologna und die Emilia Romagna**	134
51	Italien, **Sardinien**	136
52	Italien, **Liparische Inseln**	138
53	Italien, **Sizilien**	142
54	Kroatien, **Istrien**	148
55	Kroatien, **Insel Krk**	152
56	Lettland, **Ostseeküste/Rigaescher Meerbusen**	154
57	Malta, **Malta**	156

58	Marokko, **Agadir, Casablanca, Rabat**	160
59	Marokko, **Marrakech**	164
60	Mazedonien, **Skopje/Mazedonischer Südwesten**	168
61	Niederlande, **Niederländische Küste**	170
62	Norwegen, **Fjorde der Westküste**	174
63	Norwegen, **Nordkap/Lofoten**	176
64	Österreich, **Graz und die Weststeiermark**	178
65	Österreich, **Niederösterreich**	180
66	Österreich, **Nationalpark Hohe Tauern**	184
67	Österreich, **Tirol und das Zillertal**	186
68	Polen, **Masuren**	188
69	Polen, **Kleinpolen und Krakau**	192
70	Polen, **Niederschlesien und Breslau**	194
71	Portugal, **Madeira**	196
72	Portugal, **Lissabon und Atlantikküste**	198
73	Portugal/Azoren, **Sao Miguel**	202
74	Portugal, **Algarve**	204
75	Rumänien, **Walachei und Transsylvanien**	206
76	Russland, **St. Petersburg und Umgebung**	210
77	Schweden, **Smaland**	212
78	Schweden, **Südschwedens Westküste**	214
79	Schweiz, **Berner Oberland**	216
80	Schweiz, **Tessin**	218
81	Schweiz, **Vierwaldstätter See mit Luzern**	222
82	Schweiz, **Genfersee**	224
83	Slowakei, **Hohe Tatra und Slowakisches Paradies**	226
84	Slowenien, **Triglav-Nationalpark/ Julische Alpen**	228
85	Spanien, **Malaga und Costa del Sol**	230
86	Spanien, **Teneriffa und Kanarische Inseln**	232
87	Spanien, **Andalusiens Südosten**	236
88	Balearen/Spanien, **Menorca**	240
89	Spanien, **Barcelona**	242
90	Spanien, **Mallorca**	244
91	Tschechien, **Böhmisch Krumau und Böhmerwald**	248
92	Tschechien, **Mittelböhmen**	250
93	Tunesien, **Tunesien**	252
94	Türkei, **Türkische Ägäis**	256
95	Türkei, **Türkische Riviera**	260
96	Ungarn, **Vom Weingebiet Tokaj bis zum Balaton**	262
97	Ungarn, **Westungarn**	264
98	USA, **New York City**	268
99	Vereinigte Arabische Emirate, **Von Dubai bis Abu Dhabi**	272
100	Zypern, **Paphos**	276
	Register	282
	Bildnachweis/Impressum	288

1. Südliches Albanien

Das »Blaue Auge« bei Saranda ist einer der kühlsten Plätze in heißen Sommern.

HIGHLIGHTS
- **Nationalhistorisches Museum in Tirana,** hier lässt sich die ganze Grausamkeit des kommunistischen Regimes Albaniens erahnen.
- **Berat,** einer der schönsten Orte des Landes, ist die »Stadt der 1000 Fenster« im Bergland zwischen Durres und Vlora.
- **Strände von Ksamil,** munteres Beach Life an kleinen Sandbuchten und eine Insel zum Hinüberschwimmen
- **Antikes Butrin,** eine der stimmungsvollsten Ausgrabungsstätten im Mittelmeerraum, inmitten eines vogelreichen Nationalparks gelegen
- **Blaues Auge,** ein Quellteich im Wald, in dem das Wasser in den schönsten Farbtönen schimmert – ideal an heißen Tagen.

ALBANIEN IM SOMMER UND HERBST
- **Aug.:** International Film Summerfestival in Durres, mit Filmvorführungen im antiken Theater und am Strand
- **Sept./Okt.:** Gjirokastra Folklore Festival, einwöchiges Festival mit über 1000 Musikern und Tänzern vor allem aus Albanien und vom übrigen Balkan

Albanien ist der einzige europäische Mittelmeer-Anrainerstaat ohne Chartertourismus. Seine Strände sind ebenso wie seine landschaftliche Schönheit und seine historischen Schätze noch weithin unbekannt. Dabei ist inzwischen durchaus eine touristische Infrastruktur vorhanden und das Reisen zumindest im Süden ebenso sicher wie anderswo am Mittelmeer.

Albaniens Adriaküste

Der Flughafen von Tirana und der Hafen von **Durres** liegen nur 30 km auseinander, sodass man eine Rundfahrt mit dem Auto gut in Durres beginnen kann. Dank seines langen Strandes ist es Albaniens bedeutendster Badeort. In der Antike war Durres Endpunkt der von Konstantinopel (Istanbul) her kommenden Fernhandelsstraße Via Egnatia, die auf der anderen Seite der Adria als Via Appia weiterführte bis nach Rom. Geblieben ist aus dieser Zeit nur ein **Amphitheater**, das 20 000 Zuschauern Platz bot.

Erster Stopp auf der Fahrt nach Süden ist das 1282 gegründete **Kloster Ardenica**, das seit Mitte der 1990er-Jahre wieder von griechisch-orthodoxen Mönchen bewohnt wird. Die Fresken in der Klosterkirche stammen von 1774. Nächs-

Albanien

tes Ziel ist **Berat**, die schönste Stadt des ganzen Landes, die auf der UNESCO-Liste des Weltkulturerbes steht. Sie wird auch »Stadt der 1000 Fenster« genannt, denn im alten osmanischen Stadtteil **Mangalem** haben alle Natursteinhäuser große Fenster zum Tal des Flusses Osum. Historische Baudenkmäler sind die Junggesellen-, die Blei- und die Königsmoschee. Über eine Steinbrücke aus dem Jahr 1780 gelangt man ins Stadtviertel **Gorica** mit seiner orthodoxen Kathedrale. Besonders romantisch ist das **Burgviertel** mit seinen verwinkelten Gassen und dem Onufri-Museum, das dem Werk des bedeutendsten albanischen Ikonenmalers gewidmet ist.

Auch landschaftlich ein schönes Erlebnis ist ein Rundgang durch die Überreste der antiken griechisch-römischen Stadt **Apollonia**, die auf einem Hügel nahe der Mündung des Flusses Vjosa in die Adria erbaut wurde. Siedler aus Korinth und Korfu hatten sie 588 v. Chr. gegründet. Ihre in Teilen erhaltene Stadtmauer war einst 4 km lang. Zu sehen sind u. a. die Ruinen eines Theaters, eines Nymphäums, mehrerer Tempel und eines Triumphbogens.

Vlora bietet sich für einen Badeausflug an. Der Stadt vorgelagert ist das Inselchen **Sazan**, im Zweiten Weltkrieg ein U-Boot-Stützpunkt der Italiener. Die Stadt selbst gibt sich ganz modern. Von ihrer Vergangenheit zeugen nur ein paar mittelalterliche Stadtmauerreste und die 1542 erbaute **Muradie-Moschee** mit 18 m hohem Minarett.

Zu einer längeren Badepause lädt dann das Korfu direkt gegenübergelegene Städtchen **Saranda** ein. Die Hochhaus-Kulisse erinnert entfernt an New York, doch das Leben in den Straßen ist ganz und gar kleinstädtisch, die Atmosphäre entlang der Uferpromenade wahrhaft mediterran. Am Hauptplatz liegen die Grundmauern einer frühchristlichen Basilika frei, die über einer älteren Synagoge errichtet wurde. Schön ist der Blick von der hoch über dem Ort gelegenen **Festung Lekursit** aus dem 19. Jh. Die schönsten Strände besitzt **Ksamil** am Weg zu den Ausgrabungen von **Butrint**.

Das Landesinnere

Auf der Weiterfahrt ins Landesinnere lohnt nach einem Stopp an der Klosterkirche **Mesopotam** aus dem 13. Jh. das **Blaue Auge** unbedingt einen Abstecher: In dem über 45 m tiefen Quellteich schimmert das Wasser in allen erdenklichen Blau-,

Persönlicher Tipp

ÜBERALL BUNKER

Einfamilien-Bunker sind so etwas wie das Wahrzeichen Albaniens. Der stalinistische Diktator **Enver Hoxha**, der das Land von 1944 bis 1985 mit eiserner Faust regierte und sogar jedwede Religionsausführung mit der Todesstrafe belegte, ließ fast 750 000 dieser Beton-Halbkugeln auf rechteckigen, in den Boden eingelassenen Beton-Grundmauern erstellen. Manche boten nur einer Person Platz, die meisten aber waren für vier Personen gedacht. Man findet sie zuhauf in allen Dörfern, direkt in den Stadtzentren, auf Feldern und in antiken Ausgrabungsstätten. Aus ihnen sollten die Albaner alle eventuellen Invasoren beschießen, die freilich nie kamen. Die Bunker zu beseitigen ist viel zu aufwendig – so »zieren« sie wohl noch viele Jahrzehnte das Land. Manche werden auch für die **Pilzzucht** verwendet, andere als Lagerräume und Schäferhütten. In **Souvenirläden** findet man Miniatur-Bunker verschiedener Größe als zweiteilige Aschenbecher, deren Kuppel eine aufgemalte albanische Flagge ziert.

Eine schöne Brücke verbindet die verschiedenen Stadtteile Berats miteinander.

Das antike Theater von Butrint gehört jetzt zum UNESCO-Welterbe der Menschheit.

Persönlicher Tipp

WELTKULTURERBE BUTRINT
Eine der lauschigsten archäologischen Stätten am Mittelmeer erwartet den Besucher nahe der griechischen Grenze bei **Saranda**. Sie liegt in einem üppig grünen Park auf einer kleinen Halbinsel zwischen dem **See von Butrint** und dem **Kanal von Vivarit**, der den See schon seit der Antike mit dem Ionischen Meer verbindet. Butrint wurde um 1200 v. Chr. gegründet und war bis in das 18. Jh. hinein bewohnt. Englischsprachige Tafeln vor Ort informieren den Besucher anschaulich über die freigelegten **Ruinen**, das **Theater**, die frühchristliche **Basilika** mit ihren farbigen Bodenmosaiken, die **Thermen** und die gut erhaltenen **Stadttore**. In sumpfigen Teilen des Geländes sonnen sich Schildkröten. Von der restaurierten venezianischen Burg aus fällt der Blick weit über den See und die vogelreichen Feuchtgebiete an seinen Ufern, die seit 2001 **Nationalpark** sind. Hier kann man herrlich wandern und direkt neben den Ausgrabungen in einem kleinen Hotel auch übernachten und im Gartenrestaurant gut speisen.

Mittelalterliche byzantinische Kirchen zeugen von der christlichen Vergangenheit Albaniens.

Türkis- und Grüntönen zwischen schönem Laubwald. Picknickplätze und ein Terrassenrestaurant direkt am Wasser laden zur Rast ein. Wer mag, kann im nur 10 °C warmen Wasser auch baden.

Das auch als »Stadt der Steine« bezeichnete **Gjirokastra** erstreckt sich über 300 Höhenmeter vom Tal des Drinos bis hinauf zur Burg. Sie gehört zum UNESCO-Weltkulturerbe und bietet viel typische Balkanarchitektur. An der Stelle des einstigen Geburtshauses des Diktators Enver Hoxha steht heute das Ethnografische Museum.

Korca gilt als »Wiege der albanischen Kultur«. Das Flair ist dank breiter Alleen und vieler Parks ungewohnt heiter. Sehenswert sind das Nationalmuseum für mittelalterliche albanische Kunst und das Archäologische Museum, das osmanische Basar-Viertel und die Mirahor-Moschee aus dem späten 15. Jh. Nun ist es nicht mehr weit zum von Esskastanienbäumen umgebene **Pogradec am Ohrid-See**, den sich Albanien mit Mazedonien teilt. Hier kann man baden, fangfrische Ohrid-Forellen und den regionalen Tresterschnaps Raki genießen. Zunächst am Seeufer entlang und dann durch wilde Gebirgslandschaften geht es an der Industriestadt **Elbasan** vorbei zurück in die Landeshauptstadt **Tirana**. Die Stadt hat dank eines Künstlers als ehemaligem Bürgermeister im letzten Jahrzehnt alle kommunistische Tristesse abgelegt und ist zu einer der farbenfrohsten Städte Europas geworden. Das einst streng abgeschottete **Regierungsviertel** westlich des Boulevards Deshmoret e Kombit hat sich zum Szeneviertel mit vielen Cafés und Boutiquen gewandelt. KB

Albanien

Infos und Adressen

ANREISE
Flug: Direktflüge ab München und Wien nach Tirana; im Sommerhalbjahr Direktflüge von zahlreichen deutschen Flughäfen nach Korfu, von dort verkehren täglich Personenfähren nach Saranda/Butrint; **Fähre:** Autofähren ab Ancona und Bari nach Durres

BESTE REISEZEIT
Mai–Oktober

SEHENSWERT
Parko Kombetar i Prespes, Naturfreunde lockt der Nationalpark am Großen Prespa-See, den sich Albanien mit Griechenland und Mazedonien teilt. Hier sind viele Pelikane zu sehen.
Ohrid-See, der tiefste See des Balkans (289 m) liegt an der Grenze zu Mazedonien und bietet eine außergewöhnlich schöne Landschaft mit vielen Freizeitmöglichkeiten.
Kruja, die kleine Bergstadt mit der Burg des Nationalhelden Skanderbeg und einem bunten Basar ist lohnendes Ziel für einen Halbtagesausflug ab Tirana.

ESSEN UND TRINKEN
Magalemi: Das unter Einheimischen als »Tomi« bekannte Restaurant direkt in der Altstadt serviert in familiärem Ambiente regionale Kost. Lagjia Mangalem, Berat
Limani: modernes Restaurant an der kleinen Marina von Saranda, besonders gut für Pizza und Fischgerichte
Efendy: erstklassiges Restaurant mit der traditionellen Küche des Balkans aus osmanischer Zeit im trendigen ehemaligen Regierungsviertel. Boulevard Sami Frasheri, Tirana

AUSGEHEN
Sky Club, sich drehende Panorama-Bar auf dem Dach eines Hochhauses, gute Cocktails, leise Musik. Boulevard Deshmoret e Shkurtit 5/1, Tirana, www.skyhotel-al.com
Folie Terrace Bar, glamouröse Open-Air-Disco, vor allem elektronische Musik. Murat Toplani Street, Tirana
Tirana Rock Café, im ehemaligen Regierungsviertel, viermal wöchentlich Live-Auftritte albanischer Rockbands. Sehshi Wilson Street, Tirana
Jazz Club Take Five, erster Jazzclub Albaniens, gelegentlich auch Live-Auftritte. Albason Road, Tirana
Alcora Lounge Bar, im 4. Stock der Twin Towers, sanfte Chillout-Musik, gute Weine. Boulevard Deshmoret e Kombit, Tirana

SHOPPING
Tirana/Durres, die drei großen hypermodernen Shopping Malls Qendra Tregtare Univers, Citypark und Tirana East Gate an der Nationalstraße zwischen Tirana und Durres bieten in über 350 Geschäften alles, was das Herz begehrt.
Vlora, aus den Olivenhainen um die Stadt stammt das Olivenöl Aulona, das auch in Bio-Qualität produziert wird.
Butrint, mit Motiven aus antiken Mosaiken bemalte Kieselsteine werden von einer lokalen Kooperative im Ausgrabungsgelände verkauft.

ÜBERNACHTEN
Tirana International: Hotelhochhaus aus kommunistischer Zeit in zentraler Lage mit Wellness und Innenpool. Skanderbeg Sq., Tirana, www.tiranainternational.com
Arvi: modernes, neungeschossiges Hotel nahe Hafen und Innenstadt. Lagja 1, Durres, www.hotelarvi.com
Castle Park: kleines Hotel am Waldrand mit schönem Blick auf die Stadt und vielen Aktivitäten, wie River-Rafting, Kanuverleih, Reiten. Drobonek/Berat, www.castle-park.com
Palma: modern ausgestattetes Hotel oberhalb des Fähranlegers von Saranda. www.albaniahotelsbooking.com
Livia: inmitten schönster Natur, gleich neben dem Eingang zu den Ausgrabungen von Butrint gelegen. Butrint National Park

WEITERE INFOS
Botschaft der Republik Albanien, Friedrichstr. 231, Berlin, www.botschaft-albanien.de

Berat gilt als »Stadt der 1000 Fenster« und gehört zu den schönsten Städten des Landes.

2. Flandern

HIGHLIGHTS
- **Bahnhof Antwerpen,** die »Eisenbahnkathedrale« im eklektizistischen Stil ist fürwahr eine Kathedrale des Verkehrs.
- **Museum aan de Stroom Antwerpen,** von der Aussichtsplattform bietet sich ein herrlicher Panoramablick.
- **Heiligblutbasilika in Brügge,** farbenprächtig und mit ein paar Tropfen des Blutes Jesu Christi, das Graf Dietrich von Elsass 1150 von einem Kreuzzug aus Jerusalem mitgebracht haben soll
- **Museum Voor Vormgeving in Gent,** Design vom 18. Jh. bis Bauhaus
- **Küste,** das Badevergnügen der bürgerlichen Belle Epoque lässt sich besonders schön im nostalgischen Seebad De Haan erleben.

FLANDERN VON SOMMER BIS WINTER
- **Juni–Dez.:** Festival van Vlaanderen, Musikfestival in mehreren Städten Flanderns
- **Spätsommer:** Drachenbootrennen im wiederbelebten Antwerpener Hafendistrikt Eilandje
- **Sept.:** Open Studios, abseits der Touristenpfade lernt man Antwerpens Künstler und Kunsthandwerker kennen.

Gent stillt die Sehnsucht nach verklärtem Mittelalter in der Gegenwart: romantische Graslei.

Sehr gut erhaltene mittelalterliche Städte, gepaart mit jungem Lebensgefühl und moderner Architektur; Petrochemie und umgewandelte Hafenareale neben beschaulichen Beginenhöfen ziehen Besucher in den Bann. Grüne Wiesen und saftige Weiden rahmen die Städte ein. Die Leichtigkeit des Lebens wird charmant ergänzt von der augenzwinkernden Obrigkeitsskepsis der Belgier.

Moderne in Ölfarbe

Schnell stimmt der Besucher Einheimischen und Zugezogenen zu: **Antwerpen** ist klein, »bedacht zügig« und modisch. Zudem geht die Stadt offensiv mit ihrem architektonischen Erbe um, ohne die Bedürfnisse der Neuzeit zu vergessen. Ein großer Teil des sommerlichen Lebens scheint in den Straßen stattzufinden. Besonders in **Het Zuids** (»der Süden«), das liebevoll »kleines Paris« genannt wird, lässt sich der Tag gut mit einem Frühstück in einem der zahlreichen freundlichen Straßencafés beginnen. Am Abend werden dieselben Orte zu Hotspots und gleichen einem Laufsteg. Dann kann es passieren, dass das Eingangsportal des **Königlichen Museums für Schöne Künste** zur vibrierenden Freilichtdisco wird. Es ist der Mix aus historischer Kulisse und urbaner Coolness, der Antwerpen so reizvoll macht.

Belgien

Den »Hand-werfenden« Brabo vor Antwerpens Rathaus schuf der Bildhauer Jef Lambeau 1887.

Infos und Adressen

ANREISE
Flug: ab Berlin, Hamburg, Hannover, Frankfurt, Stuttgart, München nach Brüssel; **Bahn:** ab Köln mit dem Hochgeschwindigkeitszug Thalys; **Auto:** von Norddeutschland auf der A 30 ab Osnabrück über Apeldoorn und Utrecht; vom Ruhrgebiet auf der A 40 über Venlo und Eindhoven; aus dem Süden über Aachen und die A 76 bzw. A 13

BESTE REISEZEIT
Mai–September

SEHENSWERT
Stadsfestzaal, die restaurierte ehemalige Veranstaltungshalle an der Meir Antwerpens ist heute eine moderne Einkaufspassage. **Kanalfahrt,** hier kann man Brügges Sehenswürdigkeiten vom Wasser aus bestaunen. **St.-Nikolaus-Kirche in Gent,** Prachtbau aus dem 13. Jh., eine Perle der Gotik

ESSEN UND TRINKEN
Hippodrom: Das Ambiente ist stylish, die Küche französisch-belgisch, gute Weinauswahl. Leopold de Waelplaats 10, Antwerpen, www.hippodroom.be

ÜBERNACHTEN
Sleeping at Linnen: Lounge-Atmosphäre im historischen Gebäude. Lijnwaadmarkt 9, Antwerpen, www.sleepingatlinnen.be

WEITERE INFOS
Tourismus Flandern, Cäcilienstr. 46, Köln, www.flandern.com

Persönlicher Tipp

MIT DEM RAD VON LIER NACH ANTWERPEN
Der Anblick weiter Wiesen erwartet Radfahrer auf der ca. 30 km langen Strecke zwischen Lier und Antwerpen. Der Fluss **Nete** bildet die Leinwand für das anmutige Städtchen Lier mit dem Großen Markt, der mittelalterlichen St.-Gummarus-Kirche und dem Zimmerturm von 1930. Es sind jedoch die kleinen Gassen, die die wichtigen, beinahe kitschigen Akzente setzen; der zum UNESCO-Weltkulturerbe zählende **Beginenhof** wirkt hier fast wie eine Kaserne. Nach Lier liegt Antwerpens wunderschöner Stadtteil **Zurenborg** auf dem Weg. Ein wohl einzigartiges Ensemble bürgerlicher Villen unterschiedlichster Stile präsentiert sich um die Transvaalstraat, Waterloostraat und Cogels-Osylei. Liebhabern des Jugendstils verschlägt es angesichts der Prachtbauten den Atem. Am nördlichen Ende der **Cogels-Osylei** lässt sich bei einer Kaffeepause wieder Luft holen und dem Tango einiger Freizeittänzer unter einer Brücke beglückt folgen. Getanzt wird im Sommer, immer am letzten Sonntag des Monats.

Brügge ist ein Wirklichkeit gewordenes Märchen aus Sandstein, Kanälen, Gassen und Kopfsteinpflaster – als wäre die Stadt eine Attrappe nur für Touristen. Nicht ohne Grund ist Brügge eine auch unter Belgiern sehr beliebte Wohnstadt, wo für Immobilien exorbitante Preise gezahlt werden. Brügge zu atmen heißt aber auch, in kulinarischen Genüssen zu schwelgen.

Elegant schmiegen sich in **Gent** die Gildehäuser an der **Graslei** an das Ufer des Flusses Leie. Die Bauten und der 95 m hohe **Belfried**, der dem Schutz und als Archiv diente, sind Ausdruck kaufmännischer Macht. Graf Philipp von Elsass hat zwar den Bau nicht mehr miterlebt, aber man meint, ihn von seiner **Burg Gravensteen** herüberblicken zu sehen, als sei er gerade erst von einem Kreuzzug aus Palästina zurückgekehrt. Die Darstellung von Folterinstrumenten auf der Burg jagt einem Schauer über den Rücken. Der Besuch in einer **Chocolaterie** versöhnt da schnell. BeR

3. Bulgarische Riviera

HIGHLIGHTS
- **Nessebăr,** die hübsche Altstadt auf einer felsigen Halbinsel mit den Basiliken Sveta Sofia und Sveti Stefan gleicht einem Freilichtmuseum.
- **Varna,** großstädtische Vielfalt mit schönem Meerespark, Meeresmuseum und mächtiger Christi-Himmelfahrt-Kathedrale
- **Sozopol,** das bezaubernde Städtchen liegt über den Badestränden auf mehreren Felsenkliffs.
- **Kamčija-Küstendelta,** mit dem Boot durch subtropischen Wald und Sümpfe
- **Pobiti Kamâni,** steinerner Wald bei Varna mit 50 Millionen Jahre alten Steinsäulen

BULGARISCHE RIVIERA IM SOMMER
- **Hochsaison,** Triennale der Künste in Varna, mit internationalem Jazz-, Ballett- und Theaterfestival, Hochkultur auf den öffentlichen (Freilicht-)Bühnen der Stadt
- **Aug.:** internationales Folklorefestival in Burgas mit Tanz, Volksliedern und Trachten
- **Sept.:** Apollonia Festival of Arts in Sozopol, Festival der Künste (Musik, Tanz, Theater, Lesungen)

Die Altstadt von Nessebăr ist UNESCO-Welterbe und liegt auf einer Halbinsel vor den Badestränden.

Bulgariens Schwarzmeerküste erfüllt alle Ansprüche für einen gelungenen Familienurlaub und ist eine preiswerte Alternative zu mediterranen Stränden. Das Hinterland verzückt mit prächtig ausgemalten Klöstern, Felshöhlen und Folklore. Die Hauptstadt Sofia sollte nicht verpasst werden, wenn sich die Gelegenheit zu einem Besuch ergibt.

Badefreuden und Naturschönheiten

Auf etwa 350 km Länge zieht sich die überwiegend touristisch erschlossene Küste hin, von der rumänischen Grenze im Norden bis an den europäischen Teil der Türkei im Süden. Neben schnurgeraden Sandstränden umschließen felsige Halbinseln und Steilkliffs hübsche Badebuchten, die zumeist sanft ins Meer abfallen. Der Salzgehalt des Schwarzen Meeres ist mäßig und beträgt nur etwa ein Drittel von dem des Mittelmeeres. Ebbe und Flut sind kaum wahrzunehmen. Die Region garantiert das ganze Jahr über frostfreies Klima, in heißen Sommern erreicht das Wasser stellenweise eine Temperatur bis zu 30 °C.

Seit Jahrzehnten genießt die bulgarische **Schwarzmeerküste** vor allem bei Besuchern der ehemaligen Ostblock-Staaten den Ruf einer erstklassigen Riviera. Allen voran der

Bulgarien

Sonnenstrand bei Nessebâr und der **Goldstrand** bei Varna. Stillere Buchten zwischen markanten Felsformationen und das lichte Grün altehrwürdiger Laubwälder ziehen sich vor allem südlich von **Sozopol** in Richtung Istanbul. An den sanften Ausläufern der **Rhodopen** beginnt das ursprüngliche Landleben bereits in den Dörfern hinter der Küste.

Goldstrand bei Varna

Varna ist mit 335 000 Einwohnern die drittgrößte Stadt des Landes. Der golden schimmernde Sandstrand in einer 20 km lang gezogenen Bucht beginnt nördlich der Hafenmetropole und erstreckt sich über die Badeorte **Slatni Pjasâzi** (Goldstrand), **Albena**, **Balchik** und **Kavarna**. Der Sand gilt hier als einer der feinsten am Schwarzen Meer – entsprechend dicht ist der Küstenstreifen mit Hotelstädten besiedelt.

Das Freizeitangebot am Wasser lässt keine Wünsche offen: Bananefahren hinter einem Motorboot, Parasurfing am Gleitschirm oder Jet-Ski sorgen für Fun und Action. Die günstigen Tarife ziehen nicht nur Familien, sondern auch zahlreiches junges Publikum aus ganz Europa an, das in den Discos und Bars bis in die Morgenstunden den Hochsommer feiert. Abwechslung bieten die bewaldeten Hügel der **Balata-Berge** hinter den Stränden.

Die **Dobrudscha**, eine fruchtbare Ebene jenseits des Goldstrands, reicht weit bis nach Rumänien hinein. Der Landstrich ist stark von Agrarwirtschaft geprägt. Felder mit Weizen, Mais und Sonnenblumen wechseln sich ab. In den Randlagen der meist attraktionslosen Dörfer werden Wein und Melonen angebaut. So bieten die **Straßen- und Bauernmärkte** willkommenen Anlass, die Panoramafahrt zu unterbrechen. Aus reiner Neugier ist ein Trip über die Grenze in den rumänischen Badeort **Mangalia** zu empfehlen. Auch wenn dabei allzu deutlich wird, dass die Bulgaren es wesentlich besser verstehen, die Einnahmen des Tourismus in die Modernisierung des einst grauen Hotelbetons zu investieren.

Sonnenstrand bei Burgas und Nessebâr

Ohne Batterien von Sonnenschirmen kommen auch die Badebuchten des Sonnenstrandes nicht aus. An den Sandstränden rings um das Kleinod **Nessebâr** geht es jedoch etwas ruhiger zu als im Norden. Das UNESCO-Weltkulturerbe **Alt-Nessebâr** drängt sich auf eine 1 km lange und 500 m

Das Sommerschlösschen in Balchik über dem Strand der Goldküste ließ sich 1924 Königin Maria Alexandrina Viktoria de Edinburgh errichten.

Persönlicher Tipp

SOFIA – HAUPTSTADT UNTER DEM VITOSHA-GEBIRGE

Die 1,2-Millionen-Stadt gehört zu den Metropolen Osteuropas, die nach dem Fall des Eisernen Vorhangs weniger heftig vom Wandel erfasst wurden, auch wenn sich heute auf dem Boulevard **Vitosha**, der zentralen Einkaufsmeile, alle bekannten Labels angesiedelt haben. In der angrenzenden Altstadt, wo die Uhren noch langsamer gehen, ist der wuselige **Frauenmarkt** (Zhenski Pazar) sehenswert, wo alte Mütterchen Gemüse und Kräuter verkaufen. Einen kulinarischen Bummel durch Bulgarien verspricht die **Zentralmarkthalle**, ein Stilmix aus Neorenaissance und neobyzantinischer Architektur. Zum Pflichtprogramm gehört ein Besuch der mittelalterlichen Kathedrale **Sveta Nedelia** und der mächtigen **Alexander-Newski-Gedächtniskirche**. Letztere, das Wahrzeichen der Stadt, wurde von 1882 bis 1912 errichtet, zu Ehren der russischen Befreier, die Bulgarien von der osmanischen Herrschaft erlösten. Auch die **Banja-Baschi-Moschee** von 1576 und die Sofioter **Synagoge** lohnen einen Besuch.

Zu den bekanntesten Souvenirs aus Bulgarien gehört bunte Keramik wie hier in Alt-Nessebâr.

Persönlicher Tipp

AUSFLUG BEI MEHR ZEIT

AUSFLUG INS LANDESINNERE

Die großen Hotels sowie lokale Tourismusagenturen an der Schwarzmeerküste bieten ein- und mehrtägige Bustouren ins Landesinnere. Die weite Reise ins **Rilagebirge** (bis 2925 m hoch) südlich von Sofia lohnt wirklich jeden Kilometer. Das **Rila-Kloster** aus dem 10. Jh. mit überreichen Ikonostasen (Heiligenbilder) ist eine der Top-Sehenswürdigkeiten auf dem Balkan. Die Busse stoppen je nach Reiseverlauf auch in **Sofia**, der Kulturmetropole **Plovdiv** und der kirchenreichen Stadt **Veliko Tarnovo**, die auf den Hangterrassen über dem Jantra-Fluss liegt. Zwischen den einzelnen Etappen bietet sich dem Besucher die ganze Bandbreite bulgarischer Natur- und Kulturlandschaft. Natürlich darf auch ein **Folklore-Abend** mit Rundtanz und den verrückten Balkanrhythmen der Trommel- und Dudelsackspieler nicht fehlen – und zu Tränen gerührt wird sein, wer die eigenartigen Klage- und Freudegesängen der Frauengruppen hört. Das Repertoire gelebter **Volksliedtradition** ist in Bulgarien schier unendlich.

Lohnenswerter Ausflug: Die Hauptstadt Sofia mit dem Nationalheiligtum, der Alexander-Newski-Kathedrale

breite Halbinsel. Die engen Gassen sind von traditionellen Wohnhäusern, zum Teil in Holzbauweise, gesäumt.

Um die labyrinthartigen Wege reihen sich Basare voller Souvenirs, Töpferware und Ikonen-Bildchen. Zwischen blühenden Hibiskusbüschen und rauchenden Grill-Lokalen zweigen schmale Gässchen von der Hauptroute des Tagesbesucherstroms ab. Kleine Basiliken aus dem byzantinischen Erbe Bulgariens ducken sich unter dem Dächermeer. Besonders malerisch zeigt sich der Fischerhafen bei **Sveti Stefan**, einer dreischiffigen Basilika aus dem 10. Jh. Zahlreiche Restaurants, oft mit Grill und Steinofen, bieten internationale und authentische bulgarische Küche. Zu den Spezialitäten gehören Lammbraten, gefüllte Paprika sowie Fisch und Meeresfrüchte.

Etwa 20 km südlich von Nessebâr liegt **Burgas** – die zweitgrößte Stadt der bulgarischen Schwarzmeerküste. Die Kräne des Überseehafens und die Industriezone dominieren das Stadtbild. Ähnlich wie Varna ist das Ortszentrum mit einem weitläufigen Stadtpark am Meer gesegnet. Das **Archäologische Museum** dokumentiert die antike Vergangenheit an der Küste, die mit der Besiedlung der Griechen begann und von Römern und Thrakern fortgeschrieben wurde. Die Ausstellung zeigt auch Statuen verschiedener Gottheiten aus thrakischer Zeit, darunter eine des Hauptgottes »Thrakischer Reiter«.

Ein Bummel über den Boulevard der Innenstadt lässt den Flaneur ein wenig mehr am Alltag in Läden und Cafés teilhaben, als es in den meisten anderen, rein touristischen Küstenorten möglich ist. RT

Bulgarien

Infos und Adressen

ANREISE
Flug: Direktflüge von Berlin, Düsseldorf und Leipzig nach Varna und Burgas; zahlreiche Verbindungen von deutschen Flughäfen nach Sofia, von dort Weiterflug nach Varna/Burgas oder Fahrt mit der Bahn (ca. 7 Std.)

BESTE REISEZEIT
Mai–Oktober; zum Baden Juni–September

SEHENSWERT
Römische Thermen in Varna, antiker Ausgrabungsbezirk zwischen Sveti-Stefano- und Khan-Krum-Straße. Boulevard Maria Louisa 41, www.archaeo.museumvarna.com

Meerespark (Primorski Park) in Varna, tropische Pflanzen, uralte Bäume, Delfinarium, Aquarium und Marinemuseum. Mi–So 10–18 Uhr, Boulevard Primorski 2, www.museummaritime-bg.com

Sveti Konstantin i Elena, ältestes Seebad Bulgariens vor den Toren Varnas, direkt am Strand mit heißen Mineralquellen (Kurort seit 1907)

Naturpark Zlatni Pjasâzi, beim gleichnamigen Badeort (Goldstrand), mit Schildkröten und ca. 80 Vogelarten sowie Felsabbrüchen, die im 2. Jh. die ersten Christen als Versteck ausbauten. Überreste des Höhlenklosters Aladža aus dem 14. Jh. mit Museum.

Eiffelturm in Zlatni Pjasâzi (Goldstrand), Nachbau des Pariser Originals im Maßstab 1:10, mit Aussichtsplattform und Restaurant

ESSEN UND TRINKEN
Gloria Mar: Gerichte mit einer spanischen Note, Meeresfrüchte, Muscheln, Fisch und gutes Weinangebot. Kraibrezhna St. 9, Nessebâr

Di Wine: gehobene internationale und französische Küche in geschmackvollem Ambiente unter den Steinbögen eines Weinkellers. Bratya-Shkorpil-Str. 2, Varna

Ksantana: bulgarische Küche in einem der ältesten Häuser der Stadt mit überdachten Holzterrassen über den Klippen am Strand. Morski Skali 27, Sozopol

SHOPPING
Knjaz-Boris-Straße in Varna, nur eine der vielen Bummelmeilen, die es in jedem Touristenort gibt, mit Souvenirshops (Keramik, Ikonen, Schnitzkunst), Schuhläden und Modeboutiquen

Weinbaugebiet um Šumen und Tărgovište, z. B. im Dorf Osmar mit dem Weingut Pelin, Verkostung von Absinthwein. www.osmarpelin.com

Euxinograd, einstige Neobarock-Residenz des bulgarischen Zaren mit berühmter Wein- und Spirituosenhandlung.
Auch Rosenöl, z. B. aus Kasanlak, ist ein beliebtes Mitbringsel.

ÜBERNACHTEN
Grand Hotel London: gediegenes Hotel mit gehobenem Ambiente in der Altstadt. Musala 3, Varna, www.londonhotel.bg

Flamingo Grand: großes 5-Sterne-Hotel unweit vom Strand mit moderner Spa-Landschaft. Albena, www.flamingogrand.com

Majestic Beach Resort: das noble Hotel direkt am Meer ist perfekt für einen Badeurlaub. Mit Sonnenstrand und Pool. http://hotel.majestic-bg.com

Hotel Kirios: kleines Hotel mit gutem Standard in Nachbarschaft traditioneller Stadthäuser. Nessebâr, Emona Str. 17, www.hotelkirios.com

Hotel Burgas: modern ausgestattetes Hotel in Strandnähe, 15 Min. Fußweg ins Zentrum. Khan Krum 5, Burgas, www.hotelburgas.com

Hotel Continental 9000: direkt an den Klippen gelegen, mit Traumblick aufs Meer. Kraimorksa 4, Kiten, www.kitenhotelcontinental.com

Gloria Palace Hotel: kleines schnörkelloses Hotel in einem 100-jährigen Altbau im Stadtzentrum. Maria Louisa Blvd. 20, Sofia, www.gloriapalacehotel.bg

WEITERE INFOS
Tourismuszentrale Varna, Cyril-und-Method-Platz, www.varnainfo.bg, www.bulgariatravel.org/de

Kap Kaliakra liegt am Ende der Goldküste. Die Schwarzmeerküste setzt sich 50 km nördlich in Rumänien fort.

4. Grönland

Ein Sommertag in Ilulissat.

HIGHLIGHTS
- **Skippertour zum Ilulissat-Eisfjord,** bei Tag und Nacht ein unvergessliches Erlebnis
- **Museum Uummannaq,** das Museum dokumentiert die Geschichte Uummannaqs: die Mumien von Qilakitsoq, die Expeditionen von Alfred Wegener, den Eisberg-Tsunami von 1995.
- **Ausflug nach Qeqertarsuaq,** der einzige bewohnte Ort der Disko-Insel mit wunderbarem Blick auf die Bucht und Ilulissat
- **Flug zum Inlandeis,** 30-minütiger Rundflug von Kangerlussuaq zur Eiskante
- **Sisimiut Museum,** Exponate der 4000 Jahre alten Saqqaq-Kultur und Rekonstruktionen alter Häuser und Wohnstuben

GRÖNLAND VON FRÜHJAHR BIS HERBST
- **Mitte/Ende März:** The World Ice Golf Champion, Eisgolf in Uummannaq, 600 km nördl. des Polarkreises
- **März–April:** Arctic Circle Race bei Sisimiut, Skilanglauf über 160 km und drei Tagesetappen
- **Okt.:** Polar Circle Marathon, das Sportereignis bei Kangerlussuaq

Eine Landschaft im XXL-Format – fremd und faszinierend: Grönlands Westküste ist von einer fast unwirklichen Schönheit. Am besten zeigt sie sich auf einer sommerlichen Schiffsreise vom Polarkreis in Richtung Norden, wenn die Eisberge durch die Baffin Bay dümpeln und die Mitternachtssonne Berge und Fjorde dramatisch in Szene setzt.

Nächste Ausfahrt Nordpol

Das Gedächtnis des Globus ist weiß, mehr als 1,7 Millionen km^2 groß und bis zu 3000 m dick – das Inlandeis von Grönland, in dem die Erdgeschichte der letzten 110 000 Jahre gespeichert ist, mutet wie eine gigantische Kühlkammer an. Einen Eindruck dieser eisigen Unendlichkeit erhält man beim Überfliegen Grönlands auf dem Weg zum Søndre Strømfjord Airport in **Kangerlussuaq**. Von hier aus starten Reisen an die Westküste – meist per Schiff, denn Straßen lohnen in einem Land mit einer Bevölkerungsdichte von 0,026 Einwohner/km^2 wirklich nicht.

Die erste Station einer Schifffahrt Richtung Norden ist **Sisimiut**. Die zweitgrößte Stadt der Insel gilt als wohlhabend; bunt drängen sich die Holzhäuser um die Kirche von 1775. Attraktion ist ein Berg namens **Nasaasaaq** (»Frauenkapuze«),

Dänemark

der den Hafen um knapp 800 m überragt. Die Kombination Siedlung/Steilwand findet sich im Reiseverlauf noch öfter: Nördlich der Disko-Bucht liegt **Uummannaq** am Fuß eines fast 1200 m hohen Felsens, in dem die Inuit ein Robbenherz erkennen. Als hätte ein Kind seine Legokiste ausgekippt, so frei verteilen sich die einfachen Holzhäuser am Hang. Alle haben einen traumhaft schönen Ausblick auf den Fjord und die schneegesprenkelten Berge. Den Wendepunkt der Reise markiert **Ukkusissat**, hier scheinen die Granitwände den 170-Seelen-Ort fast zu erdrücken.

Zurück in der **Disko-Bucht**, dem beliebtesten Reiseziel Westgrönlands, weitet sich die Landschaft wieder. Eisberge jeder Form und Größe schwimmen umher. Sie stammen vom **Jakobshavn Isbræ**, dem hochaktiven Gletscher südlich von Ilulissat. Von hier soll auch der 500 000 t schwere Eisklotz losgebrochen sein, der im April 2012 mit der »Titanic« kollidierte.   BM

Infos und Adressen

ANREISE
Flug: von allen größeren deutschen Flughäfen aus tgl. Direktflüge nach Kopenhagen, Weiterflug zum internationalen Søndre Strømfjord Airport in Kangerlussuaq; **Schiff:** Kangerlussuaq ist Ausgangspunkt an der Westküste für Schiffsreisen, meist Richtung Norden.

BESTE REISEZEIT
Mai–Oktober

SEHENSWERT
Ilulissat Kunstmuseum, zeitgenössische Kunst. So–Do 13–16 Uhr, Aron Mathiesenip Aqq. 7, Ilulissat, www.ilukunstmus.gl
Qeqertarsuaq Museum, Ausstellung zur Geschichte. Juni–Aug. Mo–Fr 10–15 Uhr, sonst 11–14 Uhr, Qeqertarsuaq/Disko-Insel, www.qeqertarsuaq-museum.gl

ESSEN UND TRINKEN
Hotel-Restaurant Uummannaq: lokale Spezialitäten, grandioser Blick von der Terrasse auf die Nuussuaq-Halbinsel. Uummannaq, www.greenland-guide.gl

ÜBERNACHTEN
Hotel Hvide Falk Ilulissat, Drei-Sterne-Hotel mit Buffetrestaurant. Ilulissat, www.hotelhvidefalk.gl

WEITERE INFOS
Visit Greenland, Strandgade 91, København K, www.greenland.com

Persönlicher Tipp

EISFJORD VON ILULISSAT
Wenn sich die Landschaft bewegt, ist das immer ein Ereignis, das einem den Atem stocken lässt. Ein Ort, an dem man in Ruhe beobachten kann, wie die Natur die Muskeln spielen lässt, ist der **Eisfjord von Ilulissat**. Der »schnellste Gletscher« der Welt bewegt sich mit einer Geschwindigkeit von 20 bis 30 m am Tag Richtung Meer. Je nachdem, ob es ein warmer oder eher kühler Sommer ist, entspricht das zwischen 6 und mehr als 12 km pro Jahr. **Eisberge** mit einem Gesamtgewicht von 35 Milliarden Tonnen brechen jährlich ab. Das Schauspiel, das sich dem Betrachter vom sicheren Land aus bietet, ist gigantisch: Der Eisstrom kracht und mahlt, es bilden sich Risse und Spalten, manchmal brechen Stücke ab, manchmal ganze Berge. Die Oberfläche des Eises ist schrundig und schmuddelig, erst wenn sich die Eisberge drehen, treten die glatten, gleißend weißen Flächen zutage. Bis zu 150 m ragen die Brocken aus dem Wasser. Seit 2004 gehört der Ilulissat-Eisgletscher zum UNESCO-Welterbe.

Hoher Besuch: Die »MS Deutschland« bahnt sich den Weg durch die Eisberge.

5. Jütland

HIGHLIGHTS

- **Skagen,** wo Nord- und Ostsee aufeinandertreffen, wird im Skagens Museum das Erbe einer alten Künstlerkolonie bewahrt.
- **Ribe,** eine Stadt mit Flair und mittelalterlichem Stadtkern
- **Fanø Sommerland,** Freizeitpark und Spaßbad zum Preis von einem
- **Nordsøn Oceanarium Hirtshals,** Mondfische und Haie streichen in Europas größtem Salzwasseraquarium vorbei an versunkenen Schiffen und Tauchern.
- **Bunkermuseum Hanstholm,** eine Fahrt im Munitionszug durch die Dünen offenbart den ganzen Wahnsinn des Atlantikwalls.

DIE DÄNISCHE NORDSEEKÜSTE VON FRÜHJAHR BIS HERBST

- **Jan.:** Winterschwimmfestival in Skagen. Wer gefriert, taut hier wieder auf.
- **Mai:** Wikingermarkt im historischen Wikingerdorf in Ribe mit Händlern, Gauklern und wilden Kerlen
- **Juli:** Oldtimer Rallye in Ringkøbing. Hier führen die Dänen ihre automobilen Schmuckstücke aus und vor.
- **Sept.:** Drachenfest auf Rømø, längst ein internationales Event

Ein Spaziergang am Henne-Strand macht zu jeder Jahreszeit Hirn und Herz frei.

Eine Reise in das Land des Lichts, den Norden Dänemarks, ist von Norddeutschland aus das nächstmögliche Ziel am Meer und fernab von Massentourismus. Wer nicht gerade zur Hauptsaison in der »Rushhour« anreist, stellt sich bald die Frage: »Hallo, ist hier jemand?«

Entschleunigung bei nordischer Strandromantik

Wie eine pulsierende Lebensader zieht sich die E 45 von Süden kommend längs durch Dänemark. Hat man die Grenze in **Padborg** passiert und biegt gen Nordsee ab, wird der Pulsschlag merklich langsamer. Nicht nur die Geschwindigkeitsbegrenzung nimmt ein wenig Drehzahl aus dem geschäftigen Motor des Alltags, denn mit jeder Autobahnabfahrt werden es weniger Mitbewerber um den besten Platz am Strand.

Wenn Auge und Geist das Meer erfassen, der Seewind einem die salzige Luft in das Gesicht weht und klare Luft die Lungen füllt, weiß man, warum viele, die einmal hier waren, wiederkommen. Bunte Holzhäuser ducken sich hinter Dünen, nach Kiefernholz duftende Rauchschwaden aus Kaminöfen ziehen übers Land, begleitet von Möwen, die kreischend Ausschau nach heimkehrenden Fischerbooten halten. Ob im Frühling, Herbst oder Winter, das Feuer spendet ein warmes

Dänemark

Licht und kuschelige Wärme. Im Sommer jagen Kitebuggys am Ufer entlang, machen Sturmvögel Jagd auf die surrenden Lenkdrachen großer und kleiner Kinder. Doch selbst dann findet man immer ein ruhiges Plätzchen am Strand. Abends wird der Tisch gedeckt, Kerzen oder ein Lagerfeuer entzündet, auf dem die Pölser (Würstchen) brutzeln, und der Durst mit Tuborg-Bier gelöscht. Im Norden huschen Polarlichter über das Firmament, und die Milchstraße funkelt wie ein Kronleuchter über der gedeckten Tafel.

Der raue Norden

Riesige Eismassen traten vor vielen tausend Jahren ihre Reise von Norwegen und Schweden Richtung Süden an. Sie brachen aus den Gebirgen Skandinaviens Tausende Tonnen Fels heraus, die sie langsam zermalmten und in das Gletschervorland schwemmten. Diese Ebenen bilden heute die fruchtbaren Landschaften im Osten **Jütlands**, während im Westen Gletscherströme das Land zerfurchten und Seen und Fjorde hinterließen.

Jedes Jahr sorgen die Herbststürme an der Kliffküste der **Jammerbucht** dafür, dass der dänischen Königsfamilie Jahr für Jahr ein bisschen von ihrem Reich abgeknabbert wird. Während die Westwinde die Dünen immer weiter in das Landesinnere treiben und die Häuser am Leuchtturm von **Rubjerg Knude** längst begraben hat, reißen die Wellen mit sich, was immer ihrer gewaltigen Kraft ausgesetzt wird. Wo im letzten Jahr noch ein Wanderweg entlang der Klippen führte, klafft nun eine Abrisskante, aus der Versorgungsleitungen eines Hauses herausragen, das der Zerstörung preisgegeben wurde. Die Besitzer werden mit Kronen entschädigt, alle anderen mit den schönsten Sandstränden in Nordeuropa. Die kleine Brücke über einen Bach bei **Løkken** wird regelmäßig von den Wellen aus den Angeln gehoben und um einige Meter versetzt. Unkompliziert wie die Dänen sind, kommt am nächsten Tag ein Bagger und stellt sie dort wieder ab, wo sie hingehört. So spart man viel Geld für Küstenschutzmaßnahmen und bewahrt die ursprüngliche Schönheit. In der **Limfjordregion** zeigt sich das Meer dem Land gegenüber wesentlich versöhnlicher und hat Natur- und Vogelreservate von unglaublicher Vielfalt hinterlassen – und ein Paradies für Segler, Angler, Kanuten und Wanderer.

Auch in Südjütland ist das Land noch in Bewegung. Nachdem der enorme Druck die Gletscher von den Landmassen ge-

Persönlicher Tipp

UNTERWEGS AUF ZWEI RÄDERN

Es hat seinen Grund, dass man auf dem Dach fast eines jeden zweiten Autos mit deutschem Kennzeichen Fahrräder sieht. Dänemark verfügt über ein ausgezeichnetes Radwegenetz. Das führt nicht allein entlang von Straßen, sondern in einem sanften Auf und Ab durch die Dünenlandschaften an der Küste. Selbst diese Wege sind meist mit Schotter oder festem wassergebundenem Belag versehen, sodass nur die größten Steigungen und der Gegenwind zu erschwerten Bedingungen führen können. Das kann dann schon mal anstrengend werden. Deswegen empfiehlt es sich gerade im Sommer, Badezeug und alles, was man für ein Picknick am Strand benötigt, einzupacken. Für geübte Mountainbike-Fahrer bietet es sich natürlich an, direkt am Strand entlangzufahren, für die meisten ein unvergessliches Erlebnis – allerdings auch für den Drahtesel, den man schnellstmöglich von Salzwasser und Sand befreien sollte. Das hält den metallenen Zossen dann auch noch für die nächste Reise in den hohen Norden fit.

Der Leuchtturm Rudbjerg Knude nahe Lønstrup erlag dem Sand der gleichnamigen Düne und ist seit vielen Jahren außer Dienst.

Persönlicher Tipp

LEGOLAND: AUF AUGENHÖHE MIT KINDERN

Wer seine Zeit mit Kindern an Dänemarks Nordseeküste verbringt, sollte das ein oder andere Highlight einflechten, um die lieben Kleinen bei Laune zu halten. Legoland und die Welt en miniature eigenen sich dafür perfekt. Es ist unglaublich spannend, was die Erbauer aus diesen Steinchen, mit denen wohl jeder von uns schon einmal gespielt hat, konstruiert und aufgebaut haben. Eine schier unendliche Liebe zum Detail füllt nicht nur ganze Miniaturstädte, -flughäfen und Märchenlandschaften mit Leben. Da kann man mit Ruderbooten durch Piratenhöhlen fahren, sich Wildwasserbäche hinabstürzen, aus dem Verlies der Ritterburg mit einer Achterbahn entkommen, über die gefrorene See der Antarktis schlittern, mit dem Zug durch die Goldgruben Nordamerikas oder im Jeep auf Safari gehen – und alles besteht aus diesen winzigen Steinen. Für das leibliche Wohl sorgen dann das Wikingermahl auf der Burg, Stockbrot beim Häuptling oder Steaks im Saloon der Westernstadt.

Legoland befindet sich in dem kleinen Ort Billund im Landesinneren. Weitere Infomationen: www.legoland.dk/de

Gemütliche Häuser in unmittelbarer Nähe zum Meer, inmitten der Dünen, sind zu jeder Jahreszeit ein kuscheliges Feriendomizil.

nommen wurde, steigt das Land im Norden an, während es südlich von **Ringkøbing** im Meer zu versinken droht – glücklicherweise in geologischen Zeiträumen gedacht. Vor der Küste liegen die Inseln **Fanø** und **Rømø**, deren Nähe zur deutschen Nordseeinsel Sylt daran erinnert, dass diese bis zum Ende des Deutsch-Dänischen Krieges (1866) noch zu Dänemark gehörten.

Perlen der Wikingerkultur

Für Dänemark-Kenner sind dies lediglich die klassischen Klischees für ein Land, das weitaus mehr zu bieten hat als im Sommer Sonne, Strand und Meer und im Winter die Silvesterparty mit Freunden im Ferienhaus. Es ist die Gelassenheit des nordischen Menschenschlages, die sich in den auf den ersten Blick in den nach allzu funktionalen Kriterien erbauten Hafenstädten widerspiegelt. Auf den zweiten Blick offenbaren sich dem Betrachter wahre Perlen der Wikingerkultur. Dazu gehören das Kloster in **Aalborg**, der Marktplatz von **Esbjerg** ebenso wie der Dom und die engen Gassen von **Ribe**. In den Hinterhöfen **Skagens** wird das Essen auch noch bei unter 10 °C auf der Terrasse serviert. Wenn die Sonne scheint, sind die Innenstädte bis tief in die Nacht mit Leben erfüllt und erinnern bisweilen an südländische Metropolen. Wenn es regnet, zieht man sich in lauschige Kneipen oder Restaurants mit skandinavischem Chic zurück. CD

Jütland

Infos und Adressen

ANREISE

Flug: größter und internationaler Flughafen ist Billund. Kleinere Flughäfen, wie Esbjerg, Århus, Aalborg, Sønderborg und Thisted werden ebenfalls angeflogen; **Bahn:** Auskünfte über Inlandsverbindungen findet man unter www.rejseplanen.dk; **Auto:** Die Hauptverkehrsadern sind in Süd-Nordrichtung die E 45 und in Ost-West-Richtung die E 20; **Bus:** Dänemark verfügt über ein dichtes Busnetz bis tief in die ländlichen Regionen. Dort halten die Fahrer überall, wo man möchte und wo es die Verkehrslage zulässt; **Fähre:** Verbindungen ab Kiel, Rostock über das Seenland oder von Sylt nach Rømø

BESTE REISEZEIT

Juni–Sept.;
zum Baden: Juli–Aug.

SEHENSWERT

Bork Vikingehavn, in diesem Freilichtmuseum wird man auf eine Reise in die Wikingerzeit entführt mit Übernachtung im Langhaus, Bogenschießen und was man sonst noch als Wikinger können muss. Vikingevej 7, Hemmet, www.riskmus.dk
Fischerei- und Seefahrtsmuseum, Robbenbecken, Schiffsbauwerft und viele anschauliche Exponate mit hohem Lerncharakter und Spaßfaktor. Jan.–Juni und Sept.–Okt. 10–17 Uhr, Juli–Aug. 10–16 Uhr, ansonsten 10–16 Uhr, Tarphagevej 2, Esbjerg, www.fimus.dk
Spøttrup Burg, mittelalterlicher Herrensitz und Burg, in der die Dänen die Schwerter gern mal bei Schaukämpfen krachen lassen. Borgen 6a, Rødding, Spøttrup, www.spottrupborg.dk

ESSEN UND TRINKEN

Restaurant Elbjørn Aalborg: ausgezeichnetes, aber nicht ganz billiges Essen auf einem alten Hafenschlepper, auf dem man im Sommer auch an Deck sitzen kann und über den Limfjord auf den Hafen hinausblickt. Strandvejen 6, Aalborg, www.restaurantelbjoern.dk
Restaurant Gammelhavn Esbjerg: stimmungsvolles Lokal mit toller Aussicht, direkt am Hafen gelegen. Esbjerg, www.gammelhavn.dk

AUSGEHEN

Aalborg, wem doch mal der Sternenhimmel auf den Kopf fällt und wer einen Beweis braucht, dass er nicht allein hier Urlaub macht, ist bestens in der Altstadt von Aalborg aufgehoben. An den Wochenenden steppt hier der Wikinger, und die aneinandergereihten Pubs verströmen Kiez-Atmosphäre.
Skagen Bryghus, nördlichste Brauerei Dänemarks, in der es nicht nur eine Kneipe, sondern Führungen, Verkostungen und samstags Livemusik gibt. Kirkevej 10, Skagen, http://skagenbryghus.dk

SHOPPING

Ravgården – Bernsteinmuseum und Werkstatt, im Familienbetrieb wird Bernstein noch selbst verarbeitet und beeindruckende Funde des nordischen Goldes von der dänischen Westküste ausgestellt und verkauft. Skallerupvej 525, Sønderlev, Lønstrup, www.flp4u.dk

ÜBERNACHTEN

VisitDenmark: Hier gibt es Links zu landesweiten Ferienhausvermietern, Campingplätzen und Jugendherbergen. Hamburg, www.visit-denmark.dk
Helnan Phønix Hotel Aalborg: ältestes Haus am Platz mit stilvoll eingerichteten Zimmern. Vesterbro 77, Aalborg, www.helnan.info
Britannia Hotel Esbjerg: modernes Mittelklassehotel im Zentrum der Stadt. Torvegade 24, Esbjerg, www.britannia.dk
Hotel Propellen Billund: im modernen skandinavischem Stil eingerichtetes Hotel in der Nähe von Legoland und Flughafen, in dem Kinder wie Erwachsene gleichermaßen willkommen sind. Nordmarksvej 3, Billund, www.propellen.dk

WEITERE INFOS

VisitDenmark, Glockengießerwall 2, Hamburg, www.visitdenmark.de

Die Holzwindmühle von Højer im Süden Jütlands gilt als die größte Nordeuropas. Von hier gelangt man mit der Fähre nach Sylt.

6.

Einsame Küstenstreifen, hügelige Wiesen – Ærøs Küste ist ein Paradies für Naturliebhaber.

HIGHLIGHTS
- **Ringwall,** 10 m hohe Wallanlage südwestl. von Søby am Wanderweg Vitsø No
- **Hünengräber,** das Ganggrab von Kragnæs aus der Jungsteinzeit, Langdolmen nahe dem Dorf Store Rise
- **Leuchtturm von Skjoldnæs,** der 22 m hohe Leuchtturm aus Bornholmer Granit gilt als einer der schönsten des Landes.
- **Steilküste Voderup Klingt,** beeindruckende Steilküste mit bis zu 30 m hohen Klippen, die aus dem Muschelkalk der letzten Zwischeneiszeit besteht
- **Solaranlage in Marstal,** die größte Solaranlage der Welt deckt 30 % des Heizbedarfs in Marstal.

ÆRØ VON FRÜHJAHR BIS SOMMER
- **Samstag vor Ostern:** Eierkochen am Strand, Familien- und Volksfest seit über 100 Jahren
- **Juli:** Kunst på Havnen, in der Werfthalle im Hafen von Ærøskøbing präsentieren die Künstler ihre Werke.
- **Juli/Aug.:** beim Ærø Jazzfestival stellen dänische und internationale Jazzmusiker jährlich ihr Können unter Beweis.

Ærø gilt vor allem bei Seglern als »Perle der dänischen Südsee«. Die ca. 30 km lange und bis zu 6 km breite Ostseeinsel im südfünischen Inselmeer ist besonders lohnenswert für Menschen, die eine Kombination aus hügeliger Bauernlandschaft und bunten Dörfchen schätzen und sich fernab vom Touristenrummel wohlfühlen.

Idyllische Ostseeinsel mit Seefahrertradition
Verwinkelte Kopfsteinpflastergassen mit wilden Stockrosen vor den Häusern und urige (Souvenir-)Lädchen prägen das Ortsbild von **Ærøskøbing**, der Inselhauptstadt. Die gepflegten Fachwerkhäuser aus dem 17. und 18. Jh. rufen Erinnerungen an Zeiten wach, als Ærøskøbing noch ein florierender Handelsplatz war. Wer durch die alten Gassen spaziert, fühlt sich wie in ein Freilichtmuseum versetzt. Kein Wunder, die Stadt steht unter Denkmalschutz, und die Vergangenheit ist überall spürbar.

Mit ihren rund 4000 Einwohnern ist **Marstal** die größte Stadt der Insel, sie steht ganz im Zeichen ihrer Seefahrertradition: Einst liefen hier stattliche Dreimaster vom Stapel. Das beschauliche Städtchen ist auch heute noch geprägt vom Hafen mit seinen unzähligen Jollen und Jachten und zieht viele Segler an.

Dänemark

Persönlicher Tipp

INSELTOUR MIT DEM FAHRRAD

Die vielen schönen Orte lassen sich am besten auf zwei Rädern entdecken, vor allem weil die markierten **Fahrradrouten** fernab der befahrenen Hauptstraßen liegen und wenig befahren sind. Allerdings ist Ærø kein Ziel für Gelegenheitsradfahrer, die nur gerade und ebene Strecken gewohnt sind. **Steigungen** müssen einkalkuliert werden – dafür geht es aber auch von einem herrlichen **Inselpanorama** zum nächsten. Die meisten Strecken führen entlang der zerklüfteten Küsten und wilden **Ufer** und laden ein zu einem **Picknick** in den kleinen versteckten **Sandbuchten**. Größere Waldgebiete wird man auf Ærø vergeblich suchen, der fruchtbare Boden der Insel wurde fast komplett in Äcker und Wiesen umgewandelt. Wer sein eigenes Fahrrad nicht dabei hat, kann sich in Ærøskøbing, Marstal oder Søby eins leihen. Eine detaillierte **Fahrradkarte** und eine Fülle von Infos zu Radtouren auf der Insel gibt es unter www.bike-erria.dk.

In der alten Seefahrerstadt Ærøskøbing lohnt sich ein Bummel durch die urigen Gassen.

Der Fischerort **Søby** – im Nordwesten der Insel – ist die kleinste der drei Inselstädte und ein idealer Ausgangspunkt für Entdeckungstouren zum ehemaligen Fjordarm **Vitsø Nor**, heute Naturschutzgebiet mit einer artenreichen Tier- und Pflanzenwelt, oder zum 1881 erbauten **Leuchtturm Skjoldnæs**.

Ein hübscher Anblick sind die vielen **Dörfer** der Insel. Sie reihen sich wie Perlen entlang der lang gezogenen Landstraße der Insel. Viele Höfe sind von hübschen alten Steinmauern und Hecken umgeben, hier und da lugt eine Kirchturmspitze zwischen knorrigen alten Bäumen hervor. In einigen Dörfern haben sich **Künstler** (Goldschmiede und Töpfer) niedergelassen. Häufig trifft man auf kleine **Scheunenflohmärkte** mit allerlei altem Porzellan und Glas. Und auch das ein oder andere **Hofcafé** lockt mit selbst gebackenem Kuchen und frisch gebrühtem Kaffee. SL

Infos und Adressen

ANREISE
Auto: Anfahrt zum jeweiligen Fährhafen mit dem Auto;
Fähre: von Fynshav (Als) und Faaborg (Fünen) starten die Fähren nach Søby, von Svendborg (Fünen) nach Ærøskøbing und von Rudkøbing (Langeland) nach Marstal.

BESTE REISEZEIT
Juni–September

SEHENSWERT
Marstal Søfartsmuseum, große maritime Sammlung. Juni–Juli tgl. 9–17 Uhr, sonst 10–15/16 Uhr, Prinsengarde 1, Marstal
Bunte Badehäuschen (auf Dänisch: Badehuse), am Strand von Marstal (Eriks Hale) und am Vesterstrand von Ærøskøbing

ESSEN UND TRINKEN
Café Den Grønne Gren: Biocafé mit Garten. Vester Bregninge 17, Ærøskøbing, www.dengronnegren.dk
Restaurant Mumm: gehobene Landhausküche. Søndergade 12, Ærøskøbing

ÜBERNACHTEN
Silkes Hus: Bed & Breakfast in einem idyllischen Dorf. Rødegårdsvej 1, Store Rise, www.silkes-hus.dk
Pension Vestergade 44: gemütliche Stadtpension. Ærøskøbing, www.vestergade44.com

WEITERE INFOS
Ærø Turist- og Erhvervskontor, Havn 4, Ærøskøbing, www.www.aeroe.dk

7.

HIGHLIGHTS
- **Bernstein sammeln,** am Strand von Fanø werden die »goldenen Steine« nach Stürmen an Land gespült.
- **Alte Vogelkoje,** in der Gamle Fuglekøje in Sønderho, wo früher Wildenten gefangen wurden, gibt es viele Infos über das Vogelleben auf Fanø.
- **Strandsegeln,** Blokarts am Strand mieten und an den Dünen entlanggleiten
- **Golfplatz in Fanø Bad,** der älteste noch existierende Golfplatz Dänemarks
- **Bootsfahrt,** mit dem M/S »Fanø« zu den Robbenbänken oder zur Fischversteigerung nach Sønderho

FANØ IM SOMMER
- **Juni:** Beim internationalen Drachenfestival hängt vier Tage lang der Himmel voller fantasievoller Drachen,
- **23. Juni:** traditionelles Sonnwendefest mit Lagerfeuer, Musik und Tanz
- **Juli:** Fanniker-Tage mit traditionellen Fanøtrachten und -tänzen
- **in den Sommermonaten:** Sommerkonzerte in der Nordby-Kirche, klassische Musik auf hohem internationalen Niveau

Historische Inselhäuser bestimmen den Ortskern von Dänemarks schönstem Dorf Sønderho.

Strand und Dünen, wohin das Auge blickt – das ist charakteristisch für die dänische Nordseeküste. Fanø, die nördlichste der dänischen Wattenmeerinseln, hat jedoch noch viel mehr zu bieten: Kiefern- und Heidelandschaft in der Inselmitte, jede Menge Bernstein, der an den Strand gespült wird, und Sønderho, das als schönstes Dorf Dänemarks gilt.

Naturschönheit im dänischen Wattenmeer

Die meisten Fanø-Urlauber werden von den lang gezogenen Stränden angezogen. 15 km feinster Sandstrand, das bedeutet viel Platz für sportliche Aktivitäten, wie Segeln, Wind- und Kitesurfing, Drachenfliegen, Reiten … oder einen beschaulichen Spaziergang. Der gesamte Strandabschnitt zwischen Fanø Bad und Sønderho ist mit dem Auto befahrbar, eine Teilstrecke bewältigt sogar der örtliche Bus. Wer allerdings die Natur genießen und auch schützen möchte, geht besser zu Fuß oder mit dem Drahtesel auf Entdeckungsreise. Denn die Insel ist eine wahre Naturschönheit. Wo sonst findet man noch seltene Pflanzen- und Tierarten, wie Orchideen, blaue Schmetterlinge und Kreuzkröten?

Die Fanøfähre legt in Nordby an, dem größten Ort der Insel. Hier lebt die Mehrzahl der Insulaner, und hier befinden sich die meisten Geschäfte. **Nordby** ist ein Seefahrerstädtchen mit

Dänemark

Hier wird kein Mehl mehr gemahlen: In der Sønderho-Windmühle befindet sich schon seit Jahren ein Museum.

Infos und Adressen

ANREISE
Bahn/Fähre: mit dem Zug über Niebüll und Tønder nach Esbjerg, dann mit dem Stadtbus zum Fähranleger, ca. 5–6 Std. ab Hamburg; **Auto/Fähre:** von Esbjerg mit der Autofähre nach Nordby. Überfahrt 12 Min., Fährzeit: im Sommer alle 20 Min.

BESTE REISEZEIT
Mai–September; zum Baden von Juni bis August

SEHENSWERT
Søren Jessens Sand, herrliche Sandbank nördlich von Fanø Bad. Hier kann man im Sommer die vom Aussterben bedrohte Zwergseeschwalbe beobachten.
Atlantikwall, die etwa 300 Bunker auf der Insel sind Überreste aus dem Zweiten Weltkrieg.

ESSEN UND TRINKEN
Fanø Krogård: urig und traditionell. An der Strandpromenade, Langelinie 11, Nordby
Restaurant Fajancen: Café und Restaurant mit Fliesenmuseum. Sønderland 5, Sønderho

ÜBERNACHTEN
Farmen: einfache, kinderfreundliche Ferienwohnungen für Pferdeliebhaber. 2 km nördl. von Sønderho, www.farmen-fanoe.de
Møllesti: Bed & Breakfast in einem originell restaurierten Kapitänshaus in Nordby. www.mollesti.dk

WEITERE INFOS
Fanø Tourist Information, Færgevej 1, Nordby, Fanø, www.visitfanoe.dk

Persönlicher Tipp

FANØ-WALDSPIELPLATZ
Der Waldspielplatz am südwestlichen Ende der **Dünenplantage** ist ein lohnenswertes Ausflugsziel für Kinder und Erwachsene. Schon auf dem Weg zum **Spielplatz** wird man von holzgeschnitzten Tieren begrüßt, darunter überdimensionale Hasen und Rehe. Geschaffen hat sie der Holzschnitzer Julius Urbanavicius aus Litauen. Seine Skulpturen stehen an verschiedenen Orten Dänemarks, z. B. in Fredericia und Esbjerg. Auf Fanø sind sie mehr als Spielgeräte, sie wirken wie stille Beobachter des Geschehens. Die meisten Spielgeräte und Skulpturen wurden 2007 während eines Holzsymposiums für den Spielplatz hergestellt und entstanden aus Materialien der Fanø-Klitplantage. Für Kinder ist dieses weitläufige Gebiet ein ideales Terrain zum Klettern oder zum Verstecksspielen. Am besten man nimmt sich einen gut gefüllten Picknickkorb mit. Wer am Ende des Tages noch Energie hat: Etwas nördlicher liegt der höchste Berg der Insel, der **Pjerleberg.** Von hier aus hat man einen wunderbaren Blick über die Dünenlandschaft.

vielen schmalen Gassen, mit Galerien und Cafés und Antik- und Trödelmärkten. Die Orte **Rindby**, in der Mitte der Insel, und **Fanø Bad**, westlich von Nordby, sind reine Ferienhausgebiete mit den entsprechenden Angeboten für Urlauber. Noch im 19. Jh. war Fanø Bad ein mondäner Erholungsort für die Reichen und Prominenten. Fast alle alten Hotels und Strandvillen aus dieser Zeit wurden inzwischen allerdings durch moderne Ferienwohnungen ersetzt.

Etwa 340 Einwohner leben in **Sønderho**, dem historischen Örtchen an der Südspitze der Insel. Wer durch die alten Gassen schlendert, fühlt sich zurückversetzt in eine Zeit, in der Seefahrt und Handel dem Land Reichtum beschert haben. Allein 70 Häuser stehen unter Denkmalschutz, die meisten von ihnen sind mehr als 100 Jahre alt. Sønderho kann sich zu Recht rühmen, Dänemarks schönstes Dorf zu sein.   SL

So erholsam kann Urlaub an der Ostsee sein: Möwen füttern bei Baabe auf Rügen.

8. Sylt und Amrum

HIGHLIGHTS
- **Sansibar,** Herbert Secklers Sansibar am Rantumer Strand ist so legendär wie der Weinkeller.
- **Erlebniszentrum Naturgewalten,** im Lister Hafen Ausstellungen zum Anfassen – hier entsteht auf Knopfdruck Windstärke 9.
- **Denghoog,** Grabstätte aus der Steinzeit unter einer 20 t schweren Steinplatte in Wenningstedt
- **La Grande Plage Strandsauna,** drinnen schwitzen, draußen ab ins Meer – Sauna mit Brandungsblick
- **Friedhof St. Clemens in Nebel,** »Sprechende Grabsteine«, die vom Leben der Seefahrer und Walfänger erzählen

SYLT ZU JEDER JAHRESZEIT
- **21. Feb.:** Biike-Brennen, das große Feuer zur Winteraustreibung, ist Sylts Inselfeiertag.
- **Ende Juni–Anf. Sept.:** InselCircus, jährliches Gastspiel des Circus Mignon in Wenningstedt
- **August:** Sailing Week, Segel-Spektakel vor Westerland
- **Ende Sept./Anf. Okt.:** der Windsurf World Cup Sylt zieht 230 000 Besucher an den Brandenburger Strand in Westerland.

Einladung zum (Sonnen-)Baden: der Strand von Norddorf auf Amrum.

Unterschiedlicher können zwei so nahe beieinander gelegene Inseln kaum sein: das mondäne Sylt und das unprätentiöse Amrum. Sylt, der Star unter den Nordseeinseln, lockt mit Strandbars, Sterneköchen und seiner ganz speziellen Stimmung. Die Insel Amrum setzt lieber auf Naturtouristen, die zwischen Watt und Kniepsand den Inselfrieden genießen.

Zwischen Ebbe und Flut, zwischen Lärm und Stille

Was immer man über Sylt denken mag, eines ist unumstritten: Sylt ist etwas Besonderes. Eher ein Lebensstil als eine Insel aus 100 flüchtigen Quadratkilometern Sand und Dünen. Syltkenner preisen vor allem die natürlichen Vorzüge der Insel: den weiten Strand, die blühende Heide, das wunderbare Licht. Gut 40 km zieht sich der **Weststrand von Hörnum** an der Südspitze bis zum **Lister Ellenbogen**. Doch die Nordsee nagt beständig an der Küstenlinie: Jährlich verliert die Insel eine Million m³ Substanz. Der **Küstenschutz** kämpft seit 40 Jahren mit Sandaufspülungen dagegen an. Aber vielleicht ist Sylt gerade wegen seiner Verletzlichkeit so einzigartig. Das wird besonders an den Kliffs deutlich, die den Wetterunbilden seit Urzeiten trotzen. Außer dem bekannten **Roten Kliff** bei Westerland, das bei Sonnenuntergang unvergleichlich leuchtet, gibt es drei weitere, welche

Deutschland

die Erdgeschichte spiegeln: das **Weiße, Grüne und Bunte Kliff** zwischen Munkmarsch und Braderup, bei Keitum und bei Morsum. Letzteres ist eine zehn Millionen Jahre alte geologische Formation aus vier Sandschichten. Es zieht sich über 2 km hin und ist, auf den ausgewiesenen Wegen, eines der schönsten Spazierreviere Sylts.

Sylter Höhe-Punkte

Die bekannteste Erhebung der Insel ist die **Uwe-Düne**, mit 52,5 m die höchste Stelle Sylts. Sie befindet sich in prominenter Nachbarschaft von **Kampen**, das als das »St. Tropez« Deutschlands gilt – wegen Lokalitäten wie dem Gogärtchen und dem Pony (und ihrer zahlungskräftigen Kundschaft) und wegen der Immobilienpreise, da trifft der alte Sylt-Slogan »ganz oben in Deutschland« unfreiwillig ins Schwarze. Gemessen an der Größe ist auch die Anzahl der verliehenen Michelin-Sterne erstaunlich: Sechs Restaurants haben zusammen neun Sterne ergattert – Johannes King (Dorint Söl'ring, Rantum), Alessandro Pape (Fährhaus, Munkmarsch) und Sebastian Zier (La Mer, List) wurden 2012 gleich zweifach prämiert. Sylts Kochlegende heißt Jörg Müller. Sein Gourmetrestaurant ist ein echtes Argument fürs ansonsten verbaute Westerland.

Die stillen Vertreter

Aber es gibt auch eine andere Seite Sylts. In **Rantum** zum Beispiel, wo an Sylts schmalster Stelle die Reetdachkaten Deckung in den Dünen suchen, und die **Sansibar** die beste Currywurst nördlich von Wattenscheid serviert. Oder in **Morsum**, dessen wenige Häuser sich in der weiten »atlantischen« Heide verlieren. Im sumpfigen Boden am **Morsumer Watt** wächst Schilf, der begehrte Rohstoff für die Reetdächer. Wer lauscht, hört Vogelzwitschern, das Säuseln der Halme, nah am Meer ist das »Wattknistern« zu vernehmen. Auch **Munkmarsch** ist bescheiden geblieben: Segelboote dümpeln im kleinen Jachthafen, der ein raffiniertes Recycling-Produkt aus zwei ausgemusterten Schuten ist. Bevor 1927 der **Hindenburgdamm** eröffnet wurde, auf dem die meisten der 800 000 Gäste jährlich die Insel im Autoreisezug erreichen, legten hier die Fährschiffe an. Heute geht es mehr als gemächlich zu; für den meisten Publikumsverkehr sorgt das **Restaurant Fährhaus**. Richtung Kampen, am Golfplatz vorbei, liegt ein wahrer Stillespeicher – die **Wuldeschlucht**, üppig grün, einsam, zum Watt hin schlickig.

Blick aufs Weltnaturerbe – das Wattenmeer bei Sylt.

Persönlicher Tipp

WATTWANDERUNG DURCHS WELT-NATURERBE

Traurig, aber wahr: Das Wattenmeer ist (neben den Alpen) die letzte großräumige Naturlandschaft Mitteleuropas. Deshalb genießt es gleich doppelten Schutz: seit 1985 als **Nationalpark** und seit 2009 als **UNESCO-Weltnaturerbe**. Ebbe und Flut, Salz- und Süßwasser haben hier ein einzigartiges **Ökosystem** geschaffen: Auf den geschützten 95 000 km^2 leben mehr als 10 000 Tier- und Pflanzenarten, vom Einzeller bis zum Säugetier. Bis zu zwölf Millionen Zugvögel legen auf ihrem Weg von Nord nach Süd oder umgekehrt eine Pause im Wattenmeer ein – und der Mensch? Betritt andächtig den Meeresboden, wenn er an einer der zahlreich angebotenen Wanderungen teilnimmt und denkt nachher anders über das schmatzende Watt. Auf den Seiten www.nationalpark-partner-sh.de haben sich Gastgeber, Guides und Reedereien zusammengeschlossen; dort finden sich auch Ansprechpartner und Adressen. Allgemeine Infos und weiterführende Links gibt es unter www.sylt.de/die-insel/natur/wattenmeer.html

Der rot-weiße Leuchtturm westlich von Wittdün ist Amrums Wahrzeichen. Von seinen 66 m Höhe (inkl. Düne) hat man einen fantastischen Rundblick.

Persönlicher Tipp

LEUCHTTURM-TOUR

Hier muss an erster Stelle der **Amrumer Leuchtturm** stehen: Er ist einer der ältesten und mit 42 m einer der höchsten Leuchttürme an der deutschen Nordseeküste, die Feuerhöhe über NN beträgt sogar mehr als 60 m. Seit 1875 ist das Leuchtfeuer in Betrieb, vor gut 75 Jahren wurde es elektrifiziert – und fast 30 Jahre ist es her, dass ein Leuchtturmwärter zuletzt die 279 Turmstufen hinabgestiegen ist. Heute gilt der rotweiß geringelte Riese zwischen Wittdün und Nebel als Wahrzeichen Amrums, das von vielen Stellen der Insel aus sichtbar ist – insgesamt sogar über 23,3 Seemeilen.

Der vermutlich eleganteste Leuchtturm Nordfrieslands sendet von **Kampen** seine Leuchtsignale aus. Weiß gestrichen, mit einem dicken schwarzen Brustring, steht er seit 1974 unter Denkmalschutz und kann nur von außen besichtigt werden. Am **Ellenbogen** kann man dafür gleich zwei auf einen Streich sehen – nur 3 km voneinander entfernt recken sich in **List-West** und **List-Ost** Deutschlands nördlichste Leuchttürme in den Himmel.

Das Morsum-Kliff auf Sylt gilt als erdgeschichtliche Besonderheit.

Der wahre Star der Insel aber ist der Wind: Er pustet immer wieder die Wolken vom Himmel und die Köpfe der Strandwanderer frei. Nur selten kommt er mal aus Osten – und legt dann im Winter auch über den feinsten Strandhaferhalm einen zarten Umhang aus Eiskristallen.

Alternative Amrum

Und der kleine Nachbar im Süden? Entwickelt sich auch dank der verlässlichen Sandlieferungen aus dem Norden prächtig. Was Sylt abgeht, wird auf Amrum angespült – bis zu 1 km Breite misst der **Kniepsand**, der eigentlich eine vorgelagerte Sandbank ist. Wie eine große Spielwiese liegt der Paradestrand da zum Sandburgenbauen, Tagträumen und Drachensteigen. Wer nicht so weit durch die Dünen marschieren will, sollte den Strand von Norddorf aufsuchen. Die Orientierung fällt auf Amrum leicht: Es gibt drei größere Inselorte, **Wittdün** im Süden, **Nebel** in der Mitte und **Norddorf** im Norden. Von Ost nach West gliedert ein Streifendesign die 20 km² große Insel: erst Watt, dann Wiese und Heide, danach Wald, daneben Dünen und schließlich der Strand. Dazwischen ragen (wenige) Höhepunkte heraus – der rot-weiß geringelte **Leuchtturm**, die wunderbaren **Radwege** und die Fischbrötchen von Buttze in Wittdün.

Und welche ist nun die bessere Insel? Das müssen die Einheimischen wissen – z. B. die auf den Sandbänken vor List, Hörnum oder Jungnamensand vor Amrum. Doch die lümmeln lieber im Sand und genießen ihr Kegelrobbenleben. BM

Sylt und Amrum

Infos und Adressen

ANREISE
Flug: nach Westerland von allen größeren deutschen Flughäfen (www.flughafen-sylt.de); **Fähre:** nach Wittdün setzen die Fähren der Wyker Dampfschiffs-Reederei (W.D.R) von Dagebüll über, www.faehre.de. Dort kann man auch das Auto parken und sich mit dem »Insel-Paul«, dem Linienbus, auf Amrum fortbewegen; **Bahn:** In Westerland halten IC-Züge und die Wagen der Nord-Ostsee-Bahn, www.sylt-de/planen-buchen/anreise/bahn/html; **Auto:** alle 60–90 Min. startet in Niebüll der »Syltshuttle«, in der Hauptsaison sogar halbstündlich. Der Autoreisezug braucht 35 Min. bis Westerland.

BESTE REISEZEIT
Mai–September; zum Baden: Juli–August

SEHENSWERT
Altfriesisches Haus Keitum, originalgetreues Mobiliar aus dem 18. Jh. und eine kleine Weberei geben Einblick in vergangenes Inselleben und -handwerk. Ostern–Okt. Mo–Fr 10–17 Uhr, Sa/So 11–17 Uhr, Am Kliff 13, Keitum, www.soelring-foriining.de
Aquarium, das Syltaquarium zeigt das bunte Treiben unter Wasser in 25 Meerwasserbecken. Tgl. 10–18 Uhr, am Schützenplatz Westerland, www.syltaquarium.de
Amrumer Windmühle, einst Seezeichen und Graupenmühle, heute Museum und Ausstellungsraum. April–Okt tgl. 11–16 Uhr, am südlichen Ortsrand von Nebel

SHOPPING
Sylter Seifen Manufaktur, reine Pflanzenseifen, schön verpackt – von »Sylter Alge« bis »Sylter Heckenrose« ein tolles Mitbringsel. Sylter Seifen Manufaktur, Mo–Sa 11–1, Bi Miiren 11, Morsum, www.sylter-seifen.de
Strandkörbe, man muss sie sich liefern lassen, aber dafür sind sie echte Originale: Sylter Strandkörbe direkt ab der Fabrik in Rantum kosten ab etwa 1000 € und sind wind- und wetterfest. Sylt-Strandkörbe, Hafenstr. 10, Rantum, www.sylt-strandkoerbe.de

ESSEN UND TRINKEN
Restaurant Lässig: Chefkoch Dirk Lässig serviert köstliche Inselküche im jüngst renovierten Lokal. Im Hotel Strandhörn, Dünenstr. 20, Wenningstedt, www.strandhoern.de
Kleine Teestub: Frischgebackenes, Frühstücke und natürlich Tee satt im schnuckeligen Friesenhaus. Tgl. außer Do 10–18 Uhr, Westerhörn 2, Keitum, www.kleineteestube-sylt.de
Dorfkrug Rotes Kliff: Kartoffelgerichte mit Kultstatus, Alte Dorfstr. 3, Kampen, www.dorfkrug-kampen.de
Seekiste: Die erste Adresse in Nebel für friesisch-feine Küche, serviert vom Insel-Original Wellem Peters. Smaaljaat 2, Nebel, www.seekiste-amrum.de
Ual Öömrang Wiartshues: Fisch, Krabben, Fleisch sind die Spezialitäten im schönen Reetdach-Restaurant an der Norddorfer Marsch am Wattenmeer. Bräätlum 4, Norddorf, www.ual-oeoemrang-wiartshues.de

ÜBERNACHTEN
Hotel Stadt Hamburg: sehr chic, sehr stilvoll, sehr zentral. Strandstr. 2, Westerland, www.hotelstadthamburg.com
Hotel am Leuchtturm: ganz im Süden Sylts, neue Apartments mit Wellnessbereich. An der Düne 38, Hörnum, www.hotel-leuchtturm.com
Seeblick: schönes Backsteinhotel in Strandnähe. Strunwai 13, Norddorf, www.seeblicker.de

WEITERE INFOS
Sylt Marketing, Stephanstr. 6, Westerland, www.sylt.de;
Amrum Touristik, Inselstr. 14 b, Wittdün, www.amrum.de

Reichlich Material für Burgenbauer: Auf den nordfriesischen Inseln Sylt und Amrum stimmen Wasser- und Sandqualität.

9. Norderney / Ostfriesische Inseln

HIGHLIGHTS

- **bade:haus,** 2012 als modernstes Thalasso-Familienbad Europas eingeweiht, ideal für Wellness und Kur
- **Conversationshaus,** Kurhaus aus dem 19. Jh., elegant wie zu Kaisers Zeiten
- **Georgshöhe,** Aussichtsdüne am nordöstlichen Stadtrand mit weitem Blick über Insel und Nordsee
- **Marienhöhe,** auf der Düne saß einst Heinrich Heine und dichtete sein »Lied vom Meer«
- **Südstrandpolder,** Brutgebiet für viele Vogelarten, Rast- und Überwinterungsgebiet für zahllose Zugvögel

NORDERNEY VON SOMMER BIS WINTER

- **Mitte Juli–Ende Aug.:** Norderneyer Klassiksommer mit zahlreichen Konzerten
- **Mitte Aug.:** »Summertime@Norderney«, 10-tägiges Sommerevent mit Rock, Pop und Klassik, Drachenschau, Fashion und Comedy und großer Beachparty an den Samstagen
- **Anfang Sept.:** Norderneyer Triathlon »Islandman« (Schwimmen, Radrennen und Laufen)
- **Silvester:** großer Ball zum Jahresausklang im Conversationshaus

Am historischen Kurplatz hat Norderney besonders viel Flair.

Zwischen Ems- und Wesermündung säumen die Ostfriesischen Inseln die niedersächsische Nordseeküste. Sieben von ihnen sind bewohnt, in ihrer Mitte liegt 15 km lang und bis zu 2 km breit Norderney. Schon die Fährüberfahrt von Norddeich aus ist ein Erlebnis, das in Erinnerung bleibt.

Eine Insel geht mit der Zeit

Am Leitdamm entlang tuckert das Schiff leise ins Wattenmeer hinaus. Das Fahrwasser ist schmal und kurvenreich, führt keineswegs schnurgerade zur Insel hinüber. Möwen begleiten die Fähre, und manchmal strecken **Seehunde** ihre Köpfe aus dem Wasser. Ganze Scharen von ihnen bevölkern Sandbänke, immerhin wurden 2012 über 8400 dieser putzigen Tiere allein im **Nationalpark Niedersächsisches Wattenmeer** gezählt.

Vom Inselanleger fahren Busse und Taxis ins Städtchen hinein, das sich hinter den Dünen ausbreitet. Seeseitig zieht sich ein über 100 m breiter, feinsandiger Strand vom einen Ende der Insel zum anderen. Wer wandernd das richtige Strandgefühl sucht, macht sich am besten mit dem Inselbus zur **Weißen Düne** auf und geht von dort etwa 2 Std. lang am Spülsaum entlang, der reiche Muschelfunde beschert, zur Stadt zurück. Bei der Aussichtsdüne **Georgshöhe** ist sie erreicht. Wer vom Meer nicht lassen kann, flaniert jetzt über die

Deutschland

Strandpromenade weiter zur kultigen **Milchbar**. Längst hat sie sich auch für Cocktails einen guten Namen gemacht, denn Norderney geht mit der Zeit und entwickelt sich zum »Sylt der Ostfriesen«. Von hier sind es nur wenige Schritte ins Stadtzentrum. An den kleinen, verkehrsarmen Straßen stehen die inseltypischen **Pensionen** mit Frühstücksraum im angebauten Wintergarten. Vor allem in der Knyphausen- und der Poststraße sowie in der Bülöwallee haben sich viele Monostores international bekannter Mode-Labels angesiedelt. Da liegt auch der **Kurplatz** mit seiner mondänen Bebauung, die noch von Norderneys Glanzzeit als Königsbad im 19. Jh. zeugt.

Norderney bedeutet Ruhe und gepflegte Geselligkeit, lange Strandwanderungen, Badefreuden, Naturerlebnis und beim Blick in die Ferne die Zeit vergessen. KB

Infos und Adressen

ANREISE
Flug: mehrmals tgl. Verbindung mit Norden; **Bahn:** Fernzüge bis Norddeich-Mole; **Auto:** bis Emden A 31, dann B 210/B 72 bis Norddeich-Mole. Dort parken oder mit dem Auto aufs Schiff; **Schiff:** ab Norddeich-Mole häufig Verbindungen nach Norderney

BESTE REISEZEIT
Juni–Okt.; zum Baden: Juli–Aug.

SEHENSWERT
Bademuseum, Interessantes und Amüsantes von 1800 bis heute. Mi und Sa 11–16 Uhr, Am Weststrand 11, www.museum-norderney.de
Nationalparkhaus, Wissenswertes über den Nationalpark Niedersächsisches Wattenmeer. Am Hafen, www.nationalparkhaus-norderney.de

Fischerhaus-Museum, sehen, wie die Norderneyer früher lebten. Teeseminare.
April–Sept. Mo–Sa 15–17 Uhr, Weststrandstr. 1

ESSEN UND TRINKEN
Milchbar: Kultlokal mit grandioser Sonnenuntergangsterrasse. Kaiserstr. 3
Weiße Düne: Szenetreff in den Dünen, Küche regional und kreativ. Ostbad

ÜBERNACHTEN
Aquamarin: klein, persönlich und kunstsinnig. Friedrichstr. 51, www.hotel-aquamarin-norderney.de

WEITERE INFOS
Staatsbad Norderney,
Am Kurplatz 1,
www.norderney.de

Persönlicher Tipp

AUSFLUG NACH BALTRUM
Mehrmals im Monat finden von Norderney aus Bootsausflüge zur Nachbarinsel Baltrum statt. Gerade einmal 475 Einwohner zählt das **Dornröschen der Nordsee**. So haben die Straßen im völlig autofreien Ort auch keine Namen. Die Hausnummern gehen wirr durcheinander, denn sie werden chronologisch nach dem Erbauungsjahr und -monat vergeben. Da liegt dann schon einmal die Hausnummer 53 direkt neben der Hausnummer 242. Anzuschauen gibt es ein Nationalpark-Informationszentrum, die alte Inselkirche von 1839 mit der Inselschule von 1888 gleich nebenan und das Heimatmuseum. Beim Gang durchs Dorf fällt ein Charakteristikum der Insel auf: Es steht auf leicht unebenem Grund, die meisten Häuser sind in flache Dünensenken hineingebaut. Das ergibt ein angenehm bewegtes Ortsbild, zumal die meisten Gassen und Wege selten länger geradeaus verlaufen. Eine Dünensenke markiert auch das Ortszentrum mit Rathaus und »Kaufhaus«. In die Senke hinein hat man neuerdings zwei Reetdachhütten gestellt, die der Küche und dem Tresen eines trendigen Fischimbisses Schutz bieten. Davor lassen sich auf Lounge-Möbeln und in Strandkörben vorzüglich Fischbratwurst und frische Austern genießen.

Baltrum ist die kleinste der sieben ostfriesischen Inseln im Nationalpark Wattenmeer.

10. Helgoland

HIGHLIGHTS

- **Aquarium Helgoland,** zeigt in 19 großen Becken die faszinierende Unterwasserwelt um Helgoland.
- **Museum Helgoland,** erinnert auch an den Helgoländer Autor James Krüss und die Helgoländer Post- und Briefmarkengeschichte.
- **Mare frisicum,** Schwimmbecken im Innen- und Außenbereich sowie ein attraktives Wellness-Angebot
- **Lange Anna,** Naturdenkmal, das durch eine 1300 m lange Uferschutzmauer vor dem Zerfall gerettet werden soll
- **Lummenfelsen,** Nistplatz von Trottellummen, deren Junge sich mit dem spektakulären Lummensprung aus dem Nest lösen

HELGOLAND VON FRÜHJAHR BIS WINTER

- **Anfang Mai:** Helgoland-Marathon über Ober- und Unterland der Insel
- **Juni:** Nordseewoche mit zahlreichen Veranstaltungen, u. a. Segelregatten rund um Helgoland
- **August:** Börteregatta, Wettrennen der Helgoländer Börteboote
- **Silvester:** Höhenfeuerwerk und Silvesterparty in der Nordseehalle

Die Lange Anna ist trotz der 1300 m langen Schutzmauer weiterhin vom Einsturz bedroht.

Deutschlands einzige Hochseeinsel ragt 70 km vor dem Festland als markanter Buntsandsteinfelsen aus der Nordsee. Man kann sie zwar in einer guten Stunde umrunden, aber dort auch ein abwechslungsreiches Wochenende verbringen, denn zu erkunden, zu sehen und zu genießen gibt es auf Helgoland genug.

Dreimal Helgoland: Düne, Ober- und Unterland

Helgoland ist zweigeteilt. 1720 zerbrach die Landzunge zwischen der Hauptinsel und den ihr vorgelagerten Kalksteinklippen, auf denen das Meer dann im Lauf der Jahrhunderte die heutige Sandinsel, die **Düne**, aufspülte. Auf der Düne liegen der Flugplatz, ein **Feriendorf** und ein **Sandstrand**, den sich die Menschen freilich teilweise mit weit über einhundert dort ganzjährig lebenden Kegelrobben teilen müssen. Sogenannte **Börteboote** (hochseetüchtige Boote aus massivem Eichenholz) pendeln zwischen den beiden Inselteilen. Sie bringen auch die Passagiere von ihren auf Reede liegenden Ausflugsschiffen auf die Hauptinsel, von denen die meisten freilich nur für ein paar Stunden bleiben. Noch immer locken einige Besucher die relativ günstigen Preise für Tabakwaren, Spirituosen und hochwertige Lifestyle-Artikel, denn Helgoland ist von der Mehrwertsteuer befreit. **Duty-free Shops**

Deutschland

prägen denn auch das Ortsbild im **Unterland** mit. 184 Stufen und ein Fahrstuhl führen vom geschäftigen Unterland ins stillere Oberland hinauf, wo zwar auch noch etliche Häuser stehen, aber auch Platz für die winzigen Gemüsegärten der Einheimischen ist. Ein etwa 3 km langer Rundweg führt zumeist direkt an den Klippen entlang, passiert Helgolands Wahrzeichen, die 48 m hohe **Lange Anna**, und den berühmten **Lummenfelsen**, auf dem zwischen Mitte April und Juli über 2000 Trottellummen-Paare nisten. Nach solch einem Spaziergang in reinster Seeluft mundet Helgolands Spezialität, der Knieper, besonders gut: Scheren des Taschenkrebses, der im Felswatt vor Helgoland zu Hause ist. Und wer auf der Insel übernachtet, wird sich bestimmt auch einen Eiergrog gönnen: in Rum mit heißem Wasser verquirltes Eigelb.   KB

Tausende Trottellummen-Paare nisten von April bis Juli auf Helgoland.

Infos und Adressen

ANREISE
Flug: ganzjährig ab Bremerhaven; **Schiff:** ganzjährig ab Cuxhaven, im Sommer auch ab Büsum, Bremerhaven und Wilhelmshaven

BESTE REISEZEIT
Juni–September

SEHENSWERT
Infozentrum für Geschichte und Kultur, erzählt, warum Helgoland 1807 britisch und 1890 wieder deutsch wurde. Hummerbude 37 am Binnenhafen
Friedhof der Namenlosen, letzte Ruhestätte für Unbekannte, deren Leichen vom Meer angespült wurden. Düne
Fallersleben-Denkmal, Büste des Dichters Hoffmann von Fallersleben, der 1841 auf Helgoland den Text des Deutschlandlieds schrieb. Am Börtebootanleger

ESSEN UND TRINKEN
Galerie im Hotel Insulaner: saisonale Küche, regional und französisch. Am Südstrand 2
Mocca-Stuben: Bar und Restaurant mit regionaler und schwäbischer Küche. Hingstgars 447

ÜBERNACHTEN
Rickmer's Insulaner: 4-Sterne-Haus mit Spa. Am Südstrand 2, www.insulaner.com
Dünenblick: ruhige Pension an der Uferpromenade. Prof.-Heinke-Str. 30, www.hausduenenblick.de

WEITERE INFOS
Helgoland-Touristik, Lung Wai 28, Helgoland, www.helgoland.de

Persönlicher Tipp

FÜHRUNGEN AUF HELGOLAND
Zum reichen Veranstaltungsprogramm auf der Insel gehören auch verschiedene Führungen. Eine **Bunkerführung** führt in dunkle Vergangenheit zurück: Schon Kaiser Wilhelm II. ließ Helgoland zur Seefestung ausbauen, in der NS-Zeit wurde die Insel mit einem gigantomanischen Bunkersystem ausgehöhlt. Am 18. April 1947 legten britische Bomberpiloten die inzwischen evakuierte Insel in Schutt und Asche. Erst 1952 kehrten die ersten Bewohner zurück. Bei Führungen durch die unterirdischen Zivilbunker der Kriegsjahre wird jene Zeit für jede Altersgruppe lebendig. Sehr viel erfreulicher sind dagegen die **ornithologischen Führungen**, welche die **Vogelwarte Helgoland** anbietet. Dabei erfährt man viel über die 370 Vogelarten (darunter Basstölpel, Tordalk, Eissturmvogel, Rauchschwalbe und Mönchsgrasmücke), die hier rasten oder nisten, und über die Arbeit der Wissenschaftler und ihrer freiwilligen Helfer, die mit ihren Beringungsaktionen viel zur Zugvogelforschung beitragen können.

11. Rügen

Die Kreideküste ist eine grandiose Kulisse für Spaziergänge am Wasser und in den Buchenwäldern.

HIGHLIGHTS

- **Jasmund Nationalpark,** senkrecht abfallende Steilufer und märchenhafte Buchenwälder prägen diesen magischen Ort.
- **Prora,** mit 4,5 km das längste Wohngebäude der Welt – für die einen eine Ruine, für die anderen ein Ort der Inspiration
- **Rasender Roland,** Dampfloks verbinden die Badeorte Göhren, Baabe, Sellin, Binz und Lauterbach.
- **Göhren,** »Endstation Göhren, alles aussteigen!« macht beim Anblick von Wasser, Sonne und Sand Lust, tatsächlich auszusteigen.
- **Kap Arkona,** die Leuchtfeuer im äußersten Norden Rügens können auch besichtigt werden.

RÜGEN ZU JEDER JAHRESZEIT

- **März–Nov.:** Beim Sandskulpturen-Festival in Binz entstehen fantasievolle Gebilde.
- **Mai:** Putbus-Festspiele, Theater und Park leben unter Opernklängen neu auf.
- **Juni:** Blue Wave Festival, Blues-Workshops in Binz und Göhren
- **Dez.:** Feiern wie die Wikinger, Straßenfest zum Jahreswechsel in Göhren

Als wolle die Ostsee ihre schönste Insel auf einem silbernen Tablett servieren, erheben sich die strahlend weißen Klippen Rügens hoch über das Meer hinaus. Wo die Sonne länger scheint als anderswo in Deutschland, schwimmen Schwäne in den Häfen mondäner Badeorte und tummeln sich Seehunde vor schier endlosen Stränden.

Die Sonnenscheininsel

Wenn die Beweggründe sicherlich auch andere waren als die prachtvolle Natur der Küsten, Wälder und Bodden, Wikinger und Slawen, Schweden und Dänen, Franzosen und Preußen, sie alle haben Anspruch erhoben auf Deutschlands größte Insel. Erobert wurde das Eiland schließlich von den Touristen. Gebaut auf dem soliden Fundament des angehobenen Meeresbodens, wuchsen an der Westküste Villen empor, so weiß getüncht wie der Muschelkalk der Klippen, an denen sie errichtet wurden.

Kaffee und Kuchen, eingenommen auf der Terrasse des Kurhauses **Binz**, sind wie eine Reise zurück in die Gründerjahre. Auf der Promenade flanieren die Damen an der Seite ihrer Begleiter und präsentieren den Chic aktueller Som-

Deutschland

Die Leuchttürme am Kap Arkona, dem nördlichsten Punkt der Insel, sind die Wahrzeichen Rügens.

mermode, während im Schatten der Seebrücke die neuesten Bikinis vorgeführt werden. Die entfallen an den zahlreichen Freikörperkultur-Stränden ein wenig südlich unterhalb der steil aufragenden Kalkwände der Naturstrände in Richtung **Sellin** und **Göhren**. Beides Orte, die sich so eng an die Küste schmiegen, dass man glauben könnte, vom Balkon der Ferienvilla aus in die Wogen springen zu können.

Die Schatzinsel

Ganz im Geiste des berühmten Sohnes der Insel, dem Piraten Klaus Störtebeker, sieht man die Menschen am Strand nach dem »Gold der Ostsee«, nach Bernstein, suchen. Wer glaubt, Gold und Geld mache nicht glücklich, begnügt sich mit dem Sammeln von »Hühnergöttern«: ein Stein mit einem Loch darin, den schon die alten Slawen als Glücksbringer um den Hals trugen. Wem das zu aufwendig erscheint, geht bei Herrn Störtebeker und seinen Vitalienbrüdern in die Schule. In **Ralswiek** ist man inzwischen bei Kapitel 20 – oder anders ausgedrückt bei der 20. Vorführung auf der beeindruckenden Freilichtbühne – angekommen.

Tor zum Märchenwald

Ebenso schön wie die Kulissen der Festspiele am Jasmunder Bodden ist die Altstadt von **Sassnitz**. In geschwungenen Gassen führt der Weg hinunter zur Uferpromenade und dem Hafen, wo die Fischer aus Silber Gold herstellen. So nennen zumindest die einheimischen Alchemisten den Prozess des Heringräucherns. Das Buchenholz, dessen Duft sich über den Fischerbooten verströmt, stammt aus den Wäldern des **Jasmund Nationalparks**, der sich direkt an die Stadt anschließt. Der Eingang wird bewacht von Wölfen – im heimischen Zoo. Eine Landschaft wie gemalt. Im wahrsten Sinne des Wortes. Caspar David Friedrich schuf das wohl bekannteste Bild von Rügens Kreideküste, die **Wissower Klinken**. Der Großteil dieser Kalkformation ist inzwischen ins Meer gerutscht. Einmal mehr ein Beweis für die Naturgewalten, mit der sich die Bewohner der Insel seit jeher arrangieren mussten. Herrn Brahms wäre das Geräusch bestimmt einen weiteren Akt für seine erste Sinfonie wert gewesen, zu deren Vollendung ihn die Kalkfelsen inspiriert hatten. Am **Königsstuhl**, der mit der Ernennung zum UNESO-Weltnaturerbe geadelt wurde, haben der Sage nach einst Edelleute um den Thron gerungen. Das klingt mindestens so

Persönlicher Tipp

STÖRTEBEKER FESTSPIELE RALSWIEK

Piraten kreuzen die Klingen mit schwer bewaffneten Knechten hanseatischer Kaufleute, Kanonendonner hallt über die Bucht, Schiffe gehen in Flammen auf, Pferde galoppieren durch die Stadt ... Der kleine Ort Ralswiek am **Jasmunder Bodden** ist seit 20 Jahren Austragungsort der Störtebeker Festspiele. Mehr als 5 Millionen Besucher haben seit der ersten Vorstellung 1993 die Abenteuer des norddeutschen Piraten Klaus Störtebeker live miterlebt. An der Inszenierung des Spektakels wirken jährlich ca. 150 Menschen mit und vier Schiffe wurden angefertigt, die nach ihrer Versenkung dank ausgeklügelter Technik pünktlich zur nächsten Vorstellung wieder auftauchen. Wer war dieser sagenumwobene Störtebeker, dessen Name viele Schiffe ziert und dem ein halbes Dutzend Denkmäler im norddeutschen Raum gewidmet ist? Ein Freibeuter, ausgestattet mit einem Kaperbrief des schwedischen Königs. Bei Sassnitz in der **Piratenschlucht** soll der Sage nach sein Schatz liegen, der von einer Meerjungfrau bewacht wird.

Das Rathaus in Stralsund: ein beeindruckendes Zeugnis aus der Epoche der Backsteingotik.

Persönlicher Tipp

AUSFLUG BEI MEHR ZEIT

STRALSUND

Wehrhafte Mauern umschließen seit dem Mittelalter den historischen Stadtkern und untermauern so die wirtschaftliche und militärische Bedeutung der zu jener Zeit nach Lübeck bedeutendsten **Hansestadt** im Ostseeraum. Der Wohlstand der Hansestadt spiegelt sich am ehesten in den prachtvollen Bauten der **Backsteingotik** wieder. Sind die Reste der Klosteranlage von Bergen auf Rügen bereits sehenswert, haben die Gebäude in Stralsund vergleichsweise gewaltige Dimensionen. Dennoch: Nach außen strahlen die Häuser immer noch die typisch hanseatische Zurückhaltung aus. Wie die Menschen des Nordens auch, muss man schon das ein oder andere Türchen öffnen, damit diese ihren inneren Charme offenlegen. Zu den schönsten Ausflugszielen gehören das **Deutsche Meeresmuseum**, das **Ozeaneum**, das Segelschulschiff »**Gorch Fock**«, das **Theater Vorpommern**, der **Tierpark** und das **Erlebnisbad**. Doch genauso aufregend kann ein Spaziergang durch die Altstadt oder durch das Hafenviertel sein, in denen der alte Geist der Kaufmannsgilden lebt.

Das Kurhaus in Binz ist ein altehrwürdiger Repräsentant dieses mondänen und belebten Badeortes.

aufregend wie die Überlieferungen des schwedischen Königs Karl XII, der von diesem Ort aus eine Schlacht mit der dänischen Flotte beobachtet haben soll. So viel königliches Blut hat seinen Preis. Heutzutage muss man zahlen, um an diesen Ort zu gelangen. Dafür ist der Eintritt in das sehenswerte **Nationalparkzentrum Jasmund** gleich enthalten.

Lange vor den Edelleuten hatten Mönche den Reichtum der Insel erkannt und begonnen, Klöster in **Bergen** und auf **Hiddensee** zu bauen. Auf der Halbinsel **Mönchgut**, wo alte Traditionen nach wie vor lebendig sind, errichteten sie Gutshöfe, Brauereien und Schulen in Gebäuden, die heute noch ein anschauliches Bild vom Treiben im Mittelalter zeichnen. Dass sie die Insel besiedeln konnten, hatten sie den Dänen zu verdanken. Die räumten die Kultstätten der Slawen am **Kap Arkona** beiseite und überredeten sie, zum christlichen Glauben überzutreten. Nun stehen hier die berühmten Leuchttürme, die den Fischern und Seefahrern den richtigen Weg in die Heimat weisen. Wo es Geld zu verdienen und reichlich Wild zu jagen gab, waren natürlich auch Fürsten, Industrielle und Kaufleute nicht weit. Malte I. ließ eine ganze Stadt, die Rosenstadt **Putbus**, nach seinen Vorstellungen errichten. Wie ein Hochstand mitten im Wald streckt **Schloss Granitz** die Türme über das ehemalige Jagdrevier des Fürsten. Ein lohnender Aufstieg, um den Blick über das grüne Blätterdach bis zur Ostsee, über die fischreichen Gewässer der Bodden bis hin zum Tor zur Insel, der Hansestadt **Stralsund**, schweifen zu lassen. CD

Rügen

Infos und Adressen

ANREISE
Flug: der nächst größere Flughafen, der von Linienmaschinen angeflogen wird, ist Rostock. Den kleinen Flughafen Güttin auf Rügen steuern nur kleine Chartermaschinen an; **Bahn:** bis Hamburg mit dem ICE, weiter per IC bis Stralsund und von dort mit der Regionalbahn über Bergen nach Binz; **Auto:** die A 20 führt bis kurz vor Stralsund. Zur Hansestadt geht es auf der gut ausgebauten E 22, auf Rügen geht es weiter auf Bundes- oder Landstraßen; **Fähre:** in Sassnitz bzw. Neu Mukran setzen Fähren nach Dänemark, Schweden und Lettland über.

BESTE REISEZEIT
Mai–Oktober zum Wandern und für die Inselerkundung; zum Baden: Juli–August

SEHENSWERT
Seebrücke Sellin, mehr als nur ein Anleger, ein Ort zum Verweilen mit frisch renovierter Gastronomie, 394 m zwischen Himmel und Meer.
Jagdschloss Granitz, wunderschön restauriertes Schloss mit zünftiger Gastronomie in den Kellergewölben und Biergarten inmitten der Wälder der Granitz. Mai–Sept. tgl. 9–18 Uhr, Okt. und April tgl. 10–16 Uhr, Nov.–März, Di–So. 10–16 Uhr, Ostseebad Binz, www.granitz-jagdschloss.de

ESSEN UND TRINKEN
Omas Küche Binz: Wer mag, den kutschiert ein englisches Kult-Taxi zum Besuch in das nostalgische Stuben-Restaurant, wo ihn Köstlichkeiten vom Herd oder aus dem Suppentopf erwarten. Sogar Vierbeiner sind bei Oma gern gesehene Gäste; sie dürfen aus einem Hundemenü auswählen. Proraer Chaussee 2a, Ostseebad Binz
Hotel & Gasthof Zur Linde: Rügens ältester Gasthof in gemütlicher Atmosphäre inmitten des traditionsreichen Mönchguts mit selbstgebrautem Bier und eigens geröstetem Kaffee, Dorfstr. 20, 18586 Middelhagen
Nautilus Hotel & Restaurant: zum Dinner mitten in die Fantasiewelt von Jules Verne; in diesem Erlebnisrestaurant wurde die U-Boot-Kulisse der »Nautilus« detailgetreu nachgebaut. Regelmäßig Livemusik, Shows und Tanzabende. Dorfstr. 17, Neukamp
Fischhandlung Dumrath: Ein leckeres Fischbrötchen bei Fischer Dumrath macht nicht nur satt, sondern angeblich auch schlauer. Boddenstr. 25, Groß Zicker

SHOPPING
Der Bernsteinfischer, kleine Holz- und Bernsteinwerkstatt, Schleifen und Polieren von Rohbernstein, Fertigen von Anhängern, Kunsthandwerk. Paulstr. 1, Ostseebad Binz

Karls Erlebnisbauernhof und -shop, regionale Produkte aus den Showküchen und -bäckereien, selbstgemachte Bonbons und alles, was einen an einen gelungenen Rügenaufenthalt erinnert. Für Familien mit Kindern bietet sich danach ein Besuch im angeschlossenen Freizeitpark an. Binzer Str. 32, Zirkow

ÜBERNACHTEN
Schloss Ralswiek: 4-Sterne-Hotel im Stil französischer Renaissance-Schlösser, das Tradition und Komfort perfekt vereint. Parkstr. 35, Ralswiek, www.schlosshotel-ralswiek.de
Villa Melanie: nur ein Beispiel für romantische Bädervillen mit einfachen, aber gemütlich eingerichteten Appartements und wunderschönem Blick aufs Meer. Bergstr. 12, Sassnitz, www.villa-melanie-ruegen.de
Radisson Blu Resort: wunderschön gelegene Wellnessanlage am Wieker Bodden. Vaschvitz 17, Rügen, www.radissonblu.de

WEITERE INFOS
Gesellschaft für Marketing und Öffentlichkeitsarbeit mbH, Rügens offizielle Tourismuszentrale, Ringstr. 113–115, Bergen auf Rügen, www.ruegen.de

Seebrücke in Sellin: Wenige Meter über der See schwebend wartet die Sehnsucht nach der Ferne.

12. Mecklenburger Seen

HIGHLIGHTS
- **Müritztherme Röbel,** Spaßbad mit Rutsche und herrlicher Indoor- und Outdoor-Saunalandschaft
- **Müritz-Nationalpark,** einzigartige Flora und Fauna auf 322 km², Fischadlerkamera im Besucherzentrum Federow
- **Wisentgehege Damerower Werder,** die beeindruckenden Tiere auf einer Halbinsel im Kölpinsee aus nächster Nähe erleben
- **Dampferfahrt über die Müritz,** z. B. mit der »Weißen Flotte« von Waren bis nach Mirow
- **Alte Fahrt,** Kanuparadies zwischen Mirow und Müritz auf stillgelegter Wasserstraße durch sieben Wald- und Heideseen voller Seerosen

MECKLENBURGER SEENPLATTE VON FRÜHJAHR BIS HERBST
- **Ende Mai:** Kunst Offen, regionale Künstler öffnen ihre Werkstätten und lassen sich beim Arbeiten über die Schulter schauen.
- **Ende Juni–Anf. Aug.:** Festivalsommer der Kammeroper Schloss Rheinsberg
- **Ende Sept./Anf. Okt.:** Müritz Fischtage, zwischen Plau und Waren dreht sich zwei Wochen lang alles um den heimischen Fisch.

Traumhafter Blick vom Kirchturm Röbel auf die Müritz und die traditionellen Bootshäuser.

Tiefblau schmiegen sich die Seen in die Landschaft. Motorboote und Segler gleiten wie weiße Federn auf dem blauen Band. Zwischen Berlin und der Ostsee liegt ein in Deutschland einmaliger Naturraum mit einem Labyrinth aus Seen und Flüssen. Charmante Städtchen wie Waren und Rheinsberg grüßen am Ufer. Der Müritz-Nationalpark bewahrt eine artenreiche Flora und Fauna.

Land der tausend Seen

Als sich die Gletscher der letzten Eiszeit vor 10 000 Jahren zurückzogen, hinterließen sie eine Landschaft mit tiefen, wassergefüllten Rinnen und mehr als 3000 Seen, in die der geschmolzene Eispanzer abfloss. Sand, Lehm und Geröll, das Jahrtausende zermalmt und geschürft wurde, blieb zurück und formte die sanften Hügel der Seenplatte. Heute ist das Gebiet über weite Flächen Mecklenburgs und Nordbrandenburgs ein Urlaubsparadies mit zahllosen idyllischen Seen, Heidelandschaften, bunten Buchenwäldern im Herbst, Feuchtwiesen und Mooren.

Die Reise führt in das Herz der Seenplatte mit den Gestaden am **Plauer See**, **Fleesensee**, **Kölpinsee** und der **Müritz**. Ein guter Ausgangspunkt ist **Waren/Müritz**. Das schmucke, von Fachwerk geprägte Städtchen liegt am nördlichsten

Deutschland

Zipfel von Deutschlands größtem Binnensee. Das Ufer ist von zahlreichen Restaurants gesäumt und umschließt den noblen Jachthafen. Von den Sonnenterrassen der Cafés lassen sich die vielen im Hafen ein- und auslaufenden Schiffe beobachten. Besonderer Anziehungspunkt (und nicht nur eine Schlechtwetter-Alternative) ist das **Müritzeum**. Hier werden dem Besucher Flora, Fauna und die Entstehung der Mecklenburgischen Seenplatte anschaulich näher gebracht. Besuchermagnet ist das 100 000 l fassende Süßwasserbecken, in dem sich ein Maränenschwarm vergnügt.

Im Müritz-Nationalpark

Von Waren aus kann man bequem seine Entdeckungsreise in den 322 km² großen Müritz-Nationalpark starten. Er ist der größte seiner Art in Deutschland. Ein Teilgebiet umfasst das komplette **Ostufer der Müritz** südlich von Waren, ein weiteres die Region zwischen **Neustrelitz** und **Feldberg**. 54 Säugetierarten, 214 Vogelarten und 625 Nachtschmetterlingsarten finden hier ihren Lebensraum. Von mehreren Aussichtspunkten hat man eine gute Chance, den ganzjährig verweilenden Seeadler zu beobachten oder den Fischadler, der sich von März bis September hier niederlässt. Seinen Horst kann man dank Videoüberwachung im Nationalparkzentrum **Federow** begutachten. Wanderer erfreuen sich an dem gut ausgebauten Wegenetz, das durch den Nationalpark führt, und Radfahrer über 230 km ausgeschilderte Radwanderwege.

Nördlich des Kölpinsees befindet sich das **Damerower Werder**. Hier werden die fast ausgestorbenen Wisente in einem naturbelassenen Lebensraum gezüchtet. Ein Schaugehege ermöglicht den Besuchern, einen Teil der Population zu beobachten. Ähnlich tierisch geht es auch am Südzipfel des Plauer Sees, im **Bärenwald in Stuer**, zu. In dem 15 ha großen Freigehege können Bären aus schlechter Haltung vernachlässigte Sinne wiederentdecken und ihren natürlichen Instinkten folgen.

Nördlich der Mecklenburgischen Obersen schließt der Naturpark der **Nossentiner** und **Schwinzer Heide** an. Vom Aussichtsturm »Moorochse« bei Alt-Schwerin hat man einen guten Blick auf Torfstiche und eine Kormorankolonie.

Liebevoll restauriert

Die Städte der Mecklenburger Seenplatte wurden nach 1989 liebevoll restauriert. Viel Fachwerk, bunte Hausfassaden und individuelle Sehenswürdigkeiten zeichnen die Zentren aus.

Die Plauer Hubbrücke von 1916 fährt 1,60 m in die Höhe, um Sportboote passieren zu lassen.

Persönlicher Tipp

HAUSBOOTURLAUB ZUR KRANICHZEIT

Die Weite der Seen vom Wasser aus zu erleben, gehört zu den Highlights der Seenplatte. Zahlreiche Charterunternehmen bieten Jachten und Hausboote an. Dank des führerscheinfreien Reviers können Schiffe bis 15 m nach einer Einweisung gemietet werden. Danach darf der Freizeitkapitän vollkommen frei navigieren, in einsamen Buchten ankern, die Angel ins Wasser halten und im Herbst dem spektakulären Kranichzug zusehen. Tausende dieser majestätischen Vögel machen auf ihrem Zug in den warmen Süden Rast in der Seenplatte. Nachts verweilen sie, vor Feinden geschützt, im kniehohen Wasser der Erlenwälder und Moore. Morgens bei Sonnenaufgang suchen sie auf nahegelegenen Feldern nach Nahrung. Ihr Trompeten ist dann schon von Weitem zu hören. Da das schmale Stück des Müritzarms so gut wie immer von Kranichen überflogen wird, ist auf dem Wasser ein Logenplatz garantiert. Eine gut ausgebaute Hafeninfrastruktur mit idyllischen Anlegeplätzen rundet das Bootserlebnis ab.

Märchenschloss eines Preußenkönigs: Auf Rheinsberg verbrachte Friedrich II. glückliche Jahre.

Persönlicher Tipp
DIE KLEINSEENPLATTE MIT SCHLOSS RHEINSBERG

Südöstlich der Müritz schließt sich das Gebiet der Kleinseenplatte an. Wie der Name schon sagt, sind die Seen viel kleiner, dafür aber auch verzweigter. Dieses Gebiet von zusammenhängenden Seen ist ein Paradies für Kanufahrer und Hausboot-Urlauber. Auch vom Land aus bleibt einem die Schönheit der Landschaft nicht verborgen. Zwischen Mirow und Rheinsberg führen viele Sträßchen an den Ufern entlang. Badestellen verlocken im Sommer zu einem Sprung ins klare Wasser.
Idyllisch am **Grienericksee** gelegen, thront Schloss Rheinsberg. Hier residierten Friedrich II. und später sein jüngerer Bruder Heinrich, der dem Bau seine heutige klassizistische Form gab. Theodor Fontane und Kurt Tucholsky setzten dem Ort literarisch ein Denkmal. Auch heute sind Besucher von der Anlage begeistert. Herrlich lässt es sich im Lustgarten spazieren gehen, oder man besichtigt die prunkvollen Innenräume. Dekor und Einrichtung verraten viel über die höfischen Wohnverhältnisse des 18. Jh.

Die Röbeler Windmühle steht auf einem kleinen Hügel und kann besichtigt werden.

In **Plau am See** ist die blaue Hubbrücke aus dem Jahr 1916 eine Attraktion. Mehrmals täglich fährt sie 1,60 m in die Höhe, um Sportboote passieren zu lassen. Der erhaltene Burgturm aus dem 13. Jh. beherbergt ein kleines Museum mit einem 11 m tiefen Verlies. In der langgestreckten Stadt **Röbel** lohnt ein Besuch der gotischen Marienkirche und ihres Turms. Aus 58 m Höhe bietet er einen herrlichen Blick auf die Müritz.

Über das Land verstreut liegen unzählige Gutshäuser und Schlösser. Viele von ihnen fanden neue Besitzer und wurden in den letzten Jahren aufwendig saniert, um sie für den Hotel- und Restaurantbetrieb zu nutzen. Besonders schöne Beispiele sind **Klink** und **Ludorf**: Ersteres kommt mit seinem an französische Renaissancebauten angelehnten Stil verspielt daher, das im 17. Jh. erbaute Gutshaus Ludorf hingegen strahlt durch eine schlichte Backsteinfassade Eleganz aus.

Per Fahrrad, Schiff oder zu Fuß lässt sich diese Kulturlandschaft mit ihren alten Baumalleen, Backsteinkirchen, Gutshäusern, Schlössern und verträumten Dörfern besonders gut erkunden. Für das leibliche Wohl sorgen zahlreiche Restaurants mit regionaler Küche, die natürlich von Fisch geprägt ist. Diesen gibt es auch in zahlreichen Fischläden und -imbissen. Die Müritzfischer bilden heute den größten Binnenfischereibetrieb Deutschlands. Ihren frischen Fisch kann man in insgesamt acht eigenen Läden rund um die großen Seen kaufen. ChD

Mecklenburger Seen

Infos und Adressen

ANREISE
Flug: nächstgelegene Flughäfen sind Berlin und Rostock; **Bahn:** RE bis Waren, ODEG bis Malchow; **Auto:** über A 24 und A 19 bis nach Malchow oder Röbel; **Tipp:** mit dem Nationalparkticket kann man während der Saison ganztägig Bus und Schiff nutzen. Fahrräder werden in einem Anhänger transportiert. www.nationalparkticket.de

BESTE REISEZEIT
Mai–Oktober

SEHENSWERT
Müritzeum, die Welt der Seenplatte und ihre Flora und Fauna. April–Okt. tgl. 10–19 Uhr, Nov.–März tgl. 10–18 Uhr. Zur Steinmole 1, Waren/Müritz, www.mueritzeum.de
Marienkirche Röbel, die Turmbesteigung der 1250 errichteten Hallenbacksteinkirche lohnt schon wegen der Aussicht. Straße der Deutschen Einheit 14, Röbel/Müritz
Bärenwald, Bären in naturbelassenem Gelände erleben. Am Bärenwald 1, Stuer, www.baerenwald-mueritz.de
Sommerrodelbahn mit Affengehege, 800 m Rodelbahn und der Affenwald mit einer putzigen Berberaffen-Familie. Karower Chaussee 6, Malchow, www.sommerrodelbahn-malchow.de
Luftfahrttechnisches Museum Rechlin, Schautafeln und Exponate erläutern historische Flugzeug- und Waffenerprobungen in Rechlin und Umgebung. Feb.–April Mo–Do 10–16 Uhr, Fr 10–15 Uhr, Mai–Okt. tgl. 10–17 Uhr, Am Claassee 1, Rechlin, www.luftfahrttechnisches-museum-rechlin.de

ESSEN UND TRINKEN
Kleines Meer: gehobene, kreative Küche, Fisch aus der Müritz und Frisches aus der Region. Alter Markt 7, Waren/Müritz
Plauder Käseeck: charmantes Bistro mit vielen Käsevariationen und mediterran angehauchter Küche. Wallstr. 2, Plau am See
Kugellager in Röbel: sympathische Kneipe mit Biergarten in alten Werkstatthallen. Selbstgezapftes und Fingerfood. Straße des Friedens 63, Röbel/Müritz
Fischereihof Mirow: tagesfrischer Fisch, geräuchert oder mariniert, Fischimbiss mit Suppen und Salaten. Mühlenstr. 21, Mirow

SHOPPING
Fußgängerzone in der Langen Straße in Waren, 14 Fachhändler erhielten die Auszeichnung »1 a-Fachhändler« für ihr vielfältiges Waren- und Dienstleistungsangebot.
Straußenhof Brandt, hier gibt's nicht nur Straußenfleisch, sondern auch Staubwedel aus Straußenfedern und regionale Hofladenprodukte. Heide 3, Vipperow, www.straussenhof-brandt.de
Filzmanufaktur Stark, die Manufaktur befindet sich in einem 200 Jahre alten Haus und kann besichtigt werden. Am Dorfplatz 49, Retzow, www.claudia-stark.de

ÜBERNACHTEN
Bootshaus Nr 2: liebevoll eingerichtetes Bootshaus. Granzow, Mirow, www.bootshaus-mirow-mueritz.de
Müritz-Hausboot: kleines Häuschen auf dem Wasser im Hafen von Buchholz/Müritz. www.mueritzhausboot.com
Landhaus Perle: Mehrere Ferienwohnungen und -appartements warten in der Nähe von Röbel. Marienfelder Str. 53–57, Röbel/Müritz, www.mueritz-landhausperle.de
Romantik Hotel Gutshaus Ludorf: Leben wie einst der Landadel. Stilvoll eingerichtete Zimmer mit Gutshaus-Charakter, Wellness und Sportmöglichkeiten. Rondell 7, Ludorf/Müritz, www.gutshaus-ludorf.de
Land Fleesensee: Urlaubsresort am Fleesensee mit mehreren modern ausgestatteten Hotels. Spa und Wellness, Sport- und Freizeitangebote sorgen für Wohlbefinden. Drei exzellente 18-Loch-Golfplätze. Marktplatz 12, Göhren-Lebbin, www.fleesensee.de

WEITERE INFOS
Tourismusverband Mecklenburgische Seenplatte e. V., Turnplatz 2, Röbel/Müritz, www.mecklenburgische-seenplatte.de

Das Schloss Klink wurde 1898 im Stil der Neorenaissance errichtet. Heute beherbergt es ein luxuriöses Hotel.

13. Spreewald

HIGHLIGHTS
- **Kahnfahren selber lernen:** Einen traditionellen Holzkahn zu staken ist normalerweise Sache der Profis. In der Kahnfahrschule Kalmus kann es erlernt werden.
- **Spreewelten:** ein Solebad in der Spreewaldtherme in Burg, mit Pinguinen schwimmen in den Spreewelten in Lübbenau
- **Schlittschuhlaufen:** Das Netz aus Wasserwegen verwandelt sich im Winter in eine einzige Eislaufbahn.
- **Weidendom** in Schlepzig und **Weidenburg** in Burg: »lebende« Gebäude aus echten Weidenruten
- **Slawenburg Raddusch:** Rekonstruktion einer originalen Holz-Slawenburg aus dem 10. Jh.

SPREEWALD VON FRÜHJAHR BIS SOMMER
- **Ostern:** Traditionelle Feste und Verzieren der Ostereier nach sorbischem Brauch finden überall im Spreewald statt. In der Heimatstube in Burg wird die Wachstechnik gelehrt.
- **Ende Juli:** Wahl der Lehder Gurkenkönigin. Das beste Gurkenrezept und das meiste Gurkenwissen garantieren den Sieg.

Ein Spreewaldkahn ist gängiges Transportmittel auf den Fließen und eine Touristenattraktion.

Wie Venedig en miniature schlängelt sich das Labyrinth aus Fließen und Kanälen um malerische Streusiedlungen. Heuschober stehen auf den Wiesen. Rings herum fahren Traktoren und bestellen die Ackerflächen für die bekannteste Spezialität der Region: die Spreewaldgurke. Auf den Fließen herrscht buntes Treiben, Paddler gleiten an Kahnfahrern vorbei, grüßen freundlich und passieren ab und an einige Nadelöhre.

Einzigartige Flusslandschaft vor den Toren Berlins

Die **Spree** verzweigte sich in der eiszeitlich geprägten Landschaft des Spreewalds zu zahlreichen kleinen sogenannten Fließen. Eine einmalige **Auenlandschaft** entstand, die seit 1991 zum **UNESCO-Biosphärenreservat** zählt. Seltene Tiere wie der Schwarzstorch sind in diesem dicht bewaldeten Gebiet noch anzutreffen.

Ein idealer Ausgangsort, um den **Oberspreewald** kennenzulernen, ist die barocke Stadt **Lübbenau**. Zahlreiche Kahnfährmänner warten im Hafen auf Kundschaft. Aber auch zu Fuß, per Rad oder mit dem Kanu lässt sich die Umgebung erkunden. Nur 2 km entfernt liegt das **Lagunendorf Lehde**, das einen authentischen Eindruck vom traditionellen Spreewald vermittelt. Viele kleine Fließe schlängeln sich um historische

Deutschland

Holzblockhäuser. Bis 1929 war der Ort nur vom Wasser aus erreichbar. Auch heute kommt die Post noch mit dem Kahn. Jahrhundertealte Tradition und sorbisches Leben werden im **Freilandmuseum** anschaulich dargestellt. Ein **Gurkenmuseum** erklärt landwirtschaftliche Anbaumethoden und Verarbeitungstechniken. Der nächste Ort **Leipe** liegt mit seiner Siedlung und Ackerfläche im Gegensatz zu Lehde nur auf einer einzelnen Insel. Die Orte **Burg** und **Burg-Kauper** bilden Deutschlands größte Streusiedlung.

Der **Unterspreewald** liegt nördlich vom Oberspreewald. Das weit verzweigte Geflecht der befahrbaren Fließe nimmt hier deutlich ab. Der 1000-jährige Ort **Schlepzig** lohnt einen Besuch. Hier gibt es einen 2004 errichteten **Weidendom** aus gebogenen Weidenstangen, der stetig seine Form verändert. Im nahe gelegenen Braugasthaus wird lokal gebrautes Bier ausgeschenkt und in der ortsansässigen Destillerie Spitzen-Whisky abgefüllt. ChD

Infos und Adressen

ANREISE
Flug: nächstgelegene Flughäfen sind Berlin und Dresden; **Bahn:** Direktzüge von Berlin nach Lübbenau; **Auto:** ab Berlin bzw. Dresden A 13 bis Lübbenau

BESTE REISEZEIT
Juni–September

SEHENSWERT
Freilandmuseum Lehde, Wohn- und Lebensweise der Spreewälder, Handwerk, Brauchtum und sorbische Trachten. April–Mitte Sept. tgl. 10–18 Uhr, Mitte Sept.–Okt. tgl. 10–17 Uhr, Am Topfmarkt, Lehde

ESSEN UND TRINKEN
Saloon Santa Fe: originelles Restaurant im Western-Stil mit gutem amerikanischen Essen. Eine Modelleisenbahn nimmt die Getränkebestellungen auf und bringt sie an den Tisch. Robert-Koch-Str. 45, Lübbenau
Kolonieschänke: Bio-Restaurant mit feiner regionaler und saisonaler Küche. Ringchaussee 136, Burg

ÜBERNACHTEN
Logierhaus Lehde: Übernachten im typischen Spreewaldhaus. Dorfstr. 1, Lehde, www.zumhecht.com

WEITERE INFOS
Tourismusverband Spreewald, Lindenstr. 1, Vetschau OT Raddusch, www.spreewald.de

Persönlicher Tipp

DER HOCHWALD
Wer im Spreewald zu Gast ist, sollte sich eine Fahrt mit dem **Kahn** oder individuell mit dem **Paddelboot** nicht entgehen lassen. An warmen Tagen oder zu Ferienzeiten kann es trotz des weitverzweigten Fließsystems ganz schön voll werden. Eine Alternative bietet der weniger befahrene und bedeutend ursprünglichere **Hochwald**. Diese Kernzone des **Biosphärenreservats** ist nur noch über Wasser zu erreichen. Riesige Schwarzerlen, Eschen, Ulmen und Eichen wachsen dort in unberührter Natur und vermitteln einen Eindruck, wie der Spreewald vor der Besiedlung aussah. Mit etwas Glück sieht man einen Seeadler kreisen oder einen Fischotter auf Beutezug.

GURKENRADWEG
Im Spreewald lässt sich die Natur auch wunderbar mit dem **Fahrrad** erkunden. Die leicht zu bewältigende Route des Gurkenradwegs verbindet auf 260 km alle namhaften Spreewaldorte mit ihren **Gurkenmanufakturen** und führt über Polderwiesen, Erlenbrüche und Gurkenfelder. Bezeichnenderweise ist das Wegsymbol eine radelnde Gurke.

Im mittelalterlichen Schloss Lübben mit herrlicher Parkanlage befindet sich das Stadtmuseum.

14. Sächsische Schweiz

HIGHLIGHTS
- **Schloss Pillnitz,** mustergültige Barockanlage am Elbufer mit Schloss, Park und Weinberg
- **Festung Königstein,** Garnison August des Starken mit militärhistorischem Ensemble auf einem Felsplateau über der Elbe
- **Kirnitzschtal,** ab Bad Schandau durch das Nebental in die Hintere Sächsische Schweiz mit Überlandstraßenbahn und Kahnfahrt in einer Felsklamm bei Hinterhermsdorf
- **Bad Schandau,** Kneippkurort mit beschaulicher Altstadt und Therme über dem Elbanleger
- **Bastei bei Rathen,** Felsenburg Neurathen mit Panoramablick

DIE SÄCHSISCHE SCHWEIZ ZU JEDER JAHRESZEIT
- **Juni:** Elbhangfest, buntes Programm zwischen Loschwitz und Pillnitz mit Musik, Markt, Festumzug und Dampfersonderfahrten
- **Mai–Sept.:** Oper, Theater und Kinderprogramm auf der Felsenbühne Rathen unter dem Basteifelsen
- **Ganzjährig:** Sandstein & Musik, hochkarätiges Klassik-Festival in Schlössern, Kirchen und an besonderen Orten

Der Lilienstein ist der einzige Tafelberg rechts der Elbe und bietet einen wunderschönen Blick über das Elbtal.

Zerklüftete Felslabyrinthe und die Flussschleifen des Elbcanyons machen das Sandsteingebirge zum Wanderparadies und Ausflugsmekka vor den Toren Dresdens. Die Sächsische Schweiz, seit 1990 Nationalpark, stand schon bei den romantischen Malern hoch im Kurs. Viele der Raubritterburgen, Felsplateaus und Schluchten liegen auf dem heutigen Malerweg.

Von Dresden durch den malerischen Elbcanyon

Die Landeshauptstadt **Dresden** ist ein idealer Ausgangspunkt für die Erkundung der Sächsischen Schweiz. Tagsüber geht es auf den Spuren Caspar David Friedrichs durch die spektakulären Formationen des Sandsteingebirges, abends zurück in die **Semperoper** oder zu den **Filmnächten** am Elbufer.

Ob mit der Sächsischen Dampfschifffahrt stromaufwärts, dem Regionalzug oder Pkw: Orte an der Elbe wie **Stadt Wehlen**, **Rathen**, **Königstein**, **Bad Schandau** und **Schmilka** lohnen bereits die Anfahrt durch den Elbcanyon bis zur tschechischen Grenze, vorbei am **Barockschloss Pillnitz** und Weingütern rund um **Pirna**. Das Landschaftserlebnis zwischen Fels, Berg und Waldtälern ist sächsisches Volksvergnügen. Jung und Alt ist auf den Beinen, denn es gibt Wege für jeden Fitnessgrad. Hinter den Kleinstädten mit ihren Gartenlokalen

Deutschland

auf den **Elbterrassen** geht es in die von Wind und Wetter zerklüfteten Felsgebiete. Stadt Wehlen bietet den Aufstieg zu den **Bärensteinen** mit dem Blick auf die weltberühmten **Basteifelsen**. Wer hinauf zur Bastei möchte, startet in Rathen. Weiter stromaufwärts thront die mächtige **Festung Königstein** gegenüber dem markanten **Tafelberg Lilienstein**. Das ganze Programm wilder Felsenklüfte mit Stiegen, Tritteisen und Leitern kommt im unmittelbaren Hinterland von Bad Schandau und Schmilka zum Tragen. Die **Schramm- und Affensteine** waren das bevorzugte Rückzugsgebiet für Schmuggler und Wegelagerer an der böhmischen Grenze. In Stein gehauene Raubritterburgen sind das Ziel einfacher Rundwege über die Felskronen. Aber auch haarsträubende Partien wie die **Häntzschelstiege** erproben die Schwindelfreiheit, ohne dass Kletterzeug benötigt wird. RT

Die Bastei ist der populärste Anlaufpunkt der Sächsischen Schweiz, nicht zuletzt wegen der Aussicht.

Infos und Adressen

ANREISE
Flug: Direktflüge nach Dresden;
Bahn: mit ICE/EC nach Dresden oder Bad Schandau, in der Region gut ausgebauter ÖPNV mit Bus, Bahn und Fähren

BESTE REISEZEIT
Mai–Oktober

SEHENSWERT
Nationalparkzentrum Bad Schandau, naturkundliche Ausstellungen, besonders kindgerecht sind die **Amselfallbaude** bei Rathen und die **Waldhusche** bei Hinterhermsdorf.

ESSEN UND TRINKEN
Restaurant Sendig: Sternekoch André Tienelt kredenzt regionale und internationale Gerichte. Marktplatz 1–11, Bad Schandau

SHOPPING
Prager Straße, Dresdens größte Einkaufspromenade
Hřensko, Straßenmarkt am Grenzübergang nach Tschechien mit Gartenzwergen und böhmischen Likören

ÜBERNACHTEN
Haus Gansblick: die Gans ist eine populäre Felsformation im Bastei-Gebiet, das Haus ein einstiger Obstspeicher. Amselgrund 3, Rathen, www.gansblick.de

WEITERE INFOS
Tourismusverband,
Bahnhofstr. 21, Pirna,
www.saechsische-schweiz.de

Persönlicher Tipp

FELSPANORAMA BASTEI

Das Beste, was die Sächsische Schweiz zu bieten hat, lässt sich an nur einem Tag erleben. Nach dem Aufstieg vom östlichen Elbufer in Rathen zum **Panoramaplateau der Bastei** bieten sich überwältigende Blicke aus 200 m Höhe über dem Flusspegel. Lilienstein, Königstein und Kaiserkrone ragen als Tafelberge über das Elbtal hinaus. In der anderen Richtung übertrumpfen sich spektakuläre Felsfiguren. Unvorstellbar, wie die mittelalterliche Besatzung der **Felsenburg Neurathen**, Teil der Bastei, ohne Kletterausrüstung hier hinaufgelangt sein mag. Der Abstieg über Leitern und Treppen erfolgt durch die engen Klüfte der **Schwedenlöcher**, Versteck der Bauern im Dreißigjährigen Krieg. Auf Talniveau befindet sich der einsame **Amselgrund** mit Wasserfall und **Amselsee** mit Tretbootverleih. Beide verdanken ihren Namen der hier beheimateten Wasseramsel. Die Forellenräucherei in **Rathen** lädt zum Besuch ein. Der Besuch einer Aufführung in der **Felsenbühne Rathen** unter der Bastei ist der krönende Abschluss der Tagestour.

15. Havelland

Vor den westlichen Toren Berlins liegt das Havelland. Malerisch mäandert der Fluss durch die seenreiche Landschaft mit den vom preußischen Adel errichteten großen und kleinen Sommerresidenzen und von namhaften Landschaftsarchitekten gestalteten Gärten. Nicht zu überbieten an Pracht sind Schloss und Park Sanssouci in Potsdam. Abseits der Paläste locken Obsthaine und Spargelfelder.

Vor geschichtsträchtiger Kulisse

»Herr von Ribbeck auf Ribbeck im Havelland, ein Birnbaum in seinem Garten stand ...« Schon Theodor Fontane rühmte in seiner Ballade den Landstrich ob seiner köstlichen Früchte. Der Obstanbau rund um Potsdam hat eine lange Tradition. Bereits die Zisterzienser im **Kloster Lehnin** bepflanzten die Hänge mit Reben und Obstbäumen. Im 19. Jh. avancierte die Region zur Obst- und Gemüsekammer Berlins, heute ist Beelitzer Spargel eine begehrte Delikatesse.

Einen der schönsten Eindrücke von der Havel und den angrenzenden Seen erhält man auf dem 15 km langen **Panoramaweg Werderobst**. Er führt durch hügelige Obsthaine, die im April ein einzigartiges Blütenmeer bilden, und endet am **Lilienthal-Denkmal in Glindow**, das an den Flugpionier aus Anklam erinnert.

HIGHLIGHTS
- **Potsdamer Schlösser,** über vier Jahrhunderte schufen die brandenburgisch-preußischen Fürsten ein einmaliges Ensemble an Schloss- und Gartenanlagen.
- **Holländisches Viertel in Potsdam,** im 18. Jh. für Niederländer erbaute Siedlung im landestypischen Stil
- **Optikpark in Rathenow,** hier befindet sich das weltweit größte Brachmedial-Fernrohr.
- **Glienicker Brücke,** Berühmtheit erlangte die 166 m lange Brücke über die Havel, als es hier zwischen 1949 und 1989 vielfach zum Agentenaustausch kam.
- **Filmpark Babelsberg,** im Themenpark können originale Studiokulissen besichtigt werden.

HAVELLAND VON FRÜHJAHR BIS SOMMER
- **Ende April:** Baumblütenfest, großes Volksfest mit Obstwein in Werder und in den angrenzenden Plantagen der Obstbauern
- **Juni/Juli:** Brandenburger Klostersommer mit Theateraufführungen
- **Mitte Aug.:** Potsdamer Schlössernacht, Musik, Literatur und Theater vor traumhafter Kulisse

Die Landmarken der Werder-Insel mit Bockwindmühle und Heilig-Geist-Kirche sind weithin sichtbar.

Deutschland

Die mächtige Tambourkuppel der St.-Nikolai-Kirche wurde vorrangig unter F. A. Stüler errichtet.

Infos und Adressen

ANREISE
Flug: Direktflüge von allen großen deutschen Städten nach Berlin-Schönefeld; **Bahn:** bis Berlin, von dort weiter mit RB nach Potsdam; **Auto:** von Norden A 24, von Westen A 2, von Süden A 9 auf die A 10 Berliner Ring, Abfahrt Groß Kreuz Richtung Werder auf die B 1

BESTE REISEZEIT
Mai–Oktober

SEHENSWERT
Biosphäre Potsdam, 20 000 Pflanzen, viele Tiere und tropische Temperaturen. Mo–Fr 9–18 Uhr, Sa, So 10–19 Uhr, Georg-Hermann-Allee 99, Potsdam, www.biosphaere-potsdam.de
Einsteinhaus in Caputh, das Sommerhaus des berühmten Physikers. April–Okt. Sa, So 10–18 Uhr, Am Waldrand 15-17, Caputh, www.einsteinsommerhaus.de

ESSEN UND TRINKEN
Inspektorenhaus: regionale und saisonale Spitzenküche. Altstädtischer Markt 9, Brandenburg

ÜBERNACHTEN
relexa Schlosshotel Cecilienhof: in geschichtsträchtigem Gemäuer, wo 1945 die Potsdamer Konferenz abgehalten wurde, kann man heute nobel residieren. Neuer Garten, Potsdam, www.relexa-hotel-potsdam.de

WEITERE INFOS
Potsdam Tourismus Service, Am Neuen Markt 1, Potsdam, www.potsdamtourismus.de

---

Die Kleinstadt **Werder** mit ihrem Kopfsteinpflaster, den beschaulichen Fischerhäusern und Bauwerken des 18. Jh. ruht auf einer Insel in der Havel. Schon von Weitem sind die alte **Bockwindmühle** und der neogotische Kirchturm der **Heilig-Geist-Kirche** zu sehen. Gegenüber liegt der 84 m hohe **Wachtelberg**, das nördlichste zusammenhängende Weinanbaugebiet Europas. Ca. 40 km flussabwärts erreicht man die 1000-jährige Stadt **Brandenburg,** die »Wiege der Mark«. Auf der **Dominsel** wurde 948 das erste Bistum der Region gegründet. Das historische Ensemble mit Dom, Kreuzgang und Ritterakademie ist vollständig erhalten. Flussaufwärts, in **Potsdam**, entzückt das berühmte **Schloss Sanssouci** Friedrichs II. Auch die weniger bekannten Schlösser **Alt-Glienicke** und **Babelsberg** lohnen einen Besuch. Eingebettet in die von Peter Joseph Lenné kunstvoll gestaltete Parklandschaft mit natürlichen Hügeln und Wasserläufen bilden sie eine bezaubernde Gesamtkomposition. ChD

Persönlicher Tipp

FLOSSFAHRT AUF DER HAVEL
Warum nicht einmal Abenteuerurlaub à la Huckleberry Finn auf einem überdachten Floß machen, das man bei diversen Anbietern in Potsdam oder Brandenburg für ein Wochenende oder einen Tag mieten kann? Ein Bootsführerschein wird nicht benötigt. Gemütlich schippert man auf dem Holzgefährt mit kleinem Außenbordmotor an der **Nikolaikirche in Potsdam** mit ihrer mächtigen Kuppel vorbei, macht an der **Glienicker Brücke** fest und bricht zu einem kleinen **Landspaziergang** auf oder genießt einfach nur die Ruhe auf dem Wasser. Wer Lust hat, wirft in einer stillen **Bucht** den Anker und springt fernab der Stadt ins erfrischende Nass. An Bord kann man Bratwürste oder Fisch grillen. Bevor die Nacht hereinbricht, sollte man sich jedoch entscheiden, ob man auf dem See vor Anker liegenbleibt oder lieber in einen der zahlreichen Häfen einläuft. Zum Schlafen wird der Innenraum ein wenig umgebaut. Die Sitzbänke verwandeln sich in eine Schlaflandschaft, in der zwei bis drei Personen bequem Platz finden.

16. Wendland

Eigenartige Rundlingsdörfer, ein Dutzend mittelalterliche Feldsteinkirchen, die reizvolle Elbtalaue und drei historische Städtchen prägen das Hannoversche Wendland. Gerade wegen Gorleben und dem dort angedachten Atommüll-Endlager wurde es zur ersten Region Deutschlands, die sich zu 100 % mit Ökostrom versorgt.

Deutschlands vergessenes Hinterstübchen

Bis zur deutschen Wiedervereinigung war das fernab aller Autobahnen und ICE-Strecken gelegene, vom anderen Deutschland nahezu umschlossene Wendland so etwas wie das vergessene Hinterstübchen der Bundesrepublik. Landesweit bekannt wurde es nur durch die heftigen Proteste gegen das in **Gorleben** geplante Atommüll-Endlager und die Castor-Transporte. Im Schatten der Proteste entwickelte sich auch eine von Landwirten und engagierten Bürgern mitgetragene Öko-Kultur, die viele Künstler, Kunsthandwerker und Aussteiger anlockte. Der Charme dieser Region erschließt sich einem am besten per Fahrrad. Kreisförmig um einen großen Anger herum angelegte Rundlingsdörfer wie **Satemin**, **Lübeln**, **Salderatzen** und **Schreyahn** sind ebenso untouristisch geblieben wie die zwölf mittelalterlichen Feldsteinkirchen in **Lemgow**. An den Ufern von Elbe und Jeetzel erlebt der Urlauber

HIGHLIGHTS
- **Archäologisches Zentrum Hitzacker,** Leben vor 3000 Jahren wird hier anschaulich und lebendig dargestellt.
- **Schiffstour auf der Elbe,** fünfstündige Bootsfahrt von Hitzacker nach Bleckede und zurück mit dem MS »Lüneburger Heide«
- **Kaufhaus des Wendlands,** am Markt von Dannenberg findet man regionale kunsthandwerkliche und kulinarische Produkte.
- **Findlingspark Clenze,** 84 Findlinge führen als 270 m lange Spirale durch die Erdgeschichte.
- **Rundlingsmuseum Lübeln,** das Freilichtmuseum zeigt die im Mittelalter entstandene Siedlungsform.

WENDLAND VON FRÜHJAHR BIS SOMMER
- **Feb./März:** Musikwoche Hitzacker, viele Konzerte von Jazz bis Klassik
- **Pfingsten:** kulturelle Landpartie im ganzen Wendland, 500 Künstler und Kunsthandwerker stellen aus und verkaufen.
- **Juli/Aug.:** Sommerliche Musiktage Hitzacker, klassische Musik auf hohem Niveau; Orgel-Sommer in der St. Georgskirche von Gartow

Fachwerk-Bauernhöfe wie hier in Jameln sind typisch für die Rundlingsdörfer im Wendland.

Deutschland

Kleine Autofähren verkehren wie hier bei Bleckede noch häufig auf der Elbe.

Infos und Adressen

ANREISE
Flug: nächstgelegene Flughäfen sind Hannover und Hamburg; **Bahn:** Fernzüge bis Lüneburg, von dort Anschluss nach Hitzacker; **Auto:** BAB 39 bis Lüneburg, dann B 216 nach Dannenberg; BAB 2 bis Wolfsburg, dann B 4/B 191 nach Dannenberg

BESTE REISEZEIT
Mai–Oktober zum Wandern und Radfahren

SEHENSWERT
Feldsteinkirchen in Lemgow, zwölf historische Feldsteinkirchen
Grenzlandmuseum Schnackenburg, Erinnerung an die deutsch-deutsche Grenze. Mai–Okt. Mo–Fr 10–17 Uhr, Am Markt 3, Schnackenburg

ESSEN UND TRINKEN
Kartoffel-Hotel: Mitten im Rundlingsdorf Lübeln, Kartoffeln in allen Variationen
Drawehnertorschänke: ältestes Gasthaus der Stadt. Drawehnertorstr. 7, Hitzacker

ÜBERNACHTEN
Hafen: Komfort-Hotel überm Fluss. Am Weinberg 2, Hitzacker, www.hotel-hafen-hitzacker-elbe.de
Avoeßel: Feines Hotel in altem Hof direkt im Rundlingsdorf Lübeln, www.avoessel.de

WEITERE INFOS
Tourismusverein Wendland, Theodor-Körner-Str. 14, Lüchow, www.luechow-dannenberg.de

schönste Landschaft unter weitem Horizont, der den deutschen Teilern fehlte, an die das kleine Grenzmuseum in **Schnackenburg** erinnert.

Hitzacker, **Lüchow** und **Dannenberg** locken mit viel altem Fachwerk, in Hitzacker ist man stolz auf einen der nördlichsten Weinberge Deutschlands. Für ein wenig Noblesse sorgt das **Gartower Schloss**, dessen aus TV-Talkshows bekannter adliger Besitzer wegen Gorleben auch zum bekennenden Atomkraftgegner wurde. Im **Gartower See** kann man baden, überall in der Region Kanu fahren. Ein Vorbote der nahen Lüneburger Heide ist die **Nemitzer Heide** auf recht bewegtem Sanddünengelände mit Elbblick. Die Endmoränenlandschaft beim verschlafenen Clenze nennt man gar **Clenzer Schweiz**. Mit der **Göhrde** reicht last but not least Norddeutschlands größter Mischwald bis ans Wendland heran. KB

Persönlicher Tipp

DIE MALERISCHE ELBUFERSTRASSE
Immer nahe am **linken Elbufer** entlang zieht sich die Elbuferstraße durchs Wendland. Zwischen dem alten Binnenschifferstädtchen **Schnackenburg** und dem schlagzeilenträchtigen **Gorleben**, das sich als idyllisches Dorf entpuppt, passiert sie den **Höhbeck**, eine 4 km lange und 3 km breite, von Eiszeitgletschern 75 m hoch aufgebaute Stauchmoräne. Weiter nordwestlich erklimmt die Elbuferstraße gar den Hang des 86 m hohen Kniepenbergs und weist dabei Steigungen bis zu 13 % auf. Vom **Aussichtsturm auf dem Kniepenberg** reicht der Blick weit über die Elbe bis ins gegenüberliegende Mecklenburg hinein. Weiter geht es schließlich durch das **Biosphärenreservat Niedersächsische Elbtalaue** bis nach Bleckede, wo man im **Biosphaerium Elbtalaue** im Bleckeder Schloss, das auf den Resten einer Burg aus dem 13. Jh. steht, nicht nur theoretisch viel über Flora und Fauna dieser Region erfährt, sondern auch Biber in ihren kunstvoll gebauten Burgen und Störche in ihren Nestern beobachten kann.

17. Oberes Mittelrheintal

Trutzig steht sie hier seit dem 14. Jh.: die Burg Katz bei St. Goarshausen.

HIGHLIGHTS
- **Loreley,** der von Dichtern besungene Loreley-Felsen ist der Höhepunkt jeder Schifffahrt durchs Mittelrheintal
- **Burg Rheinfels,** die größte Burganlage am Mittelrhein aus dem 13. Jh. ist eine Ruine mit Wehr- und Minengängen.
- **Sterrenberg und Liebenstein** (Kamp/Bornhofen), die Burgen sollen verfeindeten Brüdern gehört haben, die ihre blinde Schwester betrogen.
- **Vierseenblick,** von Schieferfelsen und der Rheinschleife optisch in vier Abschnitte zerteilt
- **Morgenbachtal,** schönes Seitental des Rheins mit altem Baumbestand und markanten Felsen

DER RHEIN VON FRÜHJAHR BIS HERBST
- **Mai:** Vierthälermarkt in Bacharach, Mittelaltermarkt mit Gaukeleien, Tanz und Musik
- **Ende Juni:** beim »Tal to Tal« gehören die Straßen zwischen Koblenz und Rüdesheim/Bingen den Radsportlern
- **Juli–Sept.:** »Rhein in Flammen«, Feuerwerke in Bingen/Rüdesheim, Koblenz, Oberwesel und St. Goar

Der Rhein ist Mythos und voller Mythen zugleich, er dient(e) als Handelsweg, Verkehrsader und Pilgerstrecke. Heute verbindet er die Annehmlichkeiten einer Flussfahrt mit einer romantischen Reise durch die Geschichte: Von Bingen nach Koblenz und weiter nach Köln liegen die Attraktionen dicht gedrängt.

»Vater Rhein« hat viele Gesichter

Kaum hat die Schifffahrt rheinabwärts ab **Bingen** begonnen – da nähert sie sich auch schon einem Ende. Jedenfalls dem Ort, an dem Erzbischof Hatto 913 sein Ende fand: In den **Mäuseturm** soll der fiese Kirchenmann nach einem Mord geflohen und dort zur Beute hungernder Nagetiere geworden sein. Das zinnenbewehrte Türmchen markiert bis heute das **Binger Loch,** eine schmale Lücke im Quarzitriff. An dieser Barriere endete die Rheinschifffahrt bis ins 17. Jh.; die Waren mussten über Land transportiert werden, bis das Binger Loch herausgesprengt wurde.

Die Besiedelung an den Rheinufern reicht bis in die Römerzeit zurück. Nach dem Fall des Limes sicherten Kastelle die römische Nordgrenze, bis ins Mittelalter wuchsen die Rheinstädte als Handelsorte. Seit dem 11. Jh. profitieren Städte wie **Rüdesheim, Oberdollendorf** und **Kaub** vom

Deutschland

Romantischer Bummel in der nur 3 m breiten Drosselgasse in Rüdesheim.

Infos und Adressen

ANREISE
Flug: nächstgelegener Flughafen ist Frankfurt; **Bahn:** ICE oder Regionalzug; **Auto:** auf der A 61 von Süden bis Bingen; von Norden bis Koblenz, dann auf der B 9 am linken oder auf der B 42 am rechten Rheinufer entlang

BESTE REISEZEIT
Mai–Oktober

SEHENSWERT
Römisches Kastell Boppard, gilt als besterhaltene Festungsanlage der Spätantike nördlich der Alpen. **Wernerkapelle,** rheinische Gotik in Reinkultur, oberhalb von Bacharach
St. Martin, der holzgeschnitzte Hochaltar (1483) ist das Schmuckstück der Kirche St. Martin in Lorch.

ESSEN UND TRINKEN
Historische Weinwirtschaft: atmosphärisch, mit regionaler Küche. Liebfrauenstr. 17, Oberwesel
Wirtshaus an der Lahn: bevor Goethe Gast im Haupthaus war, diente der dicke Turm als Zollstation. Lahnstr. 8, Lahnstein

ÜBERNACHTEN
Burghotel Auf Schönburg: edle Kemenaten, liebevolle Ausstattung, tolle Aussicht. Schönburg, Oberwesel, www.burghotel-schoenburg.de

WEITERE INFOS
Sekretariat für das Welterbe in Rheinland-Pfalz, Mittlere Bleiche 51, Mainz, www.welterbe-mittelrheintal.de

Weinanbau und von den Zolleinnahmen. Die meisten der 40 Burgen des Mittelrheins dienten der Repräsentation und der Untermauerung von Zollansprüchen. Zu den bekanntesten zählen die **Burg Katz** und die kleinere, **Maus** genannte Burg des Trierer Erzbischofs in Sichtweite. Von Burg Katz hat man einen herrlichen Blick auf den markantesten Felsen des UNESCO-Welterbes Oberes Mittelrheintal: die **Loreley**. Nur 115 m ist der Fluss an dieser Stelle breit und verlangt navigatorisches Können. Da kam die Sage von der blonden Schönheit, die ihr Haar kämmt und den Steuermännern den Kopf verdreht, gerade recht.

Nur eine Anlage ist durch die Jahrhunderte unzerstört geblieben, die **Marksburg**. Von hier ist es nicht mehr weit bis Koblenz, wo am **Deutschen Eck** die Mosel in den Rhein mündet und »Vater Rhein« sein anderes Gesicht zeigt: als breiter Strom und Industriegewässer. BM

Persönlicher Tipp

RHEINBURGENWEG
Über mehr als 200 km begleitet der Rheinburgenweg den Strom vom **Binger Mäuseturm** bis zum **Rolandsbogen bei Remagen**. Auf Wanderer warten sogar zwei alpinistische Varianten: der **Mittelrhein-Klettersteig** bei Boppard und der **Oelsbergsteig** bei Oberwesel. Der Weg verläuft linksrheinisch und führt an 20 Schlössern, Burgen und Ruinen vorbei. Die Etappen (www.rheinburgenweg.com) sind durch ein rotes »R« gekennzeichnet. Gleich zwei mittelalterliche Stadtmauern und ein Stück Römerstraße liegen auf Etappe 11: Oberwesel – Bacharach. Für Victor Hugo war der Ort mit den Fachwerkfassaden eine der »schönsten Städte der Welt«. Von **Bacharach** lohnt ein Abstecher nach **Kaub**. Berühmt wurde das Städtchen durch zwei militärische Coups: Hier soll General Blücher 1813/14 die schlesische Armee über den Rhein geführt haben. Gut 300 Jahre zuvor hatte das »Elslein von Kaub« als Soldat verkleidet den kurpfälzischen Truppen in der Gegenrichtung den Weg über die **Rheinfelsen** gewiesen – um zu ihrem Geliebten zu gelangen. Wie romantisch!

18. Bayerischer Wald

HIGHLIGHTS
- **Unterirdische Gänge in Zwiesel,** die ersten Schächte wurden vermutlich schon im Hochmittelalter angelegt. Heute sind die alten Fluchtkeller begehbar und dienen als Präsentationsrahmen für Glaskunst aus der Region.
- **Nationalparkzentrum Lusen,** Informationszentrum mit Bären im Tierfreigelände und dem größten Baumwipfelpfad der Welt nahe Grafenau
- **Glasmuseum Frauenau,** überregional bedeutend informiert es über die Glasmacherkunst des Grenzortes.
- **Passauer Altstadt,** malerisch auf der Landzunge zwischen Donau und Inn gelegen
- **Passauer Dom St. Stephan,** weltweit einer der größten barocken Dome

BAYERISCHER WALD VON SOMMER BIS WINTER
- **Juli:** Grenzlandfest in Zwiesel mit Bierzelt und Trachtenzug
- **10. Nov.:** »Wolfauslassen« mit Glockenschlagen und Peitschenknallen zum Ende der Hütesaison in Richnach bei Regen
- **Dez.:** Weihnachtsmärkte in vielen Orten und traditionelle Waldweihnacht mit Böllerschützen in Freyung

Der urwüchsige, manchmal wie verzaubert wirkende Bayerische Wald reizt bei jedem Wetter zum Wandern.

Ein schier unendliches grünes Meer von Fichten, Buchen, Tannen – der Bayerische Wald bietet faszinierende Natur in einem der größten Waldgebiete Mitteleuropas. Bayerns Osten lockt mit Abenteuerfeeling in rauer »Wildnis«, aber auch mit reicher Kulturgeschichte und italienischem Flair in der Dreiflüssestadt Passau.

Urwald und Glaskunst

Freyung, **Spiegelau** und **Grafenau** sind die bekanntesten Tore zum »wilden« Herzen der Region, dem **Nationalpark Bayerischer Wald**. Deutschlands ältester Nationalpark bietet zahllose Sport- und Erholungsmöglichkeiten. Seit 1970 darf sich die Natur hier auf 24 000 ha Mittelgebirgslandschaft ungestört entwickeln, heute sind hier wieder seltene Tierarten wie Luchs und Wanderfalke heimisch. Wie in einem Märchenwald fühlt man sich zwischen uralten Bäumen, plätschernden Bächen und mit Farn, Flechten und Moosen bewachsenem Totholz. Auf tschechischer Seite schließt sich der **Nationalpark Böhmerwald/Šumava** an. Zusammen bilden die beiden Parks als das größte zusammenhängende Waldgebiet Mitteleuropas, das »Grüne Dach Europas«. Urlauber können hier Wochen verbringen, um auf endlosen Wander- und Radwegen, Loipen und Schneeschuhstrecken die urwüchsige Landschaft zu erkunden.

Deutschland

Die heimliche Hauptstadt des Bayerischen Waldes ist **Zwiesel**, ein Luftkurort und zugleich ein bedeutendes Zentrum der Glasindustrie. Hier steht die höchste Kristallglaspyramide der Welt. Sie ist insgesamt 8 m hoch und wurde aus über 93 000 Gläsern gestapelt. Im nahen **Regen** künden am Fuß der Burgruine **Weißenstein** die schimmernden Bäume des **Gläsernen Waldes** von der jahrhundertealten Glaskunst in der Region.

Ein breites kulturelles Angebot findet man schließlich in der Dreiflüssestadt **Passau**. Dort, wo Inn und Ilz in die Donau münden, gestalteten italienische Baumeister im 17. Jh. die barocke heutige **Altstadt** auf einer Landzunge. Südliche Leichtigkeit verspürt man hier in den steilen, schmalen Gassen auf dem Weg zum **Dom St. Stephan**, in dessen riesigem barockem Innenraum die größte Domorgel der Welt ertönt. BR

Seit gut 30 Jahren streifen wieder scheue Luchse durch den Nationalpark Bayerischer Wald.

Infos und Adressen

ANREISE
Bahn: ICE bis Plattling oder Passau, in der Region weiter mit Bussen und Bahnen (Bayerwald Ticket); Auto: A 3 bis Deggendorf oder Passau, von dort Landstraßen in die Region

BESTE REISEZEIT
Mai–Oktober

SEHENSWERT
Museumsdorf Bayerischer Wald, Freilichtmuseum mit rund 150 restaurierten Gebäuden. Am Dreiburgensee, Tittling, www.museumsdorf.com

ESSEN UND TRINKEN
Gut Riedelsbach: Gasthof mit preisgekrönter regionaler Küche und Brauerei. Riedelsbach 12, Neureichenau, www.gut-riedelsbach.de

AUSGEHEN
ScharfrichterHaus Passau, eine der bekanntesten Bühnen für politisches Kabarett in Deutschland. Milchgasse 2, Passau, www.scharfrichter-haus.de

ÜBERNACHTEN
Wellnesshotel Jagdhof: erstklassiges Wellnesshotel zwischen Freyung und Passau. Putzgartenstr. 2, Röhrnbach, www.jagdhof-roehrnbach.de

WEITERE INFOS
Tourismusverband Ostbayern, Im Gewerbepark D 04, Regensburg, www.bayerischer-wald.de

Persönlicher Tipp

WELLNESS, WASSER UND KULTURSCHÄTZE
Südwestlich von Passau, im Bäderdreieck **Bad Griesbach**, **Bad Füssing** und **Bad Birnbach**, kann man den Körper verwöhnen und zugleich die Seele baumeln lassen. Unterwegs lohnt ein Abstecher nach **Rotthalmünster** in die **Benediktinerabtei Asbach** aus dem 12. Jh. Dort birgt die klassizistische Klosterkirche von François Cuvilliés dem Jüngeren aus den 1770er-Jahren großartige sakrale Kunstschätze. Auf der tschechischen Seite der Region wurde die beeindruckende Altstadt von **Český Krumlov** (Krumau) zum Welterbe der UNESCO erklärt. Sie liegt unterhalb des mächtigen **Schlosses** Český Krumlov, nach der Prager Burg das zweitgrößte historische Ensemble des Landes. Diese »Perle des Böhmerwaldes« sollte man auf keinen Fall versäumen. Für Wassersportler hält der **Schwarze Regen** einen besonderen Genuss bereit. Zwischen Zwiesel und Regensburg findet man hier eine der schönsten **Kanuwanderstrecken** Deutschlands. Unterwegs entdeckt man hier unberührte Natur in »Bayerisch Kanada«.

19.  Allgäu

HIGHLIGHTS
- **Archäologischer Park Campodonum,** spannender Ausflug in die Römerzeit
- **Forggensee,** wenn Deutschlands größter Stausee trocken liegt, kann man hier auf der geschichtsträchtigen Via Claudia Augusta wandern.
- **Allgäuer Bergbauern-Museum,** in Diepolz-Immenstadt erhält man Einblicke in das Leben der Bergbauern.
- **Kartause Buxheim,** beeindruckend ist das hochbarocke Chorgestühl von Ignaz Waibl aus dem 17. Jh.
- **Nebelhorn,** aus 2224 m Höhe bietet es einen der schönsten Überblicke übers Allgäu.

DAS ALLGÄU VON FRÜHJAHR BIS WINTER
- **April:** Jazzfrühling in Kempten
- **Sept.:** beim traditionellen »Viehscheid« den Almabtrieb der Rinder miterleben
- **Sept./Okt.:** Festival der Nationen in Bad Wörishofen mit Stars und »junger Weltelite«
- **Dez.:** Weihnachtsmärkte in den Allgäuer Städten

Schloss Neuschwanstein, märchenhaft in der Allgäuer Landschaft gelegen, kennt alle Welt.

Wer ans Allgäu denkt, dem fällt als erstes Schloss Neuschwanstein ein: König Ludwigs Stein gewordener Traum, der Pate stand für Walt Disneys rosarotes Märchenschloss. Nicht weniger romantisch zeigt sich auch die Berg- und Tallandschaft mit ihren sattgrünen Wiesen und tiefblauen Seen, mit Klöstern, Burgen und geschichtsträchtigen Städtchen.

Mörderisch schön

Inzwischen hat es das Allgäu auch zu Krimi-Ehren gebracht. Mit ihren Allgäu-Krimis um den grantelnden Kommissar Kluftinger hat das Autorenduo Volker Klüpfel und Michael Kobr Kultstatus erreicht. Immer mehr Touristen wandern auf Kluftinger-Spuren durch die schöne Allgäuer Landschaft. Zum Beispiel an den **Alatsee**, wo der Krimi »Seegrund« spielt. Der tiefgrüne Bergsee, schon immer sagenumwoben, war im Dritten Reich Sperrzone. Heute ist der einst als »Tor zur Hölle« verschriene See ein Dorado für Wanderer und Badegäste, die unter dem Saum von schroffen Bergspitzen fröhlich planschen. Den angeblich hier versenkten Nazi-Schatz hat bisher niemand entdeckt. Fündig wurde nur das Autoren-Duo, das mit seinen Romanen auf eine wahre Goldader stieß und nicht nur dem Dorf **Altusried**, Klüpfels und Kluftingers Heimat, sondern dem ganzen Allgäu einen Besucher-

Deutschland

ansturm beschert. Das tut der ganzen Region gut, die viel Freizeitwert bietet: für Wanderer Premium-Wege von Gipfel zu Gipfel oder hoch hinauf bis zum **Hochgrat**, dem höchsten Berg des Voralpenlandes, für Romantiker Moorlandschaften wie das **Wurzacher Moor** und geheimnisvolle Klammen wie die **Breitachklamm** bei Oberstdorf. Auf Kulturinteressierte warten die uralte Römerstadt **Kempten**, die **Königsschlösser bei Füssen**, aber auch **Kaufbeuren**, wo Besucher auf den Spuren der hl. Crescentia wandern können, oder das beschauliche **Memmingen**, wo schon 1525 die Menschenrechte deklariert wurden. Wassersportler freuen sich über kleine und große Seen bis hin zum **Bodensee**, dem »Schwäbischen Meer«. Wer eine Auszeit braucht, kann sich in **Bad Wörishofen** davon überzeugen, wie modern die Gesundheitslehre des Pfarrers Sebastian Kneipp ist. LS

Persönlicher Tipp

WURZACHER RIED
Eine Landschaft wie aus der Zeit gefallen und doch von Menschenhand geschaffen. Der **Torflehrpfad** führt nicht nur tief hinein in die größte intakte **Hochmoorfläche** Mitteleuropas, sondern – mit informativen Schautafeln – auch durch ein Stück Zeitgeschichte. Weil nach dem Dreißigjährigen Krieg Holz knapp war, wurde **Torf** zum begehrten Brennmaterial. Auch im Wurzacher Ried wurde Torf gestochen – lange Zeit in mühevoller Handarbeit. Ab 1850 entstand dann der industrielle Torfabbau. Im **Oberschwäbischen Torfmuseum** in Bad Wurzach kann man noch die alten Gerätschaften besichtigen. Hier kann man sich auch in alte Sagen übers schaurige Moor vertiefen, den Torf anfassen oder mit dem romantischen **Torfbähnle** gemütlich durchs Wurzacher Ried zuckeln – zwischen dem Torfwerk des Fürsten von Waldburg-Zeil und dem des Fürsten von Waldburg-Wolfegg. Darüber hinaus ist das **Naturschutzgebiet Wurzacher Ried** ein bevorzugtes Revier von Wanderern, Ornithologen und anderen Naturfreunden.

Wie blaue Augen liegen Seen im Grün der Allgäuer Grasberge, die ein ganz besonderes Wandererlebnis bieten.

Infos und Adressen

ANREISE
Flug: Allgäu Airport bei Memmingerberg; **Bahn:** die großen Allgäuer Städte sind gut ans Bahnnetz angeschlossen; **Auto:** zwei Autobahnen binden das Allgäu ans deutsche Straßennetz, die A 7 Ulm–Füssen und die A 96 Memmingen–München.

BESTE REISEZEIT
März–Oktober

SEHENSWERT
Freilichtspiele Altusried, seit 125 Jahren wird hier Theater gespielt.
Historische Altstadt Lindau, alte Bürgerhäuser mit Laubengängen und der Seehafen mit Leuchtturm prägen das Stadtbild.
Schmidsfelden, hier können die Besucher Glasbläsern bei ihrer Arbeit zusehen.
Alpe Hörmoos, die höchst gelegene Schnapsbrennerei des Allgäus

ESSEN UND TRINKEN
Mekatzer Löwenbräu: Sonntagspicknick. Meckatz 10, Heimenkirch
Hofkäserei Lipp: Raclette-Abende. Stelle 1, Rückholz

ÜBERNACHTEN
Hotel Goldene Steig: Landhausstil vom Feinsten. Klostersteig 4, Kempten, www.goldene-steig.de
Berghotel Mattlihüs: ganz aus Holz und nach Feng Shui. Iselerstr. 28, Oberjoch, www.mattlihues.de

WEITERE INFOS
Allgäu Marketing, Allgäuer Str. 1, Kempten, www.allgaeu.info

20. Bodensee

Zurück in die Steinzeit: Pfahlbauten im Freilichtmuseum Unteruhldingen.

HIGHLIGHTS
- **Insel Mainau,** Schmetterlingshaus mit Orchideenschau und saisonalen Gärten
- **Pfahlbauten Unteruhldingen,** das Freilichtmuseum zeigt Rekonstruktionen von Pfahlbauten aus der Stein- und Bronzezeit.
- **Meersburg,** älteste bewohnte Burg Deutschlands, auf der die Dichterin Annette von Droste-Hülshoff lebte und starb
- **Eriskircher Ried,** Naturschutzgebiet und Nistplatz vieler (auch seltener) Vogelarten
- **Bodensee-Therme Überlingen,** Thermalbad mit Heilwasserqualität und Spaßfaktor

BODENSEE ZU JEDER JAHRESZEIT
- **Feb.:** die »Fasnet« mit schellenbehangenen »Häs« (Kostümen), Holzlarven (Masken) und Guggenmusik ist ein schauriger Spaß, z. B. in Friedrichshafen
- **Mai:** das deutsch-schweizerische Bodensee-Festival lockt jährlich rund 20 000 Besucher an.
- **Sept.:** beim Bodensee-Weinfest gehört der Schlossplatz in Meersburg den Genießern.

Er ist Deutschlands größter See in einer eigenen milden Klimazone, mit Weinbergen und Alpensicht, vielen Sehenswürdigkeiten und schmucken Städtchen: Der Bodensee gehört zweifelsohne zu den beliebtesten Reisezielen in Deutschland. Südlicher als zwischen Konstanz, Meersburg und Lindau kann man sich hierzulande nirgendwo fühlen.

Blütenpracht am schwäbischen Meer

Als Urlaubsregion hat der Bodensee mit 536 km² Ausdehnung alles im Repertoire: die lauten Attraktionen ebenso wie die leisen. Zu den meistbesuchten Orten gehört sicher »die Mainau«. Auf der Mini-Insel vor Konstanz wächst in Fülle und farblich aufeinander abgestimmt alles, wozu im heimischen Garten Platz, Klima und Geduld fehlen: 200 Rhododendren- und Azaleensorten, 1200 Rosenarten, 20 000 Dahlien und diverse Exoten: Palmen, Orchideen, Bougainvilleen, Hibiskus. Einige der Urwaldmammutbäume stehen schon seit 150 Jahren im Arboretum. Als »Blumenschiff« bezeichnete Hausherr Graf Lennart Bernadotte die Insel, die sich seit dem Dreißigjährigen Krieg in schwedischem Besitz befindet. Ebenfalls ein Blütenmeer, wenngleich ein weniger bekanntes, ist das **Eriskircher Ried,** ein Naturschutzgebiet östlich von **Fried-**

Deutschland

richshafen. 650 Pflanzenarten gedeihen auf den Streuwiesen, darunter die Sibirische Schwertlilie, die Ende Mai das Ried lila-blau färbt.

Vom Wetter verwöhnt ist der Bodensee ein wahres Füllhorn der Natur: Äpfel von Arlet bis Topaz, Wein von Grauburgunder bis Müller-Thurgau, Fisch von Felchen bis Seesaibling. Kein Wunder, dass sich schon die Steinzeitmenschen hier eingerichtet haben. In **Unteruhldingen** kann man ihre (rekonstruierten) Pfahlbauten besichtigen und nachvollziehen, wie sie Feuer gemacht haben mit Zunderschwämmen und Pyrit oder wie sie Boote geschnitzt haben. Kunstgeschichtlicher Kontrapunkt zu den Stelzenhütten ist sicher »**die Birnau**« bei Überlingen. Wie eine Königin thront die Basilika über dem Hochufer, mit barocker Pracht und illusionistischen Spielereien. Liebling der Birnau ist aber ein einzelner »Putto«: der Honigschlecker, der fast verschämt aus seinem Gipsbienenkorb nascht. BM

Im Frühling lassen mehr als 100 000 Tulpen die Insel Mainau aufblühen.

Infos und Adressen

ANREISE
Bahn: ab allen deutschen Bahnhöfen verkehren Züge bis Konstanz oder Lindau; **Auto:** drei Autobahnen, die A 81/A 98 bis Stockach und die A 96 bis Lindau, enden nicht weit vom See, ufernah verbindet die B 31 alle Ortschaften.

BESTE REISEZEIT
Mai–Oktober

SEHENSWERT
Schloss Monfort, maurisches Backsteinschlösschen mit wechselvoller Geschichte. Turmbesteigung April–Okt. tgl. 10–12 und 13–17 Uhr

Zeppelin-Museum, weltgrößte Sammlung zur Geschichte des Luftschiffbaus. Mai–Okt. tgl. 9–17 Uhr, im Winter tgl. (außer Mo) 10–17 Uhr, Seestr. 22, Friedrichshafen, www.zeppelin-museum.de

ESSEN UND TRINKEN
Café Strandbad: schöner Platz, feiner Fisch, Strand und Spielplatz. Zur Forelle 14, Überlingen-Nußdorf

Wissinger's: modern der Stil, ambitioniert die Küche. In der Grub 2, Lindau

ÜBERNACHTEN
ABC-Hotel: erst Kaserne, dann Casino, heute denkmalgeschütztes Hotel. Steinstr. 19, Konstanz, www.abc-hotel.de

WEITERE INFOS
Bodensee-Tourismus, Hafenstr. 6, Konstanz, www.bodensee.eu

Persönlicher Tipp

BODENSEE-RADWEG
Die beliebteste Form des Bodensee-Urlaubs ist laut Tourismusstatistiken die **Fahrradtour** – und das hat viele gute Gründe. Zum einen ist das **Wegenetz** bestens ausgebaut, zum anderen gelangt man überall hin, ohne sich erholungsfeindlicher Staugefahr und Parkplatzsuche auszusetzen – ein am dicht bebauten deutschen Ufer nicht zu unterschätzender Stressfaktor! Der Bodensee-Radweg führt über gut 270 km meist direkt am **Ufer** entlang – ein Urlaubsziel für mehr als 220 000 Radler jährlich. Die meisten Urlauber umrunden den See im Uhrzeigersinn, aber auch die verkürzte Strecke, etwa von **Nussdorf bis Lindau**, bietet viel Abwechslung. Weiterer Vorteil dieser Streckenvariante: Man hat an klaren Tagen die **Alpen** beständig im Blick. Wer mit Kindern unterwegs ist, profitiert von den abwechslungsreichen Etappen und den zahlreichen Möglichkeiten, unterwegs eine kindgerechte **Verschnaufpause** einzulegen. Der **Bodensee-Radweg-Service** (www.bodensee-radweg.com) verleiht Räder und sorgt für den Transport des Gepäcks.

21. Schwarzwald

HIGHLIGHTS
- **Freiburger Münster,** ab 1200 erbaute gotische Kathedrale mit Kunstschätzen und dem »schönsten Turm der Christenheit«
- **Schwarzwald-Panoramastraße,** 70 spektakuläre Kilometer durch die vielfältigen Landschaften des Schwarzwalds
- **Feldberg,** 1493 m hoch und ein Dorado für Wanderer, Mountainbiker und Skifahrer
- **Schluchsee,** trotz seiner Beliebtheit ein Schwarzwälder Idyll für Wassersportler
- **Wutachschlucht,** ein Top-Wanderziel, dennoch urwüchsig, streng geschützt und mit einer reichen Flora und Fauna ausgestattet

DER SCHWARZWALD ZU JEDER JAHRESZEIT
- **Dez.:** »Triberger Weihnachtszauber« mit Shows und Feuerwerken an den märchenhaft illuminierten Triberger Wasserfällen
- **Jan./Feb.:** schwäbisch-alemannische »Fasnet« in den Dörfern des Schwarzwalds und den umliegenden Städten
- **21. Juni:** zur Sommersonnwende Feiern und große Feuer in vielen Orten und auf Berggipfeln in der ganzen Region

Wie aus dem Bilderbuch: ein Schwarzwaldhof in der Berglandschaft bei Präg.

In seinem südlichen Teil erfüllt der Schwarzwald sämtliche Vorstellungen, die gemeinhin mit Deutschlands höchstem Mittelgebirge verknüpft sind. Hier findet man wildromantische Schluchten und tiefe Wälder, idyllische Seen, kahle Gipfel, historische Walmdachhöfe – und zahllose Möglichkeiten für Sport und Erholung.

Bilderbuchlandschaft mit kulturellen Glanzlichtern

Zwischen St. Georgen im Norden und dem Hochrhein im Süden bietet der Naturpark Südschwarzwald eine vielfältige Kultur- und Naturlandschaft. Das Tor zu dieser beliebten Urlaubsregion ist **Freiburg im Breisgau**, in dessen alten Mauern der junge Geist einer lebendigen Universitätsstadt herrscht. In der Altstadt rund um das gotische **Münster** entdeckt man mittelalterliche Stadttore, südliches Flair am quirligen Augustinerplatz und die plätschernden Bächle, die einst die Stadt mit Wasser versorgten.

Das idyllische **Glottertal** kennen TV-Nostalgiker spätestens seit der Serie »Schwarzwaldklinik«, die in den 1980er-Jahren Kultstatus besaß. Vom nahen **Waldkirch**, der Stadt der Drehorgelbauer, windet sich die **Schwarzwald-Panoramastraße**

Deutschland

Junges Leben zwischen alten Mauern: Blick auf das Neue Rathaus von Freiburg im Breisgau.

Infos und Adressen

ANREISE
Flug: Direktflüge zum Euroairport Basel Mulhouse Freiburg, dann Flughafenbus nach Freiburg;
Bahn: Anschlussmöglichkeiten über Freiburg, Rottweil, Donaueschingen; **Auto:** B 31, B 294 von Freiburg

BESTE REISEZEIT
Mai–Oktober

SEHENSWERT
Historisches Kaufhaus, Kommunikation trifft hier auf Tradition. Freiburg, Münsterplatz 24, www.historischeskaufhaus. freiburg.de
Fastnachtsmuseum Narrenstuben, originalgetreue Narrenfiguren in Minatiur. Mi–Sa 10–12 und 14–17 Uhr, So 14–17 Uhr, Schloßstr. 9, Schloss Bonndorf, www.bonndorf.de

ESSEN UND TRINKEN
Haus zum Roten Bären: Hotel und Restaurant sind über 700 Jahre alt. Oberlinden 12, Freiburg, www.roter-baeren.de
Café Zimmermann: echte Schwarzwälder Kirschtorte, Backkurse für Enthusiasten. Kurparkweg 2, Todtmoos, www.cafe-zimmermann -todtmoos.de

WEITERE INFOS
Schwarzwald Tourismus GmbH, Habsburgerstr. 132, Freiburg, www.schwarzwald-tourismus.info

Persönlicher Tipp

RHEINFALL, GLETSCHER UND HÖLLENTAL
Am Südrand des Schwarzwalds liegt der Luftkurort **Stühlingen** direkt an der Grenze zur Schweiz. Von dem hübschen, lebhaften Städtchen an der Wutach sind es nur knapp 20 km bis zum Schweizer **Neuhausen am Rheinfall**. Dort kann man in Ausflugsbooten und auf Spazierwegen Europas größten Wasserfall aus nächster Nähe bewundern – den spektakulären Anblick sollte man sich nicht entgehen lassen. Südlich von Todtnau ist bei Präg der steile **Gletscherkessel Präg** ein eindrucksvolles Relikt der letzten Eiszeit. Sechs Gletscher stießen hier vor Jahrtausenden zusammen, verblieben sind markante Findlinge und kleine Seen. Das heutige Naturschutzgebiet, in dem Orchideen wachsen und seltene Tiere wie das Auerhuhn leben, ist durch Wanderwege erschlossen. Eine aufregende Zugfahrt bietet die **Höllentalbahn** von Freiburg nach Donaueschingen. Die steilste Hauptbahnstrecke Deutschlands führt am berühmten **Hirschsprungfelsen** vorbei durch das Höllental und überquert die **Ravennaschlucht** auf einem 37 m hohen Viadukt.

durch die Hochtäler, über Pässe und Gipfel bis **Feldberg**. Unterwegs reicht die atemberaubende Aussicht bis in das Rheintal und zu den Alpen.

In **St. Peter** faszinieren der Blick auf die Gebirgslandschaft, die Barockkirche und die Rokoko-Bibliothek des Benediktinerklosters. Von **St. Märgen** und den Uhren im Klostermuseum führt eine wildromantische, leider häufig überlaufene Route in spektakulären Kehren durch das sagenumwobene **Höllental** bis **Hinterzarten**. Wanderer zieht es von dort auf das »Dach des Schwarzwalds«, den 1493 m hohen **Feldberg**, Wasserfreunde an die schönen Gewässer von **Titisee** oder **Schluchsee**. In **St. Blasien** staunt man über den überdimensionierten klassizistischen Dom mit der gigantischen Kuppel. Von dort ist es nicht weit in die 30 km lange **Wutachschlucht**. Das urwüchsige Wildflusstal lässt sich nur zu Fuß auf malerischen Wegen erkunden. Wer hier die Augen offen hält, erspäht vielleicht einen seltenen Wespenbussard oder gar einen Eisvogel. BR

22. Fünfseenland

HIGHLIGHTS
- **Schifffahrt,** eine Bootsfahrt bei klarem Wetter beschert Postkartenmotive.
- **Schloss Possenhofen,** Zinnentürme, Sisi-Seligkeit und ein Prachtblick – leider nur von außen zu besichtigen
- **Villa Rustica,** Ausgrabungsstätte eines römischen Landhauses von ca. 150 n. Chr. im Leutstettener Moos – mit Zisterne und antiker Fußbodenheizung
- **Carl-Orff-Museum,** kleine Schatzkammer in Dießen am Ammersee für Verehrer des Komponisten
- **Golfplatz Wörthsee,** 18-Loch-Platz in Bestlage. Golfclub Wörthsee e.V., Gut Schluifeld, Wörthsee

FÜNFSEENLAND IM FRÜHJAHR UND SOMMER
- **März/April:** Starnberger Musiktage mit klassischen Konzerten an ungewöhnlichen Aufführungsorten
- **April:** Krimifestival Fünfseenland, organisiertes Gruseln mit Lesungen, Frühschoppen und Krimidampferfahrt
- **Juli:** Fischerstechen, jedes Jahr im Sommer liefern sich die Fischer auf dem See regelrechte Gladiatorenkämpfe.

Privilegierte Lage: bunte Bootshäuser in Schondorf am Ammersee.

Die Eiszeit hat geschaffen, wovon die nahe Großstadt München und viele Bayern-Urlauber profitieren: das Fünfseenland mit Starnberger See, Ammersee, Wörthsee, Pilsensee und dem Weßlinger See. Kleine Paradiese für jede Saison: im Frühjahr zum Bootfahren, im Sommer zum Baden, im Herbst zum Wandern und im Winter zum Schlittschuhlaufen.

Geschenk der Eiszeit

Als hätte es der liebe Gott nicht ohnehin gut gemeint mit den Münchnern – die prächtige Stadt, das schöne Wetter, das barocke Lebensgefühl – liegt vor seinen Toren eine lieblich-hügelige Landschaft und darin eingebettet fünf Seen. Keine Naherholungspfützen mit bedenklicher Wassergüte, sondern klare Seen mit Trinkwasserqualität. Der größte ist der **Starnberger See**, knapp 20 km lang, an der breitesten Stelle misst er 5 km. Einer der tiefsten und wasserreichsten Seen im Land, und – wenn man das Einkommen der Uferbewohner hochrechnet – sicher auch der diamanthaltigste. Verdenken kann man es den Reichen nicht, dass sie den Landkreis Starnberg so stark bevölkern wie keine andere Region Deutschlands, der »Würmsee« bietet einfach alles: kleine Strände, Parks und (Liege-)Wiesen, lange Bootsstege, schattige Biergärten und einen Traumblick auf die Berge. Den müssen auch die Steinzeit-

Deutschland

Feierabendstimmung: Sommerabend beim Buchscharner Seewirt am Starnberger See.

Infos und Adressen

ANREISE
Bahn: S-Bahn vom Hbf. München aus bis Starnberg, Herrsching oder Weßling; **Auto:** ca. 25 km südl. von München, über die A 96 zu erreichen

BESTE REISEZEIT
Mai–Oktober

SEHENSWERT
Museum der Phantasie, die Vision des Schriftstellers und Kunstsammlers Lothar-Günther Buchheim wurde in Bernried am See Wirklichkeit. April–Okt. Di–So 10–18 Uhr, Nov.–März 10–17 Uhr, Am Hirschgarten 1, Bernried, www.buchheimmuseum.de
Schlosspark Berg, hier fand der »Kini«, Ludwig II., sein tragisch-mysteriöses Ende. Ein Kreuz im See erinnert daran.

ESSEN UND TRINKEN
Zum Fischmeister: gemütliches Traditionslokal mit Biergarten unter alten Bäumen. Seeuferstr. 31, Ambach, www.zumfischmeister.com
Alter Wirt Etterschlag: Biergarten unter Kastanien, Gaststube in Vollholz, mit Theater und Kabarett. Inninger Str. 6, Etterschlag, www.alter-wirt-etterschlag.de

ÜBERNACHTEN
Golfhotel Kaiserin Elisabeth: Wohnen wie Sisi, in einem schmucken Ort am See. Tutzinger Str. 2, Feldafing, www.kaiserin-elisabeth.de

WEITERE INFOS
Tourismusverband München-Oberbayern, Radolfzeller Str. 15, München, www.oberbayern.de

Persönlicher Tipp

KLOSTER ANDECHS
Heiliger Berg und ältester Wallfahrtsort Bayerns, herrlicher Aussichtspunkt und bekannteste Klosterbrauerei Deutschlands: Das Kloster Andechs vereint viele Superlative und ist ein Anziehungspunkt für Einheimische wie Touristen. Die **Brautradition** reicht bis ins Mittelalter zurück. Mit den Einnahmen aus dem Bierverkauf finanzieren die Benediktinermönche ihre Abtei. Nur 5 % der jährlich gebrauten 100 000 hl gehen in den Ausschank, der Rest wird weltweit verkauft. Am besten schmeckt das ganzjährig gebraute Bockbier natürlich auf der Terrasse des **Bräustüberls** oder im **Klostergasthof**. Das Bier ist aber nur ein Argument für einen Besuch des Klosters, das andere ist die herrliche **Wallfahrtskirche**. Vor wenigen Jahren generalsaniert, erstrahlt die ursprünglich gotische Hallenkirche innen im prachtvollsten Rokoko. Die Stuckverzierungen von **Johann Baptist Zimmermann**, der auch die Wieskirche in Steingaden gestaltet hat, zählen zu den schönsten und kunstvollsten Arbeiten in Süddeutschland.

---

menschen schon genossen haben. Auf der **Roseninsel,** der einzigen Insel im See und Kaiserin Sisis Lieblingsplatz, wurden Pfahlbauten aus dem 4. Jahrtausend v. Chr. entdeckt.

Auf ein gutes Jahrhundert bringt es die »Dießen«. Bayerns dienstältester Raddampfer schippert zwischen Herrsching, Riederau, Schondorf und Stegen auf dem **Ammersee.** Der mutet wie die bescheidenere Ausgabe des Starnberger Sees an, dabei misst er stolze 15 km in der Länge. Ein echter Höhe-Punkt ist der hölzerne 10-Meter-Sprungturm im Strandbad Utting. 36 Zu- und Abläufe regulieren die Wasserqualität des **Pilsensees;** der im Herrschinger Moos gelegene See tauscht so im Verlauf eines Jahres seine gesamte Wassermenge aus. Doch das ist nur einer seiner Vorzüge. Denn während sich an Sommerwochenenden um die Nachbarseen die Blechlawinen wälzen, ist im Strandbad **Hechendorf** oft noch ein Plätzchen frei.   BM

23. Ludwigschlösser in Oberbayern

Der Flora- und Puttenbrunnen im Wasserparterre vor Schloss Linderhof.

HIGHLIGHTS
- **Schloss Neuschwanstein,** das Märchenschloss entdeckt man am besten bei einer 35-minütigen Führung.
- **Marienbrücke,** die freitragende Eisenkonstruktion über die Pöllatschlucht war um 1850 architektonische Avantgarde.
- **Schloss Linderhof,** eine Hommage an Ludwig XIV. mit einer verspielten Gartengrotte
- **Schloss Herrenchiemsee,** Versailles auf der Insel Herrenwörth im Chiemsee
- **Bleckenau,** im Hochtal oberhalb von Schloss Neuschwanstein liegt dieses Berggasthaus an der Pöllat.

DIE KÖNIGSSCHLÖSSER IM SOMMER
- **24. Aug.:** Am Vorabend des Geburtstags von Ludwig II. werden jedes Jahr in den Ammergauer Alpen Bergfeuer zum Gedenken des Königs entzündet.
- **25. Aug.:** Der königliche Geburtstag ist seit Jahren in Schloss Linderhof ein Anlass, die »König-Ludwig-Nacht« zu feiern – mit Nachtführungen und Filmraritäten.
- **14.–22. Sept.:** Schlosskonzerte Neuschwanstein, Klassik im Sängersaal

Sie verzücken die Fremden und erfüllen die Bayern mit Stolz: Die Schlösser Ludwigs II., errichtet in den schönsten Gegenden des Alpenvorlands, ziehen seit mehr als 125 Jahren Besucher aus aller Welt in ihren Bann. Ein Streifzug durch Neuschwanstein, Herrenchiemsee und Linderhof – und die Traumwelt des traurigen »Märchenkönigs«.

Ein ewig Rätsel will ich bleiben ...

Das hätte sich Ludwig II. wohl nie träumen lassen: Über zwei Millionen Besucher besichtigen jährlich seine drei schönsten Schlösser, Neuschwanstein, Linderhof und Herrenchiemsee. Sie geben dabei in einem Jahr etwa so viel Geld für Eintrittskarten aus, wie die Bauten vor 140 Jahren verschlungen haben. Wenn die Regierungskommission, die den König 1886 festnehmen ließ, das geahnt hätte ...

Dass die Innenausstattung der Prunkbauten unvollendet blieb, tut ihrer Beliebtheit keinen Abbruch. Nur das kleinste Schloss, **Linderhof**, im malerischen Graswangtal, erhielt noch zu Ludwigs Lebzeiten sein endgültiges Aussehen. In Stil und Ausstattung ließ sich der Monarch von seinem großen Vorbild, Sonnenkönig Ludwig XIV., inspirieren. Eine andere Leidenschaft bediente die **Venusgrotte** im herrlichen **Linderhof-Park**: In der beheizbaren Zement-Grotte

Deutschland

dümpelt ein Muschelkahn, und Bühnenbilder beschwören Opern-Dramatik herauf.

Der Plan vom bayerischen Versailles – in **Schloss Herrenchiemsee** ging er auf. Doch nicht zum Repräsentieren waren Paradezimmer, Pfauen-Vestibül und **Spiegelgalerie** gedacht – nur der König sollte die Pracht genießen. Ludwig tat es elf Tage lang im September 1885. Nur wenig länger hielt er sich in **Neuschwanstein** auf, einer »Ritterburg« wie aus dem Märchenbuch. Diese vielleicht typischste Ludwig-Melange vereint alles, was dem König lieb (und teuer) war: einen **Sängersaal** voller Lohengrin- und Parzifal-Anspielungen, den **Thronsaal**, das Ritterbad, einen (unvollendeten) maurischen Saal ... und drumherum idealisiertes Mittelalter in bester Wartburg-Manier. Nur 15 der 200 geplanten Räume sind ausgebaut, und im byzantinischen Gralssaal fehlt, wie bezeichnend, bis heute der Thron. BM

Infos und Adressen

ANREISE
Flug: Nächstgelegene Flughäfen sind München, Innsbruck und Salzburg; **Bahn:** Ab Bhf. Oberammergau verkehren Busse bis Linderhof, ab Bhf. Füssen bis Hohenschwangau. Die Chiemsee-Bahn verbindet den Bhf. Prien mit der Schiffsanlegestelle in Stock; **Auto:** A 8 nach Salzburg, Ausfahrt Bernau/Prien, A 95 bis Garmisch-Partenkirchen oder A 7 bis Füssen; **Fähre:** Ab Prien/Stock verkehren Schiffe zur Herreninsel.

BESTE REISEZEIT:
Frühjahr bis Herbst

SEHENSWERT
König-Ludwig II.-Museum, Stationen zum Leben Ludwig II. April–Okt. 9–18, sonst 10–16.45 Uhr, Schloss Herrenchiemsee **Maurischer Kiosk,** mit Blick auf den berühmten Pfauenthron

ESSEN UND TRINKEN
Fischerhütte: Am Ufer des Hopfensees sind Fischgerichte Trumpf. Uferstr. 16, Hopfen am See

ÜBERNACHTEN
Schlosshotel: älter als Ludwigs Versailles und ebenso schön gelegen. Herrenchiemsee, www.herrenchiemsee-schlosshotel.de

WEITERE INFOS
Bayer. Verwaltg. der staatl. Schlösser, Gärten und Seen, www.schloesser.bayern.de

Persönlicher Tipp

JAGDSCHLOSS AUF DEM SCHACHEN
Die Einsamkeit, die sich Ludwig erträumte – im Jagdschloss auf dem Schachen würde sie der König heute noch finden. Nur wenige Wanderer nehmen den gut vierstündigen Anstieg auf sich, um zum Chalet auf knapp 1900 m zu gelangen. Aus der Entfernung kaum von einer Alpenvereinshütte zu unterscheiden, entfaltet das Schlösschen seine ganze Pracht im »**Maurischen Zimmer**«. Der Raum im Obergeschoss ist ein Traum aus Teppichen, vergoldeten Schnitzereien, Diwanen und Pfauenfedern. Ein plätschernder Springbrunnen lässt den Wanderer die Alpengipfel hinter den bunten Glasfenstern vergessen. In orientalische Kostüme gehüllt, die Wasserpfeife schmauchend, konnte sich Ludwig hier wie ein Kalif fühlen.
Diverse Wege führen ans Ziel: Der leichteste ist der »**Königsweg**« ab Elmau. Deutlich anspruchsvoller und landschaftlich spektakulär ist die Wanderung durch die **Partnachklamm** und von dort über den **Kälbersteig**. Ludwig selbst kam natürlich nicht zu Fuß: Er ließ sich mit der Kutsche in sein luftiges Schloss chauffieren.

Vorm Königshaus am Schachen singt ein Männerchor zu Ehren des »Kini«.

24. Chiemgau

HIGHLIGHTS
- **Herreninsel,** Märchenkönig Ludwig II. ließ auf der 240 ha großen Insel Schloss Herrenchiemsee erbauen, auf der Insel befindet sich auch das gleichnamige Kloster.
- **Fraueninsel,** das autofreie Inselchen hat rund 300 ständige Bewohner, das Kloster ist Wallfahrtsort für die selige Irmengard, Schutzpatronin des Chiemgaus.
- **Kampenwand,** »Wann i mit meiner Wampen kannt, gangat i auf d'Kampenwand!« – getreu diesem Motto führt eine Seilbahn auf den 1669 m hohen Berg.
- **Geigelstein,** 1813 m hoch ist dieser Gipfel, mit prächtiger Aussicht und umgebendem Naturschutzgebiet.
- **Chiemgauer Volkstheater,** Sommeraufführungen an verschiedenen Spielorten im Chiemgau

DER CHIEMGAU ZU JEDER JAHRESZEIT
- **April/Ostermontag:** Georgiritt in Traunstein
- **Juli:** Herrenchiemsee Festspiele, Klassik vor Schlosskulisse
- **Aug.:** Chiemsee Reggae Summer in Übersee
- **Nov./Dez.:** stimmungsvoller Christkindlmarkt auf der Fraueninsel

Malerisch liegt die Fraueninsel vor der Kulisse der Chiemgauer Alpen im »Bayerischen Meer«.

Der größte Streitpunkt am Chiemgau ist wohl sein Artikel: Heißt es nun »der« oder »das« Chiemgau? Egal, der Duden lässt beides zu! In puncto Ferienprogramm gibt es im Chiemgau nicht viel zu diskutieren: Bergsteiger, Segler, Tretbootfahrer, König-Ludwig-Verehrer oder Feinschmecker – hier kommen alle auf ihre Kosten!

Berge und »Meer«

Für zwei Attraktionen wird der Chiemgau besonders gerühmt: zum einen für seine wunderschöne Voralpen- und Moränenlandschaft mit Erhebungen bis knapp 2000 m, zum anderen für den größten bayerischen See, den **Chiemsee** – auch »bayerisches Meer« genannt. Und damit ist das Ferienprogramm auch schon vorgegeben: Wandern und Wassersport. Bergsportler zieht es beispielsweise auf den mit 1961 m höchsten Gipfel der Chiemgauer Alpen, das **Sonntagshorn**, oder auf gut erschlossene Aussichtsgipfel wie **Hochries** und **Kampenwand**. Wem der Aufstieg zu strapaziös ist, der nimmt einfach die Seilbahn auf die beiden letztgenannten Gipfel.

Mit fast 80 km² Fläche bietet der Chiemsee die komplette Palette an Wassersportmöglichkeiten: von Schwimmen über Tauchen bis zum Kitesurfen, von Angeln über Tretbootfahren bis hin zum Segeln. Wer sich lieber von einem Boot mitnehmen lässt, gelangt per Ausflugsschiff bequem über den

Deutschland

Fast bis auf 2000 Höhenmeter geht es in den gut erschlossenen Chiemgauer Alpen hinauf.

Infos und Adressen

ANREISE
Flug: Direktflug bis München oder Salzburg und weiter per Regionalzug; **Auto:** auf der A 8 München–Salzburg

BESTE REISEZEIT
Im Frühjahr und Herbst zum Wandern, im Sommer zum Baden

SEHENSWERT
Bärnsee, idyllisch gelegener Moorsee bei Aschau, ein Spaziergang um den See lohnt auch wegen der umliegenden Streuwiesen und Wälder
Künstlerhaux Exter, Wohnhaus und Künstlersitz von Julius Exter, Mitbegründer der »Münchner Secession«. Tgl. außer Mo 17–19 Uhr, Blumenweg 5, Übersee-Feldwies

ESSEN UND TRINKEN
Riesenhütte: lohnendes, gemütliches Wanderziel auf 1346 m, legendärerer karamellisierter Kaiserschmarrn.
Chiemgauer Alpen,
www.davplus.de/riesenhuette

ÜBERNACHTEN
Chiemgauhof: besticht durch seine Lage direkt am Chiemsee, komfortable Zimmer, Suiten, Apartments und ein Loft.
Julius-Exter-Promenade 21,
Übersee,
www.chiemgauhof.com

WEITERE INFOS
Chiemsee-Alpenland Tourismus, Felden 10, Bernau,
www.chiemsee-alpenland.de

Persönlicher Tipp

»BERGE«–URLAUB IM TAL
Diese Berge liegen nur 615 m über Normalnull, für Chiemgauer Verhältnisse also völlig ebenerdig. Auch haben sie nichts mit Wanderstrapazen zu tun, sondern vielmehr mit totaler Erholung. Das Haus »berge« ist eine Herberge der besonderen Art (www.moormann-berge.de). Der Möbeldesigner Nils Holger Moormann schuf in dem denkmalgeschützten Gebäude am Ortsausgang von Aschau 16 individuelle Quartiere für Selbstversorger – komplett in seinem unverwechselbaren Design ausgestattet. Aber anders als in anderen Designunterkünften sind die Gäste der »berge« unter sich und können sich vorrangig selbst versorgen. Entsprechend sind fast alle Quartiere mit einer kompletten Küche ausgestattet. Die Apartments bieten jeweils Platz für zwei Personen, manche auch für vier. Tagsüber locken Sonnendeck und Bauerngarten zum Sonnenbaden, eine Boulebahn zum Spielen und die Sauna zum Schwitzen. Wer mag, darf natürlich gerne von hier in die umliegenden Berge aufbrechen.

See. Die Schiffe der **Chiemsee Schifffahrt** bringen Ausflügler von **Prien** und **Gstadt** aus zur **Herreninsel** mit König Ludwigs Prachtschloss **Herrenchiemsee,** das dem Schloss Versailles in Paris nachempfunden ist, ebenso zur beschaulichen **Fraueninsel** mit der **Benediktinerinnen-Abtei Frauenwörth,** dem ältesten deutschen Frauenkloster. Im Sommer werden zusätzlich die Orte **Seebruck, Chieming, Übersee** und **Bernau,** alle rund um den See gelegen, angefahren. Wer den Chiemsee außerdem einmal aus der Vogelperspektive erleben möchte, für den bietet sich eine **Ballonfahrt** an.

Wie könnte man einen so erholsamen und ereignisreichen Tag besser ausklingen lassen als mit einem Gourmetmenü in der **Residenz** von Sternekoch Heinz Winkler in Aschau? Für den kleineren Geldbeutel hält der Chiemgau viele urige **Gasthäuser** bereit – mit allerlei regionalen Spezialitäten wie etwa Mandelforelle und Chiemgauer Knödeln.   DH

In der idyllischen Landschaft um den Luftkur- und Wallfahrtsort St. Märgen im Südschwarzwald können Körper und Seele auftanken.

25. Ostseeküste von Nordestland

HIGHLIGHTS

- **Weiße Nächte,** um den 21. Juni spielt sich das Leben auf den Promenaden und am Strand ab.
- **Lehama Nationalpark,** 44 % Estlands sind bewaldet, ein aktiver Naturschutz bewahrt Naturschönheiten, wie Wildblumen, Tiere, Moore, Steilküsten etc.
- **Domberg in Tallinn,** von der Aussichtsplattform hat man den besten Blick auf die Stadt.
- **Stadtmauer Tallinn,** wehrhaft gibt sich die 15 m hohe, 3 m breite und mit ca. 23 Türmen flankierte Stadtmauer immer noch.
- **St.-Katharinen-Passage,** die mittelalterlichen Altstadtgassen mit traditionsreichen Handwerksbetrieben

TALLINN VON FRÜHJAHR BIS HERBST

- **Anf. April:** Musikfestival Tallinn: Von Klassik bis Punk ist alles vertreten.
- **Anf. Juni:** Altstadtfest in Tallinn mit Musik, Theater, Kunst und buntem Programm
- **Anf. Sept.:** der SEB Tallinn Marathon steht im Zeichen der Gesundheit und ist als Veranstaltung für die ganze Familie ausgerichtet.

Vom Gutshaus Sagasi im Lahemaa Nationalpark lässt sich die waldreiche Region erkunden.

Die mittelalterliche Hansestadt Tallinn vereint modernes und kreatives Leben. Im Kontrast dazu steht das ländliche Estland mit seiner schroffen Küste und urwüchsigen Nationalparks. Bären durchstreifen die tiefen Wälder, auch Luchse, Wölfe und Elche sind hier beheimatet. Mit etwas Glück und Geduld kann man ihre Spuren verfolgen und sie sogar beobachten.

Reise für Naturliebhaber

Im Norden des Landes, 50 km westlich von Tallinn, liegt **Paldiski**. Der Ort ist ein Symbol für die russische Besatzung, unter der Estland bis 1991 stand. Im damaligen Sperrgebiet befanden sich ein Marinestützpunkt und ein Übungszentrum für Atom-U-Boote. Einst arbeiteten hier 16 000 Menschen. Die militärische Infrastruktur mit Bunkern und verlassenen Wohnblöcken bildet heute eine interessante Kulisse für Geschichtsinteressierte. Naturfreunde kommen auf der Halbinsel **Pakri** auf ihre Kosten. Die Steilküste mit Kalksteinklippen bietet Gryllteisten (aus der Familie der Alke) geeigneten Lebensraum. Mittendrin steht Estlands höchster **Leuchtturm**. 50 km östlich von Tallinn erreicht man den **Nationalpark Lahemaa**. Findlinge, Hochmoore und Wälder, in denen Elche und Wildschweine leben, sind für ihn charakteristisch. Die Küste säu-

Estland

Typisch für Tallin sind die Gassen mit bunten Hausfassaden und Kopfsteinpflaster.

Infos und Adressen

ANREISE
Flug: Direktflüge von Düsseldorf und Frankfurt nach Tallinn;
Fähre: von Rostock und Travemünde nach Helsinki, von dort Fähren ins 80 km entfernte Tallinn; **Tipp:** die Tallinn Card gewährt Rabatte oder freien Eintritt

BESTE REISEZEIT
Juni–September

SEHENSWERT
Raeapteek, 1422 eröffnet, ist sie die älteste Apotheke der Welt. Raekoja plats 11, Tallinn, www.raeapteek.ee
Estnisches Kunstmuseum, Werke estnischer und baltendeutscher Künstler, vom Mittelalter bis zur Gegenwart. Tgl. außer Mo 11–18 Uhr, Kiriku plats 1, Tallinn, www.ekm.ee

ESSEN UND TRINKEN
Lounge 24 im Radisson Blue: 90 m über der Stadt kann man einen Cocktail genießen oder ein gediegenes Essen. Ravala Puiestee 3, Tallinn

SHOPPING
Viru- und Müürivahe in Tallinn, Einkaufsstraßen mit modernen Geschäften; traditioneller Strickwarenmarkt

ÜBERNACHTEN
Sagadi Hotel: renoviertes Gutshaus mit ländlichem Charme. Sagadi küla, Vihula vald, Lääne-Virumaa, www.sagadi.ee

WEITERE INFOS
Touristinfo, Niguliste 2/Kullasepa 4, Tallinn, www.visitestonia.com

Persönlicher Tipp

MITTELALTERLICHES TALLINN
Die in ihren historischen Strukturen erhaltene Stadt Tallinn führt den Besucher mit **Mittelaltermärkten** und traditionellem **Handwerk** zurück in vergangene Epochen, gleichzeitig zeigt die Kulturhauptstadt von 2011 ihr modernes, kreatives Gesicht. Gern orientieren sich die Esten von heute am skandinavischen Nachbarn. Stilvolles **Design** und eine vielfältige **Gastronomie** sollen den Aufenthalt angenehm begleiten. Zu sehen gibt es viel in der Metropole am Finnischen Meerbusen. Leicht erhöht auf dem **Domberg** thront das **Schloss** mit dem Turm Langer Hermann, wo jeden Morgen die estnische Flagge gehisst wird. Eine gut erhaltene, bis zu 3 m dicke und ca. 15 m hohe **Stadtmauer** kann noch auf 1,9 km Länge besichtigt werden. Die russisch-orthodoxe **Alexander-Newski-Kathedrale** zeugt von der Zeit, als Estland Teil des zaristischen Russlands war. Der alte **Markt** wird von schmucken **Kaufmannshäusern** und dem gotischen **Rathaus** flankiert. Zur Weihnachtszeit findet hier ein stimmungsvoller **Adventsmarkt** statt.

men **Fischerdörfer** wie Altja, Viinistu und Käsmu, wo es ein kleines Meeresmuseum gibt. Der Kurort **Võsu** lockt mit feinem Sandstrand und Wassersportmöglichkeiten. Folgt man dem Küstenverlauf nach Osten, bietet sich ein Halt bei der Ruine der Ordensburg **Toolse** an, deren steinerne Mauern sich gegen die raue See stemmen. In **Valaste** ergießt sich ein 30 m hoher Wasserfall über die Steilküste – ein grandioses Naturschauspiel im Winter, wenn dicke Eiszapfen an seinen Rändern hängen. Von hier lohnt ein Abstecher in die 1241 gegründete Stadt **Jõhvi**. Östlichster Außenposten Estlands ist **Narva**. Der gleichnamige Fluss bildet die Grenze zu Russland. Eine Brücke verbindet die von strengen Grenzkontrollen getrennte Stadt, in der die Architektur der sowjetischen Moderne dominiert. Die gut erhaltene **Hermann-Festung** thront auf estnischer Seite, direkt gegenüber liegt ihr russisches Pendant. ChD

26. Loireschlösser

HIGHLIGHTS
- **Abtei von Fontevraud,** angevinische Architektur und letzte Ruhestätte vieler Angehöriger des Hauses Plantagenêt
- **Château d'Ussé,** das Schloss mit den vielen Türmchen soll Dichter Charles Perraut zu seiner Märchenfassung von »Dornröschen« inspiriert haben.
- **Château de Bréze,** beeindruckt mit über 1 km langen unterirdischen Gängen mit Kellern und Vorratsräumen.
- **Château de Chenonceau,** das »Damenschloss« wurde im 16. Jh. durch einen Flügel erweitert, der auf sechs Bögen den Fluss Cher überspannt.
- **Parc Oriental de Maulévrier,** im bewaldeten Tal der Moine dominiert die Leidenschaft für japanische Gartenkunst.

DAS LOIRETAL VON FRÜHJAHR BIS HERBST
- **März–Juni:** Fêtes Musicales de Touraine, Festival für klassische Musik in Tours
- **Juli–Aug.:** Marché à la belle étoile, Abendmärkte mit Kunsthandwerk und Konzerten in Amboise
- **Sept.:** »Les Accroche-Cœur«, Kunst und Kultur in den Straßen von Angers

Das Königsschloss Amboise an der Loire gilt als die Wiege der Renaissance in Frankreich.

Zwischen Orléans und Blois, Tours und Angers reihen sich viele der rund 400 Loireschlösser wie an einer Perlenkette auf. Sie säumen die Ufer der Loire und ihrer Nebenflüsse, sind steinerne Zeugen vergangener Epochen inmitten lieblicher Natur. Jede erzählt ihre eigene Geschichte, die mal romantisch, mal dramatisch und bisweilen sogar göttlich ist.

Schlösser, die Geschichte(n) schrieben

Während für viele Urlauber das üppig grüne **Loiretal** wie der Garten Frankreichs anmutet, beschrieb es der Historiker Jules Michelet (1798–1874) als »Kleid aus grobem Wollstoff mit goldenen Fransen«. Mit mehr Poesie lässt sich der Kontrast der Landschaftsformen – liebliche Ufer, karge Hochebenen, fruchtbare Täler mit Obst- und Weinanbau – wohl kaum ausdrücken. Zu den »goldenen Fransen« entlang des majestätischen Flusses gehören die rund 400 Lust-, Wasser- und Jagdschlösser, die sich die französischen Könige und ihre Höflinge erbauen ließen. Bemerkenswert sind nicht nur die geschichtsträchtigen Bauten, manche von ihnen, wie **Château de Villandry**, werden sogar von ihren kunstvoll angelegten Gärten an Anmut übertroffen. Die Gegend ist übrigens wie geschaffen dafür, sie mit dem Rad (oder per Boot) zu erkunden und zwischendurch eine genussvolle

Frankreich

Rast in einem der schmucken Dörfer einzulegen, z. B. in **Rivarennes** südlich von Villandry, das für seine *Poires Tapées* (gedörrte Birnen) bekannt ist.

Auf **Schloss Clos Lucé** in **Amboise** verbrachte Leonardo da Vinci seine letzten Lebensjahre. Dort malte er, widmete sich Erfindungen und anatomischen Studien. Sowohl das Schloss als auch der nach ihm benannte Park geben Einblick in das Werk des Multitalents. Auf **Schloss Langeais**, westlich von Tours, gab König Karl VIII. 1491 der 14-jährigen Anne de Bretagne sein Jawort – und sicherte sich damit ihr Erbe. Nur sieben Jahre später stürzte er im **Königsschloss Amboise** beim Jeu-de-Paume-Spiel so unglücklich, dass er an einer Hirnblutung starb. Im **Château de Chinon** kann man auf den Spuren der Johanna von Orleans wandeln, die im März 1429 hier dem französischen König Karl VII. ihre göttliche Mission offenbarte. RE

Infos und Adressen

ANREISE
Flug: keine Direktflug von Deutschland; **Bahn:** ab Paris mit dem TGV nach Tours oder Angers

BESTE REISEZEIT
Mai–Oktober; im Sommer sind die Schlösser sehr überlaufen!

SEHENSWERT
Tours, Hauptstadt der Touraine und ehemalige Königsresidenz mit einer zauberhaften Altstadt sowie dem historischen Kathedralviertel und dem Quartier St-Julien

Blois, charmante Kleinstadt mit weißen Fassaden, verwinkelten Gassen und einem Königsschloss (mit dem Kabinett der Katharina von Medici)

ESSEN UND TRINKEN
Les Caves de la Croix Verte: Das urige Restaurant in einem ehemaligen Weinkeller kredenzt am Kamin regionale Gerichte. 20, rte. d'Amboise, Pocé-sur-Cisse (bei Amboise)

ÜBERNACHTEN
Domaine de Mestré. Ein Bauernhof von 1791 wurde in ein komfortables Hotel verwandelt; schöner Park, unweit der berühmten Abtei. Fontevraud-l'Abbaye, www.domaine-de-mestrecom

WEITERE INFOS
Atout France, frz. Zentrale für Tourismus, Zeppelinallee 37, Frankfurt a. M., www.rendezvousenfrance.com

Persönlicher Tipp

LUSTWANDELN IN DEN GÄRTEN VON VILLANDRY

Hauptattraktion des Château de Villandry sind seine **Gärten**, die von Frühjahr bis Herbst ihre verschwenderische Fülle zeigen. Optisch besonders schön ist ihr Anblick von der Schlossterrasse, weil sich die in kunstvollen Mustern angeordneten Beete dann wie ein bunter Flickenteppich vor dem Betrachter ausbreiten. Die im Geist der Renaissance terrassenförmig angelegten Ebenen beeindrucken durch Ästhetik und Harmonie. Der Gemüsegarten **Potager** besticht durch seine akkurate Schachbrettoptik in neun gleichgroßen Quadraten. Der romantische **Jardin d'Amour** verkörpert mit kunstvoll zu Herzen, Schmetterlingen oder Dolchen geschnittenen Buchsbäumen die Allegorien der Liebe (die zärtliche, verzehrende, tragische und frivole Liebe, sogar der Untreue wurde in Form von Hörnern Ausdruck verliehen). Der Laubengang **Jardin de Musique** trumpft mit musikalischen Symbolen auf. Und im friedlichen **Wassergarten** kann man beim Plätschern der Springbrunnen die Seele baumeln lassen.

Château de Villandry bezaubert auch durch sein im Renaissancestil gestaltetes Interieur.

27. Côte d'Azur

HIGHLIGHTS
- **Porquerolles, Port-Cros und Île du Levant (Îles d'Or),** bewaldete Inseln mit schönen Naturhäfen, beliebte Wander-, Rad- und Badeziele
- **Massif des Maures,** das Gebirgsmassiv im Hinterland von Hyères bis Fréjus, bietet immer wieder fantastische Meerblicke.
- **Uferpromenade von St-Tropez,** seit den 1950er-Jahren Treffpunkt der Schönen und Reichen
- **Grimaud,** hübsches Bergdorf mit Festungsruine und Templerhaus
- **Ramatuelle,** malerisches Bergdorf, umgeben von Weinbergen und Pinienhainen

DIE CÔTE D'AZUR ZU JEDER JAHRESZEIT
- **Februar:** Umzüge zur Mimosenblüte in Bormes-les-Mimosas; Karnevalsumzug am mardi gras (Faschingsdienstag) im Nizzaer Hafenviertel; Fête du Citron in Menton
- **Mai:** Internationale Filmfestspiele von Cannes; Formel-1 Grand Prix in Monaco
- **Oktober:** Fiesta des Suds mit Weltmusik in Marseille
- **November:** Nationalfeiertag in Monaco mit Feuerwerk (19.11.)

Im Hafen von Saint-Tropez schaukelt so manche teure Jacht neben Fischer- und Sportbooten.

Azurblaue Küste: Alleine der Name klingt schon wie ein Versprechen! Geprägt hat ihn der französische Dichter Stéphen Liégeard, als er 1887 sein Werk »La Côte d'Azur« veröffentlichte. Seither ist die französische Riviera das Traumziel vieler Urlauber. Sie erstreckt sich über 300 km von Cassis bis nach Menton an der italienischen Grenze.

Eine Küste wie ein Gemälde

300 Tage Sonnenschein im Jahr verspricht die Côte d'Azur. Damit ist sie prädestiniert für einen Strandurlaub! Sonnenanbeter und Surfer beschränken sich am besten auf den Küstenabschnitt zwischen Hyères und Saint-Tropez.

Auf Höhe von **Hyères** locken mit der **Halbinsel Giens** und den vorgelagerten **Îles d'Or** traumhafte Surfstrände und versteckte Badebuchten. Weiter westlich folgen die Ferienorte **La Londe-les-Maures, Le Lavandou** und **Cavalaire-sur-Mer.** Von hier bieten sich Wanderungen in das bis zu 800 m hohe, stark zerklüftete Massif des Maures an.

Ein Ausflug nach **Saint-Tropez** ist natürlich Pflicht! Seit Brigitte Bardot und Gunter Sachs dem verschlafenen Fischerdorf in den 1950er-Jahren zur Berühmtheit verhalfen, treffen sich hier die Reichen und Schönen, um gesehen zu werden, und die Touristen, um zu sehen. Vor all dem liegt das

Frankreich

Infos und Adressen

ANREISE
Flug: Direktflug nach Nizza oder Marseille und weiter per Bahn oder Mietwagen; **Bahn:** Direktverbindung per TGV, z. B. von Frankfurt oder Karlsruhe bis Marseille

BESTE REISEZEIT
Mai–Oktober;
zum Baden: Juli–August

SEHENSWERT
Strände von Saint-Tropez, zählen zu den schönsten der Côte d'Azur, Pampelonne ist der teure Hauptstrand, die Plage des Salins ist naturbelassen und familienfreundlich.
Île de Porquerolles, mit der Fähre übersetzen und das Fahrrad zur Inselerkundung nicht vergessen!

ESSEN UND TRINKEN
Chez Fuchs: das Lokal in St-Trop! Brasserie mit guter provenzalischer Küche. 7, rue de Commerçants, Saint-Tropez

ÜBERNACHTEN
Hotel Le Rabelais: gegenüber dem alten Hafen, im Sommer Frühstück auf der Terrasse mit Meerblick. 2, rue Rabelais, Le Lavandou, www.le-rabelais.fr
Le Mas du Langoustier: verspielter 4-Sterne-Chic in einem provenzalischen Herrenhaus. Île de Porquerolles, www.langoustier.com

WEITERE INFOS
Französische Zentrale für Tourismus, Zeppelinallee 37, Frankfurt a. M., http//de.franceguide.com

Persönlicher Tipp

URLAUB AUF DEM WEINGUT
Kaum eine Weinbauregion verarbeitet so viele Traubensorten wie die **Provence**. Bekannte Weine der Côte d'Azur sind beispielsweise Cassis oder Côtes de Provence. Viele **Weingüter** produzieren gute bis sehr gute Tropfen, neben dem traditionellen Rosé auch vermehrt Rot- und Weißweine. Wie könnte man also stilechter an der Côte d'Azur Ferien machen als direkt auf einem **Weingut**? Umgeben von Weinhängen und doch die salzige Meeresbrise immer in der Nase, abseits vom touristischen Rummel der Ferienorte und doch ganz nah an der Küste, staunend bei der Lese dabei und doch entspannt im Urlaub. Wunderschön gelegen ist beispielsweise das Ferienhaus der **Domaine de la Coulerette** (www.famillebrechet.fr). Viele der teils jahrhundertealten Weingüter wurden auch um luxuriöse Hotels erweitert. Immer mehr Weingüter bieten überdies **Führungen** und **Verkostungen** an, manche sogar **Weinkurse** – und stets kommt der Wein fürs Abendessen direkt vom Winzer!

Ein guter Rosé und knuspriges Baguette gehören zum entspannten Urlaub an der Côte d'Azur einfach dazu.

azurblaue Meer, nach dem dieser wunderschöne Küstenstrich benannt ist. Von den satten Farben und dem unvergleichbar hellen Licht der Küste schwärmten bereits große Maler, wie Henri Matisse und Pablo Picasso. Auch ihren Spuren können Reisende entlang der Küste folgen: etwa im **Musée de l'Annonciade** in Saint-Tropez oder im **Musée Matisse** in Nizza.

Wer von Strand und Trubel pausieren möchte, kann an der Côte d'Azur noch im Schatten einer Platane Boule spielen oder Burgruinen, trutzige Zitadellen und historische Kirchlein in malerischen Orten wie **Grimaud** und **Ramatuelle** besichtigen. Und danach an einem Pastis, Côtes de Provence oder einem erfrischenden Menthe nippen, fangfrischen Fisch oder provenzalischen Käse kosten und immerzu das unvergleichliche Blau des Himmels und des Meeres bestaunen! DH

28. Das Mittlere Rhônetal

HIGHLIGHTS
- **Kirche St-Jean,** gotische Kathedrale aus dem 12. Jh. in Lyon. Bemerkenswert sind die 8 m breite Fensterrose und die Astronomische Uhr.
- **Traboules,** versteckte Hausdurchgänge der Seiden- und Tuchmacher in Lyon
- **Pont d'Arc,** natürliche Felsenbrücke über die Ardèche in der Nähe von Vallon Pont d'Arc
- **Grotte de la Draye Blanche/Grotte de la Luire,** Kalksteinhöhlen im Vercors
- **Château de Rochemaure,** beeindruckende Burg auf einem Vulkanhügel am Rhôneufer, nahe Montelimar

RHÔNETAL IM SOMMER UND WINTER
- **Ende Juni:** Fête de la Transhumance, Almauftrieb der Schafe mit bunten Umzügen und Marktgeschehen in Vercors
- **Mitte Juli:** Fête du Nougat, Montélimar. Alles rund um weißes oder braunes, festes oder weiches Nougat. Traditionelle Herstellungsmethoden und Verkostungen in der ganzen Stadt
- **8. Dez.:** Fête des Lumières, 150 Jahre altes Lichterfest damals mit Kerzen im Fenster, heute handelt es sich um kunstvolle, bewegliche Illuminationen.

Die natürliche Felsbrücke Pont d'Arc überspannt den bei Paddlern beliebten Fluss Ardèche.

Folgt man dem Lauf der Rhône zwischen Lyon und Montelimar, entdeckt der Besucher ein Frankreich mit historischen Städten, deren Ursprünge bis in die römische Zeit zurückreichen, eine liebliche bis schroffe Landschaft, wo schon der Hauch des Mittelmeeres zu spüren ist, und eine Küche, die mit lokalen Spezialitäten verwöhnt.

Wein und grandiose Landschaften

Südlich von **Lyon** fließt die **Rhône** ziemlich geradlinig gen Mittelmeer. Sie bahnt sich ihr Tal durch eine sanfte Hügellandschaft, deren Hänge für den **Weinanbau** genutzt werden. Herausragende Tropfen wie Croze Hermitage, Saint Joseph und natürlich auch der Côte du Rhône haben dort ihre Heimat. Viele Weingüter bieten Verkostungen an. Aktuelle Adressen erfragt man sich am besten in den lokalen Tourismusbüros.

Etwas abseits der Weinberge entlang des Rhônetals gibt es drei regionale Landschaftsschutzgebiete. Dazu zählt das unweit von Lyon liegende, max. 1400 m hohe **Pilat**. Auf gut ausgebauten Wander- und Fahrradwegen erhält man schöne Panoramablicke auf den Flusslauf. Östlich des **Rhônegrabens** befindet sich das mit 170 km² größte Naturschutzgebiet Frankreichs – die Voralpengipfel des **Vercors**. Wenige Straßen durchqueren das bis zu 2350 m hohe Kalkgebirge. Serpentinen winden sich unter schroffen Felsflanken. In den einsamen, lang gestreckten Tälern wachsen dichte, ursprüngliche Laubwälder.

Frankreich

In einem Bouchon Lyonnais wird köstliche regionale Küche serviert wie z.B. Quenelles.

Westlich von Montélimar liegt der **Naturpark der Ardèche**. Der gleichnamige Fluss schlängelt sich in einem beeindruckenden Canyon durch das Gebiet. Eine Höhenstraße begleitet den Lauf und eröffnet dem Besucher spektakuläre Blicke. Der Fluss ist beliebtes Kanu- und Wildwasserrevier.

Überall trifft man auf kleine mittelalterliche Dörfer, wo sich in der Bar Tabac die Einheimischen treffen und der Wochenmarkt mit regionalen Spezialitäten verwöhnt. Kulinarisch reicht das Repertoire von Spitzenköchen wie Paul Bocuse in **Lyon** oder Anne-Sophie Pic in Valence, die als einzige Französin mit drei Michelin-Sternen ausgezeichnet ist, über das Nougat in **Montélimar** bis hin zu regionalen Besonderheiten, wie dem Safranerzeuger in Crest am Fuße des Vercors. ChD

Infos und Adressen

ANREISE
Flug nach Lyon-St-Exupéry, weiter mit dem Rhônexpress zum Hauptbahnhof (Part-Dieu); **Bahn:** TGV direkt von Frankfurt a. M.

BESTE REISEZEIT
Mai–Oktober

SEHENSWERT
Römischer Tempel des Augustus in Vienne
Nougatfabrik mit Museum, die älteste Nougatfabrik im Zentrum von Montélimar. Le Chaudron d'Or, 7, av du 45 ème RT, www.nougatsoubeyran.com, www.chaudron-dor.com

ESSEN UND TRINKEN
Les Halles de Paul Bocuse: Markthallen mit erlesenen Spezialitäten, Hochburg der Gastronomie seit 1859. 102, cours Lafayette Part-Dieu, Lyon

Épicerie Traiteur: bei Sterneköchin Anne-Sophie Pic gibt es auch Gerichte zum Mitnehmen. Place Danton, Valence

SHOPPING
Lyon: Rue de la République: Einkaufsstraße im Zentrum; Marché de la creation – Künstlermarkt, jeden Sonntag am Saône-Ufer

ÜBERNACHTEN
Yacht-Hotel: Übernachten auf einer Jacht mitten in Lyon. 46, quai Rambaud, Lyon, www.lesyachtsdelyon.com
Le Veyroux de Longefaye: hübsches Bio-Landhaus in der Ardèche. Désaignes, www.leveyrouxdelongefaye.com

WEITERE INFOS
Französische Zentrale für Tourismus, Zeppelinallee 37, Frankfurt, http://de.franceguide.com

Persönlicher Tipp

LYON ERLEBEN
Ein Besuch Lyons sollte auf jeden Fall am Anfang oder Ende der Reise eingeplant werden. Die Stadt liegt am Zusammenfluss von Rhône und Sâone, deren neu gestaltete Uferpromenaden zu herrlichen Spaziergängen einladen. Ein reiches kulturelles und architektonisches Erbe findet sich besonders im Renaissance-Viertel Vieux Lyon, das mit der Kathedrale Saint-Jean zum UNESCO-Weltkulturerbe zählt. Höhepunkt hinter den bunten Hausfassaden sind die versteckten **Traboules**. Diese mehr als 100 m langen Durchgänge führen durch Häuser und Hinterhöfe. Sie boten den Seiden- und Tuchmachern Schutz beim Transport ihrer hochwertigen Stoffe und kürzten Wege ab. Kleine Stadtplätze und Parks lichten das Geflecht der engen Gassen. Von höheren Stadtlagen bietet sich ein wunderbarer Blick über die roten Ziegeldächer, bei klarer Sicht bis hin zur Gipfelkette der Alpen. Für beliebte Erholung sorgt die Promenade östlich der Rhône – Treffpunkt für Jogger, Boulespieler und Flaneure, die sich hier zur Mittagspause oder auf ein Feierabendbier treffen.

29.

HIGHLIGHTS
- **Bassin d'Arcachon,** Fischer hautnah beim Austernfang erleben und mit ihnen im Boot zur Austernplantage fahren
- **Zitadelle von Blaye,** unter Aufsicht von Vauban im 17. Jh. errichtete Festung, auf einer Anhöhe am Ufer der Gironde
- **Dune du Pilat,** Europas höchste Wanderdüne, stattliche 500 m breit und 3 km lang
- **Nationalpark »Des Landes de Gascogne«,** Kanufahrten auf dem Flüsschen Leyre, Vogelbeobachtungen
- **Schifffahrt mit »Croisières Burdigala«** ab Bordeaux in den Mündungstrichter der Gironde mit Halt in Blaye, Pauillac

DIE GIRONDE VON FRÜHJAHR BIS HERBST
- **Anfang Juni:** Fête du Vin und Fête du Fleuve in Bordeaux (jährlich im Wechsel), Weinverkostungen und Animationen
- **Aug.:** Lacanau Pro in Lacanau-Océan, Qualifikation der Surf-Profis für die Weltmeisterschaft
- **Ende Sept.:** Tanzfestival Cadence, der Strand von Arcachon wird zur Bühne für Tänzer aus aller Welt.

Paragleiter segeln von der 100 m hohen Dune du Pilat an den Atlantikstrand.

Die Atlantikküste mit ihren feinen Sandstränden bietet Sonnenhungrigen Erholung und Badespaß. Eine Attraktion ist Europas höchste Wanderdüne, die Dune du Pilat. Das Landesinnere ist für seinen Weinanbau weltberühmt. Entlang der Girondemündung öffnen zahlreiche Schlösser ihre Tore. Nur 50 km vom Atlantik entfernt lockt die Stadt Bordeaux.

Land zwischen Wasser und Wein

Der 75 km lange und bis zu 12 km breite Mündungsarm der **Gironde** speist sich aus den Flüssen Garonne und Dordogne und durchfließt die gleichnamige Region. Bei guter Sicht sieht man 7 km vor Verdon-sur-mer Europas ältesten Leuchtturm steil aus dem Meer ragen – der **Phare de Courdouans**. Die naturbelassene Atlantikküste ist von dichten Kiefernwäldern gesäumt. Eine Attraktion ist die **Dune du Pilat** – Europas höchste Wanderdüne. Jährlich schiebt sie sich 1 bis 5 m weiter. Treppen an der Ostseite helfen, die imposanten 100 m zu bezwingen. Von oben bietet sich dem Besucher ein spektakulärer Blick auf Meer und Landschaft.

Die Düne befindet sich am Eingang des **Beckens von Arcachon**, das für seine Austern- und Muschelzucht be-

Frankreich

Die gotische Kirche St. Pierre in Bordeaux liegt am gleichnamigen Platz mit vielen Cafés.

Infos und Adressen

ANREISE
Flug: Direktflüge von München nach Bordeaux.
Bahn: mehrmals tgl. über Paris nach Bordeaux, ab Paris mit dem TGV Atlantique

BESTE REISEZEIT
Mai–Okt., zum Baden: Juni–Sept.

SEHENSWERT
Château Villemaurine in St-Emilion, Besichtigung der Weinkeller mit Laternen, www.villemaurine.com

ESSEN UND TRINKEN
Le Cabestan: köstliche Meeresfrüchte. 6 bis, avenue du général de Gaulle, Arcachon
La Tupina: authentische Küche mit Produkten der Region. 6, rue Porte de la Monnaie, Bordeaux

SHOPPING
Bordeaux, das »goldene Dreieck« der Einkaufsmeilen Cours de l'Intendance, Allees de Tourny und Cours Georges-Clemenceau

ÜBERNACHTEN
Seeko'o Hôtel: modernes 4-Sterne-Designhotel an der Garonne. 54, quai de Bacalan, Bordeaux, www.seekoo-hotel.com

WEITERE INFOS
Comité Départemental du Tourisme de la Gironde, 21, cours de l'Intendance, Bordeaux, www.tourismusbordeauxgironde.de

---

rühmt ist. Durch eine Landzunge ist diese Bucht fast vollständig vom Meer abgeschlossen. Ein imposantes Schauspiel bietet sich bei Ebbe, wenn ein Drittel des Beckens trocken und begehbar wird. Die vielen Boote liegen dann für Stunden bewegungslos im schlammigen Grund. Um sie herum suchen Muschelsammler den Boden nach den Delikatessen ab. In den Restaurants der Stadt und entlang der Küste werden köstliche Gerichte mit Meeresfrüchten aufgetischt.

Richtung Gironde verschwindet der Kiefernwald. Hier beginnt das berühmte Weinanbaugebiet **Bordelais**. Die milden Winter und sonnenreichen Sommer bieten beste Voraussetzungen für die Reife der Trauben. Namhafte Schlösser wie **Mouton-Rothschild** oder **Château Latour** liegen am Weg. 8000 Winzer bauen auf 120 000 ha Wein an. Verkostungen sind in zahlreichen Schlössern möglich. Die mittelalterlichen Gemeinden des Gebiets hingegen locken mit Baudenkmälern wie der Felsenkirche in **St-Emilion**. ChD

Persönlicher Tipp

BORDEAUX
Fast die Hälfte des Stadtgebiets von Bordeaux steht unter Denkmalschutz. Die Kathedrale **St-André** sowie die Basiliken **St-Seurin** und **St-Michel** gehören zum UNESCO-Welterbe. Klassizistische Hausfassaden und Prachtstraßen treffen auf mittelalterliche Stadtstrukturen. Älteste Bauzeugnisse finden sich im **Amphitheater Palais Gallien**, das einst 15 000 Besuchern Platz bot. Auch der **Jugendstil** hielt Einzug in die Stadt. Gut zu erkennen an der **Bourse du Travail**. Bordeaux besitzt einen epochenübergreifenden Fassadenschmuck, die sogenannte »**Mascaron**«. Etwa 3000 dieser maskenähnlichen Gesichter finden sich an Häuserfassaden oder Brunnen. Gleichzeitig sind sie Zeugen geschichtlicher Ereignisse, indem sie z. B. jüdische Attribute oder Symbole des Sklavenhandels enthalten. Nicht nur architektonisch, auch kulinarisch hat die Stadt einiges zu bieten. Neben **lokalen Spezialitäten**, wie den kleinen süßen Kuchen **Cannelés**, stehen Meeresfrüchte und Bordeaux-Weine ganz oben auf den Speisekarten.

30. Normandie und Normannische Inseln

Wie eine Trutzburg erhebt sich der Mont-Saint-Michel hinter den Salzmarschen.

HIGHLIGHTS
- **Kathedrale von Rouen,** die Claude Monet zu seinem Bilderzyklus inspirierte.
- **Teppich von Bayeux,** eines der großartigsten Bilddokumente des Mittelalters
- **Claude Monets Haus** und sein noch berühmterer Blumen- und Wassergarten in Giverny
- **Die Landungsküste,** an der die Alliierten am D-Day, dem 6. Juni 1944, an Land gingen
- **Künstlerstädtchen Honfleur,** hier schrieb Charles Baudelaire 1866 seinen »Totentanz«.

DIE NORMANDIE VON FRÜHJAHR BIS SOMMER
- **März:** Internationales Zaubererfest in Forges-lès-Eaux, Europas ältestes Festival der Magie
- **Juli:** Friedensmärsche in Caen zur Erinnerung an den D-Day.
- **Aug.:** Rennwoche in Deauville mit edlen Pferden und viel Prominenz; »Le Traversees de Tatihou«, »Musik vom Meer« mit internationalen Gruppen. Das Festival ist abhängig vom Rhythmus der Gezeiten, weil die Besucher übers Meer kommen: bei Ebbe!

Malerische Fachwerkhäuser und teure Modegeschäfte dominieren im mondänen Badeort Deauville. Am breiten Strand, wo das Sprachgewirr groß ist, herrscht eine entspannte Atmosphäre, die typisch scheint für die Küstenorte und die Inseln der Normandie. Viele kommen auch wegen der auf dem Mont-Saint-Michel thronenden Abtei, die von weitem am Horizont erscheint wie eine Fata Morgana.

Der Heilige Michael auf seinem Berg

Dem Erzengel Michael sei Dank! Hätte er im Jahre des Herrn 708 nicht den eigensinnigen Bischof von Avranches nachdrücklich – indem er ihm kurzerhand ein Loch in den Sturschädel schlug – davon überzeugt, auf dem Felseneiland zwischen Normandie und Bretagne eine Kirche zu bauen, gäbe es ihn nicht, den berühmten **Mont-Saint-Michel**, den Berg des hl. Michael, der noch heute wie eine Festung des Erzengels mit dem Flammenschwert wirkt. Und damit wäre die Normandie um eine ihrer größten Attraktionen und um ein Weltkulturerbe ärmer. Was nicht heißen will, dass es hier im Norden des Landes außer frommen Mauern, kriegerischen Erinnerungen (Hundertjähriger Krieg mit England, D-Day) und normanni-

Frankreich

schen Sturköpfen, wie sie Regisseur Dany Boon in seinem Film »Willkommen bei den Sch'tis« zeigt, nichts gibt, was sich zu sehen lohnt. Im Gegenteil. Da, wo die Menschen im Rhythmus der Gezeiten leben und wo Frankreichs berühmtester Festungsbaumeister Sébastien Le Prestre, besser bekannt als **Marquis de Vauban**, den Erbfeind von den britischen Inseln mit den wehrhaften Türmen von **St-Vaast-La-Hougue** und **Tatihou** in Schach hielt, wurde Geschichte geschrieben – auch Tourismus-Geschichte. War doch die Normandie nicht nur jahrhundertelang die reichste Provinz Frankreichs, sondern auch lange Zeit der Inbegriff der klassischen Sommerfrische. Vor 100 Jahren geruhte der Pariser Hofstaat hierher zu kommen, um sich von den Intrigen der Hauptstadt zu erholen und sich vom Wind durchpusten zu lassen.

Wiege des Impressionismus

Im Jahr 1828 illustrierte William Turner den ersten Reiseführer »Romantic Normandy«. Romantisch ist die Normandie bis heute. Nicht nur auf dem Mont-Saint-Michel. Auch die größeren Städte wie **Dieppe**, wo Eugène Delacroix seine Impressionen auf die Leinwand bannte und Guy de Maupassant seine Novellen zu Papier brachte, und **Rouen**, Geburtsstadt von Corneille und Flaubert und vor der Zerstörung im Zweiten Weltkrieg »die Stadt der 100 Kirchtürme«, können sich sehen lassen. Dass die Normandie auch als die »Wiege des Impressionismus« gilt, ist Claude Monet zu verdanken, der in Le Havre das wegweisende Gemälde »impression soleil levant« malte, jenen Sonnenaufgang, der einer revolutionär neuen Stilrichtung den Namen gab. Bis heute ist **Giverny**, wo Claude Monet bis zu seinem Tod im Jahr 1926 lebte und seinen weltberühmten Garten pflegte, der auch als Motiv für seine Bilder diente, ein »Wallfahrtsort« der Kunstliebhaber. Über die ganze Normandie verstreut finden sich prachtvolle Abteien, romantische Ruinen, malerische Schlösser und Herrenhäuser.

Von einer ganz anderen, nicht minder reizvollen Seite zeigen sich die wie aus der Zeit gefallenen Inselchen **Chausey** oder **Tatihou** vor der Ostküste der Halbinsel Cotentin. Hier brüten seltene Vogelarten, und die Felsen im Meer muten an wie verwunschene Fabelwesen. Bei Ebbe kann man zu Fuß zur Insel Tatihou gehen, wo alljährlich das Musikfestival »Musik vom Meer« stattfindet, zu dem die Besucher in Scharen durch den Schlick pilgern. Vorbei an Austernbänken, wo die wunderbar nussigen Austern von Saint-Vaast-La-Hougue gedeihen. Bei

Persönlicher Tipp

PROMENADE NOCTURNES AUF DEM MONT-SAINT-MICHEL

Nachts unterm Sternenhimmel, in den der schlanke Turm mit dem Erzengel an der Spitze ragt wie ein Fingerzeig, ist der Mont-Saint-Michel besonders eindrucksvoll. Bei den »Promenades Nocturnes«, den **nächtlichen Wanderungen**, zeigt sich der heilige Berg von seiner mystischen Seite. Musik erklingt, die Beleuchtung setzt dramatische Akzente, hebt da eine Pietà hervor, dort eine Madonna mit Kind, illuminiert die kunstvollen Kapitele und malt in der **Kuppel** mit den zum Himmel strebenden Spitzbögen flirrende Mosaike. Treppauf, treppab führt der Weg durch das Labyrinth des **Klosters**, vorbei an einstigen Gefängniszellen und finsteren Geheimgängen bis zum gewaltigen **Kirchenraum**. In einer Halle rinnt der Sand unaufhörlich durch ein Stundenglas. Eine unsichtbare Uhr schlägt Mitternacht. Zeit, die Abtei zu verlassen. Der Himmel ist von Sternen übersät, silbrig schimmert das Meer. Kein Wunder, dass der Erzengel hier seine Kirchenfestung bauen ließ: zwischen Himmel und Erde.

Uralt ist das Aufzugsrad, das Besucher beim Blick hinter die Kulissen der Abtei entdecken.

Entspannt genießen und auf den Strand blicken kann man in der Bar du Solei in Deauville.

Persönlicher Tipp

ROUTE DU CIDRE

Zehn Millionen Apfelbäume gibt es in der Normandie, fast dreimal so viele wie Menschen. Rund 60 % der Äpfel werden zu Cidre verarbeitet – meist nach traditioneller Methode auf den Bauernhöfen. Die 40 km lange Route du Cidre führt durch die Hügel des **Pays d'Auge** und ist vor allem im **Frühling**, wenn die Apfelbäume in voller Blüte stehen, und im **Herbst** zur Apfelernte eine Reise wert. Besucher werden bei den rund 20 Cidre- und Calvadosherstellern (erkennbar am Label »Cru Cambremer«) entlang der gut ausgeschilderten Schlemmerroute willkommen geheißen. In ihren Kellern können sie nicht nur ein Glas **Cidre** oder **Calvados** verkosten oder einen milden **Pommeau**, das Damengetränk der Normandie, sondern auch die Pressen bestaunen und viel Interessantes über die Verarbeitung der Äpfel erfahren. Bei den **Cidre-Festen** kommt man mit den Einheimischen ins Gespräch; eines der stimmungsvollsten Feste findet in **Beuvron-en-Auge** statt, das als eines der schönsten Dörfer Frankreichs gilt. www.laroueteducidre.fr

Mmm, lecker: Meeresgetier vom Feinsten, serviert im Restaurant Cyro's in Deauville.

Flut kommt ein originelles Amphibienfahrzeug zum Einsatz. Vom Vauban-Turm, UNESCO-Weltkulturerbe seit 2008, bietet sich ein großartiger Ausblick auf die unter Naturschutz stehende Insel und ihre Gärten, auf das Meer und die nordöstliche Spitze der Halbinsel **Cotentin**. Dort verkehrt zur Freude der Urlauber im Sommer das nostalgische Bähnchen *Train Touristique du Cotentin*; auf einer 9 km langen Strecke führt es immer entlang der malerischen Kanalküste und verbindet die beiden Orte **Barneville-Carteret** und **Portbail**.

Verschlossen wie eine Auster

Nur einen Katzensprung von Granville entfernt, in **Chausey**, glaubt man, in einer anderen Welt gelandet zu sein. Es gibt keine Autos auf dieser Insel, und wer das Handy nutzen will, landet oft im Funkloch. Gerade noch zehn Menschen leben hier, teilweise im Fort, das nach Ideen Vaubans gebaut, aber nie zur Verteidigung genutzt wurde. Einer Trutzburg gleicht das Chateau Renault, ein Fort aus dem 16. Jh., das Autokönig Louis Renault Anfang des 20. Jh. als Ruine gekauft und restauriert hatte und das verschlossen ist wie eine Auster. Neue Häuser dürfen nicht gebaut werden. Die Hauptinsel samt den winzigen Inselchen, die sich bei Ebbe rasant vermehren, ist in Privatbesitz. Wenn die Flut kommt, versinkt diese ganze Inselwelt wieder im Meer. Fast so, als hätte es sie nie gegeben. LS

Normandie

Infos und Adressen

ANREISE
Flug: Direktflug nach Paris, Anschlussflüge nach Caen, Rouen oder Le Havre; **Bahn:** vom Pariser Bahnhof Montparnasse mit dem TGV über Rennes oder Paris–Calais zum Mont Saint-Michel; **Auto:** über die A 4, A 26 und A 29 ist die Normandie an das Autobahnnetz angebunden.

BESTE REISEZEIT
Mai–Okt., zum Baden: Juni–Aug.

SEHENSWERT
Maison Christian Dior, das Geburtshaus des Modeschöpfers ist heute ein Museum. März–Okt. tgl. 9–20, sonst 9–17 Uhr, 1, rue d'Estouteville, Granville, www.musee-dior-granville.com
Alter Fischereihafen von Trouville, er inspirierte bereits berühmte Maler wie Manet, Monet und Pissarro.
Omaha Beach, der Küstenabschnitt zwischen Colleville-sur-Mer und St-Laurent-sur-Mer, wo am D-Day 1944 die amerikanischen Truppen landeten. An die Kämpfe erinnern Soldatenfriedhöfe und Mahnmale. Heute ist die Küste mit dem weitläufigen Sandstrand ein Paradies für Surfer und Strandsegler.

ESSEN UND TRINKEN
La Mère Poulard: Spezialität sind Omelettes, die schon Revolutionär Leo Trotzki gemundet haben. Mont-Saint-Michel
L'Absinthe: gegenüber dem Fischereihafen werden in einem schönen alten Haus Fisch und Meeresfrüchte, aber auch typisch normannische Fleischgerichte aufgetischt. 10, quai de la Quarantaine, Honfleur
Le Ciro's Barrière: frische Meeresfrüchte mit traumhaftem Blick aufs Meer. Boulevard de la Mer sur les Planches, Deauville
La Bisquine: Hier kann man herrlich frische Austern schlürfen. 33, quai Vauban, Saint-Vaast-la-Hougue
Maître Corbeau: Käsefondue, Käseplatten ... Das Restaurant ist auf Käseküche spezialisiert, kredenzt aber auch üppige Desserts mit viel Sahne und Schokolade. 8, rue Buquet, Caen

SHOPPING
Chocolats Glatigny, für Naschkatzen eine echte Herausforderung. Seit 35 Jahren dreht sich hier alles um die süße Versuchung, mehr als 60 Schokoladensorten kann man sich auf der Zunge zergehen lassen. 44, Grande rue, Alençon
Regenschirme aus **Cherbourg,** wussten Sie, dass der **Regenschirm** (parapluie) in Cherbourg seine Heimat hat? Der »echte Cherbourg« wird bis heute in Handarbeit gefertigt. Unter 100 Euro ist der Klassiker, der auch gekrönte Häupter beschirmt, nicht zu haben. Für das imposante Modell »Mylord« muss man noch mehr hinlegen. Le Véritable Cherbourg, 30, rue des Portes, Cherbourg
Spezialitäten der Normandie, Camembert, Calvados und Cidre sind beliebte Mitbringsel, am besten kauft man sie auf den **Wochenmärkten,** wo das Angebot am frischesten und größten ist.

ÜBERNACHTEN
Hotel Le Normandy: im Stil eines normannischen Landsitzes erbaut. 38, rue Jean Mermoz, Deauville, www.lucienbarriere.com
Les Maisons de Léa: gemütliche und individuelle Gästezimmer. Place Ste-Catherine, Honfleur, www.lesmaisonsdelea.com
Hotel de France et de Fuchsias: charmantes Haus im Zentrum. 20, rue Maréchal Foch, Saint-Vaast-La-Hougue, www.france-fuchsias.com
Au Bon Maréchal: charmante Frühstückspension unweit des berühmten Gartens von Monet. In früheren Zeiten gab es in diesem Haus eine Bar, in der sich Claude Monet mit seinen Malerfreunden traf. 1, rue du Colombier, Giverny, www.giverny.fr

WEITERE INFOS
Atout France, Französische Zentrale für Tourismus, Zeppelinallee 37, Frankfurt a. M., www.franceguide.com

Mit seinen Fachwerkhäusern und engen Gassen wirkt Rouen wie ein Freilichtmuseum.

31.  Korsika

HIGHLIGHTS
- **Parc de Saleccia,** der kunstvoll gestaltete botanische Garten auf der Île Rousse bietet an heißen Sommertagen Ruhe und Entspannung.
- **Chapelle de Notre Dame,** Wanderung ab Calvi ca. 2 Std. zur Kapelle auf 216 m Höhe, hübscher Blick über Calvi
- **Hochseilgarten Calvi,** im Hinterland Calvis gelegen war dies einer der ersten Hochseilgärten Korsikas; er bietet eine schattige Abwechslung zum Strandleben.
- **La Revellata,** Wanderung zum Leuchtturm auf die Halbinsel La Revellata mit hübschem Blick auf Calvi und den Monte Grossu
- **Grotte des Veaux Marins,** 1,5-stündiger Schiffsausflug vom Hafen von Calvi aus zu einer 200 m tiefen Felsenhöhle

KORSIKA VON FRÜHSOMMER BIS HERBST
- **Juni:** Jazzfestival mit Gästen aus aller Welt; nachmittags Gratis-Open-Air-Konzerte
- **Juli:** »Calvi on the Rocks«, Festival für moderne Musik
- **Sept.:** »Recontres Polyphoniques«, Gesangsfestival mit zahlreichen internationalen Chören und Solisten

Ein Erbe der Republik Genua ist die imposante Zitadelle von Calvi hoch über der Bucht.

Kalliste, die Schönste, nannten die alten Griechen die Insel Korsika, die zwar nur 183 km lang und keine 90 km breit ist, aber fast einem kleinen Kontinent gleicht: mit Traumstränden, wilder Küste, Wäldern und schroffen Gebirgen, malerisch gelegenen Dörfern im Hinterland und lebendigen Hafenorten. Für eine Woche »Korsika intensiv« ist der Nordwesten der Insel mit dem Badeort Calvi ideal.

Echt korsisch – die Balagne, der Garten Korsikas

Schon im Anflug oder bei der Annäherung mit der Fähre weitet sich das Herz beim Anblick der Insel, deren bloße Gestalt Naturerleben, Romantik und Abenteuer verheißt. Dazu tragen sowohl die wild zerklüftete Küste als auch die ausgedehnten Wald- und Macchiagebiete und die Hochgebirgszüge im Zentrum der Insel bei. Doch Korsika bietet auch eine ganz eigene und eigensinnige Kultur, die durch die Geschichte wechselnder Eroberer geprägt ist, bevor die Insel schließlich im 18. Jh. von Italien an Frankreich verkauft wurde. Für einen Korsika-Intensivkurs in Sachen Naturerleben, Erholung und Kultur eignet sich **Calvi**, die Hauptstadt der **Balagne**, hervorragend als Ausgangsort. Die fruchtbare Balagne, die im Norden von Ödland, im Osten durch ein

Frankreich

Blick über die wilde und buchtenreiche Küste südlich von Calvi.

hohes Bergmassiv begrenzt wird, ist eine üppige Hügellandschaft mit lieblichen Flusstälern, der einstige Garten Korsikas, in dem man Spaziergänge entlang der Küste machen, von wo aus man aber auch leicht ins Hinterland und ins Hochgebirge gelangt.

In Calvi, das als »Perle des Nordens« von Korsika gilt, hat Tourismus zwar eine lange Tradition, doch haben das Städtchen mit gut 5000 Einwohnern wie auch die ganze Nordwestküste ihren ursprünglichen Charakter weitgehend bewahrt, Bettenburgen sucht man hier vergebens. Stattdessen passen sich die kleinen und mittelgroßen Hotels und einige Campingplätze im Schatten spendenden Pinienwald hinter dem Strand optimal der Landschaft an. Der fast 5 km lange, schmale und traumhaft helle **Strand** von Calvi zählt zu den schönsten Korsikas. Wem es hier zu flach und zu belebt ist, kann zu Fuß auch drei kleinere, ebenfalls sehr schöne Strände erreichen: **Plage de Roncu**, **Plage de L'Alga** und die etwas weiter entfernte **Plage de L'Aciluccia**.

Festungs- und Feststadt Calvi

Schon von weitem sieht man das Wahrzeichen Calvis, die genuesische **Zitadelle** aus dem 15. Jh., hoch oben auf dem Felsen über der Bucht. Man kann sie nur durch ein befestigtes Tor, die **Bastion Spinchone**, betreten und auf dem Mauerring umrunden. Von der **Tour du Sel** aus, dem Salzturm, hat man einen traumhaften Blick über den **Golf von Calvi**, über die Unterstadt und die Halbinsel **St-François**. Bei der Erstürmung dieser Zitadelle hat Admiral Nelson angeblich sein rechtes Auge verloren. Calvi soll auch der Geburtsort von Christoph Kolumbus sein, was allerdings auch Genua, Lissabon und Sevilla für sich beanspruchen. Dennoch ist das **Christoph-Kolumbus-Denkmal** in der Zitadellenmauer ebenso einen Blick wert wie die **Place Christophe-Colombe** vor der Zitadelle. Lohnenswerter ist die Besichtigung der **Kirche St-Jean-Baptiste** im Zentrum der Zitadelle, ein lichter barocker Kuppelbau in Form eines Kreuzes mit einem Kruzifix aus dem 15. Jh. und einem schönen mehrstufigen Marmoraltar.

Während die dunklen, ruhigen und engen Gassen der **Oberstadt** Geschichte atmen, lebt die bunte **Unterstadt** von Calvi quirlig im Hier und Jetzt: Auf dem **Quai Landry** und der **Rue Georges Clemenceau** mit ihren vielen Geschäften und Lokalen herrscht fast das ganze Jahr über Betrieb, auch

Persönlicher Tipp

AUSFLUG SAINT-FLORENT
Nur im Sommer wird das kleine Seebad mit knapp 1500 Einwohnern zum lebhaften Urlaubsort. Im großen Jachthafen dümpeln Boote aus aller Herren Länder, die Einfahrtsstraße von Norden her ist von Hotels gesäumt, und in den Gassen hinter der schönen, weiten Bucht herrscht touristischer Trubel. Restaurants mit korsischen Spezialitäten und Eiscafés reihen sich aneinander. Saint-Florent hatte, solange die Herrschaft Genuas von See her bedroht war, strategische Bedeutung. Vom 18. Jh. an war der Ort jahrzehntelang fast unbewohnt, da die Ebene malariaverseucht war. Heute ist Saint-Florent das wirtschaftliche Zentrum der **Region Nebbio**. Sehenswert ist auch hier die von den Genuesen 1440 erbaute **Zitadelle**, diese war bis zum 18. Jh. Sitz des Bischofs von Nebbio und Gouverneurspalast. Nur 1 km vom Zentrum an der kleinen Straße nach Poggio-d'Oletta liegt die **Kathedrale Santa Maria Assunta**. 1140 erbaut besticht sie durch ihre perfekten Proportionen und sorgfältig gearbeiteten architektonischen Details.

Die Überquerung der Spasimata-Hängebrücke im Wald von Bonifatu ist ein kleines Abenteuer.

Persönlicher Tipp

WANDERUNG DURCH DEN URWALD VON BONIFATU

Herrliche Spazier- und Wandermöglichkeiten von Frühjahr bis zum Herbst bietet der **Cirque de Bonifatu** im Hinterland von Calvi. Vom tiefblauen Golf von Calvi aus fährt man in den bewaldeten Talkessel bis zum (kostenpflichtigen) Parkplatz vor dem **Forsthaus** in Bonifatu, etwa 23 km von Calvi entfernt. Von hier führen mehrere Wanderwege ins Gebirge und durch den Wald. Besonders beliebt, aber für Ungeübte etwas anstrengend ist die 12 km lange (hin und zurück) Wanderung zur **Carrozzu-Schutzhütte** auf 1259 m über die **Spasimata-Hängebrücke** mit spektakulärer Aussicht. Leichter und kürzer ist die Wanderung durch das schluchtartige **Flusstal des Figarella**. In den steilen Hängen des Cirque de Bonifatu konnte sich ein forstlich kaum nutzbarer Urwald erhalten, der vorwiegend aus mächtigen Lariciokiefern besteht. Viele Blumenarten, auch Orchideen, machen diese Wanderung im Frühjahr zu einem Erlebnis. Im Sommer lädt der Bach zu einem erfrischenden Bad in einem der Felsbecken ein.

Am bunten Hafen von Calvi kann man in einem der vielen Lokale korsische Küche genießen.

außerhalb der Saison, während der in Calvi zahlreiche Festivals stattfinden, finden in den Gassen, Kneipen, Bars und exklusiven Hafenrestaurants von Calvi häufig Konzerte statt und wird gerne gefeiert.

Entlang der pittoresken Küste

Eine attraktive Herausforderung für Mountainbiker und Motorradfahrer – alle anderen nehmen den (Leih-)Wagen – ist die Fahrt von Calvi entlang der kurven- und steigungsreichen Küstenstraße weiter nach Süden bis **L'Île-Rousse** mit vorgelagerter Halbinsel. Das Städtchen wurde 1759 von dem korsischen Freiheitskämpfer Pasquale Paoli gegründet, um dem Genua-treuen Calvi Paroli zu bieten. Mit seinem Sandstrand und zahlreichen Buchten ist der Ort vor allem in der Hochsaison zwar von vielen (auch deutschen) Touristen bevölkert, doch überaus malerisch mit seinen engen Gassen, seinen kleinen Souvenirläden und seinem schattigen Marktplatz, der **Place Paoli**, an der man jeden Vormittag frische Spezialitäten aus der Region erwerben kann.

Wer Korsika kennenlernen will, sollte auch einen Ausflug ins Hinterland der Balagne machen: Dort gibt es nicht nur zahlreiche Wandermöglichkeiten, sondern auch ursprüngliche kleine Dörfer mit ganz eigenem Charme, in denen man manche Kulturschätze entdecken kann. So etwa in **Belgodère** mit seiner **Kirche St-Thomas** aus dem 16. Jh., wo im Sommer regelmäßig klassische Konzerte stattfinden, oder im Kunsthandwerkerdorf **Palasca**. Red.

Korsika

Infos und Adressen

ANREISE
Flug: ganzjährig Charter-Direktflüge von diversen deutschen Flughäfen nach Calvi;
Auto/Fähre: von Nord- und Westdeutschland aus über Südfrankreich, Fähre ab Toulon oder Nizza; von Süden her über Italien, Fähre ab Livorno

BESTE REISEZEIT
Mai–Oktober

SEHENSWERT
Église St-Jean-Baptiste in Calvi, Kirche aus dem 13. Jh. mit riesiger Kuppel, Glasdach und einem Taufbecken in Form von griechischen Kreuzen sowie einem Triptychon des genuesischen Malers Barbagelata, das die Verkündigung darstellt
Salzturm in Calvi, einst als Salzlager verwendet, diente aber auch als Wachturm. Quai Landry
Ehemaliges Palais der genuesischen Gouverneure in Calvi, im 13. Jh. von dem Genuesen Giovanninello erbaut, mit großen Sälen, unterirdischen Zisternen, Verliesen und geheimen Falltüren. Place d'Armes, Citadelle de Calvi
Palais Giubega in Calvi, der mächtige Palast aus dem 15. Jh. war einstiger Sommersitz der Bischöfe von Sagone. Citadelle de Calvi

ESSEN UND TRINKEN
Le Brunch: Brasserie und Crêperie mit gemütlicher Atmosphäre, vorwiegend von jungem Publikum besucht. 16, rue Clemenceau, Calvi
U Fanale: modernes Restaurant, traditionelle französische Küche mit kunstvoll gestalteten Gerichten, schöner Blick auf die Halbinsel La Revellata. Route de Porto, Quartier Mozello, Calvi, www.ufanale.com
L'Abri Cotier: beliebtes Restaurant (im 1. Stock) direkt im Hafen von Calvi mit schönem Ambiente. Regionale Gerichte. Port de Plaisance, rue du Joffre, Calvi
A Scola: kleines charmantes Teehaus mit köstlichem Kuchen und Gebäck. 27, Haute Ville, Calvi

AUSGEHEN
Le Tire Bouchon, kleines Lokal mit hübscher Terrasse, ausgezeichneter Weinkarte und kulinarischen Köstlichkeiten. 15, rue Clemenceau, Calvi
Chez Tao, traditioneller Jazzclub mit Livemusik bis in die frühen Morgenstunden und Blick über die Bucht von Calvi. Rue St-François, Calvi
Camargue, Diskothek und Lounge, große Terrasse mit Pool, gehobene und moderne Innenausstattung. 197, route Nationale, Calvi

SHOPPING
Korsische Produkte (dunkler und leicht bitter schmeckender Kastanienhonig, Olivenöl, Wein und die Spezialität Myrtenlikör) findet man täglich vormittags am **Marché Couvert** in der Markthalle; fangfrischer Fisch wird täglich am **Hafen vor dem Salzturm** verkauft; eine vielfältige Auswahl korsischer Spezialitäten gibt es u. a. bei A Loghja in der **Rue Clemenceau.**

ÜBERNACHTEN
Zum Störrischen Esel: familienfreundliches Feriendorf, 129 Bungalows und fünf Chalets in großem Naturpark, nur 300 m zum flach abfallenden Sandstrand. Calvi, www.stoerrischeresel.com
La Caravelle: gepflegtes 3-Sterne-Hotel mit hoteleigenem Strand und exquisiter Küche, 200 m von der Altstadt und Jachthafen entfernt. Route de la plage, Calvi, www.hotel-la-caravelle.com
Hotel Regina: modernes, exklusives 4-Sterne-Stadthotel mit schönem Blick auf die Zitadelle und großem Spa-Bereich. Avenue Santa Maria, Calvi, www.regina-hotel-calvi.com
La Villa: 5-Sterne-Luxus, herrlicher Blick auf die Altstadt von Calvi, exklusiver Sport- und Wellnessbereich. Chemin Notre Dame de la Serra, Calvi, www.hotel-lavilla.com

WEITERE INFOS
Office de Tourisme, Port de Plaisance, Calvi, www.balagne-corsica.com

In den engen Altstadtgassen von Calvi herrscht bis in die späten Nachtstunden hinein Leben, auch die meisten Geschäfte habe lange geöffnet.

32. Santorin und Thirassía

Die strahlendweiß getünchten Häuser Firás liegen oberhalb der Abbruchkante eines Kraters.

HIGHLIGHTS
- **Oía,** allabendlicher Treffpunkt für Sunset-Spotter und Frischverliebte
- **Firá,** auch als Thíra bezeichnet, das weiße Häusermeer der Inselhauptstadt liegt spektakulär an der Abbruchkante des Kraters und bietet ein hübsches Gewirr aus Gassen und Treppen.
- **Kamári,** wichtigster Badeort der Insel mit kilometerlangem Strand aus dunklem Kies, Strandpromenade mit vielen Tavernen
- **Red Beach,** Strandfreuden vor einer gigantischen dunkelroten Lavawand
- **Akrotíri,** das Dorf ist weltberühmt wegen der benachbarten Ausgrabungen einer kykladisch-minoischen Stadt, die beim Ausbruch des Santoríni-Vulkans um 1600 v. Chr. verschüttet wurde.

SANTORIN VON FRÜHJAHR BIS SOMMER
- **April:** diverse Osterprozessionen
- **Mai:** Fest der Inselpatronin Santa Iríni (5.5.)
- **Juli:** Santoríni Jazz Festival in Kamári
- **Aug.:** Panagíri (Mariä Himmelfahrt 15.8.); Megaro Gyzi Festival in Firá mit Konzerten und Ausstellungen

Lag hier das Inselreich Atlantis, das mythische Eiland, das versank? Schließlich ist Santorin das »Überbleibsel« eines gigantischen Vulkanausbruchs vor rund 3600 Jahren. Lange Strände, verwinkelte Gassen in kleinern Dörfern und rote Sonnenuntergänge über blauem Meer laden zu einem Urlaub auf der Kykladen-Insel ein.

Urlaub auf dem Vulkan

300 m hohe Kraterwände, bizarre Restkörper eines gigantischen Vulkans, ragen senkrecht aus der tiefblauen Ägäis empor. Wie schneeweiße Bänder ziehen sich die sichelförmige Inselhauptstadt **Firá** und das malerische **Oía** entlang der Abbruchkante des Vulkans. In der Caldera, dem Krater, liegen die beiden unbewohnten Inseln **Néa Kaméni** und **Paléa Kaméni**. Wegen ihrer artenreichen Flora und Fauna wurden beide Inseln in das Natura-2000-Programm der EU aufgenommen. Dunkle Lavastrände an der Ostseite Santorins sowie die ungewöhnliche Szenerie des **Red Beach** im Süden locken zum Bad. Wer es beschaulicher liebt, nimmt das Schiff »auf die andere Seite des Vulkans« und besucht Santorins kleine Schwester: das nur spärlich besiedelte Eiland **Thirassía**. Die kleine Insel lockt mit viel Ruhe abseits der großen Touristenströme.

Griechenland

Weinfreunde kommen dank Santorins vulkanischer Erde bei einem erlesenen Kraterwein voll auf ihre Kosten. Asche- und Bimssteinböden sorgen für seine ganz besondere Note. Auch für Paare ist Santorin die perfekte Adresse: Ein abendliches Dinner auf der Terrasse einer Taverne in Oía oder Firá, unter sich die Steilwände der Caldera – romantischer geht es kaum. Sonnenanbeter und Strandfaulenzer zieht es in den Inselosten an die Lavastrände von **Kamári** und **Períssa**, wo es auch ein großes Angebot an Cafés und Tavernen gibt.

Wem dieses Urlaubsangebot nicht reicht: Das Fährnetz zu den anderen Kykladen-Inseln (wegen ihrer Fruchtbarkeit und ihres milden Klimas wurden die Kykladen im Altertum übrigens als »Perlen von Hellas« bezeichnet) ist sehr gut ausgebaut, und einmal auf dem Sonnendeck durch die Ägäis zu schippern, das sollte man sich nicht entgehen lassen.   DH

Infos und Adressen

ANREISE
Flug: Direktflug zum internationalen Kykladenflughafen Santorin oder Flug nach Athen; von dort weiter per **Fähre, Schnellboot** oder **Inlandsflug**; auf der Insel dann am besten per Roller weiter

BESTE REISEZEIT
Mai–Oktober; zum Baden: Juni–September

SEHENSWERT
Pírgos, ältestes noch bewohntes Dorf und ehemalige Inselhauptstadt, traumhafter Blick vom erhöht gelegenen Kastelli über Santorin

Profítis Ilías, mit 568 m höchster Berg Santorins, bietet gute Wandermöglichkeiten, gleichnamiges Kloster am Gipfel

ESSEN UND TRINKEN
Ambrosia: mediterrane und griechische Küche, ideal für ein romantisches Dinner zu zweit. Nahe der Kirche, im Zentrum von Oía

AUSGEHEN
Two Brothers Bar, der richtige Ort, um im dichten Gedränge bei Rock-Musik viele neue Freunde zu finden. Firá

ÜBERNACHTEN
Canaves Oia: stilvolle Anlage mit traditionellen Höhlenwohnungen, vor dem Zimmer das unendliche Blau der Ägäis. Oía, www.canaves.com

WEITERE INFOS
Griechische Zentrale für Fremdenverkehr, Neue Mainzer Str. 22, Frankfurt a. M., www.gnto.gr

Persönlicher Tipp

SCHIFFSAUSFLUG ZU DEN INSELN DER CALDERA

Was wäre ein Kykladen-Urlaub ohne einen Bootsausflug? Eben! Eine stets willkommene Abwechslung zum Inselalltag ist ein Trip zu den Eilanden im versunkenen Krater des **Santoríni-Vulkans**. Los geht es am Alten Hafen unterhalb von **Firá**. Schwarz wie Pech ragt **Néa Kaméni** als erster Bootsstopp aus dem Meer – und lädt zum Spaziergang durch Steinwüsten und eine urweltliche Formenvielfalt ein. Wenn beim Aufstieg auf den 127 m hoch gelegenen **Krater** die Zunge am Gaumen klebt, darf man sich bereits auf den nächsten Schiffshalt freuen: die heißen – oder vielmehr lauwarmen – Quellen von **Paléa Kaméni**. Direkt vom Boot springt man ins tiefbraune, eisen- und schwefelhaltige Wasser. Und schließlich liegt einsam am Rande des Archipels die von nur 300 Menschen bewohnte Schwesterinsel Santorins: **Thirassía**. Der Hauptort **Manolás** zeigt sich hübsch herausgeputzt und dennoch sehr ursprünglich. Von hier führt ein malerischer Wanderpfad zum **Kloster von Koimiseos**, von wo aus man die ganze Insel überblicken kann.

Wer dem Touristenrummel Santorins entkommen will, unternimmt einen Ausflug nach Thirassía.

33.

Üppig grün kommt Korfu daher – zumindest für griechische Verhältnisse – und hat sich damit den Beinamen »Grüne Insel« gesichert. Auf dem Ionischen Eiland lässt sich bestens (Sonnen-)baden und griechischer Kultur nachspüren. Oder man wandelt auf Sisis Pfaden, denn die österreichische Kaiserin erkor Korfu einst zu ihrer Lieblingsinsel.

Olivenbäume, venezianischer Stil und Sisi

Die siebtgrößte Insel Griechenlands rangiert in puncto Touristenbeliebtheit auf Platz drei – gleich hinter Kreta und Rhodos. Ob das wohl an der mediterranen Blütenvielfalt liegt oder den unzähligen Olivenbäumen, die Korfu so grün wirken lassen? Oder an der griechisch-venezianischen Architektur, die von den Einflüssen der einstigen Feudalherren erzählt? Oder war Kaiserin Elisabeth dafür verantwortlich, die Korfu auf ihren Auslandsreisen zu ihrer Lieblingsinsel erwählte – und sich hier ihren eigenen Palast, das **Achilleion**, errichten ließ?

In hochsommerlicher Hitze erfrischt man sich auf Korfu am besten mit einem Sprung ins kühle Nass. Frisch Verliebte tun dies gerne in **Sidari**, am Sandsteinfjord **Canal d'Amour**. In **Agios Georgios** an der Westküste Korfus trifft man vor allem Surfer. Perfekt für einen Badeurlaub mit Familie

HIGHLIGHTS

- **Korfu-Stadt,** sehenswerte venezianisch geprägte Altstadt, spektakulär sind Flugzeugstarts, da hierfür die Hauptstraße vor der Stadt kurzzeitig gesperrt werden muss.
- **Achilleion,** von der österreichischen Kaiserin Sisi 1890 bis 1892 im pompejischen Stil erbaut, benannt nach dem griechischen Helden Achilles
- **Panagia Theotokos,** hinter den weiß getünchten Mauern des hoch gelegenen Klosters aus dem 18. Jh. gibt es gepflegte Gärten.
- **Pontikonisi,** nur 1 ha Fläche hat die Mäuseinsel, das eine Bootstour entfernte Kloster Vlacherna zählt zu Korfus Hauptsehenswürdigkeiten.
- **Sidari,** Ort im Inselnorden mit langem, weißem Sandstrand und tiefen Fjorden

KORFU VON FRÜHJAHR BIS SOMMER

- **Feb./März:** Venezianischer Karneval
- **25. März:** Tänze und Paraden zum Unabhängigkeitstag
- **April:** Griechisch-orthodoxes Osterfest
- **11. Aug.:** Festtag zu Ehres des hl. Spyridon, des Inselschutzheiligen

Vorne die Klosterinsel Vlacherna, dahinter die Mäuseinsel: ein beliebtes Fotomotiv Korfus!

Griechenland

Eine Achill-Statue wacht über den Garten des von Kaiserin Sisi errichteten Palasts Achilleion.

Infos und Adressen

ANREISE
Flug: Direktflug nach Korfu oder via Athen und weiter per Inlandsflug

BESTE REISEZEIT
Juni–September

SEHENSWERT
Agios Spyridonas, die Kirche birgt die Gebeine des hl. Spyridon. Nach der Osterprozession werden die Reliquien zur Anbetung ausgestellt, ehe man sie wieder in einen Silbersarg bettet. Korfu-Stadt
Mon Repos, Schlösschen mit verwunschenem Park. Dort erblickte 1921 Philip Mountbatten, Herzog von Edinburgh, das Licht der Welt. Museum: Sommer Di–So 8–20 Uhr, Mo 13.30–20 Uhr, Halbinsel Kanoni

ESSEN UND TRINKEN
Boulis: beliebte Taverne mit riesiger Auswahl an Vorspeisen und Traumblick auf Paleokastritsa. Im Dorf Lakones.

ÜBERNACHTEN
Cavalieri Hotel: Adelsresidenz des 17. Jh. in der venezianischen Altstadt von Korfu. www.cavalieri-hotel-corfu-town.com
Ilios: kreativ wohnen im hübschen Studio und einen Goldschmiedekurs bei den Künstler-Vermietern belegen. Paleokastritsa, www.ilios-living-art.com

WEITERE INFOS
Griechische Zentrale für Fremdenverkehr, Frankfurt a. M., www.visitgreece.gr

Persönlicher Tipp

PER FÄHRE NACH PAXOS
Als der Meeresgott Poseidon die griechischen Inseln erschuf, hat er – so eine romantische Sage – mit einem Wurf seiner dreizackigen Harpune ein Stück von der Südspitze Korfus abgetrennt, um ein ungestörtes Liebesnest für sich und seine Geliebte Amphitrite zu schaffen. So entstand Paxos, der Dreizack ist heute noch das Emblem der Insel. Egal, was vom dem Mythos stimmt, einen Tagesausflug ist das beschauliche, 20 km² kleine Eiland mit seinen vielen Olivenhainen in jedem Fall wert. Per Fähre oder Ausflugsboot geht es von Korfu-Stadt hierher. Der malerische Hafenort **Gaios** versprüht mit seinen Tavernen, Boutiquen, Nachtbars und dem Jachthafen Hellas-Ambiente mit Patina. Echt griechisch eben und wunderschön! Daneben hat Paxos dunkle Olivenhaine, Wanderwege und einige Badebuchten zu bieten. Wem das nicht genügt, der setzt über auf das noch winzigere Eiland **Antipaxos**. Die exquisiten Badestrände dort muss man lediglich mit rund 50 Inselbewohnern und einigen Touristen teilen.

eignet sich **Messonghi** im Inselsüden. Wer Strand mit Kultur verbinden möchte, wählt **Paleokastritsa** als Ziel: Schon von Weitem sieht man das Kloster **Panagia Theotokos** auf den Felsen thronen. In den Innenhöfen lockt ein Wunschbrunnen inmitten eines Blütenmeeres. Ein kleines Museum birgt alte Ikonen. Vom Kloster aus hat man einen atemberaubenden Blick auf die weißen Strände und das tiefblaue Meer mit seinen einladenden Badebuchten. Wer klösterliche Stille dem Strandtrubel vorzieht, fährt am besten gleich weiter auf die Ostseite der Insel Richtung **Korfu-Stadt**, nimmt den Steg zur Klosterinsel **Vlacherna** und setzt per Boot auf das winzige **Pontikonisi**, die Mäuseinsel, über. Der Name des Eilands – übrigens das meistfotografierte Motiv auf Korfu – rührt laut Legende daher, dass es aus der Vogelperspektive die Form einer Maus hat. DH

34. Chalkidiki

HIGHLIGHTS
- **Olimbiada,** ruhiger Badeort mit Ausgrabungen der antiken Stadt Stagira, Geburtsort des Philosophen Aristoteles
- **Arnea,** großes Dorf im gebirgigen und waldreichen Hinterland, mit viel typisch makedonischer Architektur aus dem 18. und 19. Jh.
- **Sarti,** blumenreicher Küstenort mit breitem Sandstrand direkt gegenüber dem 2033 m hohen Berg Athos
- **Drenia-Inseln,** unbewohnte Strandinseln vor Ouranopoli, die man von dort aus mit Motorbooten selbst ansteuern kann
- **Nea Fokea,** kleiner Fischerhafen mit antikem makedonischem Grab (heute als Kapelle dem Apostel Paulus geweiht) und sehr guten Fischtavernen

CHALKIDIKI IM SOMMER UND HERBST
- **Anf. Juli–Anf. Sept.:** Sani Festival, zwölf Abende mit Konzerten und Tanzdarbietungen auf dem Gelände des größten Hotelresorts der Region. Kap Sani
- **Anfang Sept.:** Kirchweihfest mit dem größten ländlichen Jahrmarkt der Chalkidiki in Agios Mamas

Das russisch-orthodoxe Kloster Agios Panteleimonos gehört zu den größten Klöstern des Athos.

Das nordgriechische Chalkidiki ist das meistbesuchte Ferienziel auf dem griechischen Festland. Mit drei jeweils etwa 50 km langen Halbinseln streckt sie sich weit in die Ägäis vor. Zwei Finger dienen zum Baden, der dritte ist zum Beten da. Er bildet die autonome Mönchsrepublik Athos.

Zwei Finger zum Baden, einer zum Beten

Schon nach einer knappen Stunde Autobahnfahrt vom Flughafen Thessaloniki aus ist **Kassandra**, die westlichste der drei Halbinseln, erreicht. Sie wird überwiegend von grünem Hügelland, kilometerlangen Stränden und vielen schmucken Küstenorten geprägt. Der schönste ist **Afytos** mit seinen vielen Natursteinbauten. Im Nachbarort **Kalithea** haben Archäologen ein antikes Heiligtum für Amon Zeus und Dionysos freigelegt, bei **Paliouri** ist die helle Sichel des Chrousso Beach noch gänzlich unverbaut. In warmem Thermalwasser baden die Gäste des Kurhauses von **Loutra**, direkt am Meer liegt die kleine Wallfahrtskirche **Panagia Faneromeni** mit ihrer wundertätigen Marienikone.

Die Halbinsel **Sithonia** ist wilder und doppelt so hoch. Hier warten lange Sandstrände und kleine Badebuchten unterhalb hoher Steilküsten. Das kleine Bergdorf **Parthenonas**

Griechenland

sieht fast noch aus wie vor 100 Jahren. **Neos Marmaras** ist ein moderner Badeort mit Golfplatz und einem Spielcasino. Ein landschaftlicher Höhepunkt ist die an Aussichten reiche Überquerung der Halbinsel zwischen **Porto Koufos** und **Kalamitsi**. Ein Bilderbuchende findet die Rundfahrt an dem von Granitfelsen eingerahmten Traumstrand **Karidi Beach** bei **Vourvourou**, wo ein Bad im Meer lockt.

Die Athos-Halbinsel lässt sich nur ansatzweise erkunden. Ihr größter Teil wird von der über 1000 Jahre alten **Mönchsrepublik Athos** eingenommen, wo noch etwa 2300 orthodoxe Mönche in 20 riesigen Klöstern und zahlreichen Einsiedeleien leben. Seit jeher dürfen nur Männer sie betreten – und auch diese nur mit speziellem Visum. Ouranopoli, der letzte Ort vor der Grenze, ist ganz auf Pilger eingestellt, nur wenige Badehotels säumen den Strand westlich des Ortes. KB

Persönlicher Tipp

ATHOS-KREUZFAHRT
Auch Frauen und Kinder sowie Männer ohne Visum können einen Eindruck vom heiligen Berg und den Klöstern auf Athos gewinnen, wenn sie eine der im Sommerhalbjahr täglich angebotenen Tageskreuzfahrten entlang der Westküste der Athos-Halbinsel unternehmen. Die Ausflugsboote starten in **Ormos Panagias** und in **Ouranopoli** (»Himmelsstadt«), der letzten frei zugänglichen Stadt vor der Grenze zur Mönchsrepublik. Die Boote müssen zwar einen Mindestabstand von 500 m zur Küste einhalten, doch auch so sind viele der prachtvollen Klosterkomplexe und die unverfälschte Natur noch gut zu erkennen. Ferngläser sind an Bord, Erklärungen werden vielsprachig gegeben. **Delfine** begleiten die Boote zur Freude der Urlauber häufig für ein Weilchen. Bei den Fahrten ab Ormos Panagias legen manche Boote zudem zwei Stopps auf der Insel **Amoliani** ein: einen für einen beschaulichen Bummel durch den Ort und einen zweiten zum Schwimmen von Bord aus in einer von üppigem Grün umstandenen Badebucht mit glasklarem Wasser.

Bizarre Felsbrocken liegen an der Küste des Badeortes Vourvourou auf Sithonia.

Infos und Adressen

ANREISE
Flug: ganzjährig Direktflüge ab vielen Flughäfen in den deutschsprachigen Ländern nach Thessaloniki; Weiterreise mit Mietwagen

BESTE REISEZEIT
Mai–Okt.; zum Baden: Juni–Sept.

SEHENSWERT
Nea Potidea, nördlichster Ort der Kassandra, liegt an zwei Golfen und einem schnurgeraden Kanal
Olynthos, weitläufige Ausgrabungen einer antiken Stadt
Polygyros, die Hauptstadt der Chalkidiki besitzt ein modernes Archäologisches Museum. Parko Iroou, Polygyros
Werften bei Ierissos, traditionelle hölzerne Boote werden direkt am Strand gebaut.

ESSEN UND TRINKEN
Sousourada: Feinschmeckerrestaurant mit guter Weinauswahl. Afytos, Kassandra
Thomas: Fischrestaurant mit Tischen am Strand. Neos Marmaras, Sithonia

ÜBERNACHTEN
Ekies All Senses: erstklassiges Hotel direkt am Wasser. Vourvourou, Sithonia, www.ekies.gr
Olympion Beach: Strandhotel mit familiärer Atmosphäre. Gerakini, zwischen Kassandra- und Sithonia, www.olympionbeach.gr

WEITERE INFOS
Griechische Zentrale für Fremdenverkehr, Neue Mainzer Str. 22, Frankfurt a. M., www.gnto.gr

35. Chania West-Kreta

Am Venezianischen Hafen von Chania lockt ein romantisches Abendessen mit Blick auf die Janitscharen-Moschee.

HIGHLIGHTS
- **Chora Sfakio,** Hafenort mit viel Flair an der Südküste, im benachbarten Bergdorf Aradena Bungee-Sprünge aus 138 m Höhe in eine Schlucht, www.bungy.gr
- **Loutro,** eines der wenigen Dörfer Kretas ohne Straßenanbindung
- **Gramvousa und Balos,** Ausflugsdampfer fahren im Sommer tgl. von Kastelli Kissamou zur venezianischen Festungsinsel Gramvousa und zur südseehaften Lagune von Balos.
- **Paleochora,** großes Dorf an der Südküste mit langem Sandstrand und venezianischer Burgruine
- **Elafonissos,** wunderschöne Lagune mit flachem Wasser

CHANIA IM SOMMER
- **Juli/Aug.:** städtisches Kulturfestival mit zahlreichen Konzerten, Theateraufführungen und Folklore-Veranstaltungen an wechselnden Schauplätzen im Stadtgebiet
- **Aug.:** landwirtschaftlicher August, Ausstellung mit Produkten aus der Region, begleitet von Musik und Tanz, am Venezianischen Hafen

Die zweitgrößte Stadt Kretas ist der ideale Ausgangspunkt für die Erkundung der wilden Bergwelt der Insel mit ihren tiefen Schluchten, stillen Hochebenen und urigen Dörfern. Strände für jeden Geschmack säumen die Küste, Ausgrabungen antiker Stätten und freskengeschmückte byzantinische Kirchen können besichtigt werden. Und dann ist da noch Chania selbst ...

Im Reich der Weißen Berge

Chania liegt direkt am Meer und doch nur 20 km Luftlinie von den Gipfeln der über 2400 m hohen Weißen Berge entfernt. Wenn sie zwischen Oktober und April mit Schnee bedeckt sind, ist der Blick von der langen Hafenmole Chanias über die Häuser der sehr weitläufigen Altstadt gen Süden besonders schön.

In Chanias **Altstadt** drängt sich kein Neubau zwischen die jahrhundertealten Häuser aus der Zeit venezianischer und osmanischer Fremdherrschaft. Aus den Tagen der Serenissima, als Chania noch La Canea hieß, sind mehrere gotische Kirchen erhalten geblieben. Die Moslems, die von 1699 bis 1898 über ganz Kreta herrschten, hinterließen Minarette und Mo-

Griechenland

Eine Wanderung durch die Samaria-Schlucht gehört zu den schönsten Kreta-Aktivitäten.

scheen. Die **Kirche Ágios Nikolaos**, die auch einmal Moschee war, ist Stein gewordene Ökumene: Ihre Front wird auf einer Seite von einem Kirchturm, auf der anderen von einem Minarett flankiert. Von einer starken jüdischen Gemeinde, die die Nationalsozialisten auslöschten, als sie im Zweiten Weltkrieg Kreta besetzt hielten, zeugt noch die **Synagoge Etz Hayyim**, in der sich heute Gläubige aller Religionen zu gemeinsamen Andachten versammeln.

Minoische Schiffe und Moscheen

Ein erster Stadtrundgang beginnt am **Seefahrtsmuseum** ganz im Westen des über 700 m langen, inzwischen versandeten Hafenbeckens, in dem heute nur noch Sport- und Fischerboote liegen. Im Museum wird auch die »Schlacht um Kreta«, in der deutsche Luftlandetruppen 1941 die Insel eroberten, ausführlich dargestellt. An zahllosen Cafés und Tavernen vorbei geht es von hier zur 1645 erbauten **Janitscharen-Moschee**. Vor ihr stehen schmucke Pferdedroschken für kurze Stadtrundfahrten bereit, am Kai liegen Ausflugsboote, von denen aus man das Panorama Chanias auf kurzen Ausfahrten genießen kann. Weiter östlich zeugen zahlreiche venezianische **Schiffshallen** aus dem 15. Jh. von der Bedeutung des Hafens in vergangenen Zeiten. In einer von ihnen liegt heute der wissenschaftliche **Nachbau eines minoischen Schiffes**, wie es vor über 3200 Jahren durch die Ägäis kreuzte.

In den verwinkelten Altstadtgassen hinter der Hafenpromenade gibt es ebenfalls viel zu entdecken. An mehreren Stellen haben Archäologen Überreste einer bedeutenden minoischen Siedlung aus dem 2. Jh. v. Chr. freigelegt. Funde aus jener Zeit birgt das **Archäologische Museum** in der ehemaligen venezianischen Kirche San Francesco. Gleich nebenan zeigt ein privates **Volkskundliches Museum** anschaulich, wie die Kreter noch vor 100 Jahren lebten und arbeiteten. Kostbare Ikonen birgt die kleine **Byzantinische Sammlung** in einem Kirchlein am nordwestlichen Altstadtrand.

Venezianisches Flair

Viele der alten venezianischen Wohnhäuser und Palazzi Chanias sind heute stimmungsvolle kleine Hotels und Pensionen in allen Preisklassen oder beherbergen Tavernen, in denen abends kretische Lyra-Musik erklingt. Viele Kunsthandwerker haben sich in der Altstadt niedergelassen, verkaufen hier vor

Persönlicher Tipp

SAMARIA-SCHLUCHT
Die Wanderung durch Kretas berühmteste Schlucht, die schon 1962 zum **Nationalpark** erhoben wurde, ist etwa 14 km lang. Man überwindet dabei 1250 Höhenmeter, 800 m davon allein in der ersten von vier bis sechs Wanderstunden. Der Einstieg in die **Schlucht**, die nur von Mai bis Oktober für Besucher geöffnet ist, beginnt auf der **Omalos-Hochebene**. Nach dem schattigen Abstieg über einen stufenreichen Waldweg steht der Besucher auf dem Grund der 16 km langen Schlucht, mehr als 2000 m hohe Gipfel ragen über ihr auf. Über einen steinigen, sanft abfallenden Weg, der mehrmals einen Bach quert, geht es durchs verlassene Dorf **Samaria** zur **Eisernen Pforte**, der engsten Stelle der Schlucht. Von dort aus geht man dann noch etwa eine schattenlose Stunde bis **Agia Roumeli** am Libyschen Meer mit Strand und Tavernen. Ein Küstendampfer bringt die Wanderer bis nach **Chora Sfakio**, wo bereits Linien- und Ausflugsbusse für die Rückfahrt nach Chania warten.

Die Laouto, ein Zupfinstrument mit Saiten aus Stahl, ist typisch kretisch.

Persönlicher Tipp

KRETISCHE GENÜSSE

Kreta kann sich nahezu selbst mit Lebensmitteln versorgen, entsprechend stark ist in den meisten Tavernen die **regionale Küche** ausgeprägt. **Saisonale Spezialitäten** sind *anthous*, mit Reis und Kräutern gefüllte Zucchiniblüten, und *salingaria*, eine Art Weinbergschnecken. Im **Winter** kommen gern *apaki* und *singlino* auf den Tisch, Variationen von gepökeltem Schweinefleisch. Als *sfakianes pittes* bezeichnet man mit Frischkäse gefüllte und mit Honig übergossene kleine Pfannkuchen. Ausgesprochen lecker sind auch in Weinblättern gegarte Sardinen und zusammen mit kleinen Gemüsezwiebeln in einer Tomatensauce gekochte Krake, *chtapodi stifado*. Auf fast jeder Speisekarte zu finden ist *fava*, ein mit Olivenöl und Zwiebeln serviertes Püree aus Platterbsen. Kretas **Nationalgetränk** ist der Tresterschnaps Raki, der anders als der türkische Raki und der griechische Ouzo nicht mit Anis aromatisiert ist. Daraus abgeleitetes **Trendgetränk** ist der *rakomelo*, ein mit Honig versetzter, warm servierter Raki.

Symphonie in Blau und Türkis: Elafonissos.

allem ganz individuellen Schmuck. Die kulinarische Vielfalt der Region findet sich in der über 100 Jahre alten **Markthalle** am südlichen Altstadtrand wieder, für die die Markthallen von Marseille das Vorbild lieferten. Abends ist der kleine Stadtpark ein beliebtes Ziel der Einheimischen. Hier gibt es ein klassisches Kaffeehaus, ein Freilichtkino und ein paar Gehege, in denen man die kretische Wildziege Kri-Kri mit ihren mächtigen Hörnern bewundern kann. Wer am Strand liegen und baden will, braucht die Stadt nicht einmal zu verlassen: Gleich im Westen schließt sich an die Altstadt ein guter Sandstrand an. Dafür, dass auch das musikalische Nachtleben in der Altstadt nicht zu kurz kommt, sorgen die Studenten, die in Chania an der Universität von Kreta studieren.

Kretas »wilder Westen«

Für die Erkundung West-Kretas ist Chania der ideale Ausgangspunkt. Für eine Wanderung durch die weltberühmte **Samaria-Schlucht** sollte man sich einer geführten Tour anschließen. Gleiches gilt für eine Schifffahrt von Kastelli Kissamou zur venezianischen Festungsinsel **Gramvousa** und zur südseehaften **Lagune von Balos** im äußersten Nordwesten der Insel. Was sonst noch interessant ist, steuert man am besten mit dem Mietwagen an. Wer stille Orte und schöne Strände abseits des Massentourismus sucht, wählt **Paleochora**, **Sougia** oder **Chora Sfakio** an der Südküste als Ziel und lernt dabei auch noch die **Weißen Berge** kennen. Gefährdet ist man freilich bei einer Fahrt nach **Elafonissos**: Die meisten Besucher finden diesen Strand an der Westküste so schön, dass sie ihn gar nicht mehr verlassen wollen. KB

Kreta

Infos und Adressen

ANREISE
Flug: im Sommer Direktflüge von vielen Flughäfen in den deutschsprachigen Ländern. In den übrigen Monaten Umsteigeverbindungen via Athen; **Schiff:** tgl. Autofähren von und nach Piräus/Athen

BESTE REISEZEIT
Mai–Oktober;
zum Baden: Juni–September

SEHENSWERT
Akrotiri-Halbinsel, auf der Halbinsel nordöstlich von Chania lohnen die mittelalterlichen Klöster Agia Triada und Gouverneto sowie der Strand von Stavros den Besuch. Vom Kloster Gouverneto schöne einstündige Wanderung zur Tropfsteingrotte Arkoudiotissa und zum verlassenen Felsenkloster Katholikon nahe dem Meer
Aptera, die Ausgrabungen der antiken Stadt und eine osmanische Burgruine stehen auf einem kahlen Felsplateau hoch über der Küste.
Imbros-Schlucht, die familienfreundliche und kürzere Alternative zu einer Durchwanderung der Samaria-Schlucht
Maleme, 4465 Gräber erinnern auf dem deutschen Soldatenfriedhof an die Opfer faschistischen Eroberungswahns.
Polirrinia, die Ausgrabungen der antiken Stadt sind ein Hort der Einsamkeit in schönster Landschaft.
Vamos, ursprünglich gebliebenes Dorf auf der Halbinsel Apokoronos zwischen Chania und Georgioupolis

ESSEN UND TRINKEN
Tamam: Stimmungsvolle Taverne mit vielen kretischen Spezialitäten in einem ehemaligen türkischen Bad. Odos Zambeliou 49, Chania-Altstadt
Well of the Turk: Versteckt an einem alten osmanischen Brunnen gelegenes Restaurant mit mediterraner Küche, im Winter oft Livemusik. Odos Kalinikou, Chania-Altstadt
Kypos: Klassisches Kaffeehaus mit großer Auswahl an Kuchen, Torten und orientalischem Gebäck. Chania, im Stadtpark
Sterna tou Blousfouti: Urige Dorftaverne mit vielen ansonsten nur sehr selten angebotenen kretischen Spezialitäten. Vamos

AUSGEHEN
Fagotto: Die beste Jazz- und Blues-Bar der Insel. Odos Angelou 16, Chania-Altstadt
Chalkina: Ouzeri am Hafen, ab 22 Uhr häufig griechische und kretische Live-Musik. Akti Tombazi 29–30, Chania-Altstadt
Avli: Restaurant mit griechischer, niveauvoller Livemusik in einem alten Herrenhaus. Odos Selinou 123, Chania-Neustadt

SHOPPING
Carmela: Kunstvolle Keramik, außergewöhnlicher Schmuck. Odos Angelou 7, Chania-Altstadt
MAT: Tavli- (Backgammon) und Schachbretter in vielen Varianten. Odos Potie 51, Chania-Altstadt
Roka Carpets: Teppiche und Kelims aus dem Orient und aus Kreta. Odos Zambeliou 61, Chania-Altstadt

ÜBERNACHTEN
Casa Delfino: Erstklassiges Hotel in einem venezianischen Altstadthaus mit Innenhof und Dachterrasse. Odos Theofanous 9, www.casadelfino.com
Amphora: Mit venezianischen und osmanischen Antiquitäten möbliertes Altstadthaus direkt über der Hafenpromenade. 2. Querstraße Theotokopoulou Str., www.amphora.gr
El Greco: Freundliche moderne Unterkunft am Altstadtrand in der Nähe von Parkplätzen. Reisebüro und Autovermietung sind angeschlossen. Odos Theotokopoulou 47-49, www.elgreco.gr
Rooms Chania: Einfache Pension in einem alten Haus im ehemals jüdischen Viertel Evraiki, einige Zimmer mit Blick in den stimmungsvollen Hof des Archäologischen Museums. Odos Kondilaki 31, www.kali-kardia.com

WEITERE INFOS
Griechische Zentrale für Fremdenverkehr, Odos Kriari 40, Chania-Neustadt, www.chania.gr; und Neue Mainzer Str. 22, Frankfurt a. M., www.gzf-eot.de

Platanias westlich von Chania ist eine typische Urlaubersiedlung nahe der Stadt und besitzt lange Strände.

36. Kanalinsel Jersey

HIGHLIGHTS
- **St. Aubin,** das schönste Inselstädtchen mit einem lebhaften Hafen
- **Rozel,** das blumenreiche Dorf bezaubert mit seinen vielen kleinen Cottages.
- **Jersey Zoo,** viele bedrohte Tierarten aus aller Welt, darunter die Pagageienarten Blaumaskenamazone und Echosittich, in schönster Parklandschaft
- **Mont Orgueil Castle,** direkt an der Küste steht die gewaltige Burganlage mit mehreren Burghöfen.
- **Hampton Country Life Museum,** auch sozialgeschichtlich ist der 300 Jahre alte, restaurierte Gutshof sehr interessant.

JERSEY IM SOMMER UND HERBST
- **Mitte Aug.:** Battle of Flowers, Blumen-Korso mit viel Musik und großem Feuerwerk
- **Sept.:** International Air Display, größte Flugshow Europas am Jersey Airport; beim Jersey Life Musik Festival begeistern internationale Folk- und Rockbands das Publikum
- **Okt.:** Tennerfest, am Festival der Kochkünste beteiligen sich über 100 Restaurants

Das Mont Orgueil Castle thront hoch über Gorey direkt am Meer.

Der warme Golfstrom sorgt auf den Kanalinseln für ein frostfreies Klima und lässt eine nahezu mediterrane Pflanzenwelt entstehen. Ein gewaltiger Tidenhub hat nicht nur lange Sandstrände angespült, sondern bringt auch ein lebendiges Felswatt hervor. Die Einflüsse des nahen Frankreichs machen sich auch in der Küche angenehm bemerkbar.

Britischer Kronbesitz mit Sonnenprivileg

Jerseys Hauptstadt **St. Helier** lebt vom internationalen Fluchtkapital. Dafür stehen die vielen hier angesiedelten Banken. Zum **Elizabeth Castle** aus dem 16. Jh. auf einem Felsen nahe der Hafeneinfahrt kann man bei Niedrigwasser hinüber laufen oder man erreicht sie mit Amphibienbussen. **Fort Regent** im Stadtzentrum beherbergt heute den größten Freizeitpark der Insel. Die Inselgeschichte wird im **Jersey Museum**, im Maritime Museum und durch die zwölf Bildteppiche in der **Occupation Tapestry Gallery** lebendig, die Ereignisse aus der deutschen Besatzungszeit im Zweiten Weltkrieg zeigen. Die kulinarische Synthese aus französischen, britischen und iberischen Einflüssen demonstrieren die **Markthallen** sehr genussreich. Mit Linienbussen gelangt man zu den Highlights der Insel und zum Ausgangspunkt atemberaubend schöner **Küstenwanderwege**. Der

Großbritannien / Kronbesitz

Eine Klippenwanderung gehört zu den schönsten Aktivitäten auf Jersey.

Infos und Adressen

ANREISE
Flug: im Sommerhalbjahr Direktflüge ab Düsseldorf, Frankfurt, Stuttgart, München und Zürich, sonst Umsteigeverbindungen via London; **Auto/Fähre:** tgl. Verbindung mit St-Malo/Bretagne

BESTE REISEZEIT
Mai–September; zur Blütezeit: Mai und Juni

SEHENSWERT
Jersey Lavender, 50 Lavendelsorten verströmen auf dieser Farm ihren Duft.
Jersey Flower Centre, im größten Nelkenzuchtbetrieb Großbritanniens blühen 6 Mio. Blumen.
Portelet Bay, einer der schönsten Sandstrände, nur zu Fuß zu erreichen
La Hougue Bie, das jungsteinzeitliche Ganggrab ist das älteste Bauwerk der Kanalinseln.

ESSEN UND TRINKEN
Le Moulin de Lecq: Café und Restaurant in einer alten Wassermühle. St. Ouen
Old Court House Inn: Pub in einem mittelalterlichen Gerichtsgebäude am Hafen. St. Aubin

ÜBERNACHTEN
The Panorama: Hotel garni über einer Sandbucht. St. Aubin, www.panoramajersey.com
Longueville Manor: Wohnen in einem Manor House aus dem 13. Jh. St. Saviour, www.longuevillemanor.com

WEITERE INFOS
Jersey Tourism, Liberation Place, St. Helier, www.jersey.com

bekannteste ist der Corbière Walk auf einer ehemaligen Bahntrasse zwischen **Corbière**, **St. Brelade** und **St. Aubin** (Gehzeit 90 Min.). 5–6 Std. dauert die Klippenwanderung entlang der Nordküste zwischen der Burgruine von **Grosnez** und dem 30 m tiefen **Devil's Hole**, dem »Felsloch des Teufels«, in dem die Brandung tost. Blumenfreunde besuchen die Lavendelfarm **Jersey Lavender** bei St. Brelade's oder erfreuen sich an der Orchideenfarm **Eric Young Orchid Foundation** bei Victoria und **Jersey Flower Retreat** bei St. Lawrence, wo jährlich 6 Mio. Nelken geschnitten werden.

Kunstfreunde kommen in der **Glass Church** westlich von St. Helier auf ihre Kosten, die der Glaskünstler René Lalique im Stil des Art Nouveau ausstattete. Echt britisch kurios präsentiert sich der **Shell Garden** in St. Aubin, ein Gesamtkunstwerk aus zumeist heimischen Muscheln. KB

Persönlicher Tipp

GERMAN UNDERGROUND HOSPITAL
Ein Rundgang durch die **Katakomben** nationalsozialistischen Größenwahns lässt die Besucher erschaudern; die britische Mixtur aus guter Dokumentation, effektheischendem Kitsch und unverhohlenem Kommerz auch. Trotzdem oder gerade deswegen sind sie die meistbesuchte **Touristenattraktion** der Insel. Die kilometerlangen **Felsstollen** im Pfarrbezirk St. Lawrence mussten fast 6000 von den Deutschen auf die Insel verschleppte Zwangsarbeiter, vor allem Russen und Spanier, zwischen Oktober 1941 und Januar 1944 mit einfachsten Mitteln bohren und sprengen. Fast 44 000 t Gestein wurden bewegt, 6000 m^3 Beton verbaut. 500 deutsche Verwundete sollten im Falle einer Invasion der Alliierten im bombensicheren **Lazarett** Unterkunft finden. Krankenzimmer, Offizierscasino, Apotheke und OP-Saal sind wieder bezugsfertig eingerichtet, deutsche Marschmusik, Führerreden und Hörspiel-Dialoge sorgen für eine ganz eigenartige Stimmung. Ein Souvenirshop darf am Ende des Rundgangs natürlich nicht fehlen.

37. Cornwall

Entlang der Steilküste führt ein Wanderweg direkt an den legendären Bedruthan Steps im Norden vorbei.

HIGHLIGHTS
- **Guildhall (Exeter)**, die mittelalterliche Guildhall ist das älteste noch benutzte Rathaus Englands.
- **Mayflower Steps (Plymouth)**, markieren den Ort, wo die Pilgerväter 1620 ihre alte Heimat in Richtung Amerika verließen.
- **Exeter Phoenix**, hier finden Wechselausstellungen von Künstlern statt.
- **Merchant's Hous (Plymouth)**, Fachwerkhaus aus dem 17. Jh., mit Stadtmuseum
- **Living Coasts (Torquay)**, der maritime Zoo ist das Zuhause von Pinguinen, Seelöwen, Fischen und sogar Seepferdchen.

CORNWALL IM SOMMER UND HERBST
- **Juli/Aug.:** Gunnislake Festival, Stadtfest mit Konzerten, Stadtführungen und Barbeque
- **Aug.:** Beer Regatta, Volksfest mit Regatta
- **Sept.:** Heritage Open Days, an diesen Tagen öffnen diverse Gebäude, die normalerweise Eintritt verlangen oder der Öffentlichkeit nicht zugänglich sind, ihre Pforten

Die Geschichte Cornwalls und Devons ist eng mit der Seefahrt verknüpft. Von Plymouth und Dartmouth aus stachen James Cook, Richard Löwenherz und die Pilgerväter in See. Heute locken vor allem lange Strände, schroffe Klippen und das tiefblaue Meer Besucher an. Wer es ruhiger mag, begibt sich auf eine Wanderung in die einsame Landschaft von Dartmoor.

Hafenstädte, Strand und mystisches Moor

Exeter, attraktive Hauptstadt Devons und geistiges Zentrum, bietet die Vorteile einer Großstadt: Es verfügt über viele Einkaufsmöglichkeiten, Restaurants und Cafés sowie eine **Kathedrale** als beeindruckendem Wahrzeichen. Dank seiner Universität konnte die Stadt neben dem historischen Baukern auch ein junges Flair mit vielen Pubs und Livemusik entwickeln. Keinesfalls sollte man sich den belebten **Exeter Quay** entgehen lassen. An sonnigen Tagen tummelt sich hier die halbe Stadt zwischen kuriosen Läden, Restaurants und Bars.

Die Hafenstadt **Torquay** wirkt mit ihren Bootsstegen, den rostroten Klippen und dem ewig glitzernden Meer wie aus dem Bilderbuch. Hier hat die Kriminalautorin Agatha Christie gelebt und geschrieben. Auf dem **Agatha Christie Trail** kön-

Großbritannien

nen Fans viele Orte aus ihren Werken oder ihrem Leben wiederfinden. Fährt man von Torquay Richtung Süden, kommt man unweigerlich nach Paignton, das mit dem Stadtgebiet Torquays zusammengewachsen ist. Das einstige Fischerdorf avancierte erst nach dem Zweiten Weltkrieg zum Badeort. Seit einigen Jahrzehnten ist **Paignton** als »Sandburgen-Resort« bekannt, das sich vor allem für Urlaub mit Kindern eignet.

Das mystisch-ländliche Cornwall erfährt man in **Dartmoor**. Liebliche Hügel mit grasenden Schafen werden von schroffen Felsen unterbrochen, kleine reetgedeckte Häuser stehen inmitten einer Mondlandschaft. Seit 1951 ist das 953 km² große Dartmoor ein Nationalpark, der aufgrund der vielen Regentage und der landwirtschaftlich kaum nutzbaren Böden einer der einsamsten Europas ist. Seit Jahrhunderten zieht die mystische Stimmung dieser sagenumwobenen Gegend Künstler und Schriftsteller in ihren Bann. Red.

Infos und Adressen

ANREISE
Flug: Direktflüge von München nach Exeter; **Bahn:** ab Bahnhof London Paddington; **Auto:** von London nach Exeter: 3,5 Std.

BESTE REISEZEIT
Juli–September

SEHENSWERT
Elizabethan House, Einblicke ins Leben des 16. Jh. 32 New St., Plymouth, Juni–Okt. Di–Sa 10–17 Uhr
Museum of Dartmoor Life, Land und Leute. Ostern–Okt. Mo–Sa 10.15–16.30 Uhr, 3 West St., Okehampton, www.museumof dartmoorlife.eclipse.co.uk

ESSEN UND TRINKEN
Artillery Tower: regionale Gerichte mit Blick auf die Bucht. Firestone Bay, Plymouth
Gidleigh Park: Mekka für Feinschmecker. Chagford
Jan & Freddies Brasserie: für Gourmets ein Muss. 10 Fairfax Place, Dartmouth

ÜBERNACHTEN
The Grosvenor Plymouth: ruhig, aber zentral gelegenes B & B. 7–9 Elliot St., The Hoe, www.grosvenor-plymouth.com
Dartmoor Inn: stilvolles, Inn. Lydford, www.dartmoorinn.com
Redcliffe Hotel: elegantes Hotel aus dem 19. Jh. Marine Drive, www.redcliffehotel.co.uk

WEITERE INFOS
Visit Britain, Hackescher Markt 1, Berlin, http://grossbritannien.tourismus.de/fremdenverkehrsamt

Persönlicher Tipp

BEER: DAS POSTKARTENDORF
Das Dörfchen sollte man hauptsächlich wegen seiner Lage tief in einer **Felsbucht** und wegen seines Charmes als uraltes **Fischerdorf** besuchen. Wer gutes Wetter erwischt, kann sich auf eine einstündige Wanderung nach **Branscombe** begeben. Der Weg führt immer an den Klippen entlang in den kleinen Ort mit reetgedeckten **Cottages** und einem fast immer leeren **Strand**.

CLOVELLY: DAS MUSEUMSDORF
Wer sehen will, wie Fischerdörfer in Devon in früheren Zeiten ausgesehen haben, sollte unbedingt **Clovelly** besuchen. Für historisch interessierte Besucher ist dieses autofreie 400-Seelen-Dorf an der Nordküste Devons ein Höhepunkt. Komplett mit **Kopfsteinpflaster** versehen, bietet es neben der romantischen Atmosphäre zwei **Kapellen**, einige Restaurants und außergewöhnlich viele Souvenirläden.

Zwischen 1327 und 1346 entstand die kunstvolle gotische Westfassade der Kathedrale von Exeter: Die zahlreichen Skulpturen zeigen Engel, Könige und Apostel.

38. Nord-Wales

HIGHLIGHTS
- **Snowdonia National Park,** eine teilweise alpin anmutende Berglandschaft mit Bergseen, Wasserfällen und Wäldern sowie schönen Wanderwegen und Mountainbike-Trails
- **Caernafon Castle,** die Königin der walisischen Burgen wurde direkt an der Irischen See erbaut.
- **Llandudno,** typisch walisisches Seebad mit 5 km langer Strandpromenade, wo es sich gut flanieren, wohnen und speisen lässt
- **Bodnant Gardens,** Narzissen-Wiesen und ein Goldregentunnel gehören zu den blütenreichen Höhepunkten des größten Gartens von Wales.
- **Llanfair PG,** für ein Foto des ausgeschriebenen Ortsnamens des Dorfes auf der Insel Anglesey ist Querformat unbedingt angesagt.

WALES IM SOMMER
- **Aug.:** das »National Eisteddfod« ist eines der ältesten und größten Kulturfestivals Großbritanniens. 2013 wird es vom 3.–10. Aug. im nordwalisischen Denbigh ausgetragen, 2014 vom 1.–9. Aug. im südwalisischen Llanelli. www.eisteddfod.org

Mittelalterliche Burgen, wie Conwy Castle, gehören zu den walisischen Hauptattraktionen.

Wales ist wie Schottland und Irland stolz auf seine keltischen Ursprünge. Kymrisch wird als Nationalsprache gepflegt. Mächtige Burgen künden vom historischen Gegensatz zwischen englischen Herrschern und walisischem Volk. Lange Sandstrände und raue Berge prägen die Landschaft, der Snowdonia National Park lädt zu vielen Aktivitäten in freier Natur ein.

Burgen und Strände im Reich der Waliser

Eine Rundfahrt durch den Norden von Wales beginnt am besten mit der Besichtigung der 2000 Jahre alten Grenzstadt **Chester**. Ihre fast vollständig erhaltene Stadtmauer stammt zum Teil noch aus römischer Zeit. Das Chester Castle war oft Ausgangspunkt für Eroberungszüge der Engländer im keltischen Wales, aus späteren Zeiten stammen viele stattliche Fachwerkhäuser.

Erste sehenswerte Orte in Wales sind **Flint** mit den Resten einer edwardianischen Burg, Schauplatz des 3. Aktes von Shakespeares Drama »Richard II.«, und **Holywell** mit den Ruinen der Basingwerk Abbey, eines Zisterzienserklosters aus dem 12. Jh.

Vor dem Überqueren des Conwy River lohnen sich zwei Abstecher: nach Süden zu den **Bodnant Gardens**, mit 32 ha einer

Großbritannien

der größten Gärten von Wales mit Rhododendron-Pflanzungen, Cosmea-Feldern, Kamelien und großem Seerosenbecken. Nach Norden geht es ins Dorf **Llandudno**, einem einst vornehmen Seebad aus viktorianischen Zeiten mit 5 km langer Uferpromenade voller Boutique-Hotels und guter Restaurants.

Am linken Ufer des Conwy River liegt das Städtchen **Conwy** mit dem Conway Castle und gepflegten alten Häusern aus dem 16.–18. Jh. innerhalb besonders gut erhaltener mittelalterlicher Stadtmauern, denen zwölf kleine Häuschen aufgesetzt sind, die damals als Toiletten dienten. Originellstes Haus in der Altstadt ist **Plas Mawr** aus dem Jahr 1577: Es besitzt exakt 365 Fenster und 52 Türen.

Unaussprechliches

Hinter Bangor führt die Menai Suspension Bridge hinüber zur **Insel Anglesey**, auf der schon nach 5 km Fahrt über die A 5 das Dorf mit dem längsten Namen und dem zweifellos meist fotografierten Ortsnamensschild der Welt steht: Llanfairpwllgwyngyllgogerychwyrndrobwllllantysiliogogogoch. Wer es sich einfacher machen will, nennt das Dorf Llanfair PG. Besonders lohnenswerte Stopps auf einer insgesamt etwa 180 km langen Inselrundfahrt sind der Sandstrand von **Aberffraw**, das Großsteingrab **Barclodiad-y-gawres**, das muntere Hafenstädtchen **Holyhead** mit seiner St. Cybis Church im Perpendicular-Stil und **Beaumaris** mit einer eindrucksvollen Burg aus dem 13. Jh., Beaumaris Castle.

Nächstes Ziel auf dem walisischen Festland ist **Caernafon** mit dem auf drei Seiten von Wasser umspülten Caernafon Castle, der glanzvollsten all der vielen walisischen Burgen. Innerhalb ihrer weitläufigen Mauern aus dem 13. Jh. mit mächtigen eckigen Türmen wurde Prinz Charles 1969 durch die Queen zum Prince of Wales gekürt. Wo er damals saß, wird heute noch stolz gezeigt.

Quer über die Halbinsel **Llyn** geht es weiter nach **Porthmadog**, von wo die historische Schmalspurbahn **Ffestiniog Railway** zu ihrer Fahrt durch schönste Berglandschaft startet. Nur wenige Kilometer entfernt lädt die Märchenlandschaft von **Portmeirion** dazu ein, sich für ein Weilchen nach Italien zu beamen. Danach ist es an der Zeit, sich dem schon 1951 gegründeten **Snowdonia National Park** zu widmen. Gute Standorte für seine Erkundung sind **Llanberis** und **Betws-y-coed**. Auf den 1085 m hohen Gipfel des Snowdon kann man auf mehreren gut ausgeschilderten Wegen in etwa 3 bis 5 Std.

Walisische Seebäder wie Llandudno garantieren Urlaubsspaß – zum Beispiel beim Eselreiten.

Persönlicher Tipp

FFESTINIOG RAILWAY
»The Great Little Trains«, die Schmalspurbahnen von Wales, sind eine der Hauptattraktionen des Landes. Die älteste aktive Museumseisenbahn ist die Ffestiniog Railway. Schon 1832 verkehrten die ersten Züge zwischen dem Hafen von **Porthmadog** und den Schieferbergwerken von **Blaenau Ffestiniog**. Zu Beginn wurden sie noch von Pferden gezogen, seit 1863 dann von Dampflokomotiven. Unter Dampf geht es auch heute wieder auf der 21,93 km langen Strecke vom Meer über 210 m bergan ins Zentrum des **Snowdonia National Park**. Die Spurweite beträgt nur 597 mm, die Fahrzeit 75 Min. Bis zu siebenmal täglich sind die Züge zwischen März und Dezember unterwegs, passieren bis zu 55 m lange Tunnel, fahren auf bis zu 19 m hohen Dämmen und steinernen Stützmauern und überwinden sogar eine Spitzkehre. Anfangs geht es durch Wald, dann durch offenes Gelände und über Weiden, vorbei an stillen Seen und rauschenden Wasserfällen. Unterwegs werden Snacks und Getränke serviert. www.festrail.co.uk

Portmeirion ist architektonische Spielerei mit britischem Spleen und höchst idyllisch.

Persönlicher Tipp

PORTMEIRION

Wer eine Auszeit sucht vom Grün walisischer Weiden, vom Braun seiner Moore und vom Schiefergrau seiner Dörfer und Städte ist in Portmeirion bestens aufgehoben. Da hat der walisische Architekt **Clough William Ellis** zwischen 1926 und seinem Tod 1987 eine Art italienisches Dorf ans Ufer der **Tremadog Bay** in 28 ha Hügelland voller Rhododendren, Azaleen und vieler subtropischer Pflanzen gestellt. Farbenfroh und fantasievoll, formenreich und verspielt lockt es zur Besichtigung, zum Souvenir-Shopping und zu gutem Essen. Wer mag, kann dort auch im Hotel und in den Dorfhäusern wohnen. Das künstliche Idyll ist keine pure Spinnerei: Der für sein Lebenswerk geadelte Bauherr hat hier auch viele historische Architekturteile aus ganz Wales eingebracht. Portmeirion wurde so berühmt, dass zu seinen 250 000 Besuchern jährlich auch viel Prominenz gehört: John Steinbeck und George Bernard Shaw waren ebenso hier wie der Stararchitekt Frank Lloyd Wright und die Beatles. www.portmeirion-village.com

Ein Besuch in einem walisischen Pub wie dem Groes Inn in Conwy ist Pflicht!

hinaufwandern. Man gelangt aber auch mit Großbritanniens einziger Zahnradbahn, Snowdon Mountain Railway, von Llanberis aus im 30-Minuten-Takt in etwa einer Stunde hinauf.

An der Küste entlang geht es weiter nach **Harlech** mit seiner mittelalterlichen Burg auf einem Felsen über der Tremadog Bay. Es folgt **Barmouth** an der breiten Mündung des Mawddach, ein hübsches kleines Seebad zwischen Bergen und Meer mit breitem Sandstrand und oft recht pittoresken Häusern aus grauem Naturstein. In **Dolgellau** kann man für ein paar Stunden aufs gemietete Mountainbike umsteigen, denn hier sind etliche Trails mit unterschiedlichen Schwierigkeitsgraden gut ausgeschildert.

Berühmte Gäste

Nun geht es landeinwärts durch den Snowdonia National Park die Cambrian Mountains wieder zurück Richtung Chester. Ganz romantisch wird es noch einmal in **Llangollen**. Hier lebten in einem einzigartigen Fachwerkhaus seit 1776 die beiden eigenwilligen »Ladies von Llangollen«, die bis zu ihrem Tod 1829 bzw. 1831 nur eine einzige Nacht außerhalb ihres Hauses verbrachten. Die unverheirateten Damen empfingen viele berühmte Besucher, darunter den Dichter William Wordsworth und den schottischen Poeten Sir Walter Scott. Jeder Besucher, der zum zweiten Mal kam, mussten ihnen ein Puzzleteil für ihre holzvertäfelten Wände und Decken mitbringen, die das Haus mit mittelalterlichen Glasfenstern und Ledertapeten zu einem innenarchitektonischen Juwel machen. KB

Nord-Wales

Infos und Adressen

ANREISE
Flug: mehrmals täglich von vielen deutschen Flughäfen nach Manchester; **Auto:** ab Manchester mit dem Leihwagen auf der M 56/M 53 nach Chester

BESTE REISEZEIT
Frühsommer bis Herbst

SEHENSWERT
Centre for Alternative Technology, südlich von Dolgellau propagiert das in einem ehemaligen Schiefersteinbruch bei Machynlleth angesiedelte Zentrum die Vorteile alternativer Energien. Im Sommer tgl. 10–17 Uhr, im Winter 11–15 Uhr, Llwyngwern Quarry, Pantperthog, http://visit.cat.org.uk
National Slate Museum, in einem ehemaligen Schieferbergwerk bei Llanberis wird gezeigt, wie hier 200 Jahre lang Schiefer gewonnen und verarbeitet wurde. Ostern–Okt. tgl. 10–17 Uhr, Llanberis, www.museumwales.ac.uk
Oriel Mostyn Gallery, die Galerie zeigt moderne Kunst aus Wales und aller Welt. Tgl. 10.30–17 Uhr, 12 Vaughan Street, Llandudno, www.mostyn.org
Professor Codman's Punch & Judy, Kasperletheater auf der Strandpromenade gegenüber der Seebrücke von Llandudno. Während der Saison Aufführungen bis zu dreimal täglich

ESSEN UND TRINKEN
Castle Cottage: Gourmet-Restaurant in einem 400 Jahre alten Haus nahe an der mittelalterlichen Burg. Y Llech, Harlech, www.castlecottageharlech.co.uk
Penmaenuchaf Hall: stilvolles Luxusrestaurant mit Snowdon-Blick, in dem Chef Justin Pilkington moderne britische Küche mit regionalen Zutaten kreiert. Penmaenpool, Dolgellau, www.penhall.co.uk
Portmeirion: hier sitzt man wie auf einem Ozeanriesen des frühen 20. Jh., blickt auf die Mündung des Flusses Glaslyn und genießt Welsh-Black-Rind oder Entensalat. Portmeirion, www.portmeirion-village.com
Seahorse: der Tipp für Meeresfrüchte, ob Menai-Muscheln oder Great-Orme-Hummer. Church Walks 7, Llandudno

AUSGEHEN
In allen Orten, abends geht man in Wales ins Pub. Viele von ihnen bieten im Sommer Programme wie Quiz Shows, Karaoke oder Livemusik.

SHOPPING
Bangor, hier findet man größere Shopping Malls, u. a. in der High Street.
Portmeirion, das Dorf ist berühmt für sein kostbares Porzellan, das Blumen und Früchte zieren.
In allen Urlaubsorten, nahe den Burgen und im Snowdonia National Park findet man viele Läden, die hübsche Mitbringsel anbieten. Die keltische Vergangenheit ist in der Ornamentik vieler Schmuckstücke und der »Lovespoons« präsent.

ÜBERNACHTEN
Black Boy Inn: Zimmer und Apartments direkt in der Altstadt in einem Gasthof aus dem Jahr 1522. Northgate Street, Caernafon, www.black-boy-inn.com
Galedffrwd Mill: nur drei Zimmer in einer alten Wassermühle an rauschendem Wildbach, 6 km außerhalb von Bangor. St. Ann's, Bethesda, www.galedffrwdmill.co.uk
Legency Royal Victoria: Traditionshotel zwischen zwei Seen und Burgruine auf dem 12 ha großen Hotelgelände, 100 m von der Bergbahn-Station auf den Mount Snowdon. Main Street, Lllanberis, www.legency-hotels.co.uk
Space Boutique: 5-Sterne-Bed & Breakfast, Zimmer indisch möbliert, Lounge typisch viktorianisch. Church Walks 36, Llandudno, www.spaceboutique.co.uk
The Royal: eine Art Märchenschloss am Ufer des Dee im Herzen des Ortes. Bridge St. 7, Llanagollen, www.royal-hotel-llangollen.co.uk

WEITERE INFOS
Visit Wales,
Josephspitalstr. 15, München, www.visitwales.co.uk

Wales ist keltisch geprägt – auch die Grabsteine zeugen davon.

39. Antrim in Nordirland

HIGHLIGHTS
- **Bushmill's Destillery,** älteste legale Whiskey-Destillerie der Welt, Führungen und Verkostungen
- **Carrick-a-rede Rope Bridge,** abenteuerliche Brücke über einem 30 m hohen und 20 m breiten Felsspalt, in dem die Brandung tobt
- **Giant's Causeway,** UNESCO-Weltnaturerbe, etwa 40 000 bis zu 10 m hohe Basaltsäulen auf 5 km Länge direkt am Ufer, im Meer und in den steilen Klippen, 14 km lange Rundwanderung auf markierten Wegen möglich
- **Kinbane Castle,** die romantischste Burgruine Nordirlands auf einem kleinen Felseneiland unmittelbar vor der Steilküste gegenüber den weißen Kreidefelsen von Rathlin Island
- **Murlough Bay,** eine zauberhafte Bucht an der Küste Antrims und nur über eine wenig befahrene Nebenstrecke zu erreichen

ANTRIM IM SOMMER
- **Aug.:** »Oul Lammas Fair«, seit fast 400 Jahren großer Jahrmarkt in Ballycastle, Stände mit regionalen Produkten und Livemusik in allen Pubs; »Heart of the Glens Festival«, 9-tägiges Festival in und um Cushendall mit Kunsthandwerkermarkt, Musik und gutem Essen

Giants's Causeway – Werk eines Riesen?

Zwischen dem Fährhafen Larne und Portrush an der Nordküste zeigt sich Nordirland entlang der Antrim Coast Road besonders abwechslungsreich. Burgen und idyllische Fischerhäfen, eine Whisky-Destillerie, eine abenteuerliche Brücke und das Naturwunder des Giant's Causeway gehören zu den vielen Höhepunkten.

Glens, Moore und Wasserfälle

An der 110 km langen, auch per Rad gut machbaren Antrim Coast Road liegen dicht an dicht die schönsten Landstriche und interessantesten Sehenswürdigkeiten Nordirlands. Vom geschäftigen Fährhafen **Larne** nördlich von Belfast fährt man gleich weiter nach **Ballygalley** mit dem 100 m hohen Kap **Ballygalley Head** und ersten Säulenbasaltformationen. **Glenarm** ist dann das älteste Dorf in den viel besungenen neun **Glens of Antrim,** sich vom Meer weit ins Inselinnere ziehenden, grünen Tälern mit Wäldern, Mooren und Wasserfällen. **Carnlough** ist auf sein Hotel und Pub »Londonderry Arms« stolz, weil es von 1921 bis 1947 Sir Winston Churchill gehörte. **Cushendall** gilt mit seinen vielen hübschen Läden und stimmungsvollen Pubs als Hauptstadt der Glens, **Ballycastle** hingegen ist ein typisch irisches Marktstädtchen voller

Großbritannien

Tristesse. Vorbei am romantischen **Kinbane Castle** und der abenteuerlichen **Carrick-a-rede Rope Bridge** geht es weiter zum breiten, weißen Sandstrand der **Whitepark Bay**, die von den beiden Orten **Portbradden** mit der kleinsten Kirche ganz Irlands und **Ballintoy Harbour** mit winzigen Sandflecken zwischen vielen kleinen Felsen begrenzt wird. Zum landschaftlichen Höhepunkt der Reise wird der **Giant's Causeway**, zum spirituellen die Whiskey-Destillerie von **Bushmills**. Typisch britisches Strandbad-Leben lernt man dann in den beiden populären Badeorten der Antrim Coast, **Portrush** und **Portstewart**, kennen. Mehrere Greens weisen darauf hin, dass Golf in Irland ein Volkssport ist. Westlich von Portstewart beginnt ein 25 km langer Strandstreifen, der bis an den **Lough Foyle** reicht. An dessen anderem Ufer ragen schon die Hügel von **Donegal** auf, das bereits zur Republik Irland gehört. KB

Die schwankende Brücke von Carrick-a-rede erfordert viel Mut.

Infos und Adressen

ANREISE
Flug: Direktflüge nach Dublin, Umsteigeflüge via London nach Belfast; **Auto/Fähre:** mehrmals tgl. Verbindung mit Troon und Cairnryan in Schottland

BESTE REISEZEIT
Juni–September

SEHENSWERT
Kap Fair Head, 180 m hoher, senkrecht ins Meer abfallender Basaltfels. Festes Schuhwerk erforderlich!
Kinbane Castle, die romantischste Burgruine Nordirlands, auf einem kleinen Eiland vor der Steilküste gelegen

ESSEN UND TRINKEN
Central Wine Bar: junges Ambiente, zeitgemäße regionale Küche. Ann Street 12, Ballycastle
Frances Anneand Tapestry: preisgekröntes Restaurant im Hotel Londonderry Arms mit klassischer regionaler Küche. Coastal Road, Carnlough

ÜBERNACHTEN
Culentra House: B & B in ländlichem Ambiente mit Blick in die Täler von Antrim.
Coughs Road 16, Cushendall, www.cullentrahouseireland.com
Ramada Portrush: von irischen Urlaubern geschätztes Hotel, nahe Hafen und Strand.
Main St. 73, Portrush, www.ramadaportrush.com

WEITERE INFOS
Tourism Ireland, Gutleutstr. 32, Frankfurt a. M.,
www.entdeckeirland.de

Persönlicher Tipp

BOOTSAUSFLUG NACH RATHLIN ISLAND

Nordirlands einzige bewohnte Insel ist im Sommer täglich per Schiff von **Ballycastle** aus zu erreichen. Sie liegt wie ein »L« im Meer, ist 14 km lang und maximal 1,5 km breit. Rund hundert Menschen und Zehntausende von **Seevögeln** leben auf ihr, darunter Papageientaucher und Trottellummen, Tordalke und Eissturmvögel, Dreizehenmöwen und Eiderenten. Die meisten von ihnen nisten an der **Steilküste** am äußersten Ende im Inselwesten. Man erreicht sie gut zu Fuß oder mit einem auf der Insel gemieteten Fahrrad. Auch **Minibustouren** werden in der Saison angeboten. Die Landschaft, die Naturfreunde und Ornithologen gleichermaßen begeistert, ist völlig unverfälscht; die bis zu 70 m hohen **Klippen** von Rathlin Island sind teilweise so weiß wie die berühmte Kreideküste von Dover. Bei halbwegs klarer Sicht ist die nur 25 km entfernte, durch einen Song von Paul McCartney berühmt gewordene schottische Halbinsel **Mull of Kintyre** gut zu sehen. Wer mag, kann auf der Insel auch übernachten.

40. Highlands

Die Ruinen des Urquhart Castle am Loch Ness sind der perfekte Ort, um Ausschau nach Nessie zu halten.

HIGHLIGHTS
- **Urquhart Castle & Gardens,** eine Burg wie aus dem Bilderbuch mit traumhaften Gärten.
- **Dunnet Head Lighthouse,** das Leuchtfeuer am nördlichsten Punkt der Mainlands thront spektakulär über den steil abfallenden Felsen.
- **Trossachs National Park und Loch Lomond,** eine Fahrt mit dem Raddampfer über die »Königin der Seen«; Wanderwege führen in den wildromantischen Naturpark.
- **Loch Ness,** abgesehen von der grandiosen Natur erzählt das Visitor Center viele Geschichten rund um das Seeungeheuer.
- **»West Highland Line«,** Schottlands berühmte Eisenbahnroute, bekannt aus den »Harry Potter«-Filmen, führt vorbei an Hochmooren, Seen, Burgruinen und schroffen Felsen.

SCHOTTLAND IM SOMMER
- **Juli:** Glengarry Highland Games, traditionelle Wettkämpfe im Baumstamm- und Hammerwerfen bei Dudelsackmusik und Tanz
- **Aug:** Belladrum Festival, familienfreundliches Musikfestival mit großem Rahmenprogramm

Warum sollte man ein Land besuchen, in dem die Männer Röcke tragen, man befürchten muss, beim Baden einem Seeungeheuer auf den Schwanz zu treten und auf der Flucht vor »Nessie« in einem der Moore zu versinken? Die Antwort ist einfach: weil sie neugierig macht – die herbe Schönheit weiter Täler, schroffer Gipfel und tiefer, klarer Seen.

Land der großen Emotionen

Eine Reise in die Highlands ist wie eine Reise zu den Kulissen großer Hollywoodfilme, die in Schottland spielen, z. B. »Braveheart«, »Rob Roy« oder »Highlander«. Die Damenwelt wird zugeben, dass es auch im 21. Jh. noch seinen Reiz hätte, mit einem ewigjungen »Highlander« durch blühende Heidelandschaften zu spazieren. Die Hand der Liebsten lässt er nur los, um blitzschnell zu seinem Bogen zu greifen und eines der aufgescheuchten Moorschneehühner zu erlegen. Die Worte »My Home is my castle« bekommen eine ganz andere Bedeutung, wenn man jemanden mit einem Breitschwert an seiner Seite weiß. Doch zurück in die raue Wirklichkeit. Auf Wanderungen durch den **Cairngorms-Nationalpark** in den zentralen Highlands begegnet man mit etwas Glück einer schottischen

Großbritannien/Schottland

Dudelsackspieler sind ein unverzichtbarer Programmpunkt bei den Highland Games in Schottland.

Wildkatze. Keine Bange, die Samtpfoten, nicht größer als eine Hauskatze, sind scheu und trollen sich schnell. Was ihre Augen in sieben Leben gesehen haben mögen, macht sie zu vorsichtigen Geschöpfen. Man sagt, die Seelen der alten Clanführer leben in ihnen fort. Doch da ist noch mehr in den Augen der Wildkatzen: Die haben die Farbe schottischen Whiskys, wie er in der **Glengoyne Distillery** gebrannt wird, und die Zeichnung ihres Fells wirkt verwaschen wie die Konturen der Felsgrate an einem nebligen Herbsttag. Wem es nicht vergönnt ist, die Tiere in freier Wildbahn zu sehen, entdeckt sie spätestens im **Highland Wildlife Park** in **Kincraig**. Das leckere Malzgetränk hingegen ist ganz leicht zu finden. Der »Whiskytrail« führt von der Küste entlang dem lachsreichen Spey-River hinauf bis **Tomintoul**, dem höchst gelegenen Ort der Highlands. Im »goldenen Dreieck« befindet sich entlang dem Flusstal mehr als die Hälfte der schottischen Destillerien, die Whisky produzieren, der in ehemaligen Sherry-Fässern gereift eine fruchtig und feine Note hat und die saftigen Wiesen im Tal und das glasklare Wasser des Flusses Spey widerspiegelt.

Wettkampf der Clans

Eine Hommage an die traditionellen Clans sind die **Wettkämpfe**: der »caber toss«, das Werfen von Baumstämmen, der »Scottish Hammer«, der Hammerwurf, oder das Dudelsackspiel, das die Männer einst in den Kampf begleitete. Uralte Rituale, die im Sommer überall im Land ausgetragen werden. Über 3000 Burgen und Schlösser sind steinerne Zeugen einer Ära, als die Wettkämpfe nicht mit der Verteilung von Pokalen, sondern mit der Neuordnung der Ländereien endeten und manche heutige romantisch anmutende Ruine wie **Urquhart Castle** am **Loch Ness** ein Schauplatz erbitterter Kämpfe zwischen Engländern und Schotten um die Vorherrschaft im Land war. Die sterblichen Überreste vieler Clan-Chefs ruhen auf wildromantischen Friedhöfen mit von Flechten überwucherten Grabsteinen und keltischen Kreuzen. So manche Clan-Burg wurde in der Neuzeit vom Schlossherrn in ein luxuriöses Hotel umgewandelt, wo man in altem Gemäuer komfortabel nächtigen kann – Schlossgespenst inklusive.

Große Namen wie Heinrich VIII., Elizabeth I. und Maria Stewart oder der schottische Thronanwärter »Bonnie« Prince Charlie (Charles Edward Stuart) begleiten den Weg Schottlands in und aus der Unabhängigkeit von England.

Persönlicher Tipp

HOCHLANDSPIELE

Berge, Flüsse, Seen, ja sogar Whisky gibt es überall auf der Welt. Was Schottland einzigartig macht, sind seine Menschen und deren Kultur. Wer mehr über ihr Leben und ihre Bräuche erfahren und herausfinden möchte, ob sie nun tatsächlich geizig und streitsüchtig sind und zur Not auch, was die Männer denn nun unter ihren Röcken tragen, hat die größte Chance auf einem der zahlreichen **»Games«**. Sie finden den ganzen Sommer überall im Land statt. Da werfen Männer nicht nur Baumstämme und Hämmer durch die Gegend, fast immer haben die Spiele Volksfestcharakter und locken Einheimische und Touristen gleichermaßen an. Die bekanntesten und größten sind die Spiele von **Braemar**, die unter der Schirmherrschaft von Queen Elizabeth II. stehen. Nicht minder beeindruckend ist der Aufmarsch der Backpipe-Bands, in strenger Formation angeführt vom Pipe Major und begleitet von Trommlern. Erklingt das Wehklagen der Pfeifen, wird schnell klar, warum derartige Aufmärsche nur unter freiem Himmel stattfinden.

Eine Hängebrücke führt über den Ness River direkt auf die Free North Church von Inverness zu.

Persönlicher Tipp

AUSFLUG ZU DEN ORKNEYS

Bietet die urwüchsige Landschaft im Norden Schottlands schon reichlich Gelegenheit, grandiose Natur zu genießen, erwartet einen nach der 2-stündigen Überfahrt zu den Orkneys eine völlig andere Welt. Noch wilder, noch rauer ist das Land, und doch kann man bei ausgedehnten Spaziergängen entlang der **Klippenwege** oder beim Sonnenuntergang am **Ring von Brodgar** seinen inneren Ruhepol finden, sich fallen lassen und den Alltag vergessen. Ob bei Wanderungen durch die zerklüftete Bergkulisse der Insel **Hoy**, einem Besuch der **Kirkwall Cathedral** auf den Mainlands oder einem Tauchgang zu den versenkten Schiffswracks in der Bucht von **Scapa Flow**, für jeden Besucher haben die Inseln Faszinierendes zu bieten. Der erste Offizier des isländischen Frachters »Laxvoss« sagte einmal: »Wenn wir die Orkneys hinter uns haben, wird es ruhiger.« Diese Worte vom Seegang auf den eigenen Gemütszustand zu übertragen, dürfte für die meisten Besucher der Inseln das kräftige Durchlüften der eigenen Gedanken bedeuten.

Ein Besuch einer der zahlreichen Destillerien entlang des »Whiskytrails« gehört zum Pflichtprogramm.

Sogar der deutsche Komponist Georg Friedrich Händel hatte seinen Anteil daran: Sein Oratorium »Judas Maccabaeus« ist eine Huldigung an den englischen Herzog von Cumberland und den Sieg seiner Regierungstruppen über die aufständischen Jakobiten in der Schlacht von Culloden im April 1746, die den Niedergang Schottlands besiegeln sollte. Das geschichtsträchtige **Culloden Battlefield** (mit Besucherzentrum), auf dem die letzte Schlacht auf britischem Boden ausgetragen wurde, liegt 8 km östlich von Inverness und kann besichtigt werden.

Tor zu den Highlands

Als Tor zu den Highlands gilt die Kleinstadt **Inverness** an der Mündung des Ness, dem Fluss, der dem berühmten See mit dem sagenumwobenen Ungeheuer seinen Namen gab. Wenn dort im Pub die vom Whisky rauchig gefärbte Stimme eines bärtigen Mannes mit einem Scottish Ale in der Hand von den guten alten Zeiten erzählt, als Schottland noch ein eigenständiges Königreich war, kann es vorkommen, dass man dem guten Mann trotz bester Englischkenntnisse nicht ganz folgen kann. Das liegt dann entweder am hohen Alkoholgehalt einiger schottischer Biere oder einfach nur an dem gälischen Akzent, der nicht soviel mit Schulenglisch gemein hat. Da braucht sich niemand zu schämen. Freundlich lächelnd und in kurzen Abständen das Glas zum Mund führend, wird man bestehen können und willkommen sein. CD

Highlands

Infos und Adressen

ANREISE
Flug: Direktflüge von allen größeren deutschen Flughäfen nach Edinburgh und Glasgow;
Bahn: Mit dem »Royal Scotsman« kann man in 7 Tagen von Edinburgh durch die Highlands nach Arisaig reisen;
Auto/Fähre: ab Rotterdam, Amsterdam und Zeebrugge nach Newcastle oder Hull;
Tipp: Achtung: Linksverkehr!

BESTE REISEZEIT
Mai–September

SEHENSWERT
Cairngorms National Park, eines der schönsten Wandergebiete Europas mit Schlössern, Ruinen, romantischen Dörfern mit Kunstgalerien, Whiskydestillerien, wunderschönen Gärten, Wasserfällen und Hocheben, die das Dach der Welt zu bilden scheinen.
http://visitcairngorms.com
Glengoyne Distillery, einer der größten Whisky-Produzenten Schottlands, der Führungen und Verkostungen anbietet. Dumgoyne, Killearn, Glasgow, www.glengoyne.com
St. Andrews Cathedral and Museum, die Ruinen der größten Kathedrale komplettieren mit ihren Steinbildern die geheimnisvolle Aura, die dieses Land umgibt. April–Sept. Mo–So 9.30-17.30 Uhr, Okt.–März Mo–So. 9.30–16.30 Uhr
Cawdor Castle, dem Schloss in Nairn mit dem mittelalterlichen Turm und Zugbrücke verhalf auch William Shakespeare mit seinem Drama »Macbeth« zur Berühmtheit. Mai–Ende Sept. tgl. 10–17.30 Uhr, Nairn

ESSEN UND TRINKEN
Dores Inn: familiengeführter urgemütlicher Pub in einem alten Cottage am Ufer des Loch Ness. Dores, Inverness, www.thedoresinn.co.uk
River Cafe & Restaurant: sehr gemütliches Restaurant mit gutem Essen direkt am Fluss. 10 Bank Street, Inverness, www.rivercafeandrestaurant.com
The Castle Tavern: typisch schottischer Pub mit Livemusik und Biergarten für sonnige Tage sowie schönem Ausblick auf das Schloss. Das Menü reicht vom Veggie Burger über Nachos bis hin zu Lachs.
1 View Place, Inverness, www.castletavern.net
Rocpool: Restaurant in schöner Lage, mit exquisiter Küche und stilvoll kredenzt, was natürlich seinen Preis hat.
1 Ness Walk, Inverness, www.rocpoolrestaurant.com

SHOPPING
Inverness, in der Huntly Street, im Kiltmaker Visitor Centre, kann man einen maßgeschneiderten Schottenrock erstehen; die Auswahl an »Tartan«-Mustern (Schottenkaros) ist riesengroß.

ÜBERNACHTEN
Melvich Hotel: direkt am Meer gelegenes kleines Hotel mit weißem Anstrich und überwältigenden Ausblicken auf Landschaft und Meer. Melvich, Thurso, www.melvichhotel.co.uk
Loch Ness Country House Hotel: ruhige und idyllische Lage am Stadtrand von Inverness, das altehrwürdige Gebäude verfügt über stilvoll eingerichtete Zimmer, eine schöne Terrasse und traumhafte Aussicht auf den Park. Dunain Park, Loch Ness Road, Inverness, www.lochnesscountryhousehotel.co.uk
Polmaily House Hotel: familienfreundliches Hotel im Herzen der Highlands, mit schönem Garten, Pool und Tennisplätzen. Nicht nur die Zimmer, auch die Küche ist sehr empfehlenswert. Drumnadrochit, Loch Ness, www.polmaily.co.uk
Flodigarry Country House Hotel: hier scheint die Zeit stehen geblieben zu sein. Es gibt Himmelbetten, knarrende Treppen, eine Lounge mit Kamin, und die Insel bietet eine Landschaft, wie sie schöner kaum sein kann. Flodigarry, Isle of Skye, www.flodigarry.co.uk

WEITERE INFOS
Visit Scotland, Ocean Point One, 94 Ocean Drive, Edinburgh, www.visitscotland.com/de

Nichts in Aussicht außer der Aussicht: Schottisches Highland Rind mit schicker »Beatles-Frisur« und imposanten Hörnern.

41. Lowlands

Blick über den kleinen Hafenort Portpatrick auf die Rhins of Galooway, einer Halbinsel im Westen.

HIGHLIGHTS
- **Edinburgh Castle,** Befestigungsanlage mit den Gemächern von Maria Stuart und den Kronjuwelen, den »Honours of Scotland«
- **Scotch Whisky Heritage Center Edinburgh,** Geschichte der Herstellung des flüssigen Goldes mit Verkostung
- **Riverside Museum of Transport and Travel,** Kutschen, Autos und Straßenbahnen entführen in Glasgow auf eine Zeitreise.
- **East Neuk,** Küstenstrecke mit schmucken Fischerdörfern wie Anstruther und Pittenweem
- **Melrose Abbey,** die Abtei aus dem 15. Jh. birgt das Herz von König Robert The Bruce.

SCHOTTLAND VON FRÜHJAHR BIS HERBST
- **März:** International Comedy Festival Glasgow, rund 400 Veranstaltungen mit feinstem englischen Humor
- **Aug.:** Beim Edinburgh Festival verwandeln Künstler aus aller Welt die Stadt in eine einzige Bühne.
- **Okt.–Nov.:** Scottish International Storytelling Festival in Edinburgh, hier kann man Märchen, Familiensagas und Heldentaten lauschen.

Die Lowlands sind der dichtest besiedelte Teil Schottlands mit dem Industriestandort Glasgow, dem politischen Zentrum Edinburgh und der Hafenmetropole Aberdeen. Steilküsten wechseln sich ab mit tief in das Landesinnere einschneidenden Meeresarmen im Osten, saftig grünen Hügeln in den zentralen Lowlands und einer geheimnisvollen Inselwelt im Westen.

Burgen, Meeresarme und sattgrüne Wiesen

Am südlichsten Punkt Schottlands sendet der Leuchtturm am **Mull of Galloway** seine Signale von der Steilküste hinab über die Meerenge des **North Channels** bis hinüber nach Nordirland. Wehrhafte Burgen erinnern daran, dass die Clanfürsten von einst nach Eigenständigkeit strebten und fest entschlossen waren, diese zu verteidigen. An der Westküste sind kleine Hafenorte wie **Kirkcudbright** romantisch gelegene Ausgangspunkte für Wanderungen in die hügeligen Landschaften des Landesinneren wie dem **Galloway Forest Park**. Hier begegnet man nicht nur den gleichnamigen zotteligen Rindern, sondern auch seltenen Vogelarten wie dem Roten Milan. Die Küste hinauf bis nach **Glasgow**, entlang des **Firth of Clyde**, einem geschützten Meeresarm, befindet sich eines der schönsten Tiefwasser-

Großbritannien/Schottland

Segelreviere Europas. **Glasgow**, eine moderne Metropole an der Grenze zu den Highlands, punktet mit prächtigen Kathedralen, Museen und natürlich vielen gemütlichen Pubs.

An der Ostküste prägt nicht allein die schottische Hauptstadt **Edinburgh** das Küstenbild. **Stirling** mit seiner pittoresken Altstadt wird von der mächtigen Festung **Stirling Castle** auf einem 75 m hohen Felsen bewacht. Vom **Wallace Monument**, das dem berühmten Freiheitskämpfer gewidmet ist, ist der Blick auf die Stadt besonders schön.

Die Golfplatzdichte in dieser Region ist ähnlich hoch wie die der großzügigen Gartenanlagen um herrschaftliche Kastelle wie dem **Drummond Castle** in den zentralen Lowlands. Die Küste hinauf wechseln sich hübsche Badeorte mit Hafenstädten wie **Aberdeen** und **Dundee** ab. Im Hafen von Dundee liegt übrigens die »Discovery«, der hölzerne Dreimaster des Polarforschers Robert Falcon Scott, als Museumsschiff vor Anker.   CD

Infos und Adressen

ANREISE
Flug: Direktflüge von allen größeren deutschen Flughäfen ganzjährig nach Edinburgh; **Bahn:** Mit dem »Royal Scotsman« gelangt man von Edinburgh über Glasgow quer durch die Lowlands an die Westküste; **Auto/Fähre:** ab Rotterdam, Amsterdam und Zeebrugge Fähren nach Newcastle und Hull

BESTE REISEZEIT
Juni–September

SEHENSWERT
Burrell Collection, die Kunstsammlung des Reeders William Burrell beinhaltet über 8000 faszinierende Exponate. Mo–So 11–17 Uhr, Pollok Country Park, Glasgow, www.glasgowlife.org.uk/museums

Calton Hill, auf dem 100 m hohen Hügel in Edinburgh warten ein Observatorium, ein Nelson-Denkmal und ein unvollendeter Tempel.

ESSEN UND TRINKEN
Two Fat Ladies at The Buttery: englische Küche von ihrer allerbesten Seite. 652–654 Argyle St., Glasgow

ÜBERNACHTEN
Dunstane House Hotel: Wohnen mit Stil in schöner Lage. 4 West Coates, Haymarket, Edinburgh, www.dunstane-hotel-edinburgh.co.uk/de

WEITERE INFOS
Visit Scotland, Ocean Point One, 94 Ocean Drive, Edinburgh, www.visitscotland.com/de

Persönlicher Tipp

EDINBURGH

Schottlands Hauptstadt, politisches und kulturelles Zentrum zugleich, besitzt alles, was die Faszination dieses Lands ausmacht. Da gibt es Rugby-Spiele im **Murrayfield Stadion** und Golfplätze am **Holyrood Park**, stimmungsvolle Pubs, in denen man zwischen 5:00 und 7:00 p.m. keinen Fuß auf die Erde bekommt, Restaurants und Inns, die den Pubs an Gemütlichkeit in nichts nachstehen. Bunte Häuser mit Galerien und Boutiquen in der Victoria Street bilden einen reizvollen Kontrast zum dezenten Grau des **Edinburgh Castle** oder den wie an einer Perlenschnur aufgereihten Sehenswürdigkeiten entlang der berühmten **Royal Mile**. Ein Schauer der Ergriffenheit jagt einem über den Rücken, wenn auf den Zinnen der Burg am 30. November, dem St. Andrews Day, ein Dudelsackspieler auf den Zinnen der Burg steht und der Wind die Klänge von »Scotland the Brave« über die Stadt trägt. Der richtige Moment, um abzutauchen in die »Unterwelt« von Edinburgh, die Gassen von **Mary Kings Close**, der Stadt unter der Stadt.

Bei Sonnenschein sind Außenplätze von Pubs in Edinburgh ebenso beliebt wie der Tresen bei Regen.

42. Insel der Vulkane und Geysire

Eine Wanderung durch die Vulkanlandschaften im Hochland Islands ist ein unvergessliches Erlebnis.

HIGHLIGHTS

- **Gullfoss,** am goldenen Wasserfall stürzt Regen- und Schmelzwasser unter ohrenbetäubendem Lärm 30 m in die Tiefe.
- **Mývatn,** die Vulkanlandschaft ist Brutstätte für Millionen Vögel.
- **Landmannalaugar,** das Hochland Islands, lavaschwarze Hänge mit vulkanischem Glas und orange schimmernden Kristallen
- **Jökulsárlón,** mit dem Boot mitten durch Eisberge, die vom Gletscher in einen See kalben
- **Whale-Watching,** Wale und ein grandioser Blick auf die schroffen Felsen der Küste

ISLAND ZU JEDER JAHRESZEIT

- **Mitte bis Ende Feb.:** Winter Lights Festival Reykjavík. Die Rückkehr der Sonne wird in der festlich geschmückten Hauptstadt mit Musik und Tanz gefeiert.
- **Anf. Juni:** beim Festival des Meeres dankt Island dem Meer und gedenkt der auf See gebliebenen Fischer und Seeleute.
- **Sept.:** »Rettir«, Mitmachen beim traditionellen Schafabtrieb von den Bergen.

Wenn riesige Eisschollen vom Gletscher Vatnajökull in den türkisblauen See Jökulsárlón stürzen, in das Meer treiben, von der Brandung wieder an Land geworfen und in Tausende in der Sonne glitzernde Splitter zerschlagen werden, ist dies nur eines der Naturschauspiele, die einem in Island auf Schritt und Tritt begegnen.

Feuer und Eiskristalle

Das Wechselspiel von feuriger Hitze und klirrender Kälte macht jede Islandreise zu einem Ausflug in die Entstehungsgeschichte unserer Erde. Wo sonst auf der Welt könnte man unterhalb eines Gletschers in einem Pool heißen Wassers sitzen oder würde die Temperatur eines Bades allein durch das Hineinbranden kühlen Meereswassers geregelt werden? Nur in **Þingvellir** kann man mit einem Bein in Europa und mit dem anderen in Amerika stehen. Wer genügend Stehvermögen besitzt, wird beobachten können, wie binnen eines Jahres an dieser Stelle die beiden Kontinentalplatten um die 10 mm auseinanderdriften. Vielleicht ist das der Grund, warum an dieser Stelle am 17. Juni 1944 die Republik Island ausgerufen wurde. Man hoffte auf ein schnelles Wachstum.

Island

Wohnen am Fuße des Snæfellsjökull vor atemberaubender Kulisse aus Gletschern und Lavagestein.

Die Glut der Erde

Gewaltige Lavaströme ziehen sich durch das Land. Die meisten sind erkaltet und haben bizarre Formen gebildet. Am **Svartivoss** ist die Basaltlava zu sechseckigen Blöcken erstarrt, die wie Waben eines Bienenstocks anmuten. Dort wo ein Lavastrom an der Spitze schlagartig abgekühlt ist und der glühende Strom heißes Gestein nachgeschoben hat, sind faszinierende Gewölbe entstanden, die man durchschreiten kann. Auf den Westmännerinseln, auf **Heimæy**, lässt sich am Ortsrand ein Blick in Gebäude werfen, die von der zähen Glut überschoben wurden. Bricht man ein Stück des oberflächlich erkalteten Stroms heraus und stellt einen Topf mit Wasser hinein, hat man eine gute Chance, seine Wegzehrung um ein paar gekochte Eier zu ergänzen. Das Plätzchen, an dem man auf das fertige Mahl wartet, sollte allerdings mit Bedacht gewählt werden. Es kommt sonst schon mal vor, dass einem bei dem Versuch, die Liebste damit zu beeindrucken, nicht sie, sondern die Schuhsohlen dahinschmelzen und eine dauerhafte Verbindung mit dem Gestein eingehen.

Auf den Thermalfeldern von **Krýsuvík** hüpft kochender Schlamm blubbernd auf und ab, sodass es aussieht, als ob Trolle tanzen würden – eine Erinnerung daran, dass man auf Island wie auf einem Pulverfass sitzt.

Eine Demonstration der Urgewalten liefert der **Strokkur-Geysir**, der seine Wasserfontänen bis zu 25 m in den Himmel schießt. Die kultivierte Form eines heißen Bades lässt sich im Schwimmbad von **Reykjavík** bei einem kühlen Drink im 45 °C heißen Wasser bei Sonnenuntergang genießen. Eingeschränkt wird der Spaß nur durch das Gefrieren der Haare. Aber das hängt einzig und allein von der Jahreszeit ab. Eine andere Option ist die blaue Lagune bei **Grindavík** oder jedes gute Hotel, das etwas auf sich hält. Die im Überfluss vorhandene Erdwärme haben die Menschen sich nicht nur für die Stromerzeugung und Beheizung von Badeanstalten zunutze gemacht – keine andere Stadt der Welt verfügt wie Reykjavik über eine Fußbodenheizung in ihren Straßen.

Dieser Komfort und ein fester Belag enden allerdings oft hinter den Stadtgrenzen. Das liegt daran, dass in den Abflussgebieten der **Gletscher**, den sogenannten »Sandern«, der eine oder andere Bachlauf seine Richtung schnell mal ändert und eine Brücke, die im Jahr zuvor gebaut wurde, nun einige Kilometer abseits einer befahrbaren Piste liegt.

Persönlicher Tipp

UNENDLICHE MÖGLICHKEITEN

Wenn man nur für eine Woche auf Island verweilt, bietet sich **Reykjavík** als Stützpunkt für Ausflüge zu einigen der beeindruckendsten Naturschauspielen und Landschaften Islands an. Von hier starten die Busse in das **Hochland**, und zahlreiche Veranstalter sind darauf eingestellt, **Adventure-Touren** für jeden Geschmack professionell und sicher durchzuführen. Das Programm reicht von einfachen Besichtigungsfahrten über Reitausflüge, Wander- oder Mountainbiketouren bis hin zu Geländewagenfahrten oder **Whale-Watching** auf Ausflugsdampfern oder Fischerbooten. Es hat noch einen erheblichen Vorteil, sich ein Hotel in einer Stadt zu nehmen, in der ein Viertel der Gesamtbevölkerung Islands wohnt: Die Isländer reden nicht viel. Wenn man sich über das Erlebte mit anderen Zeitgenossen austauschen möchte, hat man hier die größte Chance, einen Gesprächspartner zu finden. Wenn nicht, **Reykjavík** bietet eine Vielzahl an Abwechslungen in Form interessanter Museen, Galerien, kultureller Veranstaltungen und gemütlicher Restaurants.

Wie hier am Seljalandsfoss stürzt an hunderten Wasserfällen das Schmelzwasser der Gletscher in die Tiefe.

Persönlicher Tipp

EINMAL UM DIE INSEL

Bringt man genügend Zeit mit auf die Insel, bietet sich eine **Rundreise** mit einem Leihwagen auf der **Ringstraße** an. Einen Geländewagen braucht es dafür nicht unbedingt. Auf der Piste kommt man relativ unproblematisch einmal um die ganze Insel. Die Straße ist ausreichend gut in Schuss, sodass man selbst entscheiden kann, ob man die Schlaglöcher langsam umfährt oder wie die Isländer mit hoher Geschwindigkeit überfliegt. Belohnt wird das Risiko, all seine Reiseversicherungen bis an den Rand des Möglichen auszuschöpfen, mit grandiosen Ausblicken auf **Gletscher**, donnernde **Wasserfälle** und sich die Küste entlang windenden **Serpentinenstraßen**, vorbei an einsamen Gehöften. Von schroffen Felsvorsprüngen kann man die Fischerboote dabei beobachten, wie sie auf ihrer Fahrt in die Fanggründe vor der Küste gegen die aufgewühlte See ankämpfen. Mit etwas Glück begegnet man Polarfüchsen und Papageientauchern oder sieht Wale auf ihrem Zug in die an Krill reichen Gewässer des Nordatlantiks ziehen.

In den Thermalquellen der »Blauen Lagune« kann man Seele und Beine im Wasser baumeln lassen.

Wer mit dem Auto unterwegs ist, wird bald den Schildern mit der Warnung »Blindhæd« seine volle Aufmerksamkeit widmen. Es bedeutet nichts anderes, als an einer der vielen Kuppen auf Schotterpisten, genau dort, wo sie meist einspurig werden, spätestens dann nach rechts auszuweichen, wenn der Motorblock eines über die Kuppe springenden Fahrzeugs deutlich von unten zu erkennen ist. Wer schlau ist, bleibt auf der Ringstraße und versucht erst gar nicht ins Gelände zu fahren.

Wege ins Hochland

Im **Hochland** kann man Stunden damit zubringen, einem einzelnen Grasbüschel, das sich weit und breit als Einziges seinen Weg zur Oberfläche des Lavasandes gebrochen hat, zuzusehen, wie es sich im Wind wiegt – und wie kleine glitzernde Körner über die welligen Ebenen treiben und versuchen, das saftige Grün zu überdecken. Hier oben kennt die Natur keine Gnade, auch gegenüber dem Menschen nicht. In den an den Wanderrouten aufgestellten **Schutzhütten** trifft man dann und wann auf einen halb erfrorenen Abenteurer, der glaubte, den Kampf mit den Elementen aufnehmen zu können. Dabei reicht es völlig aus, sich in einen der **Hochlandbusse** zu setzen und den Fahrer dabei zu beobachten, wie er bei einem Gefälle von 20 % mitten in einer Haarnadelkurve seelenruhig eine SMS in sein Mobiltelefon tippt. Nervenkitzel garantiert, und niemand muss frieren.   CD

Island

Infos und Adressen

ANREISE
Flug: von allen größeren deutschen Flughäfen ganzjährig nach Keflavík; von dort fahren Shuttle-Busse nach Reykjavík;
Auto: Leihwagen gibt es in allen größeren Orten; **Fähre:** Zwischen April und Oktober kann man einmal wöchentlich mit der »Norröna« nach Island übersetzen (Ankunftshafen Seyðisfjörður). Auf den Faröer Inseln legt die Fähre ab Hirtshals/Dänemark einen Zwischenstopp ein; die Fahrt dauert vier Tage.

BESTE REISEZEIT
Mai–Oktober;
zur Mittsommernacht im Juni

SEHENSWERT
Dettifoss, niemand hält einen davon ab, bis direkt an die sich auf einer Breite von 100 m 45 m in die Tiefe stürzenden Wassermassen heranzutreten. Ein grandioses Schauspiel ergibt sich, wenn die Sonne scheint und ein Regenbogen über dem Tosbecken entsteht. Zugang über die Straße 862 im Westen oder die 864 im Osten.
Skaftafell Nationalpark, eine von Gletscher- und Wassererosion geprägte Landschaft im Süden Islands. Man gelangt hier bis zum Skeiðarájökull, einer Gletscherzunge des Vatnajökull, dessen weiße Kappe über der Insel thront. Mit einem Tourguide kann man die fantastische Eiswelt betreten,
alternativ kann man einen Rundflug buchen.

ESSEN UND TRINKEN
Lækjarbrekka: urgemütliches Restaurant in einem malerischen Holzhaus, exquisite isländische Gerichte wie Lobster und Fisch, hausgemachter Kuchen und köstliche Desserts wie Skyr, eine isländische Quarkspeise. Bankastræti 2, Reykjavík, www.laekjarbrekka.is
Restaurant Lindin: heimische Küche im Sommer auf der Terrasse am Laugarvatn. Lindarbraut 2, Laugarvatni, www.laugarvatn.is
Fjólan, Westmännerinseln: Der Fang des Tages ist immer zu empfehlen, da er frisch aus dem Meer kommt. Vestmannabraut 28, Vestmannæyjar

Volcano Café: Wer über Nacht bleibt, findet in dem Café abends auch noch Unterhaltung bei Livemusik. Bárustigur 2, Vestmannæyjar

AUSGEHEN
Reykjavík hat ein reges Nachtleben, besonders angesagt sind der rockige Musikclub **Grand Rokk** (Laugavegur), die Disco **Nasa** (Austavöllur) und die Jazzbar **Vegamót** (Vegamótstígur).

SHOPPING
In allen Orten, Islandpullover sind das ultimative Mitbringsel. Man kann sie in fast jedem Bekleidungsgeschäft kaufen oder man schaut sich auf dem Flohmarkt in Reykjavík um.
Skipholti 50A in Reykjavík, in der Galleri List präsentieren mehr als 50 Künstler Bilder, Skulpturen und Alltagsgegenstände.

ÜBERNACHTEN
101 Hotel: moderne avantgardistische Ausstattung mit schönem Wellnessbereich und Restaurant mit kuscheligem Kamin. Hverfisgata 10, Reykjavík, www.101hotel.is
Hilton Reykjavík Nordica: Dank der Lage am Stadtrand bieten einige Zimmer einen grandiosen Ausblick auf die Landschaft. Sudurlandsbraut 2, Reykjavík, www.hilton.is
Hótel Borg: elegant, luxuriös, mit großzügig geschnittenen Räumen, mitten im Zentrum. Pósthússtræti 11, Reykjavík, www.hotelborg.is
Hotel Reykjavík Centrum: modernes Hotel mit einfacher skandinavischer Einrichtung in der ältesten Straße der Stadt. Aðalstræti 16, Reykjavík, www.hotelcentrum.is
Hótel Eyjar: kleines Hotel am Hafen, das über rustikal eingerichtete Zimmer und Kochgelegenheit verfügt. Bárustig 2, Vestmannæyjar, www.hoteleyjar.eyjar.is

WEITERE INFOS
Visit Iceland, Rauchstr. 1, Berlin, www.visiticeland.com

Strokkur Geysir bei Reykjavik: Wenn Wasser über heißes Magma im Erdinnern fließt, entsteht dieses beeindruckende Naturschauspiel.

43. Südtirol und die Dolomiten

HIGHLIGHTS

- **Messner Mountain Museum,** fünf Museen zum Thema Berge in Sulden, Bruneck, Bozen, Schloss Juval und auf dem Monte Rite in der Provinz Belluno
- **Südtiroler Archäologiemuseum,** in Bozen fand der »Ötzi«, der Mann aus dem Eis, eine neue Heimat.
- **Gärten von Schloss Trautmannsdorf,** 80 Gartenlandschaften in einem Park, wo schon Kaiserin Sisi die Seele baumeln ließ
- **Bletterbach-Schlucht,** der Grand Canyon Südtirols, 8 km lang und 400 m tief
- **Schloss Runkelstein bei Bozen,** mit dem größten profanen Freskenzyklus des Mittelalters

SÜDTIROL ZU JEDER JAHRESZEIT

- **Jan.:** Dolomites Snow Festival, internationales Schneeskulpturen Festival in Innichen und St. Vigil
- **April:** Südtirol Gardenissima, längster Riesentorlauf der Welt von der Seceda Alm bis zur Talstation Col Raiser
- **Juli:** Gustav-Mahler-Musikwochen in Toblach
- **Okt.:** Völser Kuchenkastl, Fest der bodenständigen, traditionellen Küche in Völs am Schlern

Firmian in Schloss Sigmundskron über Bozen ist das Herz der Messner Mountain Museen.

Südtirol, das ist schon Italien und doch noch ein Stück Heimat, wo man Deutsch spricht und auch bodenständig essen kann. Dazu eine Landschaft, die Auge und Herz erfreut mit schroffen Dolomitenzacken und lieblichen Tälern, mit Burgen und Seen. Törggelen im Herbst mit »Käschtn« und jungem Wein, Skifahren im Winter, Wandern im Frühling, Baden im Sommer. Südtirol ist zu jeder Jahreszeit verlockend.

Sagenhafte Bergwelt

Rätselhaft waren sie für unsere Vorfahren, die bleichen Berge der Dolomiten, die im Abendlicht erröten konnten wie ein Rosengarten. An Hexen und Zauberer dachten da die Altvorderen, an Riesen und Zwerge, Wassernixen und Feen. Wer heute in den rätselhaft schimmernden **Karersee** blickt, in dem der Latemar Kopf steht, wird mit der Sage um die kapriziöse Wasserfee konfrontiert, die sich dem verliebten Hexenmeister von Masaré trotz all seiner Mühen verweigerte. Am Ende schleuderte der Abgewiesene wutentbrannt einen Regenbogen in den See. Daher die schillernden Farben des »Regenbogensees«. Solche Geschichten erzählen die Südtiroler immer noch gerne, auch wenn sie nicht mehr an Zauberei glauben. Dass es der autonomen Provinz wirtschaftlich so gut geht, hat auch nichts mit Hexenwerk zu tun, sondern mit viel

Italien

Sogar mit Nostalgieklamotten und auf Holzskiern lässt sich die Sella Ronda genießen.

Fleiß und einem Quäntchen Sturheit. In den abgelegenen Bergtälern und auf den einsamen Berghöfen, wo die Bauern ihren Lebensunterhalt der Natur abtrotzten, war beides überlebenswichtig.

Zwischen Berg und Tal

Reinhold Messner, der berühmteste Bergsteiger unserer Tage und Museumsmacher, passt da prima ins Bild. In eine große Familie im Villnösstal hineingeboren hat sich der Sohn eines Lehrers noch nie mit Halbheiten zufrieden gegeben und ist dabei nicht selten angeeckt, auch bei seinen Landsleuten. Selbst bei der Planung seines **Messner Mountain Museums** an fünf Standorten stieß er auf Widerstände. Wie ein Netz überzieht dieses groß angelegte Berg-Museum Südtirol, ja es reicht sogar darüber hinaus. In den fünf Museen können Touristen das kleine Land zwischen den großen Bergen einmal ganz anders kennenlernen. Hier zwischen **Sigmundskron** hoch über Bozen und dem **Monte Rite im Belluno** erfahren sie, was der Berg mit dem Menschen macht und warum wie bei Moses die Erkenntnis von oben kommt.

Südliche Lebensart und Südtiroler Beharrlichkeit

Doch Südtirol ist nicht nur ein Ziel für Bergwanderer und Wintersportler. Die lebhafte Mischung zwischen italienischer Lebensart und Südtiroler Beharrlichkeit macht sich vor allem in den Städten bemerkbar. **Meran**, die alte Kurstadt, ist gerade wieder dabei, sich neu zu erfinden. Sie setzt mit der Therme Meran, die mit Naturmaterialien und viel Glas die Handschrift des Mailänder Architekten Matteo Thun trägt, neue Akzente und bietet Künstlern und Designern ein reiches Betätigungsfeld. **Bruneck**, die Stadt des Malers und Bildschnitzers Michael Pacher, hat mit dem fünften **Messner Mountain Museum** im **Schloss Ripa** eine neue, große Attraktion. **Bozen** mit seinen Laubengängen und engen Gassen, den schicken Freiluftcafés rund um den Walterplatz, den edlen Geschäften und dem malerischen Obstmarkt ist schon lange kein Geheimtipp mehr. Ganz abgesehen vom berühmtesten Einwohner der Stadt, dem »Ötzi«. Der Steinzeitmann, um den ein Streit entbrannte, da er in der Grenzregion zwischen dem österreichischen Bundesland Tirol und der italienischen Provinz Südtirol gefunden wurde, ist heute der eisgekühlte Herr-

Persönlicher Tipp

DIE SELLA RONDA AUF SKIERN
Die Sella Ronda ist eine der schönsten Skitouren der Welt mit kinoreifen Ausblicken und – dank modernster Aufstiegshilfen und perfekt präparierter Pisten – auch für jedermann/frau nachvollziehbar. Im Skikarussell von **Dolomiti Superski** surren 440 Lifte, Schilder in Grün oder Orange weisen den Skifahrern den Weg zur beliebten Rundtour, mal rechts rum, mal links rum. Gestartet werden kann in allen Orten an der Strecke, in **Wolkenstein** und in **Gröden**, in **Campitello** oder auch **Arabba**. Die Tour führt über 26 km teils steile, teils flache, immer aber genussreiche Abfahrten rund um den wuchtigen **Sellablock** und lässt sich in einem Tag mühelos bewältigen, wenn man nicht zu lange bei den fantastischen Aussichten auf die »schönsten Berge der Welt« (Reinhold Messner über die Dolomiten) oder in den einladenden **Hütten** verweilt.

Vor der Kulisse der Sarntaler Alpen thront Schloss Tirol inmitten von Weinbergen.

Persönlicher Tipp

WANDERUNG ZU DEN »STOANERNEN MANDLN«

Von Ferne sehen sie aus wie kleine Vulkankegel, die auf dem 2003 m hohen **Reisch** aus dem Boden wachsen. Doch je näher man den »Stoanernen Mandln« hoch über dem **Sarntal** kommt, desto seltsamer wirken sie. Die **steinernen Männer** sind nichts anderes als aus Steinplatten aufgeschichtete Säulen, meterhoch die einen, gerade mal 10 cm groß die anderen. Zu hunderten stehen die mysteriösen Figuren auf der Bergkuppe, überragt von einem Gipfelkreuz. Wo kommen sie her? Was wollen sie uns sagen? Ihre Herkunft bleibt rätselhaft, auch wenn es viele Theorien dazu gibt. Die einen glauben an einen Zeitvertreib der Hirten, andere wähnen darin eine keltische Kultstätte oder gar einen Ort der Hexen. Magisch ist jedenfalls der Ausblick vom sagenumwobenen Gipfel weit hinein in die faszinierende Welt der Dolomiten bis hin zu Marmolada und Ortler. Der Aufstieg vom **Auener Hof** über das **Auener Joch** dauert anderthalb Stunden und ist für versierte Wanderer leicht zu bewältigen.

scher im Archäologiemuseum der Stadt. Dass Bozen nicht nur in Geschichte schwelgt, sondern auch der Moderne aufgeschlossen gegenübersteht, beweist das Museion. In dem futuristisch wirkenden Kubus hat die moderne und zeitgenössische Kunst ihre Heimat.

Spagat zwischen Alt und Neu

Auch in **Kaltern**, das sich mit dem stählernen Flügeldach des Lido und dem erdfarbenen Turm des Wine-Centers als »Architekturwunder« positioniert hat, gelingt der Spagat zwischen Alt und Neu. Dann wären da noch die hübschen Weinstädtchen **Eppan** und **Tramin**, wo man sich als Besucher gerne in den schmalen Gassen verliert und voller Bewunderung aufschaut zu den fast wehrhaften Ansitzen, die so selbstbewusst dastehen, als hätten sie in dieser Landschaft Wurzeln geschlagen. Bilderbuchschön die alten Kirchen mit ihren schlanken Türmen und die kleinen Kapellen, eingebettet in eine Landschaft mit Wäldern, Wiesen, Apfelgärten und Weinbergen. Nicht zu vergessen die wohlig warmen Seen wie der **Kalterer See** oder die **Montiggler Seen**, die wie kleine Smaragde mitten im Wald liegen. Ein irdischer Garten Eden in einer Szenerie, die ihresgleichen sucht.

Kein Wunder also, dass die Urlauber in Scharen in das kleine Land strömen. Zum Wandern, Bergsteigen und Radfahren, zum Bummeln und Baden, zum Schlemmen und Shoppen und natürlich der Natur und der Kultur wegen. LS

Den Rosengarten im Blick haben die Mountainbiker bei ihrer Tour durch die Dolomiten.

Südtirol

Infos und Adressen

ANREISE
Flug: nur wenige Airlines fliegen Bozen an; die nächsten Flughäfen sind Innsbruck und Verona, von dort Shuttle-Verbindungen nach Südtirol; **Bahn:** gute Verbindungen nach Bozen, zu den jeweiligen Zielen weiter mit Shuttle-Bussen; **Auto:** über die Brennerautobahn nach Bozen, nach Meran besser über den Reschenpass

BESTE REISEZEIT
April–Oktober; zum Wintersport Dezember–März.

SEHENSWERT
Schloss Tirol, Stammburg der Grafen von Tirol, ein interaktiver Pfad führt durch die Burg und illustriert die Landes- und Kunstgeschichte. Mitte März–Mitte Dez. tgl. 10–17 Uhr, Schlossweg 24, www.schlosstirol.it
Kunsthaus Meran, zeitgenössische Kunst und Architektur in einem denkmalgeschützten Laubenhaus. Tgl. (außer Mo) 10–18 Uhr, Lauben 163, www.kunstmeranoarte.org
Südtiroler Weinmuseum, im einstigen Zehentkeller des landesfürstlichen Gutshofes wird die Geschichte des Weinbaus inszeniert. April–Mitte Nov. Di–Sa 10–17 Uhr, So 10–12 Uhr, Goldgasse 1, Kaltern
Weingut Manincor, fürstliches Weingut in trendigem Ambiente am Kalterer See. Produziert wird nach biodynamischen Prinzipien. St. Josef am See 4, Kaltern, www.manincor.com
Sektkellerei Sepp Reiterer, Europas höchste Sektkellerei. Weingut Arunda-Vivaldi, Dorf 53, Mölten, www.weingut-reiterer.com, www.arundavivaldi.it
Loden Museum & Erlebniswelt, vom lebendigen Schaf bis zum Lodenmantel. Sept.–Juni Mo–Sa 9–17.30 Uhr, Juli/Aug. Mo–Sa 9–18.30 Uhr, Pustertaler Str. 1, Vintl im Pustertal, www.pustertal.org
Eislöcher bei Eppan, Naturphänomen, das an heißen Sommertagen Abkühlung zwischen bemoosten Porphyrsteinen verspricht. Einstieg von der Mendelstraße direkt über der Oberen Gand. www.eppan.com

ESSEN UND TRINKEN
Restaurant Sissi: Genuss für Auge und Gaumen zu fairen Preisen im Reich von Sternekoch Andrea Fenoglio. Via Galilei, 44, Meran
Hotel Engel: hier schwingt Sternekoch Andreas Baumgartner das Küchenzepter. Gummerer Str. 3, Welschnofen
Restaurant Fana Ladina: Ladinische Spezialitäten sind hier Trumpf. Via Plan de Corones, 10, St. Vigil
Gostner Schwaige: in seiner winzigen Küche zaubert Franz Musler wahre Gedichte aus regionalen Zutaten. In der abgelegenen idyllischen Almhütte haben maximal 25 Gäste Platz. Erreichbar ist sie in rund 30 Gehminuten von Compatsch auf dem Fußweg 3 und über die Skipiste Nr. 57 von der Bergstation des Bambyliftes. Saltria, Seiser Alm
Restaurant zur Rose: Sternekoch Herbert Hintner pflegt einen zeitgenössischen Küchenstil, bei dem das Bodenständige gleichberechtigt neben dem Neuen steht. Josef-Innerhofer-Str. 2, St. Michael-Eppan

ÜBERNACHTEN
Genießerhotel Bad Schörgau: romantisches Hotel mit »Bauernbadl« (traditionelles Wannenbad). Sarntal, www.bad-schoergau.com
Hotel Imperial Art: 4-Sterne-Kunst- und Designhotel im Zentrum der Kurstadt Meran. Freiheitsstr. 110, Meran, www.imperialart.it
Hotel Greif: wohnen im trendigen Designhotel im Herzen von Bozen. Waltherplatz, Bozen, www.greif.it
Hotel Paradies: familiäre Atmosphäre im kleinen Bergsteigerdorf Thiers, vor grandioser Dolomitenkulisse. St. Georg-Str. 30, Tiers am Rosengarten, www.paradies.it

WEITERE INFOS
Südtirol Marketing, Pfarrplatz 11, Bozen, www.suedtirol.info

Ein Einkaufsparadies der besonderen Art sind die romantischen Laubengänge in Bozen.

44. Gardasee und Nachbarn

HIGHLIGHTS

- **Badeplatz am Tennosee,** beliebt zum Sonnenbaden ist die stets belebte Wiese in der Südostecke des Sees, idyllisch und einsam liegt man dagegen auf der gegenüberliegenden Seeseite auf großen Steinen.
- **Pfahlbausiedlung am Ledrosee,** 1929 entdeckte man beim Ablassen des Seewassers die Reste einer fast 4000 Jahre alten Siedlung.
- **San Francesco in Gargnano,** die Kirche mit dem hübschen Kreuzgang wurde ab 1289 von Franz von Assisi errichtet. Eine Oase der Ruhe!
- **Piazza und Uferpark von Riva,** vom Einkaufsbummel an der Piazza kann man sich wunderbar im Park am Seeufer erholen und den Surfern zusehen.
- **Castèl von Limone,** im alten Castèl lockt ein schöner Garten mit Zitronenplantage

DER GARDASEE VON FRÜHJAHR BIS HERBST

- **Mai:** Surffestival in Torbole
- **Aug.:** Märchennacht in Riva
- **Aug./Sept.:** Großes Seefeuerwerk in Limone
- **Sept.:** Segelregatta Centomiglia in Gargnano

Mediterranes Flair vor Bergkulisse: Diese Kombination macht den Gardasee äußerst attraktiv.

Der Deutschen liebstes Urlaubsziel – zugegeben, nach Mallorca vielleicht – ist der Gardasee. Kein Wunder, ist man doch in nur dreieinhalb Autostunden von München aus am Ziel – und erlebt wunderbare Ferien mit mediterranem Flair, Pizza, Pasta, Gelato und Vino.

Ein großer und drei kleine Seen

Beim Zielort Gardasee sind sich alle einig, bezüglich der bevorzugten Urlaubsadresse entbrennen dagegen wahre Glaubenskriege. Surfer schwören auf **Torbole** und die Winde im Norden, Familien bevorzugen den Osten mit schönen Kies- und Grassträndern sowie dem Freizeitpark **Gardaland**, Romantiker preisen die Halbinsel von **Sirmione** im Süden, Nostalgiker entbrennen für das mittelalterliche **Lazise** im Südosten, und für Outdoorfans geht nichts über das ruhigere Westufer mit dem **Nationalpark des Oberen Gardasees**.

Wer sich mit diesen Gesinnungsstreitigkeiten gar nicht länger aufhalten will, für den bietet sich noch eine weitere Möglichkeit der Gardaseeferien: die kleineren Seen nördlich und westlich des Gardasees, als da wären der **Lago di Tenno**, der **Lago di Ledro** und der **Lago d'Idro**, alles beschauliche Ausflugsziele. Ein Auto ist für diese reizvolle Rundtour aller-

Italien

Vergleichsweise beschaulich geben sich die Orte am Gardasee-Westufer, wie hier Limone.

dings Voraussetzung. Ausgangspunkt der Rundtour ist **Riva del Garda**, die geschäftige »Hauptstadt« des nördlichen Gardasees. Von hier geht es in rund 15 Min. Fahrt zum grün leuchtenden, fast kreisrunden **Tennosee** auf 570 m Höhe. Umgeben ist er von dichtem Nadelwald, zu Fuß umrundet man ihn in knapp einer Stunde. Die nächste Station, nach einer halben Stunde Fahrt, ist der **Ledrosee**. Sehenswert ist hier eine historische **Pfahlbauhütte**. Den 30 km entfernten **Idrosee** haben wiederum Surfer in Beschlag genommen. Auch Hobbyangler versuchen ihr Glück am fischreichen Lago. Abenteuerlich wird die Fahrt zurück zum Gardasee, nach **Gargnano**, über eine recht kurvige Bergstraße. Eine Stippvisite zum lebhaften **Limone** mit seiner malerischen Altstadt und schönen Uferpromenade sollte man auf dem Rückweg nach Riva nicht auslassen: Auf dem Weg durch die labyrinthischen Gassen stößt man auch auf das **Limonaia del Castel**, ein überaus sehenswertes Zitrusgewächshaus mit Museum und kleinem Shop, in dem man Zitruspflänzchen und Zitrusprodukte erwerben kann. DH

Infos und Adressen

ANREISE
Flug: Direktflug nach Verona und weiter per Bahn, Bus oder Mietwagen; **Bahn:** Direktverbindung nach Rovereto und Verona; **Auto:** über den Brennerpass auf der A 22 Richtung Bozen und Trient

BESTE REISEZEIT
Mai–Oktober

SEHENSWERT
Museo delle Palafitte, zeigt historische Funde aus dem Ledrosee und den Nachbau eines Pfahlhüttendorfs. März–Juni, Sept.–Nov. tgl. 9–17 Uhr, Via Lungalago 1, Molina di Ledro, www.palafitteledro.it

ESSEN UND TRINKEN
La Colombera: gespeist wird in einem Gewölbe mit offenem Kamin oder im Freien unter Weinreben. Riva

Pié di Castello: typische Trattoria mit kleiner, aber feiner Auswahl und bodenständiger Küche. Cologna di Tenno

ÜBERNACHTEN
Residence La Colombera: renoviertes Landschloss aus dem 16. Jh. Riva, www.lacolombera.it

WEITERE INFOS
Italienische Zentrale für Tourismus (ENIT), Barckhausstr. 10, Frankfurt a. M., www.enit.de

Persönlicher Tipp

AUSFLUG ZUM MONTE BALDO
Den Gardasee von oben besieht man sich am besten vom **Monte Baldo** aus. Über 30 km lang erstreckt sich der Bergrücken südöstlich von Malcesine, hoch hinaus geht es hier bis auf 2200 m. Recht erfreulich ist der »Aufstieg«: Der findet nämlich per Seilbahn von **Malcesine** aus statt. In nur 10 Min. legt die Kabinenbahn die rund 1650 m Höhenunterschied zurück. Zu Fuß kommt man gegen diese Zeitvorgabe wohl schwerlich an, aber natürlich können Wanderfreunde den Weg nach oben auch per pedes antreten. Oder nur das Teilstück bis zur **Mittelstation San Michele** per Bahn zurücklegen. Mountainbikes und Gleitschirme transportiert die moderne Seilbahn übrigens ebenso problemlos. Klar, dass der Monte Baldo also beliebter Startplatz für Paraglider und Mountainbiker ist, die sich von hier in die Thermik über dem See stürzen oder die gebirgigen Schotterpisten downhill nach unten rasen.

45. Comer See

HIGHLIGHTS
- **Bellagio,** mit der romanischen Basilika San Giacomo, der Villa Serbelloni und der Villa Melzi
- **Kirche San Martino,** von Cadenabbia aus gelangt man über einen alten Pilgerpfad zur hoch über dem See gelegenen Kirche; sehenswert ist auch die Adenauer-Villa La Collina.
- **Menaggio,** mit seinem kleinen Kiesstrand und dem Strandbad Lido Giardino
- **Castello di Vezio,** ein bei Tagesausflüglern sehr beliebter Logenplatz hoch über dem See
- **Como,** vom 15. Jh. bis zum Zweiten Weltkrieg ein wichtiger Standort der Seidenraupenzucht

DER COMER SEE ZU JEDER JAHRESZEIT
- **März/April:** traditioneller Ostermarkt in Como
- **April:** Concorso d'Eleganza (Oldtimertreffen) in Cernobbio
- **Mai:** Festa del Fiori, farbenprächtiges Blumenfest mit Musik in Menaggio
- **Juli:** Lario Jazz und Rhythm 'n' Blues Festival rund um den See
- **Okt.:** Stadtfest in Lecco, mit Kultur und kulinarischen Genüssen

Die neoklassizistische Villa Melzi liegt – umgeben von Grün – direkt am Comer See.

Wer an der Comer See fährt, hat die Qual der Wahl: Bei 170 km Küstenlänge, der längsten aller italienischen Seen, ist die Auswahl an Ferienorten groß. Am besten, man wählt das »Seezentrum« als Urlaubsziel. Von dort aus geht es dann durch die – wirklich – sehr kurvigen und sehr engen Sträßlein rund um den See oder per Fähre quer darüber.

In schöner Lage mit nostalgischem Charme

Bellagio – ist das nicht ein Luxushotel am Strip von Las Vegas? Ja, auch. Inspiriert wurde der Hotelkomplex mit der berühmten Springbrunnenfontäne jedoch vom gleichnamigen Ort am Comer See. Das einstige Fischerdorf liegt im geografischen Zentrum des **Lago di Como** und zieht mit seiner wundervollen Lage zwischen den südlichen Seearmen des »Bello Lago«, des schönen Sees, bereits seit dem 19. Jh. viel Prominenz an, darunter John F. Kennedy, Charlie Chaplin und Konrad Adenauer. Seinen Belle-Epoque-Charme hat sich das 3000-Einwohner-Städtchen bis heute bewahrt: An der Promenade locken breite **Laubengänge** und **Traditionscafés,** dahinter führen schmale Treppengässchen zum Ortskern, wo sich Restaurants, Hotels und Boutiquen – teils hinter hübschen **Jugendstilfassaden** – aneinanderreihen. Recht flugs geht es von Bellagio per Fähre nach **Cadenabbia** und

Italien

Menaggio am Westufer sowie nach Varenna am Ostufer des Sees. In der einstigen Adenauer-Villa in Cadenabbia, der **Villa La Collina**, kann inzwischen jedermann übernachten. Der gepflegte Urlaubsort Menaggio ist vor allem bei deutschen Gästen beliebt. Varenna wird wegen des malerischen Fischereihafens mit den fröhlich bunt gestrichenen Häusern zu Recht »Perle des Comer Sees« genannt. Wer mit dem Auto unterwegs ist, unternimmt am besten eine Umrundung des westlichen Seearms: mit einer Stippvisite in der Provinzhauptstadt **Como**, ihrem Vorort **Cernobbio** und natürlich **Laglio**, dem Ort, wo Hollywoodstar George Clooney eine Villa besitzt (und seit 2004 Ehrenbürger ist). Moment mal, Clooney? Feierte der nicht einen riesigen Erfolg mit »Ocean's Eleven«, einem Blockbuster, der im Casinohotel Bellagio spielt? Stimmt! Womit wir wieder in Vegas wären. DH

Belle-Epoque-Charme am Lago di Como: eine Einkaufsstraße in Bellagio.

Infos und Adressen

ANREISE
Flug: Direktflug nach Mailand oder Bergamo und weiter per Bus und Bahn oder Mietwagen; **Auto:** am besten über die A 96 und den Bodensee, weiter über die A 13. Oder entspannt mit dem **Autoreisezug** nach Süden

BESTE REISEZEIT
Mai–Okt.; zum Baden Juni–Aug.

SEHENSWERT
Fiumelatte, etwa 2 km südl. von Varenna überquert ein schäumender Wildbach die Uferstraße, um in den See zu münden.
Santa Maria Maggiore, Comos Dom ist eine gelungene Mischung aus Gotik- und Renaissanceelementen und zählt zu den bedeutendsten Sakralbauten Oberitaliens

ESSEN UND TRINKEN
Barchetta: seit 1887 in Betrieb, blumengeschmückter Dachgarten, gute Küche mit interessanten italienischen Gerichten. Salita Mella 13, Bellagio
La Colombetta: feine Adresse in der Altstadt mit herzlichem und aufmerksamem Service, Como, www.colombetta.it

ÜBERNACHTEN
Il Perlo Panorama: Hotel in herrlicher Panoramalage. An der Straße nach Magrelegio oberhalb von Bellagio, www.ilperlo.com

WEITERE INFOS
Italienische Zentrale für Tourismus (ENIT), Barckhausstr. 10, Frankfurt a. M., www.enit.de

Persönlicher Tipp

WANDERUNG AUF DEN MONTE SAN PRIMO

Ein kurzer Blick auf die Landkarte genügt, um zu verstehen, warum man den **Monte San Primo** besteigen muss: der Aussicht wegen! Etwas südlich von Bellagio gelegen, genießt der Wanderer vom Gipfel dieses Berges auf 1686 m Höhe einen **Panoramablick** auf alle drei Seearme des Lago di Como. Dahinter die schroffen Ufer und die hohen Gipfel der **Comer Voralpen**. Die komplette **Gipfelrunde** ist recht kurz und in 3 bis 4 Std. gut zu erwandern. Einzig der Abstieg ist etwas steiler und bei Nässe ziemlich rutschig. Wanderstöcke sind daher ratsam. Zur Belohnung für die Mühe lockt am Ende der Tour ein kühles »Birra« auf der hübschen Terrasse des **Rifugio Martina**. Bis zum vorigen Jahrhundert war es unter den Bewohnern Bellagios übrigens noch Brauch, am Anfang des Sommers in einer Prozession den Gipfel des San Primo zu besteigen, um dort ein Feuer zu entfachen. Tatsächlich stand hier einst eine dem hl. Primo geweihte Kirche, daher auch der Name des Berges.

46. Piemont

An den Hängen um Cisterna d'Asti in der Region Monferrato gedeiht die Rebsorte Barbera.

HIGHLIGHTS

- **Lingotto,** das stillgelegte Fiat-Werk am Stadtrand von Turin verwandelte Stararchitekt Renzo Piano in ein hypermodernes Kongress- und Einkaufszentrum.
- **die traditionsreichen Kaffeehäuser Turins,** allen voran das **Al Bicerin** von 1763 und das Jugendstilcafé **Platti** von 1875
- **Asti,** die Altstadt mit der gotischen Kathedrale Santa Maria Assunta
- **Barolo,** das Dorf mit dem rosafarbenen Schloss Falletti (11. Jh.) samt Wein- und Korkenziehermuseum
- **Castello Grinzane,** die Festung diente einst Camillo Benso Graf von Cavour, dem ersten Ministerpräsidenten des neuen Königreichs Italien, als Wohnsitz.

PIEMONT IM HERBST

- **Ende Sept.:** Palio d'Asti, historisches Pferderennen, das seit 1280 in Asti ausgetragen wird
- **Anf. Okt.:** Palio degli Asini in Alba, mittelalterlicher Wettkampf mit Eselrennen, Umzug und prächtigen Kostümen
- **Okt./Nov.:** Fiera del Tartufo Bianco in Alba, Star der internationalen Messe ist die weiße Alba-Trüffel

Als der liebe Gott das Piemont erschuf, muss er einen besonders guten Tag gehabt haben. Das Ergebnis: eine filigrane Landschaft, wie mit Pinselstrichen hingezaubert, und ein fruchtbarer Boden, der von allem nur das Beste hervorbringt: Trauben und Trüffeln, Haselnüsse und Herzkirschen. Als Portal zu diesem Paradies schuf er die Stadt Turin und stattete sie verschwenderisch aus.

Grandezza und Gaumenkitzel

Es soll tatsächlich Zeitgenossen geben, die jahrelang an Turin vorbeigedüst sind, im Glauben, es handle sich »nur« um eine Auto- und Industriestadt. Weit gefehlt, denn die Hauptstadt des Piemont ist bildschön und darf sich vieler Prädikate rühmen: Design-Metropole, Stadt der Mode und der Kunst, Kaffee- und Schokoladen-Hochburg, Wiege des Aperitifs, aber auch des legendären »Topolino« aus dem Hause Fiat. Was die Autofabrikation anbelangt, die wurde schon 1983 in den Vorort Mirafiori verlagert; dort, wo sie sich einst befand, in **Lingotto,** lockt heute ein avantgardistisches Kultur- und Veranstaltungszentrum Besucher an. Nicht nur wegen der aufregenden Teststrampe auf dem Dach des Gebäudes, sondern auch wegen der **Pinacoteca Giovanni e Marella Agnelli,** der kost-

Italien

baren Kunstsammlung aus dem Besitz der Stifter. Turin ist zudem das Tor zum Piemont mit seinen berühmten Weinbergen. Schlemmerstraßen wie die **Strade del Gusto** führen durch die liebliche Hügellandschaft des **Roero** und der **Langhe** zu Orten wie Barolo, Alba, Barbaresco, Neive und Asti, die Liebhabern edler Tropfen Ehrfurcht einflößen. Oder nach **La Morra**, einem verwunschenen Bergnest, wo man nicht nur vorzüglich speisen und ein Weingut nach dem anderen besuchen kann, sondern auch herrlich wandern. Auf einem 14 km langen Rundwanderweg kommt man an all den millionenschweren Weinlagen vorbei, die man sonst nur von Flaschenetiketten her kennt. Krönung ist das schmucke Dorf **Barolo**, dessen Name für den königlichsten aller Piemont-Rotweine steht. **Alba**, das mittelalterliche Städtchen in pittoresker Hügellandschaft atmet nicht nur Geschichte, sondern ist für seine kostbaren weißen Trüffeln bekannt. Im benachbarten **Asti** liegt bereits das Prickeln von Spumante in der Luft. RE

Weiße Trüffeln sind zwar viel teurer, aber auch schwarze Trüffeln sind eine Delikatesse.

Infos und Adressen

ANREISE
Flug: Direktflüge von Frankfurt, München und Leipzig nach Turin; **Bahn:** ab München über Mailand nach Turin, ab Köln via Basel; **Auto:** vom Westen Deutschlands über die Schweiz, vom Süden über die Brennerautobahn

BESTE REISEZEIT
Mai–Nov., im Okt. und Nov. zum Trüffelmarkt und zur Weinprobe

SEHENSWERT
Mole Antonelliana, das Wahrzeichen Turins beherbergt auf fünf Etagen das faszinierende Kinomuseum. Di–So 9–20 Uhr, Via Montebello 20, Turin, www.museocinema.it
Il Cedro, die 1856 gepflanzte Libanonzeder unterhalb von La Morra gehört zum UNESCO-Naturerbe.

ESSEN UND TRINKEN
Ristorante al Castello: stilvolles Ambiente im historischen Gemäuer der Burg Grinzane mit berühmter Enoteca. Via Castello 5, Grinzane Cavour (südl. von Alba)

ÜBERNACHTEN
Dogana Vecchia: Unweit der Fußgängerzone hat schon Mozart sein müdes Haupt zur Ruhe gebettet. Via Corte d'Appello 4, Turin, www.hoteldoganavecchia.com

WEITERE INFOS
Italienische Zentrale für Tourismus (ENIT), Barckhausstr. 10, Frankfurt a. M., www.enit.de

Persönlicher Tipp

WEISSES GOLD AUS ALBA
Gestatten, mein Name ist Tuber Magnatum Pico, auch bekannt als weiße **Alba-Trüffel**. Weiße Trüffeln sind rar und kostbar (je nach Saison und Güte kann das Kilo bis zu 4000 € kosten), auch wenn sie im Piemont mit seinen Laubwäldern auf hervorragende Wachstumsbedingungen treffen. Der unscheinbare Schlauchpilz wächst unter der Erde und geht mit den Baumwurzeln eine Symbiose ein. Auch die feinste menschliche Nase kann ihn nicht wittern, dazu bedarf es der Spürnase eines ausgebildeten Hundes, meist eines Lagotto Romagnolo. Nicht jeder darf auf Trüffelsuche gehen, das darf nur ein sogenannter *trifolao*, der eine spezielle Lizenz besitzt. Zubereiten lässt sich die Luxusknolle in unzähligen Varianten: übers Spiegelei, über Nudeln oder Gnocchi gehobelt, in hauchdünnen Scheiben unter Kartoffelschaum gehoben, auf getoastetem Weißbrot mit Olivenöl beträufelt ... Kaufen kann man die weißen Trüffeln ab Oktober/November auf den **Trüffelmärkten** in **Alba** und **Asti** und auf der **Fiera del Tartufo Bianco in Alba**.

47. Toskana – Chianti

HIGHLIGHTS
- **Dom mit Baptisterium und Campanile,** Santa Maria del Fiore mit Giottos Glockenturm ist ein großartiges Gebäude-Ensemble mitten in Florenz.
- **Geschlechtertürme,** herausragendes Beispiel für die einstige Bauaufrüstung in San Gimignano ist die 54 m hohe Torre Grossa.
- **Castello Brolio,** die zinnenbewehrte Burg ist seit 1141 im Familienbesitz.
- **Strada dei Castelli,** die Burgenstraße beginnt in Gaiole und führt an den schönsten Bauwerken des Chianti entlang.
- **Monteriggioni,** umgeben von einer gut erhaltenen Stadtmauer thront der mittelalterliche Ort auf einem Hügel.

TOSKANA/CHIANTI VON FRÜHJAHR BIS HERBST
- **Mai/Juni:** Maggio Musicale, das älteste Musikfestival Italiens, zieht berühmte Sänger und Dirigenten an.
- **Juni:** San Gimignanos historische Ferie delle Messi entführt ins Mittelalter.
- **Mitte Sept.:** auf der Piazza Matteotti in Greve wird der neue Chianti ausgeschenkt.

Piazza Duomo und die Geschlechtertürme im Herzen San Gimignanos.

Hügelig, waldig, schonend bewirtschaftet – das Chianti ist eine Kulturlandschaft im besten Sinne. Und die Natur gibt großzügig zurück: die Trauben für den Chianti Classico und die Oliven für das aromatische Öl. Aber auch als Kultur-Landschaft ist dieser Teil der Toskana mit Städten wie Florenz und San Gimignano eine Offenbarung.

Spitzenlage für Genießer

Es dürfte nicht viele kleine Landstriche geben, die einen so großen Ruf genießen wie das Chianti. Die Region umfasst etwa ein Drittel der toskanischen Gesamtfläche, gut ein Zehntel dieser 8000 km² entfällt auf den Weinanbau. Zwischen Pisa im Nordwesten und Montalcino im Südosten produzieren etwa 2500 **Weingüter** eine Million Hektoliter des zertifizierten Weins pro Jahr. **Chianti Classico** dürfen sich nur jene Weine nennen, die aus der ursprünglichen Anbauregion stammen und zu mindestens 80 % die einheimische Sangiovese-Traube enthalten. Exportschlager Nummer zwei ist das säurearme Olivenöl, das in vielen Geschmacksnuancen hergestellt wird. Die etwa 70 km lange **Via Chiantigiana**, die Weinstraße zwischen Florenz und Siena, führt durchs Kerngebiet der klassischen Chianti-Herstellung, vorbei an verträumten **Dörfern** wie Barberino Val d'Elsa,

Italien

Überragt seit 700 Jahren die Piazza della Signoria: der Palazzo Vecchio in Florenz.

Infos und Adressen

ANREISE
Flug: Direktflüge von allen größeren deutschen Flughäfen nach Florenz; **Bahn:** Der Bahnhof Santa Maria Novella ist ein Knotenpunkt auf den Schnellfahrstrecken zwischen Berlin und Palermo, Bologna und Rom; ab München mit der CityNightLine; **Auto:** über Brenner- oder Reschenpass; A 1 ab Mailand über Parma, Modena und Bologna

BESTE REISEZEIT
Mai–Oktober

SEHENSWERT
Uffizien, eines des wunderbarsten Museen weltweit mit Werken von Giotto, Botticelli ...
Di–So 8.15–18.50 Uhr,
Piazzale degli Uffizi 6, Firenze,
www.polomuseale.firenze.it
Museum der Spezereien von Santa Fina, es zeigt ein Medizinlabor aus dem 16. Jh. mit bis heute konservierten Heilkräutern. Tgl. 11–17.30 Uhr, Via Folgore, San Gimignano,
www.comune.sangimignano.si.it

ESSEN UND TRINKEN
Osteria delle Catene: angenehmes Lokal abseits des Touristenrummels. Via Mainardi, San Gimignano

ÜBERNACHTEN
Hotel Palazzo San Niccolo: liebevoll ausgestattetes Vier-Sterne-Hotel. Via Roma 16, Radda in Chianti, www.hotelsanniccolo.com

WEITERE INFOS
Toscana Promozione, Via Vittorio Emanuele II, Firenze, www.firenzeturismo.it

---

Castellina in Chianti und Tavarnelle Val di Pesa. Größere Orte wie **Radda** oder **Greve in Chianti** blicken auf eine lange Geschichte zurück und haben stimmungsvolle Plätze, wie geschaffen für eine Espresso-Pause.

Aus diesen Städtchen im Chianti ragt eins heraus: **San Gimignano**, das vor allem für seine Geschlechtertürme bekannt ist. Von den ursprünglich 75 mittelalterlichen Türmen recken sich heute noch 14 in den Himmel. Unübertroffener Höhepunkt ist die riesige Kuppel des **Doms Santa Maria del Fiore** in **Florenz**: freitragend, 107 m hoch, mit einem Durchmesser von 45 m. Den besten Blick auf Fillippo Brunelleschis Meisterwerk hat man entweder von unten oder von der **Piazzale Michaelangelo** am anderen Arno-Ufer aus. Wie ein kostbarer Teppich breitet sich die Stadt unter der Terrassenanlage aus, von der Franziskanerkirche **Santa Croce** bis zum **Ponte Vecchio**.   BM

Persönlicher Tipp

THERMEN DER TOSKANA
Die wohl berühmteste Therme ist **Saturnia**, angeblich die erste etruskische Stadt Italiens. Noch vor 30 Jahren waren die **Cascate del Mulino**, über die das 37 °C warme schwefelhaltige Wasser in natürliche Sinterbecken strömt, fast unbekannt. 1984 verpasste Spa-Papst Leandro Gualtieri den antiken Bädern einen Wellness-Anstrich und schuf ein toskanisches Wohlfühlimperium. Lernen von den Römern heißt es auch 50 km nordöstlich: Im nostalgischen **San Casciano dei Bagni** genossen die Menschen schon vor 2500 Jahren die 40 °C warmen **Bagni Chiusini**. Dort blubbern aus 42 Quellen 5,5 Millionen Liter Wasser am Tag. Bei der Hotelanzahl schwer zu toppen ist **Montecatini Terme** in der Provinz Pistoia. Mehr als 200 sollen es sein, die die müden Badegäste beherbergen, wenn sie den heilsamen Quellen entstiegen sind. Der Gesundheit und Schönheit gleichermaßen dient der Besuch von **Casciana Terme** südlich von Pisa. Das **Acqua Mathelda**, konstant 35,7 °C warm, enthält viele Salze und Kohlensäure – ein echter Jungbrunnen.

48. Toskana-Crete

Die Piazza del Campo in Siena gilt als einer der schönsten Plätze der Welt.

HIGHLIGHTS

- **Siena,** der Dom aus schwarzem und weißem Marmor und dem herrlichen Mosaikfußboden gilt als Hauptwerk der italienischen Gotik.
- **Montepulciano,** etruskische Gründung, herrliche Lage, schöne Renaissancebauten und ein Anziehungspunkt für Weinkenner.
- **Abbazia Monte Olivieto Maggiore,** herrliche Fresken im Kreuzgang und gregorianischer Gesang
- **Abbazia Sant'Antimo,** seit gut 30 Jahren wiederbesiedelte Benediktinerabtei aus dem frühen Mittelalter
- **Pienza,** »Perle der Renaissance«, die Papst Pius II. zur idealen Stadt gestalten wollte. Stadtplatz, Dom, Rathaus und Palazzi zeugen davon.

DIE SÜDLICHE TOSKANA IM SOMMER UND HERBST

- **Anf. Juli–Mitte Aug.:** der Palio di Siena gilt als härtestes Pferderennen der Welt, seit 1147 treten die Reiter der 17 Contrade gegeneinander an.
- **Ende Okt.:** Sagra del Tordo in Montalcino, die Jagdsaison wird mit Wildgerichten, Weinverkostung, Tanz und Gesang gefeiert.

In der Crete südlich von Siena zeigt sich die Toskana in ihrer vollen Schönheit. Die mal liebliche, mal karge Natur rahmt die alten Städte und Bauwerke ein und bringt Genüsse hervor, für die die Region weithin berühmt ist – die vollmundigen Rotweine, den milden Schafskäse Pecorino und den gehaltvollen Gewürzkuchen Panforte.

Eine Landschaft wie ein Aquarell

Die Crete, südlich von Siena, ist sanft modelliert und leuchtet je nach Jahreszeit in hellem Grün oder erdigem Gelb. Zypressen bilden schlanke dunkle Striche im Toskana-Bild, im Frühsommer mischen sich rote Mohntupfer hinein. Manche Hügelkuppen sind von alten Orten gekrönt, wie Pienza, Montepulciano oder Montalcino. Unter Genießern stehen die Städtchen für toskanische Spezialitäten: **Montalcino** für die schweren, samtigen Rotweine Brunello und Rosso, **Montepulciano** für den Vino Nobile und **Pienza** für den Schafskäse Pecorino.

Nicht immer fließen die Hügel so sacht dahin wie rings um Pienza. Die **Abbazia di Monte Olivieto Maggiore** etwa liegt oberhalb eines Tals, fast verborgen im Pinien- und Zypressenwald. Die dreistöckige Loggia hat das Stammkloster der Olevitaner berühmt gemacht und die 36 Fresken aus dem Leben

Italien

Landschaft mit sanftem Schwung: Hügel im Val d'Orcia südlich von Siena.

Infos und Adressen

ANREISE
Flug: von allen größeren deutschen Flughäfen nach Florenz oder Pisa; **Bahn:** Nachtzüge ab München bis Florenz, von dort Anschluss nach Siena; **Auto:** von Süddeutschland über Brenner oder Reschenpass via Mailand oder Verona nach Florenz, bis Siena sind es noch ca. 70 km

BESTE REISEZEIT
Mai–September

SEHENSWERT
Museo dell'Opera del Duomo in Siena, Kunstwerke aus den Klöstern der Umgebung und aus dem Dom, z. B. Pisanos Originalskulpturen an der Domfassade. Im Sommer 10.30–19 Uhr, Siena, www.operaduomo.siena.it

Palazzo Piccolomini in Pienza, der Sommersitz von Papst Pius ist ein Beispiel feiner Renaissance-Architektur. März–Okt. Di–So 10–18.30 Uhr, Pienza, www.palazzopiccolominipienza.it

ESSEN UND TRINKEN
Osteria Le Logge: Lokal in einer alten Apotheke mit traditionellen Gerichten. Via del Porrione 33, Siena

ÜBERNACHTEN
Albergo il Marzocco: ältestes Hotel Montepulcianos (16. Jh.). Piazza Savonarola, Montepulciano, www.albergoilmarzocco.it

WEITERE INFOS
APT Siena Turismo, Via di Città 43, Siena, www.terresiena.it

Persönlicher Tipp

DIE MAREMMA
Trockene Äste liegen im Sand, statt Sonnenschirmen spenden nur die hohen Bäume, die aus dem Unterholz ragen, Schatten – der Naturstrand **Marina di Albarese** ist kein gewöhnlicher Strand. Er liegt im **Parco Regionale della Maremma**, dem rund 10 000 ha großen Naturschutzgebiet südwestlich von Grosseto. Er repräsentiert, was der Park versucht: eine Art kontrollierter Wildnis zu schaffen, ein Refugium für Vögel, ein Freiluftmuseum der typischen Landschaftsformen der Maremma. Dazu gehören die Pinienwälder und Weideflächen, auf denen das Maremma-Rind grast, genauso wie die bis zu 400 m hohen **Monti dell'Uccellina** mit Steineichenwäldern sowie die Binnenseen und Dünen der **Ombrone-Mündung**. Deren Sümpfe haben ihren Schrecken verloren – bis in 1930er-Jahre galt die Region als Malaria-Gebiet. Heute steht das »sumpfige Küstenland« (so lautet eine Erklärung des Namens Maremma) für ambitionierten Weinanbau und sanften Agrotourismus. Schöne Wanderrouten starten vom Besucherzentrum in **Talamone** aus.

des hl. Benedikt. Schlicht und streng mutet die Abtei **Sant'-Antimo** aus dem 8. Jh. an. Die romanische Kirche aus Travertin hat nur wenig Wandschmuck, im Hauptschiff verzaubert das Spiel aus Licht und Schatten. **Pitigliano** im Süden hat sich gleich eine Bühne zum Standort gewählt: 300 m ragt der Tuffsteinblock auf, an dessen Ränder sich die Häuser der 1000-jährigen Stadt klammern. Auch sie sind aus Tuffstein, und so bilden Felsen und Fassaden eine farbliche Einheit, die sich je nach Tageszeit in einer anderen stimmungsvollen Beleuchtung zeigt.

So schön die Städte der südlichen Toskana sein mögen, an eine reicht keine heran: **Siena**. In drei Teile, die *Terzi*, und 17 *Contrade* gegliedert, münden alle Gassen in die muschelförmige **Piazza del Campo**. Überragt wird sie vom Turm des **Palazzo Pubblico**, der aus 100 m Höhe einen herrlichen Blick auf den schwarz-weißen Marmor-**Dom** erlaubt. BM

49. Apuliens Süden

Der beschauliche Hafenort Otranto ist eine der Perlen Apuliens – und ein Touristenmagnet.

HIGHLIGHTS
- **Kathedrale Santa Annunziate von Otranto** mit Mosaiken aus dem 12. Jh.
- **Burganlage von Castro,** von den Messapiern erbaut; die ältesten der mittelalterlichen Mauern stammen aus dem 4. Jh. v. Chr.
- **Gallipoli,** die »Kale Polis«, die schöne Stadt, ist griechischen Ursprungs und eine schwimmende Festung an der ionischen Küste.
- **Basilika Santa Croce in Lecce,** der Hauptaltar der Barockkirche aus dem 17. Jh. stammt von Francesco Antonio Zimnalo, dem wichtigsten Vertreter des Lecceser Barocks.
- **Naturpark Portoselvaggio,** unberührte Natur mit Stichwegen durch dichten Pinienwald zu versteckten Badebuchten.

DER SÜDEN APULIENS IM FRÜHJAHR UND SOMMER
- **April:** Osterprozessionen in der ganzen Region
- **Juli:** Santa Cristina in Gallipoli (Schiffsprozession um die Altstadtinsel)
- **Aug.:** Santi Oronzo, Giusto e Fortunato in Lecce (Schutzheiligenfest); La Notte della Taranta in Melpignano (Tarantella-Festival)

An der Spitze der Salento-Halbinsel, dem »Stiefelabsatz« Italiens, dort, wo Ionisches und Adriatisches Meer zusammentreffen, liegt »finibus terrae«: das Ende der Welt, zumindest der italienischen. Sonne, Wind und Meer prägen diesen – landschaftlich wie kulinarisch – reich gesegneten Landstrich.

Molto delizioso – ganz schön köstlich!

Der wichtigste Erwerbszweig Apuliens, einer Region im wirtschaftlich schwachen Süden Italiens, dem Mezzogiorno, ist die **Landwirtschaft**. Angebaut werden u. a. Getreide, Wein, Oliven, Mandeln, Obst und Gemüse. Dies kommt natürlich nicht nur dem Export, sondern auch dem Gaumen zugute. Wer im **Salento** einen Rukolasalat bestellt, erfährt, wie intensiv das Raukegewächs schmecken kann – und erst die Tomaten! Unbedingt probieren sollte man die gehaltvollen Rotweine wie Primitivo und Negroamaro und natürlich den fangfrischen Fisch! Von der hausgemachten Pasta und anderen Teigwaren ganz zu schweigen. Oder wie wäre es mit einer dampfenden Minestrone aus lauter erntefrischen Zutaten?

Genug geschlemmt, mit vollem Magen geht es auf zur Erkundungstour über die **Salento-Halbinsel**. Rund 100 km

Italien

lang und 40 km breit ist der Absatz Italiens – und bietet eine stattliche Steilküste mit versteckten Badebuchten, aber auch feinen Sandstränden. Die am besten zum Baden geeigneten Abschnitte sind die Küste um **Otranto** im Osten und Gallipoli im Westen der Landzunge. **Gallipoli**, die »Perle Salentos«, ist bekannt für sein sauberes Wasser und schöne feinsandige Strände. Hier finden internationale Segelregatten statt, etwas nördlicher, am Lido **Le Conchiglie** kann man Wasserski fahren und unterwasserfischen.

Als die Barockmetropole des Mezzogiornos gilt **Lecce**, goldgelb und reichverziert zeigt sich nahezu die komplette Lecceser Altstadt. Schönstes Beispiel ist sicher die Fassade der Basilika Santa Croce. Diverse Dolmen, riesige Megalithgräber, zeugen von jahrtausendealter menschlicher Besiedlung des Salento. Interessantes über das steinzeitliche Leben erzählt der **Dolmen Li Sciusi** bei Uggiano la Chiesa. DH

Infos und Adressen

ANREISE
Flug: Direktflug nach Bari oder Brindisi und weiter per Mietwagen

BESTE REISEZEIT
Mai–Okt.; zum Baden: Juni–September

SEHENSWERT
Grotta Zinzulusa, zwischen Santa Cesarea Terme und Castro, mit zahlreichen Stalaktiten und Stalagmiten, als einzige Küstengrotte der Region für Touristen freigegeben. Im Sommer tgl. 10–16 Uhr

Baia verde, die »grüne Bucht« von Gallipoli, ein sichelförmiger, von Kiefern gesäumter Küstenabschnitt mit kilometerlangem Sandstrand, ist ein Paradies für Badegäste und Surfer.

ESSEN UND TRINKEN
Hostarie Vecchie Maniere: alteingesessene Osteria, die hausgemachte Pasta und Salentinisches aus dem Meer auftischt. Via Roma 13, Castro

ÜBERNACHTEN
Masseria Panareo: ehemaliges Landgut auf einem Hügel oberhalb der Küstenstraße, gigantischer Ausblick vom Pool aufs azurblaue Mittelmeer. Parco di Porto Badisco, www.masseriapanareo.com

WEITERE INFOS
Italienische Zentrale für Tourismus (ENIT), Barckhausstr. 10, Frankfurt a. M., www.enit.de

Persönlicher Tipp

WANDERUNG ZUM CAPO D'OTRANTO

Wer hierher kommt, hat Italien am Hacken. Denn das Kap von Otranto (auch Punta Palascia genannt) liegt am äußersten Stiefelabsatz und bildet somit den östlichsten Punkt Italiens. Natürlich ist – so kurz, bevor der italienische Stiefel ins Mittelmeer steigt – mit allerhand spektakulären Aussichten aufs Meer und sogar bis zur gegenüberliegenden albanisch-griechischen Küstenlinie zu rechnen. Eine Wanderroute, die zwar nicht ganz einfach, aber landschaftlich von atemberaubender Schönheit ist, führt vom Hafenstädtchen Otranto zum **Leuchtturm am Kap**. Erst geht es über einen Schotterweg, dann auf einem Küstenpfad über Karstfelsen, vorbei an einigen Badestellen zwischen den Klippen, über Trampelpfade und durch unwirtliche Macchia, ehe nach 2 bis 3 Stunden der Leuchtturm erreicht ist. Wem diese Wanderung zu anstrengend ist, der fährt einfach mit dem Auto die Küstenstraße am Absatz entlang: Von **Otranto** bis **Leuca** ist der Ausblick auf Meer und Küste einfach überwältigend.

Lecce gilt als Barockmetropole des Mezzogiornos, besitzt aber auch Ruinen aus römischer Zeit.

50. Bologna und die Emilia Romagna

HIGHLIGHTS
- **Bologna:** Piazza Maggiore, lebhafter Platz mit herrlichen Palazzi und der Kirche San Petronio (14. Jh.); dahinter lohnt das Teatro Anatomico im Archiginnasio einen Besuch.
- **Bologna:** Pinacoteca Nazionale, bedeutendes Kunstmuseum mit Werken von Raffael, Giotto und Vitale da Bologna
- **Ferrara:** die Kathedrale aus dem 12. Jh., der Palazzo dei Diamanti mit der einzigartigen Marmorfassade und das Castello Estense mit seinen Fresken
- **Parma:** der Dom und die Camera di San Paolo sind ein Muss.
- **Ravenna:** die gesamte Altstadt und die frühchristlichen Stätten mit weltberühmten Mosaiken

DIE EMILIA ROMAGNA VON FRÜHJAHR BIS HERBST
- **Mai–Nov.:** viele kulinarische Feste in der gesamten Region: die Balsamica in Modena (Mai/Juni), die Sagra Tortellino in Reno Centese (Juli), die Sagra dell'anguilla (Aal-Fest im Sept.) in Comacchio, das Trüffelfest in Montefiorino (Okt./Nov.)

Bolognas Piazza Maggiore mit der Kirche San Petronio aus dem 14. Jh.; der Platz ist der zentrale Treffpunkt der Stadt.

Wer von Norden an die Strände der Adria reist, sollte sich für den Weg ein wenig Zeit nehmen. Zwischen Piacenza im Norden und Rimini im Süden bietet die Emilia Romagna Kunst, Kultur und nicht zuletzt eine Fülle kulinarischer Genüsse. Trotz der Schäden des verheerenden Erdbebens vom Mai 2012 gibt es in der Region viel zu entdecken – und zu erschmecken.

Bologna – junge Stadt im historischen Gewand

Die Metropole der Region ist **Bologna**, Heimat der Mortadella und der *Tagliatelle al ragù* – einer Köstlichkeit, die mit *Spaghetti bolognese* nur wenig gemein hat. In Bolognas Altstadt stehen noch jahrhundertealte Palazzi, Kirchen und Wohnhäuser. Vor knapp 1000 Jahren wurde hier eine der ersten Universitäten Europas gegründet, noch heute sorgen Zehntausende Studenten für quirliges Leben. In kilometerlangen **Laubengängen** gelangt man zur zentralen **Piazza Maggiore** und der benachbarten **Fontana di Nettuno**. Die hiesige Kirche **San Petronio** war im 14. Jh. als Monumentalbau geplant. Dahinter war das **Archiginnasio** mit dem **Teatro Anatomico** einst Sitz der Universität. Von den **Due Torri**, zwei Geschlechtertürmen aus dem Mittelalter, führt die prächtige **Via Zamboni** in das Universitätsviertel und zur sehenswerten **Pinacoteca Nazionale**.

Italien

Die Basilika San Vitale (526–547) in Ravenna zählt mit ihren prächtigen Mosaiken zu den bedeutendsten frühchristlichen Kirchen.

Infos und Adressen

ANREISE
Flug: Direktflüge von deutschen Flughäfen nach Bologna und Rimini; **Bahn:** tgl. fahren Züge zum Bologna Centrale, dem größten Bahnhof der Emilia Romagna; **Auto:** die beliebteste Strecke führt über den Brennerpass und weiter auf der A 1

BESTE REISEZEIT
Mai–Okt.; zum Baden: Juli–Aug.

SEHENSWERT
Palazzo Comunale, Prachtbau mit Prunktreppe, der städtischen Kunstsammlung, einer riesigen Bibliothek und einer Piazza mit Glasboden über Ausgrabungen aus der Römerzeit bis zur Renaissance. Piazza Maggiore 6, Bologna
Teatro Farnese, im 16. Jh. errichtet, verfügte das Theater bereits damals über technische Finessen wie bewegliche Kulissen, Orchestergraben etc. Di–So 8.30–14 Uhr, Strada Pilotta 1, Parma

ESSEN UND TRINKEN
Locanda del Melarancio: das Nobelrestaurant in der Altstadt kredenzt lukullische Genüsse. Via Mentana 33, Ravenna

ÜBERNACHTEN
Canossa: Castello di Rossena, in reizvoller Hügellandschaft mit Blick auf die geschichtsträchtige Burg nächtigen. Località Rossena, www.castellorossena.it

WEITERE INFOS
IAT Bologna, Piazza Maggiore 1/E, Bologna, www.iat-comuno.bologna.it

---

Richtung Po-Delta und Venedig bietet **Ferrara** als einstige Hauptstadt der Este und einflussreiche Renaissance-Metropole großartige Architektur und Kunst. Probieren sollte man hier die typische Brotspezialität *Coppia ferrarese*.

Viel mehr als Schinken und Parmigiano Reggiano hat auch **Parma** zu bieten. Rund um den romanischen Dom erstreckt sich die elegante Altstadt mit weltberühmten Bauwerken, u. a. der **Camera di San Paolo** mit Bilderschmuck von Correggio. Zu den Höhepunkten an der Küste zählt die UNESCO-Welterbestadt **Ravenna**. In einem mächtigen **Mausoleum** wurde hier im 6. Jh. Theoderich der Große bestattet. Seit über 1000 Jahren faszinieren in Ravenna die leuchtenden Mosaiken aus frühchristlicher Zeit in der Basilika San Vitale, im Mausoleum der Galla Placida, in Sant'Apollinare in Classe und anderen Kirchen. BR

Persönlicher Tipp

AUSFLUG IN DIE UMGEBUNG
Die mittelalterliche Ortschaft **Dozza** mit der mächtigen Burg **Rocca Sforzesca** ist bekannt für ihre **Enoteca regionale** im Renaissance-Palazzo Malvezzi-Campeggi – ein Muss für Weinfreunde, sowie für die **Biennale del Muro Dipinto**. Die Werke dieses Festivals der Wandmalerei sind an den altehrwürdigen Mauern des Dorfes zu bewundern.
Von Dozza ist es nicht weit nach **Imola**, dem Austragungsort von Formel1-Rennen. Nicht versäumen sollte man hier die **Farmacia dell'Ospedale**, ein geschnitztes Juwel aus dem 18. Jh.
In der Emilia Romagna und dem benachbarten Venetien schützt der **Parco del Delta del Po** die Deltalandschaft des Pos mit ihren Salzwasserlagunen, fischreichen Seen und Dünen. Die weite Landschaft ist ein Paradies für Vögel; man kann auf Camargue-Pferden reiten und Bootsfahrten unternehmen. Von hier bietet sich ein Abstecher nach **Comacchio** an, eine Art »Klein-Venedig«. Das auf mehreren Inseln erbaute mittelalterliche Städtchen lässt sich romantisch auf einer Gondeltour erkunden.

51. Sardinien

HIGHLIGHTS
- **Santissima Trinita di Saccargia,** Abteikirche nahe Sassari mit gestreifter Fassade aus weißem Kalk und schwarzem Basalt
- **Capo Testa,** nördlichster Punkt Sardiniens, Halbinsel mit vielen Buchten, bizarr geformte Landschaften aus Granit
- **Su Gorropu Canyon,** eine der tiefsten Schluchten Europas (476 m), südlich von Nuoro
- **Castelsardo,** mittelalterliches Örtchen auf einer felsigen Halbinsel. Korbflechterinnen sitzen in den Altstadtgassen.
- **Alghero,** malerisch auf einer Landzunge im Nordwesten gelegen, umgeben von Befestigungsmauern und Wachtürmen

SARDINIEN ZU JEDER JAHRESZEIT
- **Letzter Sonntag im Aug.:** »Festa del Redentore« in Nuoro. Trachtenumzug in der Stadt, Prozession auf den Gipfel des Monto Ortobene
- **Juli:** »Ardia«, wildes Reiterfest im Wallfahrtsort Sedilo am Lago Omodeo
- **Feb./März:** Karneval in der Barbagia-Region. Mit grotesken Masken, Tänzen und Gesängen wird der Winter vertrieben.

Vom Bärenfelsen am Capo d'Orso an der Nordspitze hat man freie Sicht über das Mittelmeer.

Kilometerlange Sandstrände und einsame Felsbuchten, bizarre Granitformationen, steinzeitliche Funde und menschenleere Bergregionen – »Sardinien, das keinem anderen Ort gleicht«, so beschrieb schon der englische Schriftsteller D. H. Lawrence die vielgestaltige Mittelmeerinsel südlich von Korsika.

Traumstrände und wildes Hinterland

Die Sarden gelten als unabhängiges, stolzes Volk, das seine Traditionen mit viel Liebe hütet und von Generation zu Generation weitergibt. Dazu gehören religiöse Feste und Bräuche ebenso wie Gastfreundlichkeit und gutes Essen.

Auch die Landschaft der zweitgrößten Insel im Mittelmeer ist einzigartig. Viele **Strände** der fast 2000 km langen Küste sind unbebaut und nur zu Fuß erreichbar – ein Paradies für Naturliebhaber, das glücklicherweise von Hotelburgen verschont blieb. Abseits der Strände, im Landesinneren, trifft man auf eine urwüchsige und wilde Umgebung. **Kork- und Steineichenwälder** sowie bizarre Granitgebilde und **Nuraghen** (prähistorische Festungsbauten) prägen das Landschaftsbild von Sardiniens Norden. Hier weiden Schaf- und Ziegenherden – wichtige Lieferanten für Käsesorten wie Peccorino und Ricotta sowie köstliche Lammgerichte.

Italien

Der Leuchtturm von Capo Testa thront stolz auf der Halbinsel am nördlichsten Zipfel der Insel.

Infos und Adressen

ANREISE
Flug: ab München, Köln/Bonn oder Stuttgart Direktflug nach Alghero oder Olbia; **Bahn:** 16 Std. von Frankfurt nach Livorno, 12 Std. von München nach Genua, weiter mit der Fähre; **Auto/Fähre:** bis Genua, Livorno, La Spezia oder Civitavecchia und weiter mit der Fähre; oder ab Marseille per Fähre nach Porto Torres im Inselnorden

BESTE REISEZEIT
Mai, Juni und September

SEHENSWERT
Murales, politische Wandmalereien der sardischen Autonomiebewegung, die bekanntesten findet man im Dorf Orgósolo.
Gigantengrab Coddu Vecchiu, eines von ca. 500 Gräbern, prä-nuraghische Kultanlage nahe Arzachena

ESSEN UND TRINKEN
La Scarpetta: gemütliche Trattoria im historischen Ortszentrum. Piazza Puxeddu, Siniscola
Ristorante Antica Cagliari: sardische Fisch- und Fleischgerichte, gute Weinauswahl. Via Sardegna 49, Cagliari

ÜBERNACHTEN
Casa Solotti: landestypisches B & B mit Garten und Veranda. Località Solotti Monte Ortobene, Nuoro, www.casasolotti.it

WEITERE INFOS
Italienische Zentrale für Tourismus (ENIT), Barckhausstr. 10, Frankfurt a. M., www.enit.de

Ein Teil von Land und Küste im **Nordosten** der Insel, rund 30 km² groß, wurde in den 1960er-Jahren von Karim Aga Khan, dem reichen Fürsten und Oberhaupt der Religionsgemeinschaft der Ismailiten, in ein mondänes Urlaubsparadies für Luxusreisende verwandelt: die **Costa Smeralda**, das wohl exklusivste Reiseziel der Insel. Aber selbst dort, wo Luxus zum Zeitgeist dazu gehört, sorgen behördliche Auflagen dafür, dass der ursprüngliche Charakter der Landschaft erhalten bleibt.

Richtung **Westen** wird die Umgebung karger und steppenähnlicher. Die Küste ist felsig, wild und schroff mit vereinzelten Sandstränden und Meereshöhlen. Der **Südwesten** hingegen ist grün und fruchtbar. Einst befand sich hier ein bedeutendes Bergbaugebiet, einige der ehemaligen Minen können noch besichtigt werden. Weiter im **Süden** liegt die trubelige Inselhauptstadt **Cagliari**. SL

Persönlicher Tipp

GROTTA DEL BUE MARINO
Südlich von Orosei im Nordosten der Insel liegt eine der berühmtesten **Tropfsteinhöhlen** Sardiniens: die Grotta del Bue Marino. Bizarr geformte Tropfsteingebilde und unterirdische Wasserläufe sorgen für eine ungewöhnliche Atmosphäre inmitten der Kalkfelsen. Nur ca. 900 m der 12 km langen Höhle sind überhaupt begehbar. Zu erreichen ist die Grotte nur mit dem Boot. Wer noch ein bisschen sonnenbaden möchte, lässt sich in der **Cala Luna-Bucht** absetzen, die man sonst nur über den Küstenwanderweg erreichen kann. Die Boote fahren in den Sommermonaten stündlich ab **Cala Gonone**.
Werksverkauf Bresca Dorada: Wer auf Sardinien Urlaub macht, kommt nicht umhin, die Köstlichkeiten aus der Umgebung zu probieren, beispielsweise den Myrtenlikör *(liquore di mirto)*, der aus den Beeren des Myrtenstrauches hergestellt und dessen Rezeptur streng gehütet wird. Werksverkauf in der Fattoria Bresca Dorada in Muravera (Provinz Cagliari), wo auch weitere sardische Spezialitäten angeboten werden.

52. Liparische Inseln

HIGHLIGHTS

- **Lipari-Stadt,** mit rund 5000 Einwohnern die einzige »Metropole« der Inselwelt, sehenswerte Akropolis, zwei Häfen und ein Corso als Flaniermeile
- **Santa Marina Salina,** besteht nur aus der Hafenstraße und dem Corso, hübsch rausgeputzt, wenig touristisch
- **Punta del Corvo auf Panarea,** der einstündige Aufstieg auf den höchsten Inselgipfel lohnt: ein perfekter Rundumblick von 421 m Höhe auf alle sechs Nachbarinseln
- **Vulkan Stromboli,** das Ziel aller Besucher, täglich geführte Touren auf den 918 m hohen Pizzo mit Blick auf die fauchenden, feuerspeienden Schlunde des Vulkans
- **Vasca di Fanghi,** »teuflischer« Schwefelgeruch, aber gesund: ein Bad im natürlichen Schlammloch auf Vulcano

DIE LIPARISCHEN INSELN IM FRÜHJAHR UND SOMMER

- **April:** diverse Osterprozessionen auf fast allen Inseln
- **Anfang Juni:** »Sagra del Cappero«, Kapernfest auf Salina
- **Aug.:** Festività Patrona San Bartolomeo auf Lipari (Prozessionen zu Ehren des Inselheiligen)

Ferien auf Stromboli: vorne schwarzer Lavastrand, im Hintergrund der Vulkan.

Nördlich von Sizilien liegen sie, die Liparischen Inseln, sieben an der Zahl. Mit ihren verträumten Buchten, kristallklaren Tauchgründen und spektakulären Vulkanen sind sie vielleicht die schönsten Inseln Italiens. So viel Schönheit ist schützenswert: Im Jahr 2000 wurden sie daher von der UNESCO zum Weltnaturerbe erklärt.

Sieben Perlen im Mittelmeer

Das wichtigste Reiseutensil für die Liparischen Inseln ist wohl eine Taschenlampe. Stockfinster ist der Weg des Nachts vom Restaurant zum wenige Meter entfernten Albergo. Straßenbeleuchtung Fehlanzeige, allenfalls der Mond erhellt den nächtlichen Heimweg. Von **Lipari-Stadt** einmal abgesehen. In der Hauptstadt der Inselgruppe leben immerhin 5000 Menschen, in den Sommermonaten flanieren dazwischen nicht wenige Touristen: Da lohnt die eine oder andere Straßenlaterne. Zum »sanften Einstieg« in die – bisweilen noch sehr einfache sowie einsame – Liparische Inselwelt ist Lipari-Stadt also perfekt. Zwei bis drei Tage sollte man für die »Mini-Metropole« und ihre Umgebung schon einplanen. In Lipari-Stadt locken ein hervorragendes **Archäologisches Museum** mit der wechselvolle Geschichte der Äolen – wie die Inselgruppe nach dem griechischen Windgott Äolus auch genannt wird –, zwei Häfen – die zweckmäßige **Marina Lunga** für Fähren und Aliscafi

Italien

Die Zwillingsvulkane Monte Fossa delle Felci und Monte dei Porri (im Bild) prägen Salina.

(Tragflügelboote) sowie die hübsche Marina Corta für Fischerboote und Segler –, dazu der stets belebte **Corso Vittorio Emanuele** mit Restaurants, Cafébars, Boutiquen und Souvenirläden.

Die weiteren Ziele der »Sette Perle«, der sieben Perlen im Mittelmeer, sind nun nach Gusto und nach Fährplan nahezu beliebig kombinierbar. Man sollte jedoch nicht mehr als zwei bis drei Inseln einplanen, um sie in Muße zu erkunden und ihre Schätze genießen zu können.

Die »Großen«: Salina, Vulcano und Stromboli

Sehr grün und weitgehend untouristisch gibt sich **Salina**. Eine Insel für Naturliebhaber und Individualisten. Als einzige der Liparischen Inseln zählt das Eiland nicht zur Gemeinde Lipari, sondern verwaltet sich selbst. Salina lockt mit dem höchsten Berg der Inselgruppe, dem 962 m hohen **Monte Fossa delle Felci**, den vielgerühmten Sonnenuntergängen bei **Pollara**, ein paar hübschen Stränden und feiner äolischer Küche mit viel Kapern, Oliven und Thunfisch.

Vulcano ist die einzige Insel der Äolen, die leider ein paar architektonische Missgriffe im Zuge ihrer touristischen Erschließung abbekommen hat: auf der **Halbinsel Vucanello**. UNESCO sei Dank sind Bausünden im heutigen Weltnaturerbe nicht mehr gestattet. Nichtsdestotrotz ist Vulcano ein lohnendes Ziel: mit schwarzen Lavastränden, einem dampfenden Krater, bizarren Lavaformationen und vulkanischen Phänomenen wie dem natürlichen **Fangotümpel am Ponente-Strand**.

Die Insel **Stromboli** umweht spätestens seit Roberto Rossellinis Film »Stromboli, Terra di dio« aus dem Jahr 1949 ein Hauch von Mythos. Das Haus, in dem Ingrid Bergmann und der italienische Regisseur während der Dreharbeiten lebten, ist heute noch zu besichtigen. Doch das eindrucksvollste Schauspiel der Insel ist und bleibt der aktive Vulkan. Allabendlich pilgern Wanderer auf den Gipfel, um die feuerspeienden Eruptionen im Nachthimmel zu bestaunen. Wer es weniger strapaziös mag, nimmt ein Boot zur **Sciara del Fuoco**: Über diese Feuerrutsche stürzt die glühende Lava spektakulär ins Meer. Anschließend treffen sich alle wieder in der Bar Ingrid, um die besten Schnappschüsse zu vergleichen.

Persönlicher Tipp

GRAN CRATERE ZUM SONNENAUFGANG

Der bekannteste – und zugleich aktivste – Vulkan der Äolen ist der **Stromboli**. Die abendliche, rund dreistündige Wanderung auf dessen Gipfel mit Blick in seine feuerspeienden acht **Bocche** lässt sich kaum ein Urlauber entgehen. Einziger Wermutstropfen: Alleine darf man den Aufstieg seit 2002 nicht mehr wagen, stattdessen tritt man gemeinsam mit einem Bergführer in größerer Gruppe den vulkanstaubigen Weg an. Auf den Gran Cratere, den knapp 400 m hohen, schwefeldampfenden Gipfel Vulcanos, dürfen Touristen hingegen alleine, und das sollten sie unbedingt tun, am besten vor Sonnenaufgang. Zwar flucht man noch kräftig, wenn der Wecker gegen vier Uhr früh klingelt, aber ist der gut einstündige, einfache Aufstieg mit Stirnlampe erst einmal geschafft und sitzt man oben am Kraterrand, dann »Wow!«: ringsum das Meer, aus dem die sechs Nachbarinseln herausragen, Wolkenfetzen hängen in ihren Gipfeln, und am Horizont schiebt sich die glutrote Sonne langsam aus dem azurblauen Wasser.

Auf Lipari, der größten Liparischen Insel, gibt es einige sehr gepflegte, komfortable Strände.

Persönlicher Tipp

WANDERUNG AUF DEN MONTE FOSSA DELLE FELCI

»Grab der Farne« lautet der Name des höchsten Bergs der Inselgruppe übersetzt. Dementsprechend grün darf man sich den 962 m hohen Berg auf **Salina** vorstellen. Klar, dass hier ein Aufstieg reizt. Wer die kompletten Höhenmeter machen will, wählt die Wanderroute von Santa Marina Salina aus. Etwas Kondition und Ausdauer sind jedoch Voraussetzung und Stecken sind für den Aufstieg auch nicht verkehrt. Zur Not tut es ein im Gebüsch gefundener Bambusstab. Gute 3 Stunden dauert der Weg zum Gipfel, teils steil, teils rutschig, aber man muss nie wirklich klettern. Vielen grandiose Ausblicke auf **Santa Marina Salina**, den Hafen und das Meer lohnen die Mühe. Kurz vor dem Gipfel lockt eine kleine Erfrischung am Brunnen des steingemauerten **Rifugio** – und dann endlich: der Monte Fossa delle Felci ist erklommen. Wieder ein sagenhafter Blick auf das umgebende Tyrrhenische Meer und die Nachbar-Äolen! Zur Belohnung folgt am Ende ein einfacher Abstieg nach **Valdichiesa** inklusive Heimfahrt per Inselbus.

Es raucht, faucht und stinkt auf Vulcano; die Schwefeldämpfe sind nichts für empfindliche Nasen.

Die »Kleinen«: Panarea, Alicudi und Filicudi

Gleich vorweg: **Panarea** ist ein teures Pflaster. Allein die Tatsache, dass das knapp 3,5 km² kleine Inselchen gleich zwei Hubschrauberlandeplätze hat, spricht Bände. Hier trifft sich die norditalienische High Society und lässt sich die wenigen Meter Fußweg per Golfcar über die autofreie Insel kutschieren. Normalsterbliche Touristen kommen in Scharen als Tagesausflügler auf das adrette Eiland mit seinen weiß getünchten Kubushäusern und staunen ob der Preise auf den Speisekarten der Restaurants: eine *Primi-Piatti-Pasta* für 20 Euro?

Einsam wird es schließlich auf **Alicudi** und **Filicudi**. Die beiden Eilande, abgelegen im Westen des Archipels, werden vergleichsweise selten besucht. Doch wer in den Ferien richtig ausspannen möchte, ist hier genau richtig. Alte Treppenwege durchziehen das hügelige Filicudi, sehenswert ist das bronzezeitliche Hüttendorf von **Capo Graziano**. Ansonsten ist auf der knapp 10 km² großen Insel nicht weniger geboten als die absolute Entschleunigung. Recht ähnlich ergeht es Besuchern von Alicudi, bis Anfang der 1990er-Jahre lebte man hier sogar noch ohne Elektrizität. Auch ein Straßennetz gibt es nicht, die Häuser sind über Treppenwege miteinander verbunden. Wer sich an den Aufstieg nach **Pianicello** macht, wird dafür mit viel Ruhe und einer atemberaubenden Aussicht belohnt. DH

Liparische Inseln

Infos und Adressen

ANREISE
Flug: Direktflug nach Catania, weiter per Bus nach Milazzo, von dort per Aliscafo (Tragflügelboot) oder Traghetto (Autofähre) mehrmals tgl. auf die Inseln; alternativ Direktflug nach Neapel, weiter per Fähre

BESTE REISEZEIT
Mai–Okt., zum Baden: Juni–September

SEHENSWERT
Spiaggia Valle Muria, vielleicht der schönste Strand Liparis, auf Höhe von Lipari-Stadt auf der Westseite der Insel, im Sommer mit Kiosk im Felsen

Lingua, Badeort im Süden von Salina, unbedingt eine Granita und ein Pane cunzato bei Alfredo snacken!

Pollara, berühmt ist der Ort im Nordwesten Salinas für seine Sonnenuntergänge und als Drehort des Films »Il Postino« über den chilenischen Literaturnobelpreisträger Pablo Neruda.

Punta di Scario, mit schwarzem Lavagestein und kristallklarem Wasser lädt der Strand bei Malfa auf Salina zum Baden ein.

Valle dei Mostri, Hauptattraktion der Halbinsel Vulcanello ist das Tal der Monster, mit von Wind und Wetter bizarr geformten Lavafiguren.

Alicudi, 5 km² kleine Insel. Wer Stille und Abgeschiedenheit sucht, ist hier richtig.

Filicudi, bekannt ist das 300-Einwohner-Eiland für seine jahrhundertealten Treppenwege und das bronzezeitliche Hüttendorf von Capo Graziano.

ESSEN UND TRINKEN
Trattoria A'Sfiziusa: nahe der Marina Corta, preiswert und typisch äolisch, ein Tipp für Fischesser. Am besten nach dem Fang des Tages fragen und sich überraschen lassen. Via Roma 29, Lipari-Stadt

Ristorante Pizzeria Pescecane: direkt am Corso, trotz der »Nepper-Schlepper-Lage« eine echte Empfehlung, wirklich gute Pizza und Pasta. Im Sommer Tische im Freien. Lipari-Stadt, www.pescecanelipari.com

Ristorante Portobello: direkt am Hafen gelegen, frischer Fisch in allen Variationen, dazu hausgemachte Beilagen, Via Bianchi, Santa Marina Salina

Barbablù: eine der edleren Adressen Strombolis, dafür etwas teurer, internationale Karte, bietet zudem hübsche Zimmer für die Nacht. Stromboli-Ort, www.barbablu.it

Pardès: gemütliche Wein- und Kaffeebar, frischgepresste Säfte, Espressi, Weine und feine Panini. Via Vittorio Emanuele gegenüber dem Hotel Villa Petrusa, Stromboli-Ort

AUSGEHEN
Bar Ingrid, unweit des Ingrid-Bergmann-Hauses, daher der Name; hier trifft man sich nach erfolgreicher Stromboli-Besteigung auf ein kühles Bier.

ÜBERNACHTEN
Hotel Villa Diana: Preis-Leistungs-Tipp, hübsche Anlage mit Stilmöbeln oberhalb von Lipari-Stadt, toller Blick auf den antiken Stadtberg und das Meer. Lipari-Stadt, www.villadiana.com

I Cinque Balconi: ehemalige Reedervillen aus dem 19. Jh., individuell und stilvoll eingerichtete Zimmer, hübscher Garten, leckeres Frühstücksbüffet. Santa Marina Salina, www.icinquebalconi.it

Hotel Raya: »the place to be« auf Panarea, offiziell nur zwei Sterne, Ausstattung und Zimmerpreise besagen jedoch anderes. Treffpunkt der Reichen und Schönen. Panarea, www.hotelraya.it

Albergo Brasile: einfache, aber ordentliche Zimmer, weitläufige Anlage mit spektakulärem Blick von der Gemeinschaftsdachterrasse. Stromboli-Ort, www.strombolialbergobrasile.it

WEITERE INFOS
Italienische Zentrale für Tourismus (ENIT), Barckhausstr. 10, Frankfurt a. M., www.enit.de

Sehen und gesehen werden heißt es am Corso von Lipari-Stadt, auch abends und nachts.

53. Im Westen Siziliens

Aus dem 12. Jh. stammt die großartige Kathedrale von Monreale.

HIGHLIGHTS
• **Staufergräber in Palermo,** in der Kathedrale Maria Santissima Assunta am Corso Vittorio Emanuele
• **Cappella Palatina in Palermo,** die Wände und Kuppeln sind über und über mit Goldmosaiken besetzt.
• **Teatro Massimo in Palermo,** eines der größten Opernhäuser der Welt. Dort eine Verdi- oder Wagner-Oper zu hören, ist ein unvergessliches Erlebnis.
• **Blick vom Monte Pellegrino** über die »Goldene Muschel« von Palermo
• **Tempel von Segesta,** eine der am besten erhaltenen griechischen Kultanlagen auf Sizilien, mit antikem Theater

SIZILIEN VON FRÜHJAHR BIS SOMMER
Mai: Welt-Strand-Festival in Mondello mit Sportveranstaltungen (Windsurfen, Segeln)
Juni–Aug.: Kals'Art, Open-Air-Veranstaltungen in Palermo mit Theater, Ausstellungen, Tanz
10.–15. Juli: Patronatsfest der hl. Rosalia in Palermo, mit Umzug und Feuerwerk

Sizilien – das ist ein ganz anderes Italien, als man es sonst kennt. Modernes trifft Archaisches, orientalische und normannische Stilmerkmale verbinden sich zu einer überwältigenden Architektur, zahlreiche kulturelle Angebote locken ebenso wie eine urwüchsige Landschaft, Naturparks und schöne Strände. Für einen Schnupperkurs Sizilien eignen sich Palermo und der angrenzende Westzipfel der Insel ideal.

Kultur und Dolce Vita in und westlich von Palermo

Sizilien atmet in einem anderen Rhythmus: Nur wer sich ihm öffnet, entdeckt die Kostbarkeiten und das Lebensgefühl der größten Mittelmeerinsel für sich. Starten wir in Palermo – denn die Hauptstadt ist Sizilien intensiv: eine Mischung aus Prunk und mühsam von engagierten Bürgern aufgehaltenem Verfall, von byzantinischen Kirchen, strengen normannischen Repräsentationsbauten und verspielten barocken Palästen, z. B. auf der **Piazza Marina**; von Kunst- und Kulturangeboten der Weltklasse und schrillem modernem Großstadtleben. Im 8. Jh. v. Chr. wurde die Stadt von den Phöniziern gegrün-

Italien

det, die Griechen gaben ihr den Namen, die Araber brachten sie zur Blüte, bis im Jahr 1071 die Normannen sie eroberten. Doch diese verdrängten die orientalischen Einflüsse nicht, sondern verbanden sich mit ihnen. Eines der schönsten Beispiele ist die **Cappella Palatina**, die Palastkapelle des **Palazzo dei Normanni**, dem heutigen Sitz des Parlaments. Vom Boden bis zur Decke ist die dreischiffige Basilika mit golden schimmernden Mosaiken bedeckt, die biblische Szenen erzählen, unterbrochen von arabischer Ornamentik. Ein wunderschönes weltliches Beispiel für die orientalisch-normannische Synthese ist das **Lustschloss La Zisa** im Südosten der Stadt, in dem heute das **Museum für Islamische Kunst** untergebracht ist. Normannisch streng und repräsentativ zeigt sich dagegen die gewaltige **Kathedrale Maria Santissima Assunta**; die Hauptattraktion sind allerdings die Gräber der Staufer, bestehend aus vier purpurfarbenen Sarkophagen aus Porphyr, in denen der Stauferkaiser Friedrich II., seine Eltern und sein Großvater Roger II. ruhen. Heutiges arabisch-mediterranes Lebensgefühl kommt auf, wenn man über die großen **Märkte** Palermos bummelt, etwa den **Lo Capo** und den **Ballarò** nördlich des Cassàro: In den engen Gassen drängen sich die Stände, quellen über von Oliven, Peperoni, getrockneten Tomaten und den eingelegten Kapern von den nahen Liparischen Inseln. Auch Haushaltsgegenstände, Kunsthandwerk und Kleider werden hier angeboten, vor allem aber strahlen sie viel Atmosphäre aus, was auch für die unzähligen kleinen (und kleinsten) Straßenlokale gilt.

Baden vor den Toren der Hauptstadt

Nur 12 km von Palermo entfernt liegt das ehemalige Fischerdorf **Mondello** in einer Bucht zwischen dem **Monte Pellegrino** und dem **Monte Gallo**. Inzwischen hat es als Badeort eine 100-jährige Tradition. 1,5 km lang ist der schöne Badestrand, der auch von Palermitanern immer gut besucht ist. Zur frisch restaurierten **Mole** im Jugendstil gehört das tempelartige neoklassizistische Kurhaus, eine mondäne Badeanstalt mit einem guten Restaurant namens »Alle Terrazze«. Auch zahlreiche kleine Restaurants, Fischlokale, Bars und Nachtclubs findet man hier vor. Wer dem Trubel ausweichen will, läuft ganz einfach ein paar hundert Meter den Strand entlang. Bald ist nur noch das Geräusch einer sanften Brandung zu hören, die Menschenmengen verlaufen sich buchstäblich im Sand. Oben auf dem rund 600 m hohen Monte

Persönlicher Tipp

AUSFLUG NACH SAN MARTINO DELLE SCALE

Im Sommer kann es auch im höher gelegenen **Monreale** drückend heiß werden und überdies sehr voll. Wer dem Besucherstrom entgehen will, den führt eine knapp 10 km lange Serpentinenstraße nach San Martino delle Scale, einem winzigen und noch ursprünglich wirkenden Ort (350 Einwohner) auf 589 m Höhe. Auch hier kann man einen kleinen Schatz der Kunstgeschichte heben: Zum Ort gehört nämlich eine gleichnamige **Benediktinerabtei**, die vermutlich von Papst Gregor I. Ende des 6. Jh. gegründet wurde. Die Gebäude sind Ende des 18. Jh. erneuert worden.
Über einen Panoramaweg, der grandiose Aussichten bietet, gelangt man weiter zur **Rabenspitze**, Pizzo del Corvo, mit ihrer normannischen Burg. Auf dem Rückweg kann man sich in der gemütlichen »Locanda del Graal« mit guter Pizza oder auch mit kreativen Fisch- und Fleischgerichten stärken.
La Locanda del Graal: Via C. Dusmet, 9, San Martino delle Scale,
www.lalocandadelgraal.it

Blumenschmuck allüberall verleiht den alten Gassen der Küstenorte ein anheimelndes Gesicht.

Das Naturreservat Zingaro, rund 70 km von Palermo, bietet traumhafte Buchten und Wanderwege.

Persönlicher Tipp

NATURRESERVAT LO ZINGARO

Wer etwas mehr Zeit hat und ein Stück der schönsten Naturlandschaften Siziliens kennenlernen will, kann dies bei einem Tagesausflug zum Naturreservat Lo Zingaro tun. Das Reservat umfasst 1600 ha und einen ca. 7 km langen Küstenstreifen mit kleinen sandigen Buchten und rauen Kalkfelsen. Oliven-, Johannisbrotbäume und Zwergpalmen wachsen hier, zahlreiche Vögel haben hier ihren Lebensraum, sogar Falken, Geier und Adler. Der **Rundweg** im Naturreservat ist eine anspruchsvolle Tour, für die man gute 6 Std. einplanen sollte, allerdings mit der Aussicht, auf dem Rückweg sich gelegentlich im Meer abkühlen zu können. Wer mit kleineren Kindern unterwegs ist, kann unterhalb des Besucherzentrums direkt zum Kiesstrand der **Cala Capreira** absteigen. Parallel oberhalb verläuft der Küstenweg, der viel müheloser zu bewältigen ist als die Bergwanderung. Wem es im Sommer zu heiß wird, der besucht einen der traumhaften Strände. Ausgangspunkt für beide Wanderungen ist der Südeingang des Parks.

Pellegrino trifft man auf die Wallfahrtskapelle **Santuario di Santa Rosalia**, Zeugnis anrührender, zutiefst süditalienischer Gläubigkeit. Von 13. bis 15. Juli wird alljährlich in Palermo das Fest der hl. Rosalia, der Schutzheiligen der Stadt, gefeiert. Dann ist der Schrein mit ihren Gebeinen öffentlich zugänglich, und zu ihren Ehren finden Prozessionen und Feuerwerke statt. Die einstündige Wanderung auf dem alten **Pilgerpfad** durch das Naturschutzgebiet von der Piazza Generale Cascino aus belohnt mit fantastischen Blicken auf die Goldbucht, Modello und Palermo.

Der Dom von Monreale

Auch wenn man mehr als eine Woche nur für ihn reservieren würde – wollte man alle Details und Bilder betrachten, es wäre bei Weitem nicht genug: Die auf Initiative Wilhelms II., des letzten normannischen Königs in Sizilien, erbaute Kathedrale **Santa Maria Nuova in Monreale** entstand in Konkurrenz zur Kathedrale der Hauptstadt am Hang des 300 m hohen **Monte Caputo**, 8 km von Palermo entfernt, und hat diese um ein Vielfaches an Pracht übertrumpft. Außen überwiegend in normannischer Architektur gehalten mit arabischen Blendarkaden, prächtigen romanischen Portalen und schönem Kreuzgang, ist die Kirche im Inneren schier überwältigend. Die Wände sind im unteren Teil in Marmor gestaltet, ebenso wie der Fußboden, und Millionen goldfarbener Mosaiksteinchen überziehen das Innere komplett mit einer Bilderbibel. Red.

Marmorsäulen mit korinthischen Kapitellen und goldene Mosaiken schmücken Santa Maria Nuova.

Sizilien

Infos und Adressen

ANREISE
Flug: Direktflüge von allen großen deutschen Städten nach Palermo; Busverkehr vom Flughafen aus

BESTE REISEZEIT
April–Oktober; zum Baden von Juni–September

SEHENSWERT
Archäologisches Regionalmuseum, eine der umfangreichsten Sammlungen ganz Italiens, untergebracht in dem selbst überaus sehenswerten ehemaligen Kloster S. Philippo Neri, das wie die angrenzende Kirche S. Ignazio all' Olivella im 16. Jh. erbaut wurde. Fundstücke aus prähistorischen Zeiten bis hin zu spätrömischen Objekten. Gewidmet ist das Museum dem Archäologen und Numismatiker Antonino Salinas, der von 1873 bis 1914 Direktor des Hauses war. Tgl. 9–14 Uhr, Di und Fr auch von 15–18 Uhr, Piazza Olivella, Palermo
Marionettenmuseum, wunderschöne kostbare handgeschnitzten Puppen seit den Anfängen des Marionettenspiels. Tgl. 9–13 und 14.30–18.30 Uhr, an Feiertagen geschlossen, Piazzetta Antonio Pasqualino n. 5, Palermo, www.museomarionettepalermo.it
Convento dei Cappuccini, Kapuzinerkloster mit legendären Katakomben – mit ca. 8000 Mumien, zum Abkühlen an heißen Sommertagen. Piazza Cappuccini 1, Palermo tgl. 9–12 und 15–17.30 Uhr

AUSGEHEN
Opera die Pupi, eine Aufführung in einem der berühmten Puppentheater Palermos ist ein unvergessliches Erlebnis für Jung und Alt. Z.B. Mimmo Cuticchio, Via Bara all Olivella, Palermo, www.figlidartecuticchio.com/cuticchio_intro.html
Kursaal Kalhesa, trendiges Literatur- und Jazzcafé, mit schöner Dachterrasse. Foro Umberto I. 21, Palermo, www.kursaalkalhesa.it

SHOPPING
Typische sizilianische Souvenirs sind Keramiken und handgefertigte Puppen oder auch Web- und Strickarbeiten. In Palermo selbst, vor allem im Zentrum werden diese meist übertaeuert angeboten. Lohnend sind haltbare Spezialitäten auf den großen Märkten. Italienische Mode findet man in den Shopping-Meilen Via Roma, Via della Libertà und Via Notarbartolo.

ESSEN UND TRINKEN
Gagini: gut geführtes Restaurant mit traditioneller und moderner sizilianischer Küche in einem alten Gewölbe, Via Cassari 35/37, Palermo, www.gaginirestaurant.com
Antica Focacceria San Francesco: immer frische sizilianische Spezialitäten, unten Imbiss, oben Restaurant, freundlicher Service. Via A. Paternostro 58, Palermo
Trattoria Supra i Mura: vorzügliche Pasta- und Risottogerichte werden direkt am Lo Capo-Markt aufgetischt. Piazza Porta Carini 5, Palermo
Bye Bye Blues: modernes Lokal, das für gute Fischgerichte bekannt ist. Via del Garofalo 23, Mondello, www.byebyeblues.it

ÜBERNACHTEN
Centrale Palace Hotel: zentral gelegene, nicht ganz billige, dafür stilvolle Unterkunft in ehemaligem Palazzo, mit gutem Frühstück. Corso Vittorio Emanuele 327, Palermo, www.centralepalacehotel.it
Hotel Villa Igiea Palermo: charmantes, stilvoll altmodisches Hotel am Hafen, mit Pool und hübscher Frühstücksterrasse. Salita Belmonte 43, Palermo, www.villa-igiea.com
Letizia: zentrales, relativ ruhiges und einfaches kleines Hotel. Via Bottai 30, Palermo, www.hotelletizia.com

WEITERE INFOS
Servizio Turistico Regionale, 15, Salita Belmonte, Palermo, www.palermotourism.com

Im Frühling und Herbst sehr schön, im Sommer meist sehr voll ist der Strand von Mondello bei Palermo.

Sanfte grüne Hügel, Zypressen, ein Landhaus in der Ferne – im Frühling kommt die Crete Sinesi dem Traum von der ländlichen Toskana am nächsten.

54. Istrien

Über Rovinj, der »Perle der Adria«, wacht die Kirche Sveta Eufemija mit ihrem italienischen Campanile.

HIGHLIGHTS
- **Opatija,** einst mondänes Seebad und Kurort, Architektur der Donaumonarchie
- **Altstadt von Poreč,** mit Euphrasius-Basilika, historischem Bischöflichen Palais und byzantinischen Mosaiken
- **Künstlerviertel von Grožnjan,** lebhaftes Zentrum mit Musik- und Kunst-Events
- **Amphitheater in Pula,** erbaut im 1. Jh., eines der sechs größten Amphitheater weltweit
- **Brioni-Inseln,** den auf 14 Inseln verteilten Nationalpark mit sehenswerter Flora und Fauna erreicht man per Schiff von Fazana aus.

ISTRIEN IM SOMMER
- **Mai:** Grožnjans Altstadt verwandelt sich für mehrere Wochen in eine Bühne für Künstler und Musiker (Jazz und Klassik)
- **Juli:** Sommerkarneval in Novi Vinodolski, mit Umzügen von Karnevalsgruppen
- **Aug.:** Street Art Festival mit Straßenkünstlern, Musik und Tanz in der Altstadt von Poreč
- **Juli/Aug.:** Film-Festival unter freiem Himmel in Motovun

Istrien zählt seit Anfang der 1990er-Jahre zu den beliebtesten Urlaubsregionen Europas. Geografisch gehören zwar auch Teile Italiens und Sloweniens zu der mit rund 3400 km² größten Halbinsel der Adria, doch Touristen entdecken insbesondere das kulturelle Erbe, die langen Strände am türkisblauen Meer und die landschaftlichen Highlights des kroatischen Teils.

Blaues Istrien

Die lebhafte, touristisch gut erschlossene Westküste zwischen **Umag** und **Medulin** wird »Blaues Istrien« genannt. Malerische Fels- und künstliche Sandstrände mit Sonnenterassen und schattenspendenden Pinienwäldchen sowie azurblaues sauberes Wasser locken zum Baden und verschiedenen Wassersportarten. In den pittoresken Küstenstädten kann man römische und venezianische Geschichte entdecken, durch enge Altstadtgassen bummeln und in den zahlreichen Restaurants und Cafés der Uferpromenaden frische Meeresfrüchte, leckeres Eis und mediterranes Flair genießen.

Der Stadtkern von **Novigrad** befindet sich auf einer kleinen Halbinsel, die bis zum 18. Jh. vom Festland getrennt war. Im Hafen des lebhaften Städtchens werden gute istrische Weine

Kroatien

Die türkisblaue Wasserlandschaft der Plitwicer Seen ist weltweit einzigartig und gehört zum UNESCO-Welterbe.

und Grappa als beliebte Mitbringsel verkauft. Die Pelagiuskirche (15. Jh.) wurde innen barockisiert. Ihre Krypta stammt aus dem 7. Jh. und gehört zu den ältesten istrischen Denkmälern.

Die Altstadt von **Poreč** wurde komplett zum Weltkulturerbe erklärt. Bereits 50 v. Chr. wurde das städtische Grundmuster von den Römern festgelegt. Auf der einstigen **Römerstraße Decumanus**, die zu beiden Seiten stolze Paläste aus der venezianischen Epoche säumen, flanieren heute Touristen. Besonders sehenswert ist vor allem der im 6. Jh. errichtete Komplex der Euphrasius-Basilika mit Glockenturm, byzantinischen Mosaiken und Baptisterium. Das im 6. Jh. errichtete und weitgehend originale Bischöfliche Palais ist das älteste der Welt.

Nicht umsonst nennt man **Rovinj** die »Perle der Adria«. In seinen malerischen Gässchen stellen Maler und Kunsthandwerker ihre Arbeiten aus. Sehenswert sind die Pfarrkirche der hl. Euphemia, die Kapelle der hl. Dreifaltigkeit und das Heimatmuseum mit Galerie. Vom Turm der Pfarrkirche aus werden vorgelagerte Inseln und der Küstenstreifen sichtbar, an dem die »Straße der Oliven« verläuft. Im Hafen liegen zwischen Fischereischiffen die letzten traditionellen Fischerboote aus Holz, sogenannte »Batanas«. An der belebten **Promenade** starten viele Touristen ihren Stadtbummel.

Pula war über ein halbes Jahrtausend lang die wichtigste römische Stadt Istriens. Das gut erhaltene Amphitheater (1. Jh.) bietet im Sommer Konzerten, Opern und Filmvorstellungen eine eindrucksvolle Bühne. Außerdem befinden sich hier antike Tempel und der Sergierbogen, ein 8 m hoher, 29–27 v. Chr. von Salvia Postuma Sergi zu Ehren ihrer Brüder gebauter Triumphbogen. Im Archäologischen Museum erhält man Einblicke in die Geschichte Istriens von der Frühzeit bis ins Mittelalter.

Grünes Istrien

Dem Trubel der Küstenorte entflieht man am besten ins »Grüne Istrien«. Im Hinterland warten einsame Dörfer, weites fruchtbares Hügelland und historische Sehenswürdigkeiten, mittendrin auch gut ausgestattete, malerische Ferienhäuser und Landhotels. Pittoresk ist das dank seiner sommerlichen Musikaufführungen und Galerien beliebte Künstlerdorf **Grožnjan**. Neben den Resten des Turmes und der Stadtmauern befinden sich das Stadttor sowie die Renaissance-Loggia von 1587. Die barocke Pfarrkirche ist dem hl. Vitus und Modestus geweiht. Die an einer steilen Felskante liegende Stadt

Persönlicher Tipp

ZAUBER DER PLITWICER SEEN

Die märchenhaft anmutenden **Wälder und Canyons** rund um die intensiv blau bis türkisgrün leuchtenden 16 Plitwitzer Seen bilden das landschaftliche und **geologische Highlight** Kroatiens. Auf in 503 bis 639 m hoch gelegenen Wanderwegen passieren Touristen schmale Stege über das **fischreiche Wasser** und Treppen im Wald. Das Flüsschen Korana bahnt sich hier über Terrassen und Wurzelwerk einen Weg. Aus der Ferne ist immer irgendwo einer der drei Dutzend **spektakulären Wasserfälle** zu hören. Bei entsprechender Windrichtung spritzt die erfrischende Gischt bis auf die Wege. Am **Plitvic-Fall** stürzt das Wasser gar 72 m tief in die Koranschlucht. Wer es besonders geruhsam mag und sich das Gebiet lieber im Elektroboot erschließen möchte, startet am Ufer des größten Sees, dem 2 km langen und 46 m breiten **Kozjak jezero**. Cineasten treffen Winnetou und Old Shatterhand vielleicht am See Kaloderovac: Hier wurde im Jahr 1962 der Filmklassiker »Der Schatz im Silbersee« gedreht.

Entspannt shoppen und historische Denkmäler wie das alte Stadttor bewundern kann man gut in Rovinj.

Persönlicher Tipp

KULINARISCHE ENTDECKUNGEN

Istrien ist vor allem wegen seiner malerischen Städtchen mit reichem Kulturerbe und langen Kiesstränden beliebt. Auch die **Gastronomie** spielt eine bedeutende Rolle. In den Küstenorten finden Urlauber viele Lokalitäten, die sowohl landestypische als auch internationale Gerichte auftischen. Doch im Landesinneren gibt es immer mehr urige **Konobas** mit mediterran-istrischer Küche in besonderem Ambiente. Oft bieten diese Gasthäuser Übernachtungsmöglichkeiten und **Freizeitaktivitäten**. Urlauber werden in landwirtschaftliche Abläufe wie Weinlese oder Feigenernte einbezogen. Je nach Saison können sie Kastanien, Pilze oder Wildkräuter sammeln oder gar einen Trüffelsucher in den **Eichenwäldern bei Motovun** begleiten. Familien mit Kindern schätzen den Kontakt zu **Tieren**. Auch **Wanderreiten** oder **Golfen** werden angeboten. Wer zum Frühstück selbst hergestellten Käse genießt, tagsüber grüne Hügellandschaften oder die traditionellen **Olivenstraßen** erkundet und abends hausgemachte Nudeln mit Wild verspeisen darf, besucht die Küste vielleicht nur noch für Tagesausflüge.

Das im 1. Jh. erbaute römische Amphitheater in Pula zählt zu den größten weltweit.

Pazin beherbergt ein mittelalterliches Kastell, die einst wichtigste und größte Burg Istriens. In den Burgräumen sieht man im Volkskundemuseum Istriens Trachten, Musikinstrumente, Möbel und eine Sammlung von Kirchenglocken. Westlich von Pazin liegt das Dorf **Beram**, in dessen Kirche St. Maria sich eines der schönsten mittelalterlichen Freskenzyklen befindet.

Die inmitten einer reichen Trüffelgegend liegende Hügelstadt **Motovun** war einst wichtigster Handelsstützpunkt Venedigs, wovon noch heute venezianische Adelspaläste und eine mächtige Festung zeugen. Sehenswert sind die Pfarrkirche des hl. Stefan (17. Jh.) sowie der romanisch-gotische Glockenturm mit Zackenkrone (13. Jh.).

Kvarner Bucht: Karstlandschaft und Inseln

Steile Felshänge aus Kalkstein prägen die Ostküste Istriens, hier sind flache Strände eher selten. Im Nordosten ist **Opatjia** ein attraktives Reiseziel. An Habsburger Noblesse erinnern noch immer Villen an der **Riviera von Opatija**, die sich wohlhabende Patrizier Anfang des 19. Jh. als Feriendomizile errichten ließen. Der größte Strand befindet sich direkt im Stadtzentrum. Weiter südlich liegt **Labin**, ein kleiner Ort mit mittelalterlichen Gassen, in denen die Palazzi italienischer Patrizier liegen. Unter den 40 **Kvarner Inseln** sind vor allem Cres, Losinj, Krk und Rab beliebt. Neben den **Brijuni-Inseln** sind viele andere Gebiete als **Natur- und Nationalparks** ausgewiesen. KS

Istrien

Infos und Adressen

ANREISE
Flug: Direktflüge von München und Frankfurt nach Zadar und in der Hauptsaison nach Pula; **Bahn:** Fernzüge bis Pula, und Pazin; **Auto:** Anreise über Salzburg und Villach nach Ljubljana, Grenzübertritt bei Rup. Von dort aus führen Autobahnen Richtung Umag oder Pula.

BESTE REISEZEIT
April–Oktober, zum Baden: Juni–September

SEHENSWERT
Tropfsteinhöhle Baredine, bizarre Tropfsteingebilde und ein unterirdischer See mit endemischen Tierarten in 132 m Tiefe. März–Mai und Sept. 10–16 Uhr, Juni–Aug. 7–19 Uhr, in der Nähe von Nova Vas, www.baredine.com
Stadtmuseum Rovinj, archäologische Funde sowie Gemälde kroatischer, deutscher und italienischer Künstler (15.–19. Jh.). Tgl. 10–14 und 18–22 Uhr, Trg maršala Tita 11, Rovinj, www.muzej-rovinj.com
Historisches Museum Istriens, seit 1955 in einer restaurierten venezianischen Festung am Meer gelegen, 40 000 Exponate wie alte Ansichts- und Landkarten, Darstellung der maritimen Geschichte und Fotografien. Di–Fr 10–12 Uhr und 19–22 Uhr, Gradinski uspon 6, Pula, www.pmi.hr
Kap Kamenjak, südliche Landzunge, Wander- und Radwege führen entlang einer zerklüfteten Küste mit einsamen Buchten; Naturpark mit einzigartiger Flora und Fauna sowie das Fischerdorf Premantura
Altstadt von Rab, pittoreskes Ortsbild mit schönen Plätzen, geschichtsträchtigen Kirchen und Straßenkünstler-Szene an der Uferpromenade; 12 ha großer Erholungspark Komrcar außerhalb der mittelalterlichen Stadtmauer

ESSEN UND TRINKEN
Monte: exklusives Restaurant mit kreativen 5-Gänge-Menüs. Montalbano 75, Rovinj, www.monte.hr
Konoba Nobo: traditionell istrische Küche in urigem Ambiente. Umaska 35/Petrovija, Umag, www.konoba-nono.com
Dvi Murve: gute Weinkarte und köstliche Fischspezialitäten. Grožnjanska 17, Poreč, www.dvimurve.hr

AUSGEHEN
Bura Beach, Chillen in einem Open-Air-Club in Hängematten oder auf der lampiongeschmückten Terrasse beim Sound wechselnder Gast-DJs. Liznjan Marina, Pula, www.burabeach.com
Diskothek Imperial, eine der beliebtesten Diskotheken in der Region Medulin/Pula. Fucane 72, Medulin

SHOPPING
Rigo, Feinkostladen mit luftgetrockneten Schinken sowie preisgekrönten Olivenölen und Weinen aus der Region. Velika ul. 5, Novigrad, www.gourmet-rigo.com
Zigante Tartufi, Geschäfte in Buje, Buzet und Pula, die auf den Verkauf von Trüffeln aus dem Tal der Mirna spezialisiert sind. www.zigantetartufi.com
Markt in Pula, ganztägiger, preiswerter Markt mit Jugendstil-Halle. Spezialitäten sind u. a. getrocknete Feigen, Fisch und Meerestiere, Wurstwaren und Käse.

ÜBERNACHTEN
Valamar Resorts: Hotels und Apartments in Poreč, Rabac und Pula, www.valamar.com
Hotel Lone: Designer-Hotel in einer Bucht nahe des Zentrums. Luje Adamovica 31, Rovinj, www.lonehotel.com
Hotel Palazzo: elegantes Hotel an der Hafenpromenade von Poreč. Obala Marsala Tita 24, www.hotel-palazzo.hr

WEITERE INFOS
Offizielles Touristisches Portal Istriens, www.istra.hr; Kroatische Zentrale für Tourismus, Rumfordstr. 7, München und Hochstr. 43, Frankfurt a. M., www.croatia.hr

Wunderschön sind die frühbyzantinischen Mosaiken in der Euphrasius-Basilika in Poreč, einer der wichtigsten Sakralbauten in Kroatien.

55. Insel Krk

Die größte der Kvarner Inseln bietet pittoreske, mittelalterliche Dörfer und malerische Badestrände. Im grünen Hinterland werden Oliven, Feigen und Wein angebaut. Für die Bemühungen um ökologischen Tourismus und saubere Strände wurde Krk mit einem Dutzend »Blauer Fahnen« ausgezeichnet.

HIGHLIGHTS
- **Krk-Brücke,** mit 1450 m die zweitlängste Stahlbeton-Bogenbrücke weltweit und die einzige Verbindung zum Festland
- **Ausflug nach Baška,** von Punat aus führt ein Panorama-Radweg entlang der Küste zu einem der schönsten Strände von Krk.
- **Dinko-Vitezic-Haus,** Museum in Vrbnic mit einer Sammlung glagolitischer Schriften aus dem 14./15. Jh.
- **Marienkathedrale,** sakraler Komplex (5. Jh.) in Krk-Stadt mit barocker Glockenkuppel
- **Pfarrkirche Sveto Trosjstvo,** Pfarrkirche in Baška mit wertvollen Gemälden, u. a. vom venezianischen Renaissancemaler Palma dem Jüngeren

KRK IM FRÜHJAHR UND SOMMER
- **Mai:** Krk's Sails, traditionelle Segelregatta in der Krk-Bucht mit abendlichen Unterhaltungsprogramm an der Uferpromenade
- **August:** Lovrečeva – dreitägige Kultur- und Unterhaltungsveranstaltung zu Ehren des hl. Laurentius, mit mittelalterlichem Markt, Seeschlacht und Schatzsuche

Ein Ausflug in die Bucht von Baška lohnt nicht nur der 30 Badestrände wegen, auch die Hafenrestaurants ziehen Touristen an.

Krk: Drei Buchstaben und viele Facetten

Mit 410 km² ist Krk die größte der kroatischen Inseln. Das erste Highlight wird bei der Anreise wortwörtlich überfahren: die 1450 m lange **Krk-Brücke**, die die Insel mit dem Festland verbindet. An der Steilküste über Krk-Stadt wacht das mächtige **Kastell** (12. Jh.) der Frankopan, einer einst mächtigen kroatischen Adelsfamilie. Besonders sehenswert ist in der Hauptstadt die **Marienkathedrale**, die auf den Resten einer Basilika (5. Jh.) erbaut und im 12. Jh. erweitert worden ist.

An der Ostküste schmiegt sich das bezaubernde Städtchen **Vrbnik** an eine steile Felsküste. Mit seinen alten Häusern und verwinkelten Gassen ruft der Ort Erinnerungen an vergangene Jahrhunderte wach. Im Zentrum befindet sich die mit einem schönen Renaissance-Glockenturm (16. Jh.) ausgestattete **Pfarrkirche Mariä Himmelfahrt**. Von hier aus bietet sich ein Spaziergang durch die malerischen Gassen an.

Kroatien

Romantischer kann ein Restaurant kaum liegen wie dieses in Njivice im Norden von Krk.

Infos und Adressen

ANREISE
Flug: ab Köln und Berlin Flüge nach Omišalj auf Krk; **Bahn:** Fernzüge bis Rijeka; **Auto:** über Salzburg nach Ljubljana, Grenzübertritt bei Rupa, über Rijeka nach Kraljevica, Zugang zur Insel über die Krk-Brücke

Beste Reisezeit
April–Okt., zum Baden: Juni–Sept.

SEHENSWERT
Biserujka, eine drei Säle umfassende Tropfsteinhöhle in der Nähe von Rudine
Rajski put, der »Paradiesweg« verbindet die Uferpromenade von Omišalj mit dem Fischerort Njivice.

ESSEN UND TRINKEN
Nada: Meeresfrüchtespezialitäten und Weinkellerei. 22, Vrbnik
Cocktail Bar Volsonis: Cocktail-Kneipe auf zwei Etagen mit integriertem Museum. U.T.O. Stanić Vela placa 8, Krk-Stadt

ÜBERNACHTEN
Hotel Malinska: 4-Sterne-Hotel und Dependance mit Familien-Apartments. Kralja Tomislava 23, Malinska, www.hotelmalin.com
Hotel Zvonimir: Luxushotel, durch die Promenade vom Strand getrennt. Emila Geistlicha 39, Baška, www.hotelibaska.hr
Pension La Perla: B&B, drei Sterne. Starobašćanska 20, Punat, www.pensionlaperla.info

WEITERE INFOS
Kroatische Zentrale für Tourismus, Rumfordstr. 7, München und Hochstr. 43, Frankfurt a. M., www.croatia.hr

Persönlicher Tipp

FRANZISKANERKLOSTER KOŠLJUN
Mit Blick auf azurblaues Wasser und eine artenreiche Flora mag das Betreten mittelalterlicher Gemäuer vielleicht nur wenig verlockend sein. Doch das in der geschützten Bucht **Puntarska draga** liegende, 6,5 ha große Eiland bietet als **Waldnaturreservat und Kulturdenkmal** Sensationen. Wie verwunschen wirken die dicht bewachsenen Pfade, die zu alten Kapellen führen. Einst diente der idyllische Ort als Sommerresidenz römischer Adliger und ging 1480 in den Besitz der Franziskaner über, die hier bis heute **Kunstschätze** sammeln. Die 30 000 Werke umfassende Bibliothek des **Franziskanerklosters Košljun** beherbergt wahre Schätze, etwa Inkunabeln und einen von weltweit drei existierenden Ptolemäischen Atlanten aus dem 16. Jh. Die einschiffige **Marienkirche** wartet mit einem kostbaren Marien-Polyptychon von Girolamo da Santacroce und mit schönen Wandmalereien auf. Im Kreuzgang kann man präparierte Tiere und Fossilien sehen, die als didaktische Hilfsmittel des ersten Gymnasiums (1894) auf Krk dienten.

In den Restaurants wird der berühmte **Weißwein Žlahtina** eingeschenkt, der zu den besten kroatischen Tropfen zählt.

Der ehemalige Fischerort **Punat** mit seinem mondänen Jachthafen wird vor allem von Seglern und Eignern von Jachten besucht. Sie schätzen die **Marina Punat**, die zu den bekanntesten adriatischen Anlegestellen gehört. Die alte **Ölmühle Stari Tos** wird heute für Ausstellungen kroatischer Künstler genutzt. Zu den einsamen Kiesstränden **Stara Baška** und **Kap Sokol** gelangt man nur per Taxiboot.

Sehenswert ist auch die im Süden gelegene Stadt Baška, deren **Pfarrkirche Sveto Trojstvo** wertvolle Gemälde birgt. Im **Museum von Baška** befindet sich außerdem eine volkskundliche Sammlung. Zum Baden, Entspannen und Genießen laden ein 2 km langer, gepflegter Kiesstrand mit vielen Eiscafés und Restaurants ein.   KS

56. Ostseeküste Rigaischer Meerbusen

HIGHLIGHTS
- **Jurmala,** 32 km lange Küstenpromenade mit herrlicher Bäderarchitektur und feinstem Sandstrand
- **Dom von Riga,** er bietet 5000 Menschen Platz. Schmuckstück ist die Walcker-Orgel von 1884 mit 6718 Pfeifen.
- **Gauja Nationalpark,** größter Nationalpark des Baltikums mit Höhlen, steilen Felsen und Kanubetrieb
- **Aerodium,** Flug und freier Fall im 200 km/h-Windkanal einer Turbine sorgt für atemberaubende Momente.
- **Schloss Rundale,** nach französischem Vorbild errichtetes Barock- und Rokokoschloss, 100 km südl. von Riga

LETTLAND IM SOMMER
- **Anf. Juni:** historischer Handwerkermarkt im Ethnografischen Freilichtmuseum. Töpfern, Weben, Schnitzen …
- **Juli:** Sänger- und Tanzfest (alle 5 Jahre, 2018 in Riga), es gehört zur UNESCO-Liste der Meisterwerke des mündlichen und immateriellen Erbes der Menschheit.
- **1. Samstag im Aug.:** Volksfest der Liven in Mazirbe mit traditionellen Trachten

In der Küstenstadt Jurmala ist der Strand besonders breit und zieht sich bis nach Riga.

Das aufstrebende Lettland entwickelt sich zunehmend zu einem attraktiven Tourismusziel. Hier beginnt die Reise in weite Waldlandschaften, zu unberührten Ostseestränden und in mondäne Küstenorte, die sich mit herausragender Bäderarchitektur zieren. Die pulsierende Hansestadt Riga versetzt mit ihrem überwältigenden Fundus an Jugendstil und Holzarchitektur ins Staunen.

Wilde Schönheit und viel Jugendstil

Riga liegt am südlichen Ende des Rigaischen Meerbusens. Folgt man dem Küstenlauf gen Osten sind es ca. 100 km bis an die estländische Grenze. Nach Westen sind es 150 km bis zur nördlichsten Spitze Lettlands nach **Kolkas**. Dieses Gebiet steht seit 1921 unter Naturschutz. Wander- und Fahrradwege führen durch unendliche Kiefernwälder, über verlandete Dünen und zu Vogelbeobachtungspunkten. Besonders im Frühjahr ziehen Hunderttausende Zugvögel über die Halbinsel. Wölfe und Luchse haben hier ihre Heimat.

In direkter Nachbarschaft von Riga liegt die 32 km lange Strandstadt **Jurmala**, die sich aus mehreren Fischerdörfern gebildet hat. Ein langer weißer Sandstrand, schwefelhaltige Heilquellen, Jugendstil-Bäderarchitektur und Flaniermeilen mit Cafés und Restaurants machen den Ort sehr beliebt.

Lettland

Die **Küste** von Riga bis nach Estland bietet lange, einsame Strände. Auch wenn im Sommer die Wassertemperaturen bis auf 20 °C steigen, lässt sich dort immer ein angenehmes Plätzchen finden. Zwischen Tuja und Meleki befindet sich ein schöner **Steinstrand** mit Kliff. Einige Kilometer landeinwärts liegt der **Gauja-Nationalpark**. Seinen Namen verdankt er dem Fluss, der ihn in vielen Windungen durchfließt. Vom Kanu aus erscheinen die hohen **Felsschluchten** besonders eindrucksvoll. Höhlen, Grotten, Adlerfelsen und rote Klippen säumen das Steilufer. Nicht nur Bären leben hier; in Lettland brüten auch 1000 Schwarzstörche, ein Zehntel der Weltpopulation. Mitten im Nationalpark liegt die Hansestadt **Cesis**, deren Wahrzeichen die Ruine der **Ordensburg** aus dem 13. Jh. ist. Auf den alten Mauern der Vorburg wurde das **Neue Schloss** errichtet. Die **Altstadt** lockt mit kleinen Gassen und Holzarchitektur. ChD

Infos und Adressen

ANREISE
Flug: Direktflüge von mehreren deutschen Flughäfen nach Riga; mit dem Taxi ca. 20 Min. in die Innenstadt

BESTE REISEZEIT
Juni–September

SEHENSWERT
Münchhausen-Museum, es erinnert an den berühmten Lügenbaron, der in Dunte heiratete und lebte: Landgut Dunte, Mai–Okt. tgl. 10–17 Uhr, Nov.–Apr. Sa/So 10–17 Uhr, Salacgrīva, www.minhauzens.lv
Alberta ieala, an vielen Fassaden in der Rigaer Albertstraße treibt der Jugendstil seine schönsten Blüten (und Ornamente).

ESSEN UND TRINKEN
XL Pelmeni: XL Pelmeni, Pelmeni mit Fleisch oder Gemüse, dazu Salat. Kleine, aber feine Auswahl. Kal u 7, Rīga, www.xlpelmeni.lv

SHOPPING
Zentralmarkt Riga, im einstigen Zeppelinhangar am Busbahnhof erhält man lokale Spezialitäten und Lebensmittel des täglichen Bedarfs.

ÜBERNACHTEN
Neiburgs: Jugendstilhotel von 1903. Geschmackvoll renoviert, verbindet es Alt und Neu sehr elegant. Jauniela 25/27, Riga, www.neiburgs.com

WEITERE INFOS
Tourist-Information, im Rathaus, Rātslaukums 6, Riga, www.LiveRiga.com

Persönlicher Tipp

RUNDGANG DURCH RIGA

Rigas wunderschönes Altstadtensemble mit gotisch-barocken Giebelhäusern, dem 2001 wieder aufgebauten Schwarzhäupterhaus, dem größten Dom des Baltikums und einer einzigartigen Jugendstil- und Holzarchitektur zählt zum UNESCO-Weltkulturerbe. Hier wurde der berühmte deutsche Dichter, Komiker und Schauspieler Heinz Erhardt geboren. Wer die Stadt auf seinen Spuren erkunden möchte, kann dies anhand einer thematischen Stadtführung tun. Das an Versailles angelehnte Barockschloss **Rundale** mit französischen Parkanlagen ist das bedeutendste Schloss Lettlands. Sowohl die schmuckreichen Innenräume als auch der Park lohnen den Besuch. Eine Reise nach Lettland bedeutet auch eine Reise zur **Musik**, die für die Balten Bestandteil nationaler Identität ist. In 2,5 Millionen meist vierzeiligen Volksliedern, den Dainas, werden alle Umstände des Lebens und ihrer Kultur besungen. Sie hielten das Land während Besatzungszeiten oder Krisen zusammen. Noch heute werden viele **Sängerfeste** veranstaltet.

Im Zentrum der Altstadt von Riga stehen die Sehenswürdigkeiten dicht an dicht – hier die gotische Petrikirche und das Schwabenhaus.

57. Malta

HIGHLIGHTS
- **Valletta,** die Inselhauptstadt ist eine völlig intakte barocke Festungsstadt, besitzt viele Museen, schöne Plätze und eine grandiose Lage am Grand Harbour.
- **Hagar Qim/Mnajdra,** zwei gut erhaltene steinzeitliche Tempel in einsamer Lage nahe dem Meer
- **Marsaxlokk,** der schönste Fischerhafen der Insel wurde schon von Phöniziern und Römern genutzt.
- **Dingli Cliffs,** Natur pur dominiert an der Steilküste im Westen der Insel.
- **Mosta,** mitten im Dorf steht eine Kirche mit einer der größten Kuppelkonstruktionen der Welt.

MALTA VON FRÜHJAHR BIS HERBST
- **April:** Feuerwerksfestival über dem Grand Harbour
- **Juli:** Isle of MTV, Open-air-Festival mit internationalen Bands und Interpreten auf dem Hauptplatz von Floriana vor den Toren Vallettas
- **Sept.:** Notte Bianca auf den Straßen Vallettas mit Konzerten aller Art
- **Nov.:** Internationales Festival der Chormusik in Valletta

Vittoriosa ist eine der historischen »Three Cities« gegenüber der Hauptstadt Valletta.

Die kleine Inselrepublik im Zentrum des Mittelmeers ist ein ideales Kurzreiseziel, denn sie bietet auf kleinstem Raum eine unglaubliche Fülle von Sehenswertem. Badetage sind hier ebenso möglich wie durchtanzte Nächte und kulinarische Weltreisen. Die geschichtlichen Zeugnisse reichen bis zu den einzigartigen Großsteintempeln aus der Jungsteinzeit zurück.

Valletta und der Grand Harbour

Der beste Start in einen Malta-Urlaub ist eine **Hafenrundfahrt** von Sliema aus. Wohin man blickt, hat man Festungen vor Augen. Mit ihnen sicherten die Malteser-Ritter die ihnen 1530 vom Kaiser als Lehen überlassene Insel Malta gegen ihren Erbfeind, die Türken. Der Rundfahrtendampfer passiert **Manoel Island**, Heimat vieler Luxusjachten, und **Tigne Point**, Standort einer Shopping Mall. An den über 100 m hoch aufragenden Mauern Vallettas vorbei geht es hinein in den **Grand Harbour**, einer langgestreckten Bucht, die die britischen Kolonialherren von 1815 bis 1963 als zentrale Basis für die Royal Navy nutzten. Von ihrem nördlichen Ufer steigen die Stadtmauern Vallettas hoch wie Wolkenkratzer auf, am südlichen Ufer sind drei Kleinstädte **Senglea**, **Vittoriosa** und **Kalkara** – jede auf ihrer eigenen Halbinsel – von Festungsmauern umgeben.

Malta

Zurück in Sliema, sind es nur wenige Schritte zum Abfahrtsort der **Fähre**, die tagsüber das moderne Sliema mit Valletta verbindet. Die Stadt wurde erst im 16. Jh. von den Malteser-Rittern gegründet und ist eine barocke Festungsstadt wie aus einem Guss. Ihre zentrale Achse ist die autofreie **Republic Street**, die schnurgerade dem Kamm des Felsrückens folgt. An ihrem oberen Ende wurde 2012/13 das neue **Parlamentsgebäude** errichtet, gleich daneben sind die Ruinen des im Zweiten Weltkrieg von deutschen Fliegern zerbombten **Opernhauses** Teil eines modernen Open-air-Theaters geworden.

An der Republic Street folgt linker Hand das **Archäologische Nationalmuseum**. Hier machen Modelle anschaulich, wie die mächtigen Großsteintempel Maltas aus der Jungsteinzeit aussahen, zudem gibt es Funde aus den Tempeln wie das Relief einer 13 Ferkel säugenden Sau oder die nur 12 cm lange Terrakottafigur der »Sleeping Lady«.

Kathedrale und Großmeisterpalast

Wenige Schritte weiter erhebt sich links an der Republic Street das klassizistische **Gerichtsgebäude**, rechts liegt der Eingang zur **St. Johns Co-Kathedrale**. Sie war die Ordenskirche der Malteser. Unter prächtigen, farbig gestalteten Bodenplatten liegen viele von ihnen begraben. Jede Seitenkapelle wurde von einer der verschiedenen im Orden vertretenen Landsmannschaften unterschiedlich gestaltet. Im **Kathedralmuseum** hängen 29 flämische Gobelins aus dem 17. Jh., im Oratorium befindet sich mit der »Enthauptung des Johannes« ein Meisterwerk des Malers Michelangelo de Caravaggio.

An der Republik Street folgt der Republic Square mit der **Nationalbibliothek** und drei hübschen Straßencafés, die zum Verweilen einladen. Namhaft ist das **Café Cordina**, in dem man unter kunstvoll bemalten Decken die vielen süßen Leckereien Maltas kosten kann. Dann gelangt man auf den Palace Square, der vom **Großmeisterpalast** dominiert wird. Zu Ritterzeiten war er quasi der Regierungspalast, heute ist er Amtssitz des maltesischen Präsidenten. In der Waffenkammer werden Hunderte von Ritterrüstungen und Waffen gezeigt. Die Prunkgemächer können besichtigt werden. Im Gobelinsaal sind zehn kostbare französische Gobelins aus der Zeit um 1700 ausgestellt, die tropische Tiere und Landschaften zeigen.

Persönlicher Tipp

TAGESAUSFLUG NACH GOZO

Maltas kleine Schwesterinsel Gozo erreicht man rund um die Uhr per **Fähre** oder mehrmals täglich mit dem **Wasserflugzeug**. Bei einem Tagesausflug streift man durch die Inselhauptstadt **Victoria** mit mittelalterlicher **Zitadelle** und zwei Opernhäusern, besucht die fjordartige **Bucht von Xlendi** und die Salinen auf den **Küstenfelsen von Marsalforn**. Ein Naturdenkmal sind der **Felsbogen Azure Window** und der **Naturtunnel** zwischen dem Dwejra Island Sea und dem offenen Meer, durch den man mit dem Boot fahren kann. Baden kann man am rötlichen Sandstrand der **Ramla Bay**. Über dem Strand soll der Legende nach Odysseus in **Calypso's Cave** mit der Nymphe Kalypso viele Jahre verbracht haben. Bedeutendstes historisches Denkmal ist der neolithische Tempelkomplex von **Ggantija** beim traditionellen Dorf **Xaghra** mit Windmühle und großem Dorfplatz. Beeindruckend ist die Dorfkirche von **Xewkija** mit ihrer 75 m hohen Kuppel. Von tiefer Gläubigkeit zeugt die von 1920 bis 1931 erbaute **Wallfahrtskirche Ta' Pinu**.

Im Frühjahr ist es in der Umgebung von Mdina am schönsten.

Barock und Renaissance sind die prägenden Architekturstile im alten Mdina.

Persönlicher Tipp

MITTENDRIN: MDINA UND RABAT
Bevor die Ritter 1530 nach Malta kamen, war Mdina-Rabat Maltas Hauptstadt. Die Römer hinterließen mit der **Domus Romana** eine ihrer typischen Villen, die frühen Christen zahllose **Katakomben**. Von den Normannen zeugt der **Palazzo Falson** (13. Jh.). Der einheimische Adel prägte das Aussehen des von mittelalterlichen Festungsmauern umgebenen Mdina. Mittelpunkt der »Stillen Stadt« ist die **Kathedrale St. Peter & Paul** (um 1700). Im **Kathedralmuseum** sind 54 Werke Albrecht Dürers zu sehen. Schön ist eine Pause im **Fontanella Tea Garden** auf der Stadtmauer mit weitem Blick über die Insel. Mehrere mittelalterliche Palazzi beherbergen gute **Restaurants**, die abends besonders stimmungsvoll sind. Vor den Toren Mdinas beginnt Rabat. Hier sind die **Katakomben St. Paul's und St. Agatha's** die Hauptattraktion. Sie bergen etwa 1000 Grabstätten unterschiedlicher Art. In einer Felsgrotte unter der **Kirche St. Paul's** soll der Apostel Paulus während seines Inselaufenthalts gelebt haben.

Besonders schön ist der Blick auf Valletta von Sliemas Hafen aus.

Unterhalb des Palace Square ist die Bebauung der Republic Street weniger repräsentativ. Rechts steht das **Casa Rocca Piccola** zur Besichtigung offen, in dem man sehen kann, wie wohlhabende Malteser noch in der Vorkriegszeit lebten. Dann mündet die Straße auf das **Fort St. Elmo** mit dem **Nationalen Kriegsmuseum**. Nächstes Ziel an der Mediterranean Street sind die **Audiovisionsschau »Malta Experience«**, die Maltas über 5000-jährige Geschichte anschaulich erzählt, und das **Ordenshospital der Ritter**. Durchs Victoria Gate kann man anschließend wieder ins Zentrum Vallettas hinaufgehen.

Strand- und Unterwasserfreuden

Zugegeben, weiße Sandstrände sind auf Malta rar, was keineswegs bedeutet, dass man nur mit dem Hotelpool vorliebnehmen muss. Schöne Strandabschnitte befinden sich im wenig besiedelten Nordwesten der Insel, etwa bei **Cirkewwa**, wo die Fähre nach Gozo ablegt. Unterhalb einer Steilküste lockt der 100 m lange, trubelige Sandstrand **Paradise Bay**. Wegen ihres kristallklaren Wassers und der faszinierenden **Unterwasserwelt** ist die Bucht auch bei Tauchern sehr gefragt. **Mellieha** und die flachen Zwillingsstrände **Golden Bay** und **Ghain Tuffieha** eignen sich besonders für Familien mit Kindern. Das Angebot für Freizeitsportler ist dort groß und reicht von Wasserski über Reiten bis Paragliding. Der Sandstrand **Armier Bay** am nördlichsten Zipfel Maltas ist bei Einheimischen besonders beliebt. KB

Malta

Infos und Adressen

ANREISE
Flug: ganzjährig Direktflüge nach Malta von vielen Flughäfen in den deutschsprachigen Ländern aus; **Schiff:** Autofähren ab Pozzallo und Catania auf Sizilien

BESTE REISEZEIT
Mai–Oktober

SEHENSWERT
Blue Grotto, mit kleinen Motorbooten geht es von Wied iz-Zurrieq aus in die Blauen Grotten an der Westküste hinein.
Buskett Gardens, in Maltas einzigem Wald reifen auch Zitronen- und Orangenbäume.
Tarxien und Paola, in nur 10 bis 15 Min. gelangt man von Valetta in den Vorort Tarxien, wo die größte neolithische Tempelanlage stand. Von hier geht es zu Fuß weiter zum dreigeschossigen Hypogäum, dem wohl grandiosesten von Steinzeitmenschen geschaffenen Bauwerk.
Mellieha, die Kirche im großen Dorf war schon zu Ritterzeiten ein Pilgerziel, in den Tunneln ganz in der Nähe suchten die Einheimischen im Zweiten Weltkrieg Schutz vor deutschen Bomben.
Popeye Village, die Filmkulisse für den Spinat liebenden Comic-Helden gleicht einem Piratendorf in der Südsee und lockt vor allem Familien an. Sommer tgl. 9.30–17.30 Uhr, Winter 9.30–16.30 Uhr, Anchor Bay, Mellieha, www.popeyemalta.com
Ghar Dalam, in der 50 m langen Höhle zeugen Knochen von Zwergelefanten, Flusspferden, Wölfen und Bären vom Leben auf Malta vor über 10 000 Jahren. Mo–So 9–17 Uhr
Aviation Museum, das Luftfahrtmuseum im Kunsthandwerkerdorf Ta' Qali zeigt restaurierte Maschinen wie eine »Spitfire« und eine »DC 3«. Mo–Sa 9–17 Uhr, Ta' Qali Airfield, www.maltaviationmuseum.com
Malta Classic Car Collection, Sammlung von über 70 Oldtimern. Mo–Fr 9–18 Uhr, Sa 9–13 Uhr, Klamaria St., Qawra, www.classiccarsmalta.com

ESSEN UND TRINKEN
Giannini: feine mediterrane Küche, auf einer Bastion der Stadtmauer mit Panoramablick.

Windmill St. 23, Valletta
Trabuxu Wine Bar: trendige Snacks und Köstlichkeiten zum Wein in einem 350 Jahre alten Kellergewölbe. Strait St. 1, Valletta
Blue Creek: Fischrestaurant an einsamer Küste mit ins Meer vorspringender Terrasse. Ghar Lapsi
Ta Marija: maltesische Spezialitäten, häufig Livemusik und Folklore-Shows. Constitution St., Mosta

AUSGEHEN
Paceville: Im Diskotheken-Viertel von St. Julian's treffen an Sommerwochenenden junge Einheimische und Urlauber aufeinander.
Manoel Theatre: Theater und Konzerte im 1732 erbauten Theater. Old Theatre St., Valletta

SHOPPING
Valletta, Haupteinkaufsstraße ist die Republic Street; im unteren Teil filigrane Silberarbeiten
Sliema, moderne Geschäfte in Maltas neuester Shopping Mall, »The Point«, in Sliema
Ta' Qali, traditionelles Kunsthandwerk (Glasbläserei, Keramik) in den Hangars eines alten Flugplatzes bei Mdina

ÜBERNACHTEN
Hilton: Luxushotel am Meer mit einer eigenen Marina. Portomaso, St. Julian's, www.hilton.de/malta
Palazzo San Pawl: Apartments in einem Stadthaus aus der Ritterzeit mit Dachterrasse. St. Paul's St. 318, Valletta, www.livinginvalletta.com
Fortina SpaResort: ganz auf Wellness eingestelltes First-Class-Hotel. Tigne Seafront, Sliema, www.hotelfortina.com
Osborne: traditionsreiches Haus in einer historischen Gasse im Zentrum. South St. 50, Valletta, www.osbornehotel.com

WEITERE INFOS
Fremdenverkehrsamt Malta, Schillerstr. 30–40, Frankfurt a. M., www.urlaubmalta.com

Wie in alten Tagen fahren auch heute noch Fiaker durch die Gassen Vallettas und manch anderer maltesischen Stadt.

58. Agadir, Casablanca, Rabat

Der Stolz der Hauptstadt: das Mausoleum Mohammed V.

HIGHLIGHTS

- **Medina d'Agadir,** ein Erdbeben vernichtete die Stadt 1960 vollständig, 30 Jahre später erbaute Coco Polizzi die »neue Altstadt« auf einer Anhöhe aus Materialien der Umgebung.
- **Arganeraie,** Biosphärenreservat zum Schutz der Arganbäume, deren kostbares Öl u. a. für kosmetische Produkte verwendet wird.
- **Villa des Arts,** marokkanische Kunst der Moderne, in einer Art-Déco-Villa in Casablanca
- **Chellah in Rabat,** die Nekropole hoch über dem Bou-Regreg ist ein stimmungsvoller Ort.
- **Hassan-Turm in Rabat,** markiert imposant die Überreste der Großen Moschee und das Mausoleum Mohammed V.

DIE MAROKKANISCHE ATLANTIK-KÜSTE IM SOMMER

- **Mai:** Candles Festival, Umzug zu Ehren des Stadtpatrons mit Musik und Akrobatik. Salé
- **Mitte Juli:** Timitar Festival, 40 Künstler und 500 000 Besucher feiern zu Berber-Musik.
- **Juli:** Casablanca Festival, Film-, Kunst- und Musikdarbietungen

Über 1500 km erstreckt sich die Atlantikküste Marokkos und bietet für jeden Geschmack etwas – weite Strände, ruhige Buchten und im Winter wunderbare Surfwellen. Dazwischen spiegeln drei Städte mit einer ganz eigenen Ausstrahlung das moderne Marokko: das frische Agadir, das geheimnisvolle Casablanca und das repräsentative Rabat.

Sonnenziel für Winterflüchtlinge

Fast nicht vorstellbar, dass die Wellen Tausende von Kilometern Anlauf genommen haben, um in dieser Bucht auszulaufen und sacht über den gelben Strand zu streicheln, bevor sie versickern. Zwar ist der Atlantik nicht immer so friedlich in **Agadir**, aber an vielen der 320 Sonnentage gibt sich das Weltmeer zahm und verwöhnt die Badegäste mit Plätscherwellen. Fast 10 km zieht sich der Strand hin, flankiert von einer palmenbestandenen Promenade mit Cafés und Restaurants. Agadir gilt als einer der preiswertesten Touristenorte Afrikas mit vielfältigen Sportmöglichkeiten – Golf, Tennis, Wassersport. Wie kaum eine zweite Stadt im Staat steht Agadir für das junge und neue Marokko, ein

Marokko

Land an der Schwelle zur Moderne. Während die alten Königsstädte Fes, Meknes und Marrakesch im Landesinneren liegen, dehnen sich die Städte des modernen Marokko, neben Agadir auch Casablanca und Rabat, am Atlantik aus.

Nördlich von Agadir verliert sich die Küste im feinen Dunst im Unendlichen. Wellenreiter finden von Oktober bis Mai in **Anchor Point**, **Hash Point** und **Banana Beach** erstklassige Surfspots. Rund um **Taghazout**, **Immusouane** und **Tamrakht** gehört in den Wintermonaten das Board unterm Arm zum guten Ton. Dagegen bildet in Agadir eher der Golfschläger das standesgemäße Equipment: Drei Parcours bieten ein unter Umweltaspekten zwar bedenkliches, dafür aber höchst ästhetisches Vergnügen.

Hexenkessel Casablanca

Casablanca ist die größte Stadt Marokkos mit mehr als drei Millionen Einwohnern. Hier regiert das Chaos – scheinbar, denn trotz Hupen, Hektik und haarsträubenden Manövern fließt der Auto- und Mopedstrom durch Häuserschluchten und Kreisverkehre. Viele Gebäude machen einen heruntergekommenen Eindruck, von manchen Art-déco-Perlen blättert der weiße Putz. Im sogenannten »Französischen Viertel« sehen die Straßenzüge aus wie in Bordeaux oder Marseille – nur unverändert seit den 1950er-Jahren. Natürlich gibt es Vorzeigebauten: zuallererst die **Moschee Hassan II.**, errichtet vor 20 Jahren. Sie ist direkt ans Meer gebaut und fasst drinnen und draußen mehr als 110 000 Gläubige. Das Dach der Moschee, kunstvoll geschnitzt, kann aufgeschoben werden. Zedernholz, Mosaike und Gipsarbeiten sind Marokkos traditionelle Materialien des Kunsthandwerks und sie schmücken oft auch äußerlich wenig beeindruckende Gebäude. Den **Gouverneurspalast** zum Beispiel, der früher als Gericht genutzt wurde. Im Innenhof sprudelt ein Brunnen, ringsum sind Mosaike angebracht, kaum beachtet von den geschäftigen Stadtbediensteten. Deutlich gemessener sind die Bewegungen auf dem alten **Olivenmarkt**, der sich unweit der Paradehotels in einem Innenhof versteckt. Das Obst türmt sich, es gibt Korbwaren und Gewürze, fangfrische Meeresfrüchte liegen auf Eis – und es ist fast bedauerlich, dass man seinen Herd nicht dabei hat. Senkt sich dann über all dem Betrieb die Nacht, kommt wieder ein ganz anderes Casablanca zum Vorschein – so als sei nach der europäischen Arbeitsdisziplin des Tages nun die arabische Seele

Persönlicher Tipp

MAROKKANISCHER MINZTEE
Er ist heiß, süß und schmeckt derart intensiv, dass fortan jeder Beutel-Pfefferminztee als Beleidigung der Geschmacksnerven empfunden wird: der marokkanische Minztee »Nana«. Zur Zubereitung ihres Nationalgetränks verwenden die Marokkaner ein Silberkännchen, in das ein Teelöffel grüner Tee kommt, der mit heißem Wasser übergossen wird. Der Sud kocht über einer Gasflamme auf; meist wird dieser erste bittere Aufguss weggegossen. Zum Grüntee gibt man ein Bündel frischer Minze, das mit Wasser aufgekocht wird. Erst jetzt kommt Zucker dazu, traditionellerweise in Stangen. Etwa 150 g Zucker ist die Dosis für 400 ml Tee. Bei der klassischen marokkanischen Teezeremonie werden Tee und Zucker mehrfach hin- und hergegossen, bis eine sandkornabweisende Schaumschicht entsteht. Die Berber nennen den Tee auch *Whisky Maroc*, weil er die gleiche Farbe wie der Getreidebrand hat. Wer sich in den Souks auf ein Verkaufsgespräch einlässt, wird im Süden des Landes meist auf ein Glas *Habednana* eingeladen.

Mit Liebe zum Geschäft: Soukgasse in Essaouira.

Freundlicher Empfang: Essaouria ist auf Fremde eingestellt.

Persönlicher Tipp

ESSAOUIRA

Worte reichen nicht aus, um Essaouira zu beschreiben: die Weiße, die »Windigste«, die Künstlerstadt. Übersetzt heißt Essaouira die »Vollendete«, und das trifft es gut angesichts der herrlichen Lage über dem Atlantik, der (blau-)weißen Häuser und der geheimnisvollen Medina. Der beständige Westwind sorgt für ein angenehmes Klima in der mehr als 2500 Jahre alten Stadt. Die jüngere Geschichte Essaouiras ist sehr wechselhaft: Im 20. Jh. ließen der Hafenbau in Casablanca, die Verbindungsstraße zwischen Agadir und Marrakesch und die Abwanderung der ansässigen Juden nach Israel die Stadt beinahe in der Bedeutungslosigkeit versinken. Die Hippies, allen voran Jimi Hendrix, entdeckten das vergessene Essaouira neu, seitdem zieht es als Künstlerstadt Individualisten aus aller Welt an. Einer der Glanzpunkte im städtischen Kulturleben ist »Gnaoua«, das Musikfestival am Meer, bei dem jährlich im Juni traditionelle Instrumente wie Gimbri (Zupflaute), T'bol (Trommel) und Qarqaba (Eisenklappern) erklingen.

Ein schattiges Plätzchen unter Palmen bieten die Restaurants in der Medina von Agadir.

dran; dann schwärmen die Menschen aus, um bei den fliegenden Händlern am **»Tor von Marrakesch«** einzukaufen oder über die Amüsiermeile Corniche zu schlendern.

Plätze für Verliebte

Bei **Rabat** liegt der Fall anders, schließlich handelt es sich um die Hauptstadt. Deswegen ist alles ein bisschen gepflegter, frischer, grüner. Jasmin-, Oleander- und Hibiskusbüschen, Bougainvilleen, hellblaue Petunien, rote Jacarandas und steife Arokarien – sie alle wachsen auch im andalusischen **Garten der Kasbah**, die aus der Almohadenzeit stammt. Dicke, ockerfarbene Mauern und trutzige Tore schützen die **Oudaya-Festung** und die dahinterliegenden Gassen. In aberwitzigen Biegungen verlaufen sie hügelaufwärts, die unteren Drittel der weißen Häuser sind blau gestrichen, zum Schutz gegen Ungeziefer. Aus einer Koranschule dringen helle Kinderstimmen – bis sie zehn Jahre alt sind, werden Mädchen und Jungen gemeinsam im Koran unterrichtet. Diese Schulen gehören zu den fünf wichtigen Merkmalen alter marokkanischer Stadtviertel. Außer einer Moschee zählen dazu noch ein Brunnen, ein Dampfbad und ein Ofen, in dem die Frauen das vorbereitete Brot über einem Holzfeuer backen können. Eine Brücke über den **Bou-Regreg** verbindet Rabat mit der Stadt **Salé**, bunte Holzboote dümpeln im Fluss, in den das Atlantikwasser drückt – ein Anblick zum Schwärmen, am besten von der »Terrasse der Verliebten« in der Kasbah aus. BM

Marokko

Infos und Adressen

ANREISE
Flug: von allen größeren deutschen Flughäfen Direktflüge nach Agadir, nach Casablanca tgl. nur ab Berlin und Frankfurt; keine Direktflüge nach Rabat-Salé, **Bahn:** Das Schienennetz der ONCF verbindet fast alle größeren Städte Marokkos miteinander; **Schiff:** Fähren ab Algeciras/Spanien nach Tanger oder Ceuta

BESTE REISEZEIT
März–Oktober

SEHENSWERT
Le Musée du Patrimoine Amazigh, im kleinen Museum dreht sich alles um Kultur und Kunsthandwerk der Berber, mit Schwerpunkt auf dem Schmuck. Mo–Sa 9.30–17.30 Uhr, Avenue Hassan II, Agadir
Moschee Hassan II., nach Mekka die größte Moschee der Welt, direkt am Meer – ein unfassbar großer Bau mit schönen handwerklichen Details. Boulevard Sidi Mohammed Ben Abdallah, Casablanca
Musée Archéologique, überschaubare Sammlung archäologischer Funde von der Steinzeit bis zur islamischen Herrschaft. Tgl. (außer Mi und am Wochenende) 8–12 und 15–18 Uhr, Rue Brihi 23, Rabat

ESSEN UND TRINKEN
Restaurant Johara: gutes Restaurant mit empfehlenswerter Fisch-Tajine (dem würzigen Rotbarsch-Eintopf) direkt an der Strandpromenade. Boulevard du 10 Aôut, Agadir
Café Maure: atmosphärisches Restaurant in der Mauer zur Medina, mit lauschigen Sitzecken drinnen und im üppigen Garten. Boulevard des Almohades, Casablanca
Restaurant el-Bahia: marokkanische Spezialitäten, schöne Lokalität direkt an der Mauer zur Medina. Bab Lbouia 4 Avenue Hassan II., Rabat

AUSGEHEN
Dreams Night Club, eine gute Adresse in Partytown für alle Nachtschwärmer – Restaurant, Bar und Lounge. Boulevard Tawada/Avenue Mohammed V., Agadir
Rick's Café, die Amerikanerin Kathy Kriger lebt hier ihren Traum: Rick's Café (in werbewirksamer Anlehnung an den Filmklassiker »Casablanca« mit Humphrey Bogart und Ingrid Bergmann) ist ein stimmungsvoller Ort mit weißen Säulen, gut bestückter Bar und Pianoman. 248, bd. Sour Jdid, Casablanca
Le Puzzle, schicke Bar mit Livemusik im Studentenviertel Agdal. 79, avenue Ibn Sina, Rabat

SHOPPING
Olivenmarkt von Casablanca, in Hafennähe;
Quartier des Habous, der Stadtteil ist das Zentrum des Kunsthandwerks.
Rue de Consuls in Rabat, viele Verkaufsstände unter hohen schmiedeeisernen Rundbögen
Targanine in Agadir, kosmetische Produkte aus dem kostbaren Arganöl. Rue de Marrakech, Ouchen Nr. 12, www.targanine.com
Nouvelle medina in Ben-Sergao, Zusammenschluss diverser Werkstätten: Töpferwaren, Teppiche. An der Straße nach Inezgane

ÜBERNACHTEN
Hotel La Kasbah Agadir: stimmungsvolles Stadthotel mit 200 Bungalows (und Animationsangebot) in einem großen Garten. Boulevard du 20 Aôut, Agadir
Art Palace Suite & Spa: arabisch-modern ausgestattetes First-Class-Hotel hinter einer unscheinbaren Fassade. Boulevard d'Anfa/4, rue Soldat Benhamou Casablanca, www.artpalacehotel.com
Hotel Bellerive Casablanca: zwar nicht in der Stadtmitte, dafür zentral im Ausgehdistrikt und meernah gelegen, 38, boulevard de la Corniche, Casablanca.
Riad a La Belle Etoile Salé: toller Blick auf die Kasbah von Rabat, schöne Zimmer, eine luftige Terrasse in Meer- und Flussnähe. Rue Saniat Sabounji Bab Bouhaja, Rabat, www.riad-alabelle-etoile.com

WEITERE INFOS
Staatliches Fremdenverkehrsamt von Marokko, Graf-Adolf-Str. 59, Düsseldorf, www.visitmarokko.com

Prunk am Atlantik: Die Moschee Hassan II. in Casablanca ist die zweitgrößte Moschee der Welt.

59. Marrakech

HIGHLIGHTS
- **Koutoubia**, das über 800 Jahre alte Minarett am Rande der Medina zählt zu den kunsthistorisch wertvollsten Bauten Marokkos.
- **Medersa Ben Youssef**, Kunst am Bau in schönster maurischer Prägung zeigt die alte islamische Hochschule in der Medina.
- **Palmeraie**, typisch nordafrikanische Landschaft und beliebtes Ausflugsziel der Marrakechi
- **Ait Ben Haddou**, ein typisches Berberdorf jenseits des Atlas-Gebirges, UNESCO-Weltkulturerbe
- **Essaouira**, Marokko maritim – eine Kleinstadt mit viel Flair, mediterran und maurisch zugleich

MARRAKECH VON SOMMER BIS WINTER
- **Juni/Juli:** beim Folklore-Festival zeigen Teilnehmer aus allen Regionen Marokkos ihre Trachten, Tänze und ihre Musik.
- **Juli: Timitar-Festival**, viele Konzerte, vor allem Musik der Berber-Stämme
- **Ende Nov./Anf. Dez.:** 10-tägiges internationales Filmfestival unter der Schirmherrschaft von Prinz Moulay Rachid von Marokko

Der Jardin Majorelle war lange im Besitz des Modeschöpfers Yves Saint-Laurent.

Nach Marrakech fliegt man vor allem wegen der unvergleichlich orientalischen Atmosphäre der Stadt, wie sie kein anderes Mittelstreckenziel zu bieten vermag. In der Altstadt, der Medina, sind die traditionellen Handwerksbetriebe noch immer direkt an den Marktgassen, den Souks, angesiedelt. Wohnen kann man dort in alten Kaufmannshäusern, den Riads.

Im Bann der Souks

Jeder Souk in Marrakech trägt seinen eigenen Namen und ist vorrangig Standort von Händlern, die alle Waren der gleichen Art feilzubieten haben. Da gibt es den **Souk Smarine** für Textilien- und Korbhändler, den **Souk el Kebiri** für Juweliere und Silberschmiede, den **Souk Cherratine** für Lederhändler, den **Souk Chouari** für Holzschnitzer und viele andere mehr. Besonders fotogen sind die unter freiem Himmel gelegenen **Werkstätten der Wollfärber** und das **Viertel der Gerber**, das der Nase freilich einiges abverlangt. Ideal wäre es, sich einfach tagelang durch all diese Märkte treiben zu lassen. Doch das ist nicht so einfach: Zum einen fällt die Orientierung anfangs schwer, zum anderen bieten sich ständig selbst ernannte Fremdenführer jeden Alters an, um den Fremden zu begleiten (und in die Läden von Freunden und Verwandten zu führen). Am besten gibt man einem der Führer den Zuschlag,

Marokko

Abends ist das Treiben auf der Jemaa el Fnaa besonders lebhaft und stimmungsvoll.

der halbwegs sympathisch erscheint und mit dem man sich auch leidlich unterhalten kann – dann wird man zumindest nicht ständig von neuen Führern bedrängt. Lieblingsziel aller Führer sind **Teppichgeschäfte**. Wer keinen zu kaufen plant, sollte spätestens hier seine Liaison mit dem Führer beenden.

Historische Bauten

Natürlich hat eine über 1000 Jahre alte Stadt wie Marrakech mehr als Märkte und Folklore zu bieten. Vom einstigen Glanz der alten Königsstadt zeugt himmelhoch aufragend das quadratische **Minarett der Koutoubia-Moschee**, das einst komplett mit farbigen Kacheln verkleidet war. Als schönstes Tor der noch immer fast vollständig von ihren Lehmziegelmauern umgebenen Altstadt Medina gilt das **Bab Agnaou**, erbaut aus bläulich schimmerndem Kalkstein. Es führt u. a. zur **Kasbah-Moschee** aus dem 12. Jh. mit den **Saadier-Gräbern** aus dem 16. Jh., die als Grabanlage im Gegensatz zu noch für Gebete genutzten Moscheen auch innen besichtigt werden darf. Nur von außen betrachtet werden dürfen hingegen die Mauern des heutigen **Königspalastes Dar el Makhzen**, den der marokkanische Monarch bei seinen vielen Reisen durchs Land gern nutzt. Er grenzt an die Ruinen und Gärten des **Palais El Badi**, wo alljährlich das größte Folklore-Festival des Landes mit prächtigen Reiterspielen stattfindet. Das nahe **Palais de la Bahia** mit seinen schönen Gärten ist ein Bau des 19. Jh., das **Palais Dar Si Said** aus der gleichen Zeit dient heute als **Museum für marokkanische Volkskunst**. Einer der bedeutendsten historischen Bauten der Stadt ist die ehemalige islamische Hochschule **Medersa Ben Youssef**, in deren 150 Zellen von 1564 bis 1960 jeweils etwa 900 Studenten lebten und lernten. Zu ihren Schmuckelementen zählen – wie in Marokko üblich – kunstvolle Zedernholz-Schnitzereien, verspielte Gipsstuckaturen und farbenreiche geometrische Kachel-Mosaike.

Palmenhaine und Gärten

Zum besonderen Reiz von Marrakech zählt auch die landschaftliche Lage der Stadt mitten in der weiten Haouz-Ebene vor der eindrucksvollen Silhouette des bis in den Mai hinein von Schnee bedeckten Hohen Atlas. Schönster Kontrast dazu sind die Palmenhaine und Gärten am Stadtrand. Die **Aguedal-Gärten** im Süden der Stadt sind Teil eines uralten Olivenhains. In den bereits im 12. Jh. angelegten **Menara-Gärten**

Persönlicher Tipp

ABENDS AUF DER JEMAA EL FNAA
1001 Nacht wird jeden Abend auf der Jemaa el Fnaa lebendig. Gruselig ist nur der Name, der auf Deutsch »Platz der Gehenkten« bedeutet. Heute ist er ein Ort volksnahen Vergnügens. Am besten setzt man sich auf die Veranda oder Dachterrasse eines Cafés am Rand des Platzes und nimmt Gerüche, Geräusche und Geschehen bei einem Glas marokkanischen Minztees in sich auf. Gut mit Dirham-Münzen bestückt, kann man sich dann unter das aus allen Landesteilen zusammengeströmte Volk mischen, den tänzelnden Bewegungen der Kobra folgen, für die der Schlangenbeschwörer die Flöte spielt und bewundern, mit welcher Ruhe er Skorpione über seine Stirn laufen lässt. Man kann die stumpfen Trommelschläge der **Gnaoua**, der in lange weiße Gewänder gehüllten schwarzhäutigen Musikanten, im Bauchfell verspüren, den blitzschnellen Saltos der rot gewandeten Akrobaten mit den Augen folgen oder verspüren, wie aufmerksam die Einheimischen den Märchenerzählern lauschen, die in 1001 Nacht auf keinen Fall fehlen dürfen.

Wasserverkäufer gehören zu den fotogensten Motiven in marokkanischen Städten.

Persönlicher Tipp

WOHNEN IM RIAD

In der Königsstadt Marrakech wird es dem Reisenden leicht gemacht, marokkanische Lebensart mit allen Sinnen wahrzunehmen. Dazu wohnt man am besten in einem der nahezu 3000 Riads in der **Medina**. Immer mehr dieser ehemaligen Kaufmannshäuser werden jetzt in äußerst stimmungsvolle, kleine Hotels umgewandelt. Im **Innenhof** ist man völlig von der Außenwelt abgeschirmt und doch ganz im Maghreb: Kleine Brunnen sprudeln über bunten Kacheln, frisch gepflückte Rosenblätter schwimmen auf dem Wasser. Vögel zwitschern, bunte Glaslampen verströmen ihr farbiges Licht, auf weichen Polstern wird **Minztee** serviert. Die wenigen Zimmer rund um den Innenhof sind mit den Werken einheimischer Tischler und Polsterer eingerichtet, abends klingen monotone Trommelschläge naher Musikanten ans Ohr, morgens wird man vom fremdartigen **Gebetsruf** des Muezzin geweckt. Geht man aus dem Haus, ist man gleich mittendrin im Gewusel der Gassen, von dem man auf dem Dachgarten herrlich unbelästigt entspannen kann.

Entspannung in historischem Ambiente bieten die Riad-Hotels in der Altstadt.

nahe dem Flughafen wird heute viel Obst angebaut. Ein beliebter Treffpunkt und Picknickplatz der Einheimischen ist die 150 km² große **Palmeraie** im Norden mit ihren so afrikanisch anmutenden Dattelpalmen. Als schönster aller Gärten gilt jetzt der **Jardin Majorelle** in der Neustadt mit seiner Blütenpracht und seinen vielen Pflanzen aus aller Welt. Der französische Maler Louis Majorelle (1859–1926) ließ ihn anlegen; zuletzt war er im Besitz des 2008 verstorbenen französischen Modeschöpfer Yves Saint-Laurent.

Irgendwann wird man wissen wollen, woher all die Menschen kommen, die Marrakech so bunt und farbig machen. Dann ist es Zeit für ein oder zwei Tagesausflüge. Der eine führt über den 2260 m hohen Gebirgspass **Tizi-n-Tichka** ins etwa 200 km entfernte, wie eine Filmkulisse wirkende Dorf **Ait-Ben Haddou**, das zum UNESCO-Weltkulturerbe zählt. Seine Häuser und typisch südmarokkanischen Wohntürme, Kasbahs genannt, sind ganz und gar aus Stampflehm erbaut. Wer in Marokko einmal ans Meer möchte, fährt nach **Essaouira** direkt am Atlantik. In der erst im 18. Jh. neu angelegten **Medina** haben sich viele internationale Künstler und marokkanische Kunsthandwerker angesiedelt, die vor allem Holzintarsienarbeiten fertigen. Der Fischereihafen gehört zu den größten, der Sandstrand zu den längsten des Landes. KB

Marrakech

Infos und Adressen

ANREISE
Flug: ganzjährig Direktflüge von mehreren deutschen Flughäfen nach Marrakech, alternativ Verbindungen via Casablanca

BESTE REISEZEIT
Oktober–Mai

SEHENSWERT
Bab Debbagh in Marrakech, von der Terrasse dieses Stadttors aus ist der Blick auf die Gerbereien besonders gut.
Hotel La Mamounia, im traditionsreichsten Luxushotel Marrakechs, 1923 von den französischen Kolonialherren erbaut, stieg Winston Churchill in den 1940er- und 1950er-Jahren häufig ab, Zimmer 300 war stets für ihn reserviert. Gut für einen Drink: die Churchill-Bar im Stil jener Zeit.
Musée de Marrakech, moderne und historische Kunst und Kunsthandwerk, viel Keramik. Ganzjährig tgl. 9–18.30 Uhr, Place Ben Youssef, Marrakech-Medina,
www.museedemarrakech.ma

AUSGEHEN
Palais Gharnata, prunkvoller Stadtpalast von 1920, jeden Abend Folklore-Show zu traditionellem marokkanischen Essen. Derb El Arsa 5–6, Marrakech-Medina
Pacha, eine der größten Diskotheken Afrikas mit einer der stärksten Sound-Anlagen (50 000 Watt), viel Techno und Funk. Bd. Mohamed VI, Marrakech-Neustadt
Place du 16 Novembre, am zentralen Platz des Neustadtviertels Gueliz in Marrakech sind Cafés, Bistros, Eisdielen und Restaurants den ganzen Abend über belebt.

SHOPPING
Die **Souks** in Marrakech sind eines der größten Shopping-Areale der Welt. Um den Preis zu feilschen ist hier fast Pflicht. Den Handel beginnen sollte man allerdings nur bei echtem Kaufinteresse;
Avenue Mohammed V., Hauptgeschäftsstraße in der Neustadt (Gueliz) mit vielen international ausgerichteten Geschäften

ESSEN UND TRINKEN
Le Foundouk: modern-orientalisch möbliertes Restaurant in einer ehemaligen Karawanserei, Dachterrasse, marokkanische Spezialitäten à la carte. Souk Hal Fassi 55, Marrakech-Medina
Comptoir Dana: typisch marokkanisches Edel-Restaurant mit Folklore-Show und einer schönen Terrasse mit Kerzenlicht. Avenue Echouhada, Marrakech-Neustadt
Al Fassia Guéliz: von Frauen betriebenes, modernes Restaurant mit traditioneller marokkanischer Küche à la carte. Bd. Zerktouni 55, Marrakech-Neustadt
Brasserie de Flore: rustikale französische Küche im Pariser Flair des frühen 20. Jh., auch viel Schweinefleisch auf der Karte. Place du 16 Novembre, Marrakech Plaza, Neustadt

ÜBERNACHTEN
Riad Sable Chaud: traditioneller Riad im Stil eines Boutique-Hotels mit nur fünf ganz unterschiedlich eingerichteten Zimmern und wunderschönem Innenhof. Bab Doukkala (Medina), www.riadsablechaud.com
Bordj Dar Lamane: kleiner Riad im Herzen der Medina nahe der Jemaa el Fnaa. Place Ben Salah, Derb El Koudia 11, www.marokko-exklusiv.de
Sherazade: Riad unter deutsch-marokkanischer Leitung mit 26 Zimmern und eigenem Restaurant. Djerb Djamaa 3, www.hotelsherazade.com
Selman Marrakech: Luxushotel im maurischen Stil mit 80 m langem Pool, stimmungsvollem Spa und Araberpferden aus eigener Zucht auf einem 6 ha großen Anwesen.
Km 5 Route d'Amizmiz, www.selman-marrakech.com
Naoura Barriere: luxuriöses Hotel in schönem Garten nahe der Medina, orientalischer Spa-Bereich. Djebel Alakdar/BadDoukkala, www.lucienbarriere.com

WEITERE INFOS
Marokkanisches Fremdenverkehrsamt,
Graf-Adolf-Str. 59, Düsseldorf, www.visitmorocco.com

An den Marktständen von Marrakech wird auch traditionelle Medizin angeboten.

167

60. Skopje / mazedonischer Südwesten

HIGHLIGHTS
- **Festung Kale,** nördlich des Vardar lockt die Feste mit Panoramablick über die Altstadt von Skopje.
- **Moschee Mustafa Pascha,** Skopjes berühmteste und größte Moschee, 1492 erbaut
- **Sveti Jovan Kaneo,** die Kirche liegt etwas außerhalb von Ohrid auf einem Felsen, der eine wunderschöne Aussicht bietet und über einen Wanderweg gut zu erreichen ist.
- **Halveti Teke,** eines der schönsten Beispiele für ottomanische Architektur in Struga. Das islamische Kloster stammt aus dem 18. Jh.
- **Nationalpark Galiãica,** Gebirgslandschaft zwischen Ohrid- und Prespasee, verspricht Ruhe vom Trubel in Ohrid und Struga

MAZEDONIEN IM SOMMER UND HERBST
- **Juli:** Balkan-Folklore-Festspiele in Ohrid
- **Juli–Aug.:** Ohrid-Sommer mit Theater und Konzerten
- **Aug.:** Llinden – Tag des nationalen Aufstands 1903 (2.8.); Schwimm-Marathon in Ohrid
- **Okt.:** de:sonanz in Skopje, Festival mit elektronischer Musik und Medienkunst

Moscheen und Hamams zeugen in Skopje von der einstigen osmanischen Herrschaft.

Mazedonien, das kleine Land auf dem südlichen Balkan, ist immer noch ein eher unbekanntes Reiseziel. Zu Unrecht! Die aufstrebende Republik steht Touristen aufgeschlossen gegenüber und bietet einiges zu entdecken: lebendige Städte wie Skopje, Ohrid oder Struga und beliebte Ferienareale wie den Ohrid- oder den Prespasee.

Auf den Spuren osmanischer Herrschaft

Wer über **Skopje** anreist, sollte der mazedonischen Hauptstadt in jedem Fall einige Tage schenken, immerhin blicken die über 500 000 Bewohner auf eine äußerst turbulente Stadtgeschichte zurück. Zwischen westlicher und östlicher Zivilisation liegend, wurde Skopje über Jahrtausende hinweg erobert, vernichtet und wiedererrichtet. All das hat Spuren hinterlassen. So zieren zum Beispiel heute noch Moscheen, Hamams und Karawansereien, die während der 500-jährigen osmanischen Herrschaft entstanden, das Stadtbild. Auch von serbischer Herrschaft und Titos sozialistischer Diktatur weiß die Stadtarchitektur zu berichten. Erst seit 1991 ist der kleine Balkanstaat unabhängige Republik.

Am besten lässt sich die Stadt bei einem gemütlichen Spaziergang entlang des Flusses **Vardar** erkunden, mit der Altstadt im Norden und dem »modernen« Skopje im Süden.

Mazedonien

Der städtischen Sommerhitze entflieht man gen Südwesten, wo die Region rund um **Ohrid- und Prespasee** – an der Grenze zu Albanien und Griechenland – eine beliebte Bade- und Ferienregion bildet. Was Unterkünfte und Restaurants anbelangt, müssen Touristen zum europäischen Standard sicher ein paar Abstriche machen, doch dies machen Preisniveau, die landschaftliche Schönheit der Gegend – beispielsweise im **Nationalpark Galiãica** mit seinen herrlichen Wanderrouten – und der Charme von Orten wie dem UNESCO-Welterbe-Städtchen Ohrid vollends wett. Meer sucht man in Mazedonien vergeblich. Dafür kann der Ohridsee als einer der größten und tiefsten Seen des Balkans mit rund 350 km² Fläche punkten, dazu mit vielen Kieselstränden, zahlreichen kulturellen Veranstaltungen über den Sommer hinweg – und köstlichen fangfrischen Forellen. DH

Persönlicher Tipp

DAS UNESCO-WELTERBE OHRID ERKUNDEN

Malerisch direkt am gleichnamigen See gelegen, gilt Ohrid für viele als die schönste und attraktivste Stadt des Landes. Auch die UNESCO sah dies so – und stellte die Stadt sowie den See (dessen Wasser Trinkwasserqualität hat) mit seinen vielen endemischen Tierarten unter ihren Schutz. Seit dieser Ernennung im Jahr 1980 strömen immer mehr internationale Besucher in das Welterbe. Segelschiffe und kleine Jachten tummeln sich im schmucken **Hafen**. Besucher flanieren am Ufer, sitzen, schwatzen und genießen in den Restaurants und Bars, feiern den ganzen Sommer über bei diversen **Festivals** und Kulturevents. Künstler entdeckten die Altstadt **Varoš** für sich und zeigen ihre Werke in Galerien und Ateliers in den verwinkelten Gassen. Etwas Abkühlung von der Hitze des Tages bieten die vielen mittelalterlichen **Kirchen**, unbestreitbar Ohrids herausragendste Kunstschätze. Und über die lange Historie des 40 000-Einwohner-Ortes weiß das **Stadtmuseum** viel Interessantes zu berichten.

Malerisch thront die Kirche Sveti Jovan über dem Ohridsee, dem größten Gewässer Mazedoniens.

Infos und Adressen

ANREISE
Flug: Flug nach Skopje oder Ohrid und weiter per Bahn, Bus, Mietwagen oder Taxi

BESTE REISEZEIT
Mai–Oktober

SEHENSWERT
Sveta Sofija in Ohrid, ein Meisterwerk mittelalterlicher Baukunst, wurde im Osmanischen Reich zur Moschee umfunktioniert, im Sommer regelmäßig Konzerte in der Kirche
Golem Grad, kleine, unbewohnte Insel im Prespasee mit zwei Kirchen aus dem 14. Jh., seltenen Pflanzen und vielen Vögeln, nur mit dem Boot erreichbar

ESSEN UND TRINKEN
Ganza: authentische Balkanatmosphäre und bodenständige mazedonische Küche, viel holzgeschnitzte Deko, oftmals Livemusik zu späterer Stunde. Gorgi Peskov 4, Skopje

SHOPPING
Bit Pazar, der bunteste Markt Skopjes. Hier gibt es alles: von Gemüse über Kleidung bis hin zum Flohmarkttrödel.

ÜBERNACHTEN
Inex Gorica: etwas außerhalb der Stadt, direkt am Seeufer gelegen, 2005 komplett saniert, für gehobenere Ansprüche. Ohrid, www.inexgorica.com.mk

WEITERE INFOS
Tourist Association of Scopje, Dame Gruev blok 3, Skopje, www.exploringmacedonia.com

61. Niederländische Küste

HIGHLIGHTS
- **Madurodam,** Miniaturpark in Scheveningen, mit animierten Modellen der wichtigsten holländischen Bauten
- **Haagse Markt,** größter Freiluftmarkt Europas im Den Haager Stadtteil Transvaal. Blumen, Obst, Kleidung …
- **Wattwanderung,** Naturerlebnis mit erfahrenem Führer, z. B. zwischen Ameland und Schiermonnikoog
- **Scheepvaartmuseum,** das Amsterdamer Schifffahrtsmuseum zeigt Repliken historischer Segelschiffe, hier erfährt man alles über die Geschichte der ehemals größten Seefahrernation.
- **Keukenhof in Lisse,** mit 32 ha der weltweit größte Freilandgarten

DIE NIEDERLÄNDISCHE KÜSTE IM SOMMER
- **Juni:** Oerol-Festival auf der Insel Terschelling mit Theater und Konzerten
- **Juli:** Skutsjesilen, Regatten zwischen friesischen Plattenbodenschiffen
- **Aug.:** Internationales Feuerwerksfestival am Pier von Scheveningen
- **Sept.:** Nazomer Festival Zeeland, 125 Theater- und Musikaufführungen an historischen Stätten

An der langen Strandpromenade des Den Haager Stadtteils Scheveningen laden zahlreiche Sonnenterrassen flanierende Touristen ein.

In Rotterdam den größten europäischen Hafen besichtigen, in einem Scheveningener Strandpavillon eine Appeltaart mit Slagroom (Apfelkuchen mit Sahne) genießen oder von der Hauptstadt Den Haag direkt in die Dünen wandern. Natur, Kultur und Kulinaria sowie ein von Belgien bis zu den Watteninseln reichender Sandstrand locken Touristen rund um das Jahr an die niederländische Küste.

Zwischen Windmühlen und Strandskulpturen

Die bei Badegästen so beliebten niederländischen Strände werden in drei Gruppen unterteilt: **Zeeland,** die **Watteninseln** und die Küste der Provinzen **Nord- und Südholland**. Wem ein klassischer Strandurlaub zu unspektakulär ist, der durchquert den **Nationalpark De Weerribben** mit dem Kanu, Kajak oder Rundfahrtboot oder spielt Kapitän auf elektrisch betriebenen »Flüsterbooten« im **IJsselmeer**. Kulturell Interessierte finden originelle **Museen** nicht nur in Amsterdam oder Den Haag, sondern auch in pittoresken Kleinstädten. Auf den Spuren von Grafen, Herzögen oder Raubrittern wandeln kann man außerdem in Schlössern, Parks und Burgen in **Achterhoek** und **Twente**, zu Fuß oder mit dem Fahrrad.

Ganz Holland auf einem Fleck stellt die **Zaanse Schans** dar. Das denkmalgeschützte Freilichtmuseum in **Zaandam** ver-

Niederlande

mittelt einen lebhaften Eindruck von Land und Leuten im 17. und 18. Jh. Neben authentischen Häusern, einer historischen Werft, einer Zinnfabrik und einem Käsehof sieht man uralte Windmühlen. Die Gegend gilt als weltweit erstes Industriegebiet, denn vor 250 Jahren standen hier über 600 Mühlen, die Farbe, Papier, Senf und Öl herstellten.

Mitten im Blumenmeer

Wer von Holland spricht, kommt an Blumen nicht vorbei. Von März bis Mai zeigen sich die niederländischen Anbauflächen von ihrer schönsten Seite. Viele der leuchtend rot, pink und gelb blühenden **Blumenfelder** liegen hinter den Nordseedünen in der **Bollenstreek**, der »Blumenzwiebelgegend«. Hier bietet sich ein Besuch des 1949 eröffneten **Keukenhofes** an. Zwischen März und Mai bewundern bis zu eine Million Besucher Hyazinthen und Tulpen im größten Freilandgarten der Welt.

Für **Den Haag** sollte man viel Zeit mitbringen. Es gilt, das »Mädchen mit dem Perlenohrring« von Johannes Vermeer in der Königlichen Bildergalerie Mauritshuis zu besuchen, moderne Kunst im **Gemeentemuseum** zu bewundern und den **Friedenspalast** zu entdecken. Ein bis über die Landesgrenzen hinaus bekanntes kulturelles Highlight ist die »Konininnennacht« (Nacht der Königin) mit zahlreichen Konzerten sowie der darauffolgende **»Koninginnedag«**, an dem sich die Stadt in einen einzigen großen Markt verwandelt und jedes Jahr Hunderttausende Menschen anzieht.

Flanieren wie die Hautevolee der Jahrhundertwende ist in **Scheveningen** angesagt. Der Den Haager Stadtteil hat sich von einem kleinen Fischerdorf zum größten **Seebad** der Niederlande gemausert. Am Hafen folgt man der langen Strandpromenade mit Geschäften, Restaurants, Sonnenterrassen und einem Aquarium. Wer den Ort vom Meer aus sehen will, ohne ein Boot zu besteigen, geht über den **Scheveningse Pier** direkt in die Nordsee. Auf drei Stockwerke verteilt befinden sich hier ein Casino, Restaurants und ein Spielhaus für Kinder. Sehenswert sind auch die Miniaturstadt **Madurodam** sowie der **Skulpturenpark Beelden aan Zee**. Im denkmalgeschützten Kurhaus steigen noch heute Hotelgäste ab.

Das für seine feinsandigen Strände bekannte und aus mehreren Inseln bestehende **Zeeland** verzeichnet die meisten Sonnenstunden der Niederlande. Im Hinterland warten historische Städte wie **Zierikzee**, **Middelburg** oder **Brouwers-**

Nach einer Grachten-Erkundung bitten im Herzen von Den Haag gute Restaurants wie das 't Goude Hooft am Groenmarkt zu Tisch.

Persönlicher Tipp

DURCH AMSTERDAMS GRACHTEN
Auf den 165 Grachten der Innenstadt verkehren Museumsboote, Wassertaxis und Fähren; Gondeln verbreiten einen Hauch von Venedig. Viele Sehenswürdigkeiten lassen sich so bequem vom Wasser aus erkunden, wie die stilvollen Stadtpaläste in der vornehmen **Herengracht**. Mehr als einen Blick verdient das **Grachtenhuis**, ein Museum über den zum Weltkulturerbe erklärten Grachtengürtel Amsterdams. Der im mittelalterlichen Stadtkern gelegene **Hauptplatz** ist von zahlreichen Bauwerken nationaler Bedeutung gesäumt, darunter der **Königspalast**. Er gilt als wichtigstes kulturelles Bauwerk des Goldenen Zeitalters und war bei seiner Errichtung der weltgrößte nichtsakrale Bau. Neben dem **Reichsmuseum** (mit Rembrandt-Werken) und dem renommierten **Van-Gogh-Museum** sieht man auch kuriose Stätten wie das **Marihuana-Museum** oder das **Hausboot-Museum**. Wenn Sie von Bord gegangen sind, könnten Sie über einen der quirligen **Straßenmärkte** schlendern, etwa den Waterlooplein-Flohmarkt oder den Albert-Cuip-Markt im Szeneviertel **De Pijp**.

Die Herstellung von Delfter Porzellan hat in den Niederlanden eine lange Tradition.

Persönlicher Tipp

DELFTER FAYENCEN WIE DIE ALTEN MEISTER VERZIEREN

Seit Jahrhunderten stehen die blau-weißen Delfter Fayencen für qualitativ hochwertige Keramikkunst. Bei einer Führung durch das Museum der Delfter Töpferei **»De Delftse Pauw«** werden kostbares Geschirr und Tafeldekorationen präsentiert, zudem erfährt man alles über dieses Kunsthandwerk und seine Bedeutung für die Niederlande. Schon im 16. Jh. hatten italienische Handwerker die **Fayencetechnik** im Land etabliert. Ihr kulturgeschichtliches Ansehen aber erlangten die Delfter Fayencen im 17. Jh. mit Formen und Motiven des aus China importierten blau-weißen Porzellans, das mit der Ostindischen Kompanie nach Holland kam. In den Werkstätten der Delfter Töpferei erfahren Laien, welche Kunstfertigkeit das Verzieren filigraner Keramik erfordert. Bei duftendem Tee und Delfter Gebäck haben Besucher Gelegenheit, eine Keramikfliese unter fachmännischer Anleitung ganz nach Gusto zu gestalten. Eine Woche muss man sich aber gedulden, bis das kleine Kunstwerk vor Ort gebrannt und lasiert worden ist.

Auf der Halbinsel Walcheren liegt der Ort Veere mit einem malerischen Ortsbild und schickem Jachthafen.

haven. In der Hafenstadt **Terneuzen** kann man zusehen, wie im großen Schleusenkomplex Portaal van Vlaanderen Schlepper schwere Kähne durch die Schleusen lotsen.

Reiz der Westfriesischen Inseln

Der Wind pfeift durch salzige Luft, Vögel ziehen kreischend ihre Runden über Dünen und Watt. Wer Natur intensiv erleben möchte, ist auf der Insel **Schiermonnikoog** bestens aufgehoben. Seit 1989 existiert hier ein weitläufiger **Nationalpark**, den man zu Fuß oder per Fahrrad erkunden kann; am Strand verkehren Busse und **Pferdewagen**. Auch die anderen Wattinseln bieten Erholung in Reinform. Das Naturschutzgebiet **De Boschplaat** erstreckt sich über ein Drittel der Insel **Terschelling** und ist europäisches Naturdenkmal. Auf geführten Exkursionen durch Wald, Dünen und Wattenmeer entdeckt man seltene Vögel und Pflanzen, sogar einige Orchideenarten.

Die Dörfer **Amelands** erlebten ihre Blütezeit im 17. Jh. und sind umso sehenswerter, als ihre historische Substanz im Zweiten Weltkrieg verschont blieb. Die Insel nennt sich »**Wattendiamant**«. In dem vom Leuchtturm Hervormende Kerk überragten Hauptort **Nes** wurden kleine, bunt bemalte Kapitänshäuser in Boutiquen verwandelt.

Texel, mit 25 km Länge und 9 km Breite die größte der Westfriesischen Inseln, wartet zwischen den reetgedeckten, denkmalgeschützten Gulfhäusern nicht nur mit Dünen und Stränden auf, sondern auch mit Wäldern, Weiden und Ackerland. KS

Niederländische Küste

Infos und Adressen

ANREISE
Flug: tgl. Flüge von Hamburg und Berlin nach Amsterdam-Schiphol. Low-Budget-Fluglinien fliegen auch den kleineren Airport Rotterdam an; **Bahn:** regelmäßige IC- und EC-Verbindungen von allen deutschen Städten aus, ICE nach Amsterdam ab Frankfurt und Köln; **Auto:** Anfahrt aus dem Westen (Köln) über die A 57 oder die A 3, aus Hamburg über die A 1 und A 30, aus Richtung Berlin über die A 2/A 30.

BESTE REISEZEIT
März–Oktober; zur Blütezeit von März bis Mai

SEHENSWERT
Schokland, trockengelegte, winzige Insel mit einigen Häusern, einer Kirche und einem Museum, seit 1996 als Kulturlandschaft Teil des Weltkulturerbes. Museum: Juli–Okt. tgl. (außer Mo) 11–17 Uhr, Nov.–März Fr/Sa 11–17 Uhr, Middelbuurt 1, AB Schokland, www.natuurlijk-schokland.nl
Gemeentemuseum in Den Haag, Stadtmuseum mit der weltweit größten Werksammlung Piet Mondrians und Werken von Künstlern des 19./20. Jh. wie Degas, Picasso oder Schiele. Tgl. 11–17 Uhr, Stadhouderslaan 41, www.gemeentemuseum.nl

ESSEN UND TRINKEN
Stads-Koffyhuis: Café-Restaurant mit Blick auf die Kanäle, bekannt für feines Gebäck und guten Mittagstisch. Oude Delft 133, Delft
Restaurant Gember: für seine originellen Sandwiches beliebtes Design-Restaurant im Museum für Moderne Kunst und Fotografie. Stadhouderslaan 41, Den Haag
Oud Sluis: drei Sterne im Guide Michelin und 20 Punkte im Gault Millau locken die niederländische Feinschmeckerszene in das durchgestylte Restaurant. Dafür lohnt sich ein Ausflug in die Festungsstadt. Beestenmarkt 2, Sluis
Mero: Restaurant am Scheveninger Hafen mit fangfrischem Hummer und Austern im Wasserbecken, große Weinauswahl. Vissershavenweg 61e, Scheveningen

AUSGEHEN
Statenkwartier, rund um die Frederik Hendriklaan gibt es in diesem historischen Stadtteil mit Art-Nouveau-Gebäuden viele Restaurants und sympathische Bars wie The Old Jazz oder First Page. Aert van der Goeslaan, Scheveningen
Bierspeciaal Café de Paas, seit 1973 bestehende Bar mit einer internationalen Bierkarte, die Terrasse ragt in die Paviljoens Gracht hinaus. Dunne Bierkade 16 a, Den Haag

SHOPPING
Rotterdam, Galerie Fascino, Galerie mit originell bemalten Keramik- und Glasobjekten, Plüsch-Taschen, Schmuck, Plastiken und Geschenkideen. Cadeaukunst Giselheid Schulz, Kleiweg 34
Delft, Delft Pottery, De Delftse Pauw, Herstellung und Verkauf von kunstvoll verzierten Vasen, Tassen und Servicen aus Keramik. Delftweg 133, Rijswijk, Delft Noord
Haarlem, Zijl- und Kruisstraat sind bekannt für ihre guten Einkaufsmöglichkeiten: Mode, Teeläden, Patisserien, Seifenmacher.

ÜBERNACHTEN
Steigenberger Kurhaus Hotel: 1885 erbautes, direkt am Strand gelegenes 5-Sterne-Hotel mit historischem Ambiente. Gevers Deynootplein 30, Den Haag, www.kurhaus.nl
Nieuw Minerva: zentral gelegenes Stadthotel in hübschem Grachtenhaus, mit beliebtem Restaurant und Café. Moommarkt 23, Leiden, www.nieuwminerva.nl
Hotel Hulst: familäres Haus in der Nähe des Brackwasser-Naturschutzgebietes Verdronken Land van Saeftinghe. Van der Maelstedeweg 2, Hulst, www.hotelhulst.nl

WEITERE INFOS
Niederländisches Büros für Tourismus, Hohenstaufenring 30, Köln, www.holland.com/de/tourist.htm

Die berühmten Tulpenfelder im Norden Hollands entfalten ihre Blütenpracht von März bis Mai.

62.
Fjorde der Westküste

Für Fjordkenner der schönste von allen: der Geirangerfjord.

HIGHLIGHTS

- **Preikestolen,** die »Predigerkanzel« über dem Lysefjord ist eine natürliche Aussichtsplattform; der Felsen fällt 600 m fast senkrecht ab.
- **Kreuzfahrt im Geirangerfjord,** ob Motorschiff, Schnellboot oder Wikingerschiff: Hier gibt es Kreuzfahrten für jeden Geschmack.
- **Urnes Stavkyrkje,** am Ufer des Lusterfjords steht die älteste erhaltene Stabkirche Norwegens (1130).
- **Ålesund,** eine Petroleumlampe setzte im Januar 1904 die ganze Altstadt in Brand. In den Folgejahren wurde die Stadt in Jugendstilarchitektur wieder aufgebaut.
- **Låtefoss,** meistbesuchte Natur-Attraktion Norwegens ist der 165 m hohe Zwillingswasserfall im Oddatal.

NORWEGEN VON FRÜHJAHR BIS SOMMER

- **Mai/Juni:** Rosendal Musikfestival am Hardangerfjord: Klassik, Pop, Jazz
- **Aug.:** der Etne Markt, Westnorwegens größtes Volksfest, bietet Kunsthandwerk, regionale Produkte und Konzerte.

Sie sind wahre »Höhepunkte« der Schöpfung: die Fjorde, die sich an der norwegischen Westküste teilweise weit ins Land gegraben haben. Manche eng und steil mit bis zu 1500 m hohen Bergen, die sich im tiefblauen Meerwasser spiegeln, andere lieblich und grün, mit blühenden Obstbäumen und roten Holzhäusern an den Ufern.

Spektakulär und tiefgründig

Norwegen hat die welthöchste Dichte an Fjorden und laut »National Geographic« das besterhaltene Naturerbe auf der UNESCO-Liste. Wer die gesamte Küstenlinie abfahren würde, müsste 25 000 km zurücklegen, im Vogelflug ist die Strecke nur ein Zehntel so lang. Obwohl die Meeresarme auch im Osten die Küste zerklüften, ist die **Westküste** das eigentliche Ziel von Fjordfans. Vom südlichen Rogaland bis zu den eisigen Gewässern der Finnmark haben die Gletscher bis zu 1300 m tiefe Rinnen gegraben. Der längste und abgründigste ist der **Sognefjord** mit seinen vielen Verzweigungen, wie dem **Auerlandsfjord** oder dem **Lusterfjord,** an dessen Ende sich die Berge bis zu 2200 m erheben. Mehr als 200 km schneidet der Sognefjord ins Land, und weil nur das golfstromwarme Oberflächenwasser vom Meer eindringt,

Norwegen

gedeihen am Nordufer bis in den September hinein Erdbeeren. Bekannt ist der »König der Fjorde« für seine Stabkirchen, die älteste steht in **Urnes**, die schönste in **Lærdal**. Einer der Seitenarme, das Weltnaturerbe **Nærøyfjord**, misst an seiner engsten Stelle nur 250 m.

Als Obstgarten Norwegens gilt der **Hardangerfjord**, zweitlängster Fjord des Landes. Im Mai blühen an seinen Ufern Apfel- und Kirschbäume, im Renaissancegarten des Schlösschens **Baronie Rosendal** die Rosen. Krönung des 180 km langen Fjordes sind die Wasserfälle **Vøringsfossen** und **Steindalsfossen**. Oberhalb erstreckt sich die **Hardangervidda**, die größte Hochebene Europas. Der **Geirangerfjord** gilt vielen als der schönste von allen. Die steil aufragenden Berge mit den Schneekappen, das tiefblaue Wasser und die Schleierfälle der »Sieben Schwestern« sind von fast unwirklicher Schönheit. BM

Infos und Adressen

ANREISE
Flug: Direktflüge von Berlin, Hamburg, Düsseldorf und München nach Bergen; **Bahn:** ab Deutschland über Oslo oder Kopenhagen; die Bahnfahrt von Oslo nach Bergen genießt Kultstatus;
Auto/Fähre: ab Kiel mit der Fähre via Oslo nach Bergen

BESTE REISEZEIT
Juni–September

SEHENSWERT
Norsk BreMuseum, das interaktive Museum erklärt, warum Gletscher blau, Fjorde grün und Mammuts ausgestorben sind.
Juni–Aug. 9–19 Uhr, ansonsten 10–16 Uhr, Fjærland,
www.bre.museum.no
Fjordsenter, informiert über das Weltnaturerbe, die Umgebung des Geirangerfjords, Schifffahrt und Naturkatastrophen. Im Sommer tgl. 10–18 Uhr, Geiranger, www.verdsarvfjord.no

ESSEN UND TRINKEN
Restaurant Baronie: im restaurierten Treibhaus des Schlösschens wird Vollwertiges aufgetischt. Halbinsel Folgefonn, Rosendal, www.baroniet.no

ÜBERNACHTEN
Hotel Ullensvang: komfortables Hotel mit Pool, Sauna und romantischem Uferpavillon.
Lofthus/Hardangerfjord,
www.hotel-ullensvang.no

WEITERE INFOS
Innovation Norway,
Caffamacherreihe 5, Hamburg,
www.visitnorway.com

Persönlicher Tipp

BERGEN
Ein Stadt wie ein fröhlich-bunter Haufen aus Holzhäuschen, ausgekippt über mehreren Hügeln. Nicht alle Häuser sind dabei senkrecht zum Stehen gekommen, manche lehnen sich aneinander wie schwankende Matrosen. In **Bryggen**, den Hafenkais an der Ostseite der Vågen-Bucht, sind 60 der mehr als 300 Jahre alten Gebäude erhalten geblieben (die anderen fielen mehreren Großbränden zum Opfer). Als herausragendes Beispiel hanseatischer Baukunst zählt der Stadtteil seit 1979 zum Weltkulturerbe. Eine weitere Sehenswürdigkeit Bergens ist der **Fløyen**, ein knapp 400 m hoher Aussichtsberg, den jährlich mehr als eine Million Besucher mit der Standseilbahn Fløibahn erreichen. Die großzügige Einkaufszone und die kleine Markthalle am **Hafen** sind beliebte Shopping-Anlaufstellen in der zweitgrößten Stadt Norwegens und der angeblich regenreichsten Großstadt Europas. In **Troldhaugen** verbrachte der Komponist Edvard Grieg die letzten 20 Jahre seines Lebens, heute beherbergt die verschachtelte Villa ein kleines Museum.

Wunderbar farbenfroh sind die Häuser im Stadtteil Bryggen in Bergen.

63. Nordkap / Lofoten

HIGHLIGHTS
- **Nordkaphalle,** ein Teil der Halle ist unterirdisch gebaut. Die zur Klippe offene Halle ist Aufwärmstation, Shop und Poststelle zugleich.
- **Honningsvåg,** die Kirche von 1885 bot den Bewohnern Schutz, nachdem die deutschen Besatzer 1945 alle Häuser in Honningsvåg niedergebrannt hatten.
- **Lofotr Viking Museum,** beeindruckender Nachbau eines 83 m langen Wikingerhauses aus dem 6. Jh. über der Ausgrabungsstätte bei Borg
- **Magic Ice Bar Svolvær,** Halle mit Eisskulpturen und einer tiefgekühlten Bar am Hafen
- **Galerie Lofotens Hus,** Ausstellung einheimischer Künstler mit Filmvorführung und Shop im Fischerdorf Henningsvær

NORDKAP/LOFOTEN ZU JEDER JAHRESZEIT
- **Ende Feb.:** Das Lofoten Alpine Climbing Event lockt die Härtesten zum Eisklettern nach Svolvær.
- **Juni–Aug.:** Unterwegs im Wikingerruderboot: Der Nachbau des Gokstad-Schiffes legt täglich vom Bootshaus des Lofotr Viking Museums ab.

Höhepunkt im Westen: der schmale Trollfjord auf den Lofoten.

Viel weiter nördlich geht es kaum: Das Nordkap ist der kontinentale Endpunkt Europas und eine Anlaufstelle für Reisende aus aller Welt. Allerdings sollte man auf dem Weg dorthin unbedingt Station auf den Lofoten machen – die Inseln mit den zerklüfteten Bergzacken und malerischen Fischerdörfern zählen zu den schönsten Zielen Norwegens.

Traumziele für Nordlichter

Es gibt gar nicht so viele geografische Superlative auf der Erde, die für Normalmenschen leicht erreichbar sind. Der Südpol geht nicht, der Everest fällt flach, und wer taucht schon in den Marianengraben? Markant und vergleichsweise gut zu erreichen ist das **Nordkap** auf der norwegischen Insel Magerøya. Der – nach der nicht betretbaren russischen Inselgruppe Franz-Josef-Land – nördlichste Flecken auf der Landkarte des europäischen Kontinents liegt auf 71°10'21", und es ist nicht irgendein unscheinbares, ödes Stück Norwegen, sondern eine mächtige Klippe, die 307 m tief in die Barentsee abfällt. Die Steilküste aus Schiefer-Gestein gilt als letzter Vorposten Europas im Norden und ist schon seit 1664 ein Sehnsuchtsziel für Abenteuerlustige: Damals erreichte der italienische Priester Francesco Negri den Felsen und schrieb

Norwegen

Wendepunkt im Norden: die arktische Stadt Kirkenes.

Infos und Adressen

ANREISE

Flug: Regionalflüge nach Honningsvåg; kleiner Flughafen in Leknes (Lofoten); **Auto/Wohnmobil:** Die Kap-Insel Magerøy ist durch einen 7 km langen Tunnel mit dem Festland verbunden. Die Lofoten können über den Lofast über Narvik direkt angefahren werden; **Fähre:** von Bodø (Festland) nach Svolvær und Moskenes (Lofoten)

BESTE REISEZEIT

Juni–Sept.; Jan.–April zum Angeln von »Winterkabeljau« (Skrei)

ESSEN UND TRINKEN

Nordkap: Corner, Arctic-Pizza und fangfrischer Lachs vom Grill. Fiskerveien 2 A, Honningsvåg

Lofoten: Blå Fisk, nicht ganz billig, dafür lässt das Buffet keinen Meeresfrüchte-Wunsch offen. Henningsvær Bryggehotell, Hjellskjæret, Henningsvær

ÜBERNACHTEN

Rica Hotel Nordkapp: Näher am Nordkap kann man nicht schlafen als in den falunroten Holzhäusern. Skipsfjorden, Honningsvåg, www.rica-hotels.com

Rica Lofoten Svolvær: Das verglaste Restaurant ist wie ein Schiffsbug gestaltet. Lamholmen, Svolvær, www.rica-hotels.com

WEITERE INFOS

Hurtigruten GmbH, Burchardstr. 14, Hamburg, www.hurtigruten.de

---

ein Reisetagebuch – ein frühneuzeitlicher Bestseller. Heute kommen rund 200 000 Touristen jährlich – vom 14. Mai bis 30. Juli dauerbeleuchtet von der **Mitternachtssonne**.

Hauptsaison auf den **Lofoten** ist fast das ganze Jahr über: im Winter zum **Dorschfang**, und weil der Schnee so malerisch die schroffen Felsen tüncht, im Sommer zum Staunen und Fotografieren. An schönen Tagen sehen die fünf Lofoteninseln aus, als seien Farbeimer über einer Kinderzeichnung von wildgezackten Bergen explodiert. Grün, Schiefergrau und Blau leuchten in allen Nuancen, dazwischen die rot-gelben Sprenkel der Holzhäuschen. Höhepunkt einer Lofoten-Reise ist eine Bootstour in den **Trollfjord** zwischen den Lofoten und den Vesterålen: Durch die bloß 100 m breite Einmündung führt der Fjord zwei gewundene Kilometer landeinwärts. Bis zu 1000 m ragen die **Felswände** aus dem Wasser auf; nur gut, wenn die mythischen norwegischen Trolle keine Felsbrocken herabschleudern! BM

Persönlicher Tipp

SCHNEEHOTEL IN KIRKENES

Jedes Jahr wird ein neues Hotel aus Eis und Schnee errichtet, sobald in **Kirkenes** die ersten Flocken fallen und die Temperaturen unter den Gefrierpunkt sinken. Mehr als 20 Zimmer entstehen, ausgestattet mit King-size-Betten, auf denen kuschelige Rentierfelle für warme Nächte sorgen. Die Schlafsäcke halten bei Temperaturen bis zu -35 °C warm, wären aber gar nicht nötig, weil die Innentemperatur des Hotels nicht unter -5 °C sinkt. An den Wänden prangen Schneedekorationen, übers ganze Hotel verteilt finden sich Eisskulpturen. Tagsüber vergnügen sich die Besucher bei **Hundeschlittentouren** und **Schneemobilsafaris**, nachts wacht ein Nordlicht-Weckservice über die Himmelserscheinungen und gibt Bescheid, sobald **Polarlichter** aufscheinen. Aus beständigerem Material als das Kirkenes Snowhotel ist das Restaurant Gabba gemacht: Im zeltartigen Lokal aus russischem Kiefernholz werden **arktische Spezialitäten** serviert. Die Saison beginnt kurz vor Weihnachten.
www.kirkenessnowhotel.com

64. Graz und die Weststeiermark

HIGHLIGHTS
- **Schloss Eggenberg,** am Fuß des Grazer Hausbergs Plabutsch liegt die größte barocke Schlossanlage der Steiermark.
- **St. Barbara-Kirche in Bärnbach,** 1988 vom Künstler Friedensreich Hundertwasser in bewährter Manier formen- und farbenfroh umgestaltet
- **Rogner-Therme Blumau,** hier erhält der Begriff »hundert Wasser« eine neue Dimension, mit Golfschaukel und Wellnesshotel
- **Schilcher Weinstraße,** der Gourmet- und Erlebnispfad beginnt in Ligist, führt durchs Gamsgebirge nach Deutschlandsberg und endet in Eibiswald.
- **Schloss Stainz,** das einstige Domizil von Erzherzog Johann beherbergt heute ein Jagd- und ein Landwirtschaftsmuseum.

WESTSTEIERMARK VON SOMMER BIS HERBST
- **Juli/Aug.:** La Strada, Graz, Straßen- und Figurentheater mit vielen Gauklern
- **Sept.:** Herbstparade der Lipizzaner im Gestüt Piber
- **Okt.:** Steirischer Herbst, Graz, Festival für Gegenwartskunst und Avantgarde (Musik, Theater, Tanz, Literatur)

Die hügelige Landschaft der Weststeiermark ist ein ideales Terrain zum Wandern.

Heiter, fast schon mediterran ist das Gefühl, das sich in Graz, der steirischen Hauptstadt, einstellt. Kulinarische Freuden verspricht eine Tour entlang der Schilcher Weinstraße, die sich – von Weinbergen, Obstwiesen und Kürbisfeldern gesäumt – Richtung slowenischer Grenze windet. Unterwegs warten Buschenschanken, Badeweiher und manches Kuriosum.

Herzblut, Charme und Schilcher

Es gibt Städte, bei denen das Herz einen Freudenhüpfer macht und sich sofort gute Laune breitmacht. Graz ist ein solches Wunderelixier. Die pulsierende **Altstadt** an der Mur bezaubert neben ihrem südlichen Flair mit reich geschmückten Fassaden aus der Habsburgerzeit, auf dem **Schloßberg** mit dem **Uhrturm** finden sich noch Spuren der Türkenbelagerung (16. Jh.).

Ausflüge führen in den hügeligen Süden und in den flacheren Osten des Bundeslandes. Kunst »hautnah« ist in der **Therme Blumau** spürbar. Im wohlig warmen Thermalwasser fühlt man sich wie ein quicklebendiges Detail in einem surrealistischen Gemälde, denn kein Geringerer als Friedensreich Hundertwasser war hier am Werk. Mehr vom Wiener Künstler ist in **Bärnbach** zu sehen, wo die vom Meister lebensfroh gestaltete **Hundertwasserkirche** mit dem goldenen Zwiebelturm aufragt. Von hier sind es nur 4 km bis zum **Lipizzanergestüt Piber.**

Österreich

Infos und Adressen

ANREISE
Flug: Direktflüge von allen größeren deutschen Flughäfen nach Graz; **Bahn:** Direktverbindungen von München und Stuttgart nach Graz; **Auto:** von Deutschland über die A 8 nach Graz; **Tipp:** Steiermark-Card

BESTE REISEZEIT
Mai–Oktober, im Herbst, wenn der junge Wein (Sturm) Saison hat

SEHENSWERT
Glasmuseum Bärnbach, Einblick in die Geschichte des Glases von den Anfängen bis heute. Mo–Fr 9–17 Uhr, Sa 9–13 Uhr, Bärnbach, www.glasmuseum.at
Österreichischer Skulpturenpark, das Zentrum für zeitgenössische Bildhauerei ist ein Gesamtkunstwerk. März–Okt. tgl. 10–20 Uhr, Thalerhofstr. 85, Unterpremstätten, www.museum-joanneum.at/de/skulpturenpark

ESSEN UND TRINKEN
Jagawirt: ein Wirtshaus auf dem Land, edel und urig zugleich, mit bodenständiger Küche. Sommereben 2, St. Stefan ob Stainz, www.jagawirt.at

ÜBERNACHTEN
Palais-Hotel Erzherzog Johann: in der Altstadt gelegen und mit dem Flair eines ehemaligen Barockpalais. Sackstr. 3-5, Graz, www.erzherzog-johann.com

WEITERE INFOS
Steirische Tourismus GmbH, St.-Peter-Hauptstr. 243, Graz, www.steiermark.com

Persönlicher Tipp

LIPIZZANERGESTÜT PIBER
Schon seit dem 18. Jh. werden Lipizzaner, die älteste Kulturpferderasse der Welt, für die **Spanische Hofreitschule** in Wien gezüchtet; im steirischen Piber ist das Bundesgestüt erst seit Ende des Ersten Weltkriegs angesiedelt. Bei einer Besichtigung erfährt man viel Wissenswertes über Herkunft, Zucht, Haltung und Ausbildung, z. B. dass es sich bei der Rasse nicht von jeher um **Schimmel** gehandelt hat, sondern dass das seidig-weiße Fell erst in der Empire-Zeit zum Zuchtkriterium wurde. Wenn die Fohlen in den Ställen das Licht der Welt erblicken, sind sie noch dunkel und werden erst nach mehrmaligem Haarwechsel weiß. Man kann die edlen Tiere bei einer **Gestütsbesichtigung,** bei **Kutschfahrten, Dressurveranstaltungen** und auf den **Almen** rund um Piber erleben. Eine Wonne ist der Anblick der Stuten mit ihren auf der **Koppel** herumtollenden Fohlen. Denn bevor – im Alter von drei Jahren – die Ausbildung zur Hohen Schule in Wien beginnt, dürfen die Jungtiere ihre »Kinderstube« in vollen Zügen genießen.

Die Handschrift des Wiener Künstlers ist unverkennbar: die Hundertwasserkirche in Bärnbach.

Auch eine Tour entlang der **Schilcher Weinstraße** – ein ideales Terrain zum Wandern, Radeln und Schlemmen – wird zur Herzensangelegenheit. Hier ist man mittendrin im Land des Kernöls und des Schilcher, eines aus der Wildbacher Traube vergorenen Weins, der zwiebelfarben im Glas schimmert. Ein Kuriosum am Wegrand zwischen **Greisdorf** und **St. Jakob** ist das »Klapotetz«, ein hölzernes Windrad, das als Vogelscheuche dient. Vielerorts laden **Buschenschanken** zu einer Brettljause mit *Verhackertes* (Schmalz), Speck und Most ein. Nach soviel lustvoller Völlerei tut eine Ruhepause am Badeweiher in **Rachling** gut, dem Geburtsort des Wunderdoktors »Höllerhansl«, der schon im 19. Jh. auf die Heilkraft von Urin schwor. Dort erfreut eine Fahrt mit dem **Stainzer Flascherlzug,** einer historischen Schmalspurbahn, die zwischen Preding und Stainz hin und her zuckelt, Jung und Alt. RE

65. Niederösterreich

HIGHLIGHTS
- **Stift Herzogenburg,** das 1132 errichtete Kloster beherbergt eine kostbare Sammlung spätgotischer Tafelbilder, Skulpturen und Glasfenster.
- **Mariazellerbahn,** eine der schönsten Schmalspurbahnen mit historischer Bedeutung
- **Stift Lilienthal,** Zisterzienserstift mit der größten mittelalterlichen Klosteranlage Österreichs; in der Stiftbasilika ist Herzog Leopold VI. bestattet.
- **St. Aegyd am Neuwalde,** der Ort ist ein schöner Ausgangspunkt für Wanderungen in das Umland, im Winter locken Skipisten und Langlaufloipen.
- **Basilika von Mariazell,** 1157 gegründet und der bekannteste Wallfahrts- und Gnadenort Österreichs

NIEDERÖSTERREICH VON SOMMER BIS WINTER
Aug./Sept.: NÖKISS, das größte Kinderkulturfestival Österreichs, im Innenhof des Stifts Herzogenburg
Nov.: St. Pöltner Kellergassenfest, im Fokus des Festes stehen Stifts- und Messweine.
Dez.: Christkindlmärkte in St. Pölten, Mariazell, St. Aegyd und anderen Orten

Das Wasserschloss von Pottenbrunn bei St. Pölten kann man leider nur von außen besichtigen.

Die Route von der Donau bis zum berühmten Wallfahrtsort Mariazell, immer entlang dem Flüsschen Traisen, ist ein Erlebnis für alle Sinne – und obendrein wie geschaffen für eine Radtour. Die Landschaft ist überwiegend flach, die Gastfreundschaft ausgesprochen herzlich, die kleinen Orte idyllisch. Unterwegs mangelt es auch nicht an spannenden Erlebnissen.

Auf den Spuren der Römer wandeln

Ausgangspunkt der 111 km langen Tour ist das Städtchen **Traismauer** im unteren Traisental. Auf den schmalen Gassen rollten schon vor 2000 Jahren die Römer ihre Weinfässer vom Flussufer in ihr Kastell, dessen Befestigungsmauern dem Ort seinen heutigen Namen gaben. Im Süden grüßt der Hausberg der Traismaurer, der **Venusberg**, als Ausläufer des Wienerwaldes. Kurz vor **Herzogenburg** sieht man zur Rechten schon von weitem den 70 m hohen Turm des **Augustiner Chorherrenstifts** mit der berühmten spätbarocken Stiftskirche. Die Landschaft zeigt sich ungewöhnlich stimmungsvoll, der Weg folgt den Windungen der von blumenreichen Ufern begrenzten, gemächlich dahin murmelnden **Traisen**. Wer die Tour im Sommer unternimmt, sollte kurz vor St. Pölten dem direkt am **Traisental Radweg** gelegenen Naherholungsgebiet

Österreich

Radfahren ist auch in den schmucken Städtchen ein Vergnügen.

Viehofner Seen mit Badestrand und Bootsverleih einen Besuch abstatten und eine erfrischende Badepause einlegen.

St. Pölten, die reizvolle Landeshauptstadt von Niederösterreich, lockt mit Straßen und Gässchen voller hübscher Geschäfte, Restaurants und Cafés. Prachtvolle Barockarchitektur und Jugendstilgebäude prägen das Stadtbild. Auch hier haben sich vor zwei Jahrtausenden die Römer getummelt. Ein lustiges **Bimmelbähnchen** (kostenlos) fährt im Stundentakt vom Rathausplatz durch die Altstadt zum Domplatz und wieder zurück und hält an allen Sehenswürdigkeiten, auch am supermodernen Glasgebäude der Landesregierung am Ufer der Traisen, das sich im Wasser spiegelt. Ein unvergessliches Erlebnis ist ein Besuch im 77 m hohen **Klangturm** im Landhausviertel, den der Wiener Architekt Ernst Hoffmann als begehbares Musikinstrument konzipiert hat.

Vom Mostviertel nach Mariazell

Gemächlich geht es weiter, vorbei an grünen Wiesen mit Blick auf sanfte, bewaldete Hügel in der Ferne. Auffallend sind die vielen Streuobstwiesen mit Apfel- und Birnbäumen. Hier ist man mittendrin im **Mostviertel**, wo die Obstbauern aus den reifen Früchten den berühmten Most machen. Zahlreiche Mostwirtshäuser laden zur Einkehr ein. In **Wilhelmsburg** erzählt das Geschirrmuseum die Erfolgsgeschichte des berühmten österreichischen Lilien-Porzellans, das in keinem Haushalt fehlen darf, und im Museums-Kaffee wird natürlich von diesem vielfarbigen Porzellan gegessen und getrunken. Ein Stopp lohnt im gemütlichen **Wirtshaus am Steg**, wo man sich an Most und bodenständigen Gerichten laben kann. Bei **Lilienfeld** fährt ein Sessellift hinauf zum **Klösterpunkt** am 1248 m hohen Muckenkogel, der bei klarer Sicht eine herrlichen Blick auf die Klöster Melk, Lilienfeld, Herzogenburg und Göttweig freigibt. Eine Mordsgaudi garantiert die 10 m hohe **Mostviertel-Schaukel**, wo man in über 1000 m Seehöhe zwischen Himmel und Erde schwebt.

Durch das waldreichste Gebiet Mitteleuropas geht es weiter. Verlockend ist es, zwischendurch die Füße im glasklaren Wasser der **Traisen** zu kühlen. In **Hohenberg** wartet ein besonderes Vergnügen: Dort kann man auf Segways umsteigen und bis zum **Schleierwasserfall** sein Können auf diesen Geräten testen. Nach weiteren 8 km liegt kurz vor St. Aegyd am Neuwalde der **Reiterbauernhof Maho** mit Übernachtungsmöglichkeit am Weg. Auf dem Rücken der geduldigen Pferde

Persönlicher Tipp

RADFREUNDLICHES TRAISENTAL
Wer eine Tour mit dem Fahrrad auf dem **Traisental-Radweg** unternimmt, den heißen mehr als 20 radfreundliche **Gastgeber** entlang der Strecke von der Donau bis zum berühmten Wallfahrtsort Mariazell willkommen, und nicht nur das, sie bieten auch obendrein einen perfekten **Service** für Radler und Drahtesel: Sie pumpen gratis Luft in die Reifen, richten Lampe und Sattel oder reparieren die Klingel. Hinzu kommen sichere Abstellplätze für die Fahrräder und Trockenmöglichkeiten, sollte es einmal regnen. Die Gastgeber halten auch Reparaturwerkzeug bereit und stehen mit Rat und Tat zur Seite. Man kann sich bei ihnen über den weiteren **Streckenverlauf** informieren, erhält besondere **Tipps** zur Region, erfährt z. B., wo die schönsten Aussichtspunkte und die stimmungsvollsten Heurigenlokale sind, und kann über sie, falls noch nicht geschehen, das nächste Quartier reservieren lassen. Das Tourismusbüro in Herzogenburg stellt sogar kostenlos Leihräder zur Verfügung.
www.traisental.info

Die barocke Stiftskirche des Augustinerklosters Stift Herzogenburg wurde 1785 geweiht.

Persönlicher Tipp
AUSFLUG BEI MEHR ZEIT

MIT DEM E-RAD NACH TSCHECHIEN

Reizvoll ist eine Fahrt ins **Weinviertel** nahe der tschechischen Grenze, das sich ab Wien bequem mit dem Zug erreichen lässt. In **Retz** angekommen, bietet sich ein Bummel durch die hübsche **Altstadt** an, mit dem Rathaus, das einmal eine gotische Kirche war, und einem sehenswerten Sgraffito-Haus. Eine Führung durch den **Retzer Erlebniskeller** ist ein Muss. Die bis zu drei Etagen tiefen Räume dienten im Mittelalter als Weinkeller. In Retz schwingt man sich auf ein E-Rad und fährt auf dem ausgeschilderten Radweg durch eine sanfte Hügellandschaft Richtung Tschechien. Einen Stopp sollte man beim magischen **»Heiligen Stein«** einlegen. Hinter der Grenze verläuft der Radweg bergauf und bergab durch **Weinberge**. Auf Blumen, Beeren und Pilze darf man sich im **Thayatal Nationalpark** freuen. Atemberaubend ist der Blick auf das hoch über dem Fluss Thaya gelegene Städtchen **Znaim (Znojmo)**. Dort bezaubert die mittelalterliche **Altstadt** mit dem hübschen **Marktplatz**, wo man gemütlich einkehren kann.

So lieblich sieht die Landschaft im Mostviertel aus – mit sanften Hügeln und blühenden Obstbäumen.

kann man sich die 5 km bis zum urgemütlichen Gasthof Gnedt in **Kernhof** durch die liebliche Wald- und Wiesenlandschaft tragen lassen oder eine Kutschfahrt machen.

Kamele, Ziegen und ein Wallfahrtsort

Die letzte Etappe bis Mariazell ist zwar steil und kurvenreich, aber auch landschaftlich spektakulär. Wer sich das mit dem Rad nicht zutraut oder sich gar nicht lange erst abstrampeln möchte, vergnügt sich im Erlebniszentrum **Kameltheater in Kernhof** mit 80 Tierarten (darunter Kamele, Kängurus und chinesische Muntjaks), Bärentheater und Weißem Zoo – einer tierischen Wunderwelt unterhalb der mächtigen Gipfel von Gippel und Göller. Im ersten Kameltheater-Palast der Welt tragen die Akteure so klangvolle Namen wie Prinz Saruk oder Prinzessin Alaska – und sind Kamele. Zum Essen gibt es kulinarische Kreationen wie Sultan-Fleischsalat, dazu wird selbst gebrautes Kamelbier serviert.

In **Mariazell**, dem bedeutendsten Marienwallfahrtsort Österreichs, angelangt, werden nicht nur Pilger, die auf der Via Sacra von Annaberg über die heiligen Berge hierher kommen, von der reich ausgestatteten **Basilika** und den Schatzkammern voller Votivgaben begeistert sein. In der hübschen Altstadt locken auch viele weltliche Dinge, darunter gute Einkehr- und Übernachtungsmöglichkeiten. RvS

Niederösterreich

Infos und Adressen

ANREISE

Flug: von allen großen deutschen Flughäfen bis Wien; **Bahn:** mit dem ICE bis München, weiter nach St. Pölten und mit der Regionalbahn nach Traismauer; **Auto:** über die E 60 von München oder die E 59 von Norden kommend nach St. Pölten; **Tipp:** mit dem Erwerb der Niederreich-Card kann man 288 Ausflugsziele bei freiem Eintritt besuchen.

BESTE REISEZEIT

Von März–Oktober zum Wandern; im Juli und August zum Baden

SEHENSWERT

Wilhelmsburg Geschirrmuseum, es dokumentiert die Anfänge der Geschirrproduktion rund um das Wilhelmsburger Steingut und Lilien-Porzellan. April–Okt. Fr 13.30–16 Uhr, Sa 9.30–12 Uhr, Färbergasse 11, Wilhelmsburg, www.geschirrmuseum.at
Niederösterreichische Volkssternwarte, in der Kuppel können Besucher mit einem der modernsten Teleskope einen Blick ins Universum tun. Führungstermine am Wochenende ab 19 Uhr, Michelbach, www.noe-sternwarte.at
Landesmuseum Niederösterreich, Geschichte, Kunst und Natur Niederösterreichs unter einem Dach. Di–So 9–17 Uhr, Kulturbezirk 5, St. Pölten, www.landesmuseum.net/de
MostBirnHaus, aktive und interaktive Erlebniswelt rund um Birnen und Most. Mai–Sept. Di–So 9–17 Uhr, Stift 14, Ardagger Stift, www.mostbirnhaus.at
Kameltheater Kernhof, weiße Tiger, Schneeleoparden, Alpacas, Kängurus, Nasenbären und natürlich Kamele, dazu ein Bärentheater, und das alles mitten im Wald. März–Nov. 10–18 Uhr, Kamelplatz 1, Kernhof, www.kameltheater.at

ESSEN UND TRINKEN

Gasthof am Wienertor: einfacher Gasthof mit einem schönen Biergarten für die Rast. Wiener Str. 20, Herzogenburg
Gasthof Gnedt: Spezialitäten wie Rehmaisen, Hirschsalami und Wildrohschinken kann man nicht nur vor Ort genießen, sondern auch als Wegzehrung mitnehmen. Kernhof Nr. 2, Kernhof
Gasthof zum Schützen: gemütlicher Gasthof mit Biergarten unter schattigen Kastanien. Zdarskystr. 10, Lilienfeld
Brauhaus Mariazell: zünftiges Essen und süffiger Gerstensaft aus der hauseigenen Brauerei. Wiener Str. 5, Mariazell
Salzmühle: regionale Schmankerln und Hausmannskost in gemütlicher Atmosphäre. Purkersdorfer Str. 6, St. Pölten-Wagram

SHOPPING

St. Pölten, in den Läden in der charmanten Fußgängerzone und in den diversen Einkaufszentren (Traisenpark und Promenade) sowie auf Flohmärkten und Feinschmeckermärkten gibt es viel zu entdecken und auch zu verkosten.

ÜBERNACHTEN

Gasthof Zur Linde: Familientradition und gemütliche Atmosphäre prägen dieses Haus. Auring 10, Herzogenburg
Gasthof Zum Weißen Hahn: traditionelles Haus im Zentrum von Lilienfeld, direkt am Traisentaler Radweg und am Pilgerweg gelegen. Babenbergerstr. 10, Lilienfeld, www.zum-weissen-hahn.at
Goldene Krone: Hotel mit schönem Ambiente gegenüber der Basilika. Grazerstr. 1, Mariazell, www.goldenekronehotel.com
Zum Niederhaus: Gasthof, Pension und ein kleiner Wellnessbereich mit Sauna. Markt 9, St. Aegyd, www.perthold.at
Hotel Gasthof Schwan: moderne Zimmer und gutbürgerliche Hausmannskost im Hotelrestaurant. Bahnhofplatz 7, St. Pölten, www.hotel-graf.at

WEITERE INFOS

Tourismus- und Kulturportal des Landes Niederösterreich, Niederösterreichring 2, St. Pölten, www.niederoesterreich.at;
Tourismusinformation St. Pölten, Rathausplatz, St. Pölten

Außen gotisch, innen barock ist die Basilika Mariä Geburt mit der *Magna Mater Austriae* im Wallfahrts- und Ferienort Mariazell.

66. Nationalpark Hohe Tauern

Blick von der Kärntner Ortschaft Heiligenblut auf den Großglockner; vorne die gotische Pfarr- und Wallfahrtskirche Hl. Vinzenz.

HIGHLIGHTS

- **Krimmler Wasserfälle,** ein Wanderweg führt von Krimml zu dem tosenden Naturschauspiel.
- **Großglockner,** in 7 Tagen von Hütte zu Hütte zu Fuß: entweder auf der Großglockner-Hochalpenstraße oder auf der Glockner-Runde
- **Großvenediger,** auf hochalpiner Tour über den 3662 m hohen majestätischen Gipfel oder alternativ mit dem Hüttentaxi von Prägraten zur Johannishütte am Großvenediger-Höhenweg
- **Bad Gastein,** »Wolkenkratzerdorf« mit Belle-Époque-Hotels, Thermalquellen und Wasserfall
- **Heiligenblut,** die gotische Wallfahrtskirche Hl. Vinzenz zu Füßen des Großglockners

DER NATIONALPARK ZU JEDER JAHRESZEIT

- **5./6. Jan.:** Sternsingen in Heiligenblut
- **Gründonnerstag/Karfreitag:** beeindruckende Darstellung der Passion Christi in Tresdorf
- **Ende Sept.:** Almabtrieb mit kunst- und liebevoll geschmücktem Vieh sowie Festen in der ganzen Region

Ein ungewöhnliches Konzept: Im Süden von Österreich schützt der größte Nationalpark der Alpen die unberührte Welt des Hochgebirges und faszinierende Kulturlandschaften, die der Mensch in Jahrhunderten gestaltet hat. In diesem Reich aus Fels und Eis, grünen Almen und dichten Wäldern kann man schauen und genießen.

Paradies für Naturfreunde und Gipfelstürmer

Der Nationalpark Hohe Tauern ist der größte Nationalpark des Alpenraums und eine Region der Superlative: 266 Dreitausender-Gipfel, rund 250 Gletscher, 551 Seen, zahllose wilde Gebirgsbäche und rauschende Wasserfälle gehören zu dem über 1800 km² großen Gebiet auf dem »Dach von Österreich«. Die 380 m hohen **Krimmler Fälle** sind die fünfthöchsten Wasserfälle der Welt, und in den verschiedenen Vegetationszonen des Parks können Hobbybotaniker rund ein Drittel aller **Pflanzenarten** entdecken, die in Österreich vorkommen. Insgesamt gedeihen hier rund 1800 verschiedene Arten, u. a. sogar Orchideen und das legendäre Edelweiß. Beeindruckend ist auch die heimische **Tierwelt**: Mit etwas Glück sieht man ein Murmeltier, einen Steinbock oder einen Adler.

Österreich

In seinem Kern bewahrt der Nationalpark eine unberührte Hochgebirgslandschaft aus Fels und Gletscher, rundum erstreckt sich eine reizvolle Kulturlandschaft mit blühenden Bergwiesen, sanften Almen, Wäldern mit Fichten, Zirben und Lärchen. Ungewöhnlich und innovativ ist die Kombination aus Ökologie und Ökonomie, die hier gepflegt wird. Zu den Bergen und Pisten des Parks gelangt man von touristischen »Schwergewichten«, wie **Bad Gastein**, **Matrei**, **Mittersill**, **Heiligenblut** oder **Kaprun**. Einige der Gipfel sind beliebte Wanderziele, wie **Kristallwand**, **Großer Geiger** und **Hochalmspitze**, andere zählen zu den berühmtesten Massiven des Landes, allen voran **Großvenediger** und **Großglockner**. Eine Sensation ist hier die spektakuläre **Großglockner-Hochstraße**. Die Fahrt durch eine hochalpine Naturlandschaft mit Blick auf Großglockner und Pasterze ist ein großartiges Erlebnis, das zugleich die wandermüden Muskeln schont. BR

Murmeltiere sind im Nationalpark im Sommer häufig zu sehen – in der kalten Jahreszeit halten sie Winterschlaf.

Infos und Adressen

ANREISE
Bahn/Bus: IC über München nach Salzburg, Lienz, Mallnitz/Obervellach, zu einzelnen Zielen mit der Pinzgauer Lokalbahn und Wanderbussen; **Auto:** A 8 in Deutschland/A 12 in Österreich bis Kufstein, ab da über Landstraßen in die jeweiligen Gebiete; A 10 über Salzburg bis Bischofshofen und weiter auf Landstraßen

BESTE REISEZEIT
Frühjahr bis Herbst

SEHENSWERT
Nationalparkzentrum Hohe Tauern, Informationszentrum mit topmoderner Multimedia. Gerlosstr. 18, Mittersill, www.nationalparkzentrum.at
Felsentherme Bad Gastein, ein Gesundbrunnen mit Radon-Thermalwasser. Tgl. 9–21 Uhr, Bahnhofplatz 5, Bad Gastein

ESSEN UND TRINKEN
Gasthof Steinerwirt: österreichische Gastlichkeit, authentische zeitgemäße Küche, Weinkeller mit Gewölbe aus dem 14. Jh. Dreifaltigkeitsgasse 2, Kaprun/Zell am See

ÜBERNACHTEN
Salzburger Hof: Residieren in luxuriöser Belle-Époque-Pracht. Grillparzerstr. 1, Bad Gastein, www.salzburgerhof.com

WEITERE INFOS
Nationalpark Hohe Tauern, Kirchplatz 2, Matrei in Osttirol, www.hohetauern.at

Persönlicher Tipp

GEFÜHRTE WANDERUNGEN IM NATIONALPARK

Ein besonderes Erlebnis bieten die geführten Wandertouren – im Winter mit Schneeschuhen – der Ranger des Nationalparks. Eine lohnende Rundtour führt beispielsweise von Matrei aus nach St. Jakob und über den Speikboden und den Venedigerhöhenweg nach Virgen. Der Nationalpark ist Lebensraum für rund 10 000 Tierarten, die »Großen Fünf« heißen hier Gämse, Steinbock, Steinadler, Gänsegeier und Bartgeier. In Mitteleuropa kann man – wenn auch nur im Sommer – nur in den Hohen Tauern regelmäßig wild lebende Geier beobachten. Ihre Gemeinschaftsplätze haben die riesigen Vögel im **Krumltal** nahe Rauris und im **Hollersbachtal** westlich von Mittersill. Beeindruckend und in Mitteleuropa einzigartig ist gegenüber dem Großglockner die **Flugsandsteppe** mit meterhohen Dünen im **Hochtal Gamsgrube** unterhalb des Fuscher-Kar-Kopfes. Dank des besonderen Mikroklimas findet man hier eine Tier- und Pflanzenwelt wie in den arktischen Gebieten in Amerika oder Grönland.

67. Tirol und das Zillertal

HIGHLIGHTS
- **Naturschutzgebiet Kaisergebirge,** ein artenreiches Naturschutzgebiet, das alle Kaisergipfel umfasst
- **Festung Kufstein,** zeitweilig ein berüchtigtes Gefängnis, heute beherbergt sie ein interessantes Heimatmuseum.
- **Altstadt von Innsbruck,** mit Goldenem Dachl, Dom, Hofburg und Hofkirche
- **Bergisel,** vom Café der topmodernen Sprungschanze hat man einen herrlichen Blick.
- **Zillertal,** im Winter Skivergnügen, im Sommer Wanderungen durch die geschützte Hochgebirgslandschaft des Naturparks Zillertaler Alpen

TIROL ZU JEDER JAHRESZEIT
- **3. Jan.:** Vierschanzentournee am Bergisel
- **Mai:** Gauder Fest in Zell im Zillertal, Frühlings- und Trachtenfest mit Festumzug und Ringkämpfen (Ranggeln)
- **Juli:** Tiroler Festspiele mit Konzerten in Erl
- **Sept.:** Klangspuren, Festival zeitgenössischer Musik in Schwaz
- **Anf. Dez.:** »Klaubaufgehen« in Matrei, unheimliche Gestalten in traditioneller Verkleidung machen die Straßen unsicher

Vom Gipfelkreuz des Schnappen (1546 m) hat man einen traumhaften Blick auf das Massiv des Wilden Kaisers.

Grüne Matten und Wälder, Wildbäche und Seen, grauer Fels und weiße Pisten – im Westen von Österreich ist das Bundesland Tirol berühmt für seine alpine Landschaft und sein breites Angebot für alle, die sich gerne in der Natur bewegen. Aber auch kulturell Interessierte kommen hier während des ganzen Jahres auf ihre Kosten.

Berge, Burgen und zwei Kaiser

Hoch über dem grünen Inn thront in **Kufstein** die mächtige Festung auf einem schroffen Felsen. Nicht weit entfernt ragen die markanten Gipfel des **Zahmen** und des **Wilden Kaisers** auf, bietet **Erl** Passionsspiele und im **Kaiserwinkl** der **Walchsee** Wassersport mit Alpenblick. Richtung Süden liegt **Kitzbühel**, ein Top-Ort des Wintersports. »Kitz« lockt auch zum Wandern, Golfen und mit seinem Nachtleben. Nicht minder mondän begeistert im Westen **St. Anton am Arlberg** die Skifahrer mit Pisten und Après-Ski, im Sommer Bergsteiger und Mountainbiker. Unterhalb von St. Anton liegt in einem Talkessel **Landeck**, seit über 700 Jahren bewacht von den schützenden Mauern seines Schlosses.

Wo zwischen »Kitz« und Arlberg nördlich des Inns der kühle Achensee ruht, verläuft gen Süden bis zur italieni-

Österreich

Gut 900 m über dem Walchsee liegt die gemütliche Lippenalm – mit Blick auf das Kaisergebirge.

Infos und Adressen

ANREISE
Flug: von allen größeren deutschen Flughäfen nach Innsbruck; **Bahn:** von München nach Innsbruck; **Auto:** über die A 93 nach Kiefersfelden und Kufstein oder über die A 95 Garmisch-Partenkirchen nach Mittenwald und Scharnitz; auf österreichischer Seite zweigen von der Inntalautobahn A 12 Landstraßen zu Zielen in der Region ab.

BESTE REISEZEIT
Mai–Oktober

SEHENSWERT
Alpbach, Alpbachtal in den Kitzbüheler Alpen, Österreichs »schönstes Dorf« und Europas »schönstes Blumendorf« **Schloss Ambras in Innsbruck,** Kunst- und Wunderkammer mit Sammlungen von Erzherzog Ferdinand II. Tgl. 10–17 Uhr, Schlossstr. 20, Innsbruck

ESSEN UND TRINKEN
Restaurant Lichtblick, gutes Essen, schicke Atmosphäre, traumhafter Ausblick. Maria-Theresien-Str. 18, Innsbruck

ÜBERNACHTEN
Schlosshotel Goldener Engl: Hotel in 700 Jahre altem Gemäuer in der wunderbar erhaltenen Altstadt von Hall. Unterer Stadtplatz 5, Hall, www.goldener-engl.at

WEITERE INFOS
Tirol Info, Maria-Theresien-Str. 55, Innsbruck, www.tirol.at

Persönlicher Tipp

TIROLER KLEINODE
In ganz Tirol findet man interessante kleine Museen und andere Stätten, die wegen ihrer besonderen Themenstellung einen Besuch lohnen oder Einblick in das Leben in der Region vor dem Tourismusboom geben. Hierzu zählen neben den zahlreichen Heimatmuseen, die es in fast allen größeren Orten gibt, u. a. in **Schwaz** das Silberbergwerk, das Zeiss Planetarium und das ethnografische Museum der Völker, in **Wattens** die Swarovski Kristallwelten oder in **Hainzenberg** bei Zell am Ziller das ehemalige Goldbergwerk. Aug' in Aug' mit den tierischen Bewohnern sieht man sich im **Alpenzoo Innsbruck,** hier trifft man auf Steinbock und Gämse, Bär, Adler und Geier. Ein besonderes Erlebnis ist eine Fahrt auf der **Zillertaler Höhenstraße,** die zwischen Hippach und Ried von 550 bis auf 2020 m Höhe führt. Sie ist von Mai bis Oktober geöffnet und bietet eine herrliche Aussicht auf die Zillertaler und Tuxer Alpen. Unterwegs genießt man das Panorama und eine Brotzeit in einem der vielen Berggasthöfe.

schen Grenze das **Zillertal** mit seinen Seitentälern. Weite Gletscher schimmern hier auf majestätischen Dreitausendern, Orte wie **Fügen,** **Mayrhofen,** **Hintertux** und **Gerlos** ziehen vor allem im Winter Gäste an. Für den Schutz der Gebirgslandschaft zwischen Reichenspitze (3303 m) im Nordosten und Hochfeller (3509 m) im Südwesten sorgt der **Naturpark Zillertaler Alpen.**

Urbanes Flair mit Alpenblick bietet dagegen unterhalb des Renaissance-Schlosses Ambras Tirols Hauptstadt **Innsbruck.** Ein Bummel durch die Altstadt führt zum Goldenen Dachl, einem Prunkerker von 1500, zum barocken Dom St. Jakob und zur Hofkirche mit ihren Kunstschätzen aus der Renaissance. Wo der Volksheld Andreas Hofer die Aufständischen gegen die bayerisch-französischen Besatzer in die Schlachten am Bergisel führte, steht heute eine Gedenkstätte. Am **Bergisel** wird jährlich auf der schwindelregend hohen Skisprunganlage die Vierschanzentournee eingeläutet.   BR

68. Masuren

Sommerfrische Mikołajki im Herzen der Masurischen Seenplatte.

HIGHLIGHTS
- **Giżycko (Lötzen),** Seglerhauptstadt am Mauersee mit der gewaltigen Festung Boyen
- **Mikołajki (Nikolaiken),** lebhafte Kleinstadt mit beliebter Hafenpromenade am Spirdingsee
- **Ruciane-Nida (Rudczanny-Nieden),** Erholungsort im Süden der Seenplatte und Ausgangspunkt für Touren zum Krutynia-Fluss und in die Johannisburger Heide
- **Freilichtmuseum in Olsztynek (Hohenstein),** größtes und schönstes Ensemble masurischer Bauernarchitektur
- **Iznota (Isnothen),** Künstlerkolonie Galindia mit Pfahlbauten, Wikingerbooten und kultischen Holzskulpturen

MASUREN IM SOMMER
- **14. Juli:** Zum Jahrestag der Schlacht von Grunwald stürzen sich bei Ostróda tausende Hobbyritter in ein riesiges Historienspektakel.
- **Ende Juli:** Piknik Country, hochkarätiges Country- und Bluegrass-Festival im Amphitheater von Mrągowo
- **Anf. Aug.:** Folklore-Treffen mit Tanz- und Trachtengruppen auf dem Markt von Olecko

Die Masurische Seenplatte mit ihren fast 3000 Seen ist ein Paradies für vielfältige Erlebnisse im und am Wasser. Polen und Deutsche treffen sich hier aber nicht nur am Angelsteg oder Badestrand: Vielerorts erwacht seit 1990 die gemeinsame Geschichte der Region in einer greifbaren Renaissance der masurischen Identität.

Auf den Spuren der Kreuzritter

Obwohl die Blütezeit des Deutschen Ritterordens seit über 500 Jahren vorbei ist – ihren Stempel haben die Ritter der see- und waldreichen Region im Viereckeck zwischen Polen, der russischen Enklave Königsberg, Litauen und Weißrussland deutlich aufgedrückt. Sie zogen zu Beginn des 13. Jh. als Kreuzritter und Missionare aus, um sich das Land der Pruzzen unter den Nagel zu reißen. Zur Sicherung ihrer Macht diente ihnen ein Netz backsteinerner Ordensburgen. Die schönste unter ihnen ist die riesige **Marienburg** in Malbork bei Danzig. Gut erhalten sind ebenso die Burg und Altstadt von **Reszel** (Rößell). In **Ryn** (Rhein) hat sich sogar ein Hotel in der einstigen Ritterfeste einquartiert. Im Schutz der Burgfriede siedelten sich vor allem deutsche Kolonisten

Polen

Elbląg (Elbing) an der Ostseeküste ist eines der schönsten Tore zur Region Ermland-Masuren.

an. Die Dominanz der Kreuzritter wurde 1410 mit der Schlacht von Tannenberg gebrochen. Polen, Litauer und Tataren siegten gegen das mächtige Heer des Deutschen Ordens bei der Ortschaft **Grunwald** (Grünfelde). Für die polnische Geschichte ist dieser Triumph eine der wichtigsten Nationalmythen. Jede Stadt hat heute ihren Grundwaldski-Platz, Symbol polnischer Tapferkeit, die über den Hochmut des deutschen Ordensmeisters Ulrich von Jungingen siegte. Der hatte im Morgengrauen noch zwei seiner besten Schwerter ins Lager des Gegners schicken lassen, um die Bereitschaft zum Gefecht anzukündigen – ein letztes Mal, wie sich zeigen sollte.

Stolz und Tradition der Masuren

Mit der polnisch-litauischen Landesherrschaft kamen Massowier und Balten als Fischer, Jäger und Waldarbeiter in das Gebiet. In diesem friedlichen Vielvölkergemisch entstand die masurische Identität mit eigener Sprache und bäuerlicher Kultur. Auch wenn die Eingliederung nach Ostpreußen sowie die Folgen der beiden Weltkriege dem Land viele Wirren und Leid aufbürdeten, der Stolz der Masuren blieb ungebrochen.

Mit dem Tourismus kündigt sich eine Renaissance der Volkstradition an. Heimatstuben wie in **Kadzidłowo** (Kadzidlowen) und **Owczarnia** (Friedenshöhe) bei Kętrzyn (Rastenburg) erinnern an die gemeinsame Kultur. Höhepunkt ist das Freilichtmuseum in **Olsztynek** (Hohenstein). Das größte und schönste Ensemble von masurischen Bauernhöfen, Holzkirchen und Windmühlen befindet sich 20 km südlich von **Olsztyn** (Allenstein). Zur bäuerlichen Geschichte gesellen sich die schlossähnlichen Anwesen des deutschen Junkeradels. Viele der namhaften Güter wie **Dönhoffstädt** (heute: Drogosze) und **Dohna-Schlobitten** (Słobity) sind zu kommunistischen Zeiten zu Ruinen verfallen. Ihr Wiederaufbau nach 1990 kommt auch aus Kostengründen eher langsam voran.

Wassersport und Naturschönheiten

Im Fokus der Tourismusentwicklung stehen die reichen Schätze der Natur sowie der Wassersport. Beides kann gut miteinander verbunden werden. Dazu bedarf es keines eigenen Bootes. Zwischen den wichtigsten Sommerfrische-Orten **Giżycko** (Lötzen), **Mikołajki** (Nikolaiken) und **Ruciane-Nida** (Rudczanny-Nieden) verkehren mehrmals täglich Ausflugsdampfer. Diese Routen führen durch das Herz der

Persönlicher Tipp

WALLFAHRTSKIRCHE IN ŚWIĘTA LIPKA (HEILIGLINDE) BEI KĘTRZYN
In dem 170-Seelendorf Święta Lipka wartet eines der populärsten polnischen Heiligtümer – der **Marienschrein von Heiliglinde**. Der Legende nach fertigte ein zum Tode Verurteilter auf Geheiß Unserer Lieben Frau die Schnitzfigur ihres Kindes an und wurde daraufhin begnadigt. Die Holzskulptur befestigte der Freigelassene an der Straße zwischen Kętrzyn und Reszel an einer Linde. Der Ort wirkte fortan Wunder, und um den Baum wurde eine **Wallfahrtskapelle** errichtet. Nach der Reformation bauten die Jesuiten 1688–93 eine dreischiffige **Basilika**, die heute als eine der prächtigsten Barockkirchen im nördlichen Polen gilt. Der überreiche Schmuck der Kirchenschiffe und Kapellen wird von einer einzigartigen Orgel noch übertroffen. Zahlreiche bewegliche Figuren zieren die Königin der Instrumente, die regelmäßig an Wochenenden den Besuchern von Heiliglinde in Konzerten vorgeführt wird. Die Wallfahrtskirche hat seit 1983 den Rang einer Basilica minor.

Danzigs Altstadt begeistert mit vielen Giebelhäusern, dem Alten Hafen und zwei Rathäusern aus Hansezeiten.

Persönlicher Tipp
AUSFLUG BEI MEHR ZEIT

DANZIG UND DIE MARIENBURG

Auf dem Hin- oder Rückweg zu den Masuren über Danzig sollte man sich etwas Zeit für den Besuch der bedeutenden Hansestadt sowie für die **Marienburg** (poln.: Malbork), dem einstigen Sitz der Deutschordensritter, nehmen. Wie ein nordisches Carcassonne thronen Mauern, Wehrtürme und das gotische Hochschloss über der gemächlich dahinfließenden Nogat. Die roten Ziegel der drei Schlossbezirke samt **Marienkirche** zählen zum größten Backstein-Ensemble Europas. Etwa 10 km stromabwärts, wo der Fluss in das Frische Haff mündet, ist **Elbląg** (Elbing) mit seinen Giebelhäusern und dem **Dom St. Nikolai** ein lohnender Zwischenhalt. **Danzig**, die in Hansezeiten konkurrierende und mächtigere Schwester Elbings nordwestlich an der Ostseeküste, ist nur 60 km entfernt. Ihren Charme offenbart sie bei einem Bummel durch die **Altstadt** mit unzähligen Kaufmannshäusern und dem Rechtstädtischen Rathaus aus dem 14. Jh., ihre weltoffene Atmosphäre ist am **alten Hafen** spürbar.

Die Marienburg in Malbork an der Nogat war einst der Herrschaftssitz des Deutschen Ritterordens.

Seenlandschaft. Gewässer von der zehnfachen Größe des Tegernsees wie der **Mamry** (Mauersee) und **Śniardwy** (Spirdingsee) wechseln sich ab mit Inselarchipelen bei **Węgorzewo** (Angerburg) und Ruciane-Nida, Kanälen und schmalen Binnenseen.

Wer sich zutraut, das Ruder selbst in die Hand zu nehmen, kann das blaue Paradies auf über 250 km mit dem Hausboot erkunden, seit jüngster Zeit auch ohne Bootsführerschein. Vermieter gibt es in Giżycko, Mikołajki, Sztynort und Piaski. Einer der schönsten Badestrände befindet sich in **Kruklanki** (Kruglanken) und ist auch gut mit dem Boot zu erreichen.

Höhepunkt zwischen Biberburgen und Schwarzstorchkolonien ist eine **Kanutour** auf der Krutynia von **Sorkwity** (Sorquitten) zur Mündung bei **Isznota**. Auf 100 km schlängelt sich das Flüsschen durch Moorwälder und uralte Erlen- und Eichenhaine. In den Dörfern am Flusslauf, häufig gesäumt von alten Masuren-Blockhäusern, kann man in Pensionen übernachten oder man wählt auf der bis zu einwöchigen Tour täglich sein Quartier unter zahlreichen Wasserwanderrastplätzen.

Mit dem Rad, z. B. entlang des **Masuren-Radwegs**, ist man auf vielen ruhigen Nebenstraßen und Waldwegen unterwegs, kommt aber auch zu den Promenaden in den größeren Hafenorten. Touren sollten mit Infomaterial der lokalen Touristinformationen vorbereitet werden, da es noch keine Radwege gibt, die gemeindeübergreifend ausgeschildert sind. Für die Rückfahrt bietet sich häufig die Ausflugsschifffahrt an. RT

Masuren

Infos und Adressen

ANREISE
Flug: Direktflüge z. B. von Frankfurt, München, Köln und Berlin nach Danzig; **Bahn:** einmal tgl. Direktverbindung mit EC von Berlin bis Danzig, dort weiter mit Regionalbahn oder Mietwagen; **Auto:** ca. 600 km von Berlin über Poznań und Toruń

BESTE REISEZEIT
Mai-Oktober; zum Baden von Juni–August

SEHENSWERT
Popielno (Popiellnen), Forschungsstation mit Waldgehegen, in denen Biber, Wisente, masurische Hirsche und Urpferde leben. Wierzba 7, bei Ruciane-Nida, www.wierzba.com.pl
Ełk (Lyck), Attraktion der Kleinstadt ist die Lycker Kleinbahn (Museumsbetrieb). www.mosir.elk.com.pl
Wolfsschanze, Bunkerruinen von Hitlers Führerhauptquartier mit Museum in Gierłoż östlich von Kętrzyn. www.wolfsschanze.pl
Pisz (Johannisburg), das Tor zum riesigen Waldgebiet der Johannisburger Heide
Olsztyn (Allenstein), Masuren-Hauptstadt mit Ordensburg-Schloss, Dom und alter Stadtbefestigung
Jezioro Łuknajno (Lucknainer See), zum UNESCO-Naturerbe erklärtes Biosphärenreservat mit einer Höckerschwan-Kolonie, östlich von Mikołajki, Aussichtsplattform im Dorf Łuknajno

ESSEN UND TRINKEN
Karczma Warminska: zweimal wöchentlich Folklore mit Kosakenpolka bis Klezmer-Spaß mit Menü. Gietrzwald bei Olsztyn, ul. Kościelna 1, www.karczma.pl
Wirtshaus U Komtura: zwischen Mikołajki und Giżycko, unweit des UNESCO-Biosphärenreservats Łuknajno, kann man wie die Ritter tafeln. Woźnice 74, www.biesiady.com
Gasthaus zum Schwarzen Schwan: Am Lowentinsee lockt preisgekrönte Masurenküche. Gospoda Pod Czarnym Łabędziem, Rydzweo bei Giżycko, ul. Mazurska 98, www.gospoda.pl
Pod Łososiem (Zum Lachs): schickes Restaurant mit sehr guten Speisen und origineller Zubereitung. ul. Szeroka 52/54, Danzig, www.podlososiem.com.pl
Sielawa: elegantes Restaurant mit mediterranem Ambiente, direkt am Anleger der »Weißen Flotte«, die Küche tischt polnische, masurische und internationale Gerichte auf. Pl. Wolnosci 13, Mikołajki

SHOPPING
Węgorzewo (Angerburg), originelle Souvenirs aus Töpferei und Webstube des Volkskundemuseums. Muzeum Kultury Ludowej, Węgorzewo, ul. Portowa 1, www.muzeum-wegorzewo.pl

ÜBERNACHTEN
Burghotel Schloss Ryn: stilvoll übernachten in der einstigen Ordensburg von Rhein, Vier-Sterne-Komfort mit Spa im Gewölbekeller, Kamin und Restaurant. Plac Wolności 2, Ryn, www.zamekryn.pl
Hotel Mazurski Dworek: schönes Hotel 2 km nördlich von Mikołajki in Einzellage direkt am Tałky-See mit großem Wellnessbereich und Drei-Sterne-Komfort. Stare Sady 1, Mikołajki, www.mazurskidworek.pl
Pensjonat Teresa: hübsche kleine Ferienanlage südlich von Giżycko mit Panoramaterrasse, Strand und Tretbootverleih am Buwełno-See. Marcinowa Wola 2, Miłky, www.pensjonatteresa.pl
Hotel Mazur Syrenka in Piecki (Peitschendorf): die Zimmer sind einfach eingerichtet, dafür liegt das Hotel direkt am Paddelparadies der Krutynia mit Kanuverleih. Krutyn 36, Piecki, www.masurenhotel.de
Hotel Anek: Reitferien mit Komfort direkt am Czos-Rinnensee. ul. Roosevelta 25, Mrągowo (Sensburg), www.hotelanek.de

WEITERE INFOS
Tourismusverband Ermland-Masuren, Olszytn (Allenstein), ul. Staromiejska 1, www.mazury.travel;
Polnische Tourismusorganisation, www.polen.travel

In diesem Wassersportparadies haben auch Paddler viele Seen und Flüsse ganz für sich allein.

69. Kleinpolen und Krakau

HIGHLIGHTS
- **Renaissance-Altstadt von Zamość,** samt Rathaus mit geschwungener Freitreppe
- **Schwarze Madonna,** Ikone von 1382, Pilgerheiligtum im Paulinenkloster bei Częstochowa
- **Chochołowska- und Kościelska-Tal,** schönste Panorama-Täler bei Zakopane, Polens Wintersporthauptstadt in der Hohen Tatra
- **Labyrinthgänge von Sandomierz,** 470 m begehbare Tunnel unter einer der besterhaltenen Renaissancestädte Polens
- **Bochnia,** einstiges Salzbergwerk mit Restaurant und fantastischen Salzskulpturen – alles 210 m unter Tage!

KLEINPOLEN IM FRÜHJAHR UND SOMMER
- **Mai:** Sturm auf die Festung Zamosc, historische Inszenierung der Kosakenkriege in der zum UNESCO-Welterbe gehörenden Renaissancestadt
- **Juli:** Jüdisches Festival in Krakau, jüdische Kultur mit Klezmer-Musik, Vorträgen, Theater, Filmen etc.
- **Aug.:** Bergland-Folklore Festival in Zakopane, seit 1965 leben hier jährlich Tradition und Folklore auf.

Das Tatra-Vorland südlich von Krakau ist eine bäuerlich geprägte Kulturlandschaft.

Kleinpolen (Małopolska) ist eine Region, die Polens bedeutendste Sehenswürdigkeiten vereint. Die Altstädte von Krakau, Lublin und Zamo's'c tragen den Titel UNESCO-Welterbe, zur berühmten Schwarzen Madonna von Cze stochowa pilgern jährlich Millionen, und die Hohe Tatra, das kleinste Hochgebirge der Welt, lockt das ganze Jahr über Bergsportbegeisterte an.

Renaissanceperlen an der Weichsel

Krakau ist der ideale Ausgangspunkt, um das einstige Kernland der Jagiellonen-Dynastie zu erkunden. Im 14. und 15. Jh. erstreckte sich unter ihnen das Königreich Polen von der Ostsee bis zum Schwarzen Meer. Von Reichtum und Machtanspruch zeugen sowohl der Wawel, der Krakauer Burgberg mit **Königsgruft** und **Hofkathedrale**, als auch die Orte Sandomierz, Lublin und Zamość, die ein Städtedreieck östlich von Krakau bilden. Mit ihren Rathäusern, Marktplätzen und Patrizierpalästen, oft nach italienischem Vorbild errichtet, sind sie wahre Perlen der Renaissance-Architektur.

Zamość, das »Padua des Nordens«, bildet mit seiner Altstadt das beschaulichste Ensemble. **Lublin**, einst »polnisches Jerusalem« genannt, war das Zentrum vieler Rabbis. Um 1900 gehörte fast die Hälfte seiner Einwohner dem mosaischen Glauben an. Nur 230 Lubliner Juden überlebten den Holo-

Polen

Auf dem Wawel in Krakau liegt der ehemalige königliche Hofbezirk mit der Kathedrale St. Stanislaus und Wenzel.

caust von Majdanek. Die **Gedenkstätten** von Auschwitz-Birkenau befinden sich etwa 70 km westlich von Krakau in **Oświęcim**.

Zwischen den pittoresken Städten an der Weichsel ist **Kleinpolen** ländlich geprägt und gleicht einem Flickenteppich aus parzellierten Äckern, die noch immer große Bedeutung haben. Die Tradition lebt auch in über 100 Architekturdenkmälern in Holzbauweise weiter. Das Kirchlein von **Lipnica Murawana** ist eines der schönsten Beispiele.

Das **Paulinenkloster** von **Częstochowa** (Tschenstochau) auf dem Klaren Berg, 140 km nordwestlich von Krakau, beheimatet Polens am meisten verehrte Ikone, die Schwarze Madonna von 1382. Bis zu vier Millionen Pilger zählte das Nationalheiligtum in neuerer Zeit. Mit dem **Ojców- und Pieninen-Nationalpark** sowie der **Tatra** ist Kleinpolen reich an Wander-, Kletter- und Wildwasserwegen.   RT

Infos und Adressen

ANREISE
Flug: von vielen deutschen Flughäfen nach Krakau; Busfahrt ins Zentrum 30 Min., Schnellbahn »Baltic Express« 16 Min.; **Bahn:** mit dem Europa-Spezial von Berlin nach Krakau; **Auto:** von Frankfurt a. M. über Dresden nach Krakau über die A 4

BESTE REISEZEIT
Mai–Oktober

SEHENSWERT
Jüdisches Museum Galizien in Krakau, jüdische Kultur im polnischen Galizien. Tgl. 10–18 Uhr, ul. Dajwór 18, Krakau, www. de. galiciajewishmuseum.org
Johanneskathedrale in Lublin, schöne Barockkirche nach römischem Vorbild. Stare Miasto, Lubin, www.loitik.eu

ESSEN UND TRINKEN
Chimera: beste polnische Küche mit selbstgebackenem Brot. Ul. Św. Anny 3, Krakau, www.chimera.com.pl

SHOPPING
Krakau, die Einkaufsstraßen ul. Florianski, ul. Grodzka und ul. Szewska laden zum Flanieren ein.

ÜBERNACHTEN
Apartamenty Galeria: geschmackvoll eingerichtete Appartements in Altstadtnähe. Dluga 55, Krakau, www.apartamentywkrakowie.eu

WEITERE INFOS
Touristinfo, ul. Rynek Glówny 1-3, Krakau, www.infokrakow.pl

Persönlicher Tipp

KRAKAUER ALTSTADT UND DAS WEICHSELUFER
Das Ensemble mit **Rathausturm**, Arkadengängen der **Tuchhallen** von 1555, dem Trompetenspiel vom Turm der **Marienkirche** und dem überwältigenden **Veit-Stoß-Altar** im Inneren laden zum Verweilen in Polens heimlicher Hauptstadt ein. Zahllose Cafés und Restaurant und der bunte Mix aus Touristen und Studenten machen Krakau zur internationalen Bühne. Zum **Weichselufer** mit Burg und feuerspeiendem Waweldrachen führt der ausgeschilderte **Königsweg** durch die Altstadt. Unterhalb der Burg und Grabstätte der polnischen Könige liegt **Kaziemierz**, das einstige jüdische Viertel, das mit Cafés und Galerien rund um die Marktrotunde am **Plac Nowy** einen Hauch von Notting Hill verströmt. Jüdische Kultur und Gedenken an den Holocaust findet man im **Jüdischen Museum Galizien** mit Fotoausstellung. Auch Oskar **Schindlers Emaille-Fabrik** im Stadtteil **Podgórze** ist zu besichtigen. Ein Großteil des Films »Schindlers Liste« wurde in den beiden Stadtteilen, dies- und jenseits der Weichsel, gedreht.

70. Niederschlesien und Breslau

HIGHLIGHTS
- **Breslau,** Altstadt, Dominsel und zahlreiche Kirchen der Backsteingotik
- **Jelenia Góra,** Markt mit Laubengängen, Gnadenkirche mit eklektizistischen Grabkapellen der Partizierfamilien
- **Hirschberger Tal,** Schlösser und romantische Parks des preußischen Hochadels zwischen den bewaldeten Hügeln des Bobertals
- **Zamek Ksią ż (Schloss Fürstenstein),** bei Wałbrzych (Waldenburg), größtes Schloss Schlesiens mit Barockgarten und Prachtsälen
- **Bolesławiec (Bunzlau),** Altstadt und Keramikmuseum zur traditionellen blau-weißen Keramik

NIEDERSCHLESIEN VON FRÜHJAHR BIS HERBST
- **Anfang Feb.:** Retro-Slalom in Jakuszyce (Jakobsthal) bei Szklarska Poręba, Ski-Korso aus Großmutters Zeiten
- **Mitte April:** Jazz an der Oder in Breslau, eines der größten Jazzfestivals Polens
- **Sept.:** »Wratislavia Cantans« in Breslau, traditionsreiches Klassikfestival von Rang

Breslauer Altstadtmarkt mit prächtigen Giebelhäusern des einstigen Patriziats, im Hintergrund die St.-Elisabeth-Kirche.

Schlesien bekam im Lauf der Geschichte von Polen und Deutschen, Böhmen, Habsburgern und Preußen den Stempel aufgedrückt. Das ist zu sehen und zu schmecken zwischen Oder und Riesengebirge. Das alte Breslau erfindet sich als Kulturmetropole gerade wieder neu, und das liebliche Vorgebirgsland setzt ganz auf Agroturystyka rund um Bauernhöfe und Gutshäuser, die damit neuen Glanz bekommen.

Bauernstuben und Kaufmannshäuser

Nur gut 2 Std. braucht man mit dem Auto von Dresden bis unter den Gipfel der **Schneekoppe**, das 1602 m hohe Wahrzeichen des Riesengebirges. Einst verkehrten hier die Hohenzollern in ihren preziösen Sommerfrischen. Das **Hirschberger Tal** bei Jelenia Góra (Hirschberg) ist gesegnet mit Landsitzen und romantischen Parks der besten preußischen Baumeister, wie z. B. in **Mysłakowice** (Erdmannsdorf), **Staniszów** (Stonsdorf) und **Cieplice Śląskie-Zdrój** (Bad Warmbrunn).

Wer es rustikaler mag, findet in dem waldreichen und sanfthügeligen Landstrich zahlreiche Bauernhöfe, die einen mit herzlicher Gastfreundschaft empfangen. *Agroturystyka*, Urlaub auf dem Land, heißt derzeit das Zauberwort im polnischen Fremdenverkehr. Dazu trägt auch die abwechslungsreiche Kü-

Polen

che bei. Neben Piroggen (gefüllte Teigtaschen) und Borschtsch (Suppe mit Roter Bete) stehen gutbürgerliche schlesische Gerichte hoch im Kurs, z. B. Rindsroulade mit schlesischen Klößen.

Das **Riesengebirge** lockt zu subalpinen Wanderungen, Sesselliftpartien und Skitouren in Karpacz (Krummhübel) und Szklarska Poręba (Schreiberhau). Auch ein Ausflug zu den Katarakten des Zackel- bzw. des **Kochelfalls** sowie die Stippvisite über die Grenze zur tschechischen **Elbquelle** lohnen.

Altstädtische Marktplätze laden zum Schlendern nach **Jelenia Góra** und **Bolesławiec** (Bunzlau) ein. Die Bunzlauer Keramik gewinnt mit neuen Manufakturen wieder zu alter Stärke. In voller Blüte steht derweil das kulturelle und wirtschaftliche Zentrum Niederschlesiens. **Breslau** (Wrocław) zwischen Kirchen, Kaufmanns- und Kaffeehäusern ist voll junger Leute, die die Odermetropole in einen positiven Schwung versetzen   RT

Infos und Adressen

ANREISE
Flug: Direktflüge von Düsseldorf, Dortmund und Frankfurt nach Breslau; **Bahn:** mit EC nach Wrocław-Głowny (Hbf.), von dort RE nach Jelenia Góra; **Auto:** nach Breslau über A 4/E 40 von Dresden über Görlitz, oder A 15/ E 36 von Berlin über Cottbus/Forst

BESTE REISEZEIT
Juni–Oktober

SEHENSWERT
Gerhart-Hauptmann-Villa, Museum über den Literaturnobelpreisträger von 1912. Mai–Sept. Di–So 9–17 Uhr, Okt.–April bis 16 Uhr, Jagniątków (Agnetendorf), www.gerhart-hauptmann.de
Hölzerne Stabkirche, wurde 1841 aus dem südnorwegischen Wang an den Fuß der Schneekoppe umgesetzt. Karpacz, www.karpacz.pl/de

ESSEN UND TRINKEN
Gósciniec Łojewski: Top-Gasthaus und Fischbraterei mit Riesengebirgspanorama. 3 km westl. von Jelenia Góra, Wojcieszyce 300

ÜBERNACHTEN
Hotel Monopol: stilvolles 5-Sterne-Hotel aus der Gründerzeit gegenüber der Oper. Ul. H. Modrzejewskiej 2, Wrocław (Breslau)
Villa Zur Uhr: preiswerte, hübsche Zimmer am Riesengebirgsfuß. Kopaniec (Seifershau), www.willapodzegarem.com

WEITERE INFOS
Touristinfo am Marktplatz, Rynek 14, Wrocław, www.breslau.wroclaw.co

Persönlicher Tipp

BRESLAUER ZWERGE

Das reiche architektonische Erbe Breslaus lässt sich auf der Spur der Breslauer Zwerge erkunden. Die Kleinplastiken aus Metall sind seit 2005 allgegenwärtig, und in ihren lustigen Darstellungen ist jede für sich einzigartig. Die Touristinfo bietet Stadtpläne mit über 200 verzeichneten Verstecken. Das **Panorama Racławicka** gibt Einblick in den Nationalmythos der Polen. Das beeindruckende Rundgemälde (114 m!) zeigt den Schlachtverlauf von Racławice im Jahr 1794 während des Kościuszko-Aufstands gegen die russischen Besatzer. Halbstündlich finden Audioführungen (auch auf Deutsch) statt. **Leopoldina**, die Breslauer Universität, wurde 1702 von Jesuiten gegründet und beeindruckt mit der prunkvollen Aula, einem barocken Tempel der Wissenschaft und angeschlossenem Universitätsmuseum. Die **Oderinseln** gegenüber der Universität locken zu Spaziergängen und lauen Sommerabenden in den Cafés auf Pontons am Flussufer. Ab Ufer am Zoo und in den Minihäfen der Innenstadt kann man Paddel- und Motorboote leihen.

Breslau liegt zu beiden Ufern der Oder. Die entzückende Dominsel liegt gegenüber der Altstadt.

71. Madeira

HIGHLIGHTS
- **Teleferico do Funchal,** die Seilbahn schwebt über Funchal zum Ort Monte in 560 m Höhe. Abwärts geht's im gelenkten Korbschlitten.
- **Laurisilva,** der Wald aus silbrig-grünen Lorbeerbäumen bedeckt 20 % der Inselfläche und gehört seit 1999 zum Weltnaturerbe.
- **Jardim Botanico,** der Botanische Garten ist blütenprächtig wie seine Umgebung, nur ordentlicher geschnitten.
- **Levadas,** ideale Wanderstrecken führen entlang der Bewässerungskanäle, z. B. zwischen Porto da Cruz und Santana im Norden.
- **Garajau Unterwasser-Nationalpark,** hier treffen Taucher auf Barrakudas, Mantarochen und bunte Zackenbarsche.

MADEIRA ZU JEDER JAHRESZEIT
- **2 Wochen nach Ostern:** beim Blumenfestival ziehen festlich geschmückte Wagen durch Funchal. Kinder bauen auf der Praça do Municipio eine »Mauer der Hoffnung« aus Blumen.
- **1. Nov.:** Kastanienfestival, Curral das Freiras feiert seine wichtigste Frucht

Hauptstadt der Blumeninsel – Blick auf Funchal und den Schiffsanleger.

Ein Schlaraffenland, in dem herrliche Blumen und Früchte gedeihen, mit malerischen Küstenorten und einer beschaulichen Hauptstadt, das Ganze wohl temperiert vom ganzjährig milden Klima: Die portugiesische Insel Madeira ist ein Kleinod im Atlantik – von ihren strukturellen Problemen merkt der Kurzurlauber nur wenig.

Von Natur aus schön

Das Wort »Blumeninsel« trifft es überhaupt nicht. Es sagt zu wenig. Denn Madeira ist vielmehr eine Blütenmeerinsel in allen Farben und Formaten: Frangipani und Jacaranda, Tulpenbäume und Bougainvilleen. Einfach so explodiert hier die exotische Pflanzenwelt: Strelitzie, Calla, blauer Natternkopf, Fackellilie, Schwanenhals-Agave, Orchidee und 1350 andere Arten. Die Fülle zeigt sich nicht nur in Gärten und Parks wie dem **Quinta da Boa Vista**, sondern auch an den Ständen des **Mercado dos Lavradores**, der Art-déco-Markthalle **Funchals**.

Nun leidet Madeira aber auch unter dem Blümchen-Image. Der Durchschnittsbesucher ist älter als 50 Jahre und hat sich bislang mit dem Fünf-Uhr-Tee und Wanderungen entlang der **Levadas**, der Bewässerungskanäle, begnügt. Nur etwa 10 % der Gäste baden im Meer – Sandstrände sind rar und dazu noch schwarz.

Portugal

Um ein jüngeres Publikum anzulocken, wollen die Hotels mit Wellness punkten. Wobei auch das Tradition hat, galt Madeira doch lange als Erholungsziel des Hochadels. Selbst »Sisi« kam her, um sich von Schwermut und Lungenleiden zu kurieren. Es fällt noch im Funchal des 21. Jh. leicht, sich die kindliche Kaiserin vorzustellen, wie sie die Bodenmosaike auf Funchals **Rua de Queimada de Cima** betrachtet oder die weiß-blauen Fliesen an den Häusern, etwa am **Café Ritz**.

Dass die sanfte Insel auch rau sein kann, wird auf einer Fahrt über die alte Küstenstraße klar. So schmal, dass sie nur in eine Richtung befahren werden kann, führt sie an spektakulären **Klippen** und schroffen **Felsen** vorbei, durch Tunnel, über die **Wasserfälle** rauschen, und an **Buchten** entlang, die aussehen, als hätte gerade erst Captain Cook mit seinen 220 000 Flaschen Madeira-Wein an Bord die Anker gelichtet. BM

Beim Blumenfest auf Madeira geht es bunt und ausgelassen zu – und duftet es betörend.

Infos und Adressen

ANREISE
Flug: von den größeren deutschen Flughäfen zum Airport Santa Cruz, östl. von Funchal;
Bus: wer Zeit mitbringt, erreicht jeden Inselwinkel per Bus

BESTE REISEZEIT
Mai–Oktober

SEHENSWERT
Instituto do Vinho da Madeira, alles zur Geschichte des Madeira-Weins. Mo–Fr 9–18 Uhr, Rua de Outubro 5, Funchal
Cabo Girão, die zweithöchsten Klippen Europas bilden die Kulisse des Fischerorts Câmara de Lobos
Centro das Artes – Casa das Mudas, ein architektonischer und kunsthistorischer Glücksfall. Di–So 10–19 Uhr, Vale de Amores, Calheta

ESSEN UND TRINKEN
Fim do Seculo: das »Ende des Jahrhunderts« ist der Anfang eines schönen Abends. Schon wegen der Vorspeisen ... Rua Carreira 144, Funchal

ÜBERNACHTEN
Choupana Hills: die Bungalows auf Stelzen sind eine Anspielung aufs koloniale Erbe. Funchal, www.choupanahills.com

WEITERE INFOS
Tourismo da Madeira, www.visitmadeira.pt; www.madeira-live.com

Persönlicher Tipp

CURRAL DAS FREIRAS
Steil sind die Hänge, tief die Schluchten, klein das Dorf: **Curral das Freiras** (Stall der Nonnen). Bis vor wenigen Jahrzehnten konnte die Siedlung nur zu Fuß erreicht werden; die Abgeschiedenheit war auch der Sinn ihrer Gründung. Die Nonnen des Klosters **Santa Clara** suchten im 16. Jh. nach einem Überfall französischer Piraten Schutz in den Bergen. Bis heute ist der »Nonnenpferch« einer der wenigen Orte auf Madeira, die nicht vom Meer aus sichtbar sind. Der Blick vom Aussichtspunkt **Eira do Serrado** auf das Nonnental und den Ort ist grandios, aber lässt auch im übertragenen Sinn tief blicken: Das von der 1100 m hohen Kanzel winzig anmutende Dorf inmitten grüner Terrassenfelder wurde 2010 von Schlammlawinen überflutet, die Passstraße ist meist wegen Steinschlaggefahr gesperrt. Der Weg zum weitgehend autarken **Curral das Freiras** führt nur durch den gut 2 km langen Tunnel. Spezialität des Tales ist der *Ginja*, ein Likör aus Sauerkirschen. Wichtigstes Naturprodukt sind Kastanien, die zu Kuchen und Suppen verarbeitet werden.

72. Lissabon und Atlantikküste

HIGHLIGHTS

- **Hieronymuskloster und Turm von Belém,** das spätgotische Kloster beherbergt Vasco da Gamas Sarg, der Turm ist Lissabons prominentestes Bauwerk.
- **Miradouro de Santa Luzia,** von hier schweift der Blick über das Alfama-Viertel bis zum Tejo.
- **Boca do Inferno,** der »Höllenmund« ist eine Schlucht in der vom Meer unterspülten Steilküste bei Cascais, der Atlantik zeigt sich hier von seiner energischen Seite.
- **Palácio Nacional de Sintra,** beherrschendes Gebäude der einstigen Königsstadt, mit maurischen, manuelinischen und gotischen Stilelementen sowie prunkvoll ausgestatteten Sälen
- **Kathedrale von Évora,** der mächtige graue Granitbau mit den zwei ungleichen Türmen prägt die Silhouette der Stadt.

DIE PORTUGIESISCHE ATLANTIKKÜSTE ZU JEDER JAHRESZEIT

- **12./13. Juni:** Festa de Santo António in Lissabon
- **Aug.:** Festivals der klassischen Musik in Sintra und Queluz
- **Sept.:** Festa do Avante in Lissabon

Das mondäne Seebad Cascais gilt als Rückzugsort der portugiesischen Oberschicht.

Über sieben Brücken musst du gehn ... Oder waren es sieben Hügel? Egal, Lissabon, die portugiesische Grande Dame am Tejo, hat beides und noch viel mehr zu bieten. Auch das Umland ist nicht gerade arm an Reizen: einstige Königssitze, gewichtiges Welterbe und mondäne Seebäder locken Kulturinteressierte und sonnenhungrige Urlauber an!

Füße schonen und Gold anschauen

Viele Hügel, und zwar deutlich mehr, als Lissabons Beiname »Siebenhügelstadt« vermuten lässt, prägen das Stadtbild der portugiesischen Metropole. Ständig geht es treppauf und treppab, hangaufwärts und hangabwärts, von der Unterstadt in die Oberstadt und zurück. Dabei strapaziert die Hauptstadt am Tejo so manches Fuß- und Kniegelenk. Der kluge Tourist setzt deshalb bei seiner Stadterkundung auf die historischen Straßenbahnen und die für Lissabon typischen Elevadores. Mit dem bekanntesten frei stehenden Aufzug, dem **Elevador de Santa Justa**, gelangen Besucher von der schachbrettartig angelegten Unterstadt **Baixa** 32 m nach oben in die verwinkelte Oberstadt. Dort angekommen lässt man sich am besten treiben, schlendert gemächlich durch das vornehme Altstadtviertel **Chiado**, dann durch die hübschen Gassen des Ausgehviertels **Bairro Alto** – und bekommt langsam ein Gefühl vom

Portugal

Blau-weiß erstrahlt der Farol de Santa Marta. Er liegt etwa 1 km südlich von Cascais.

lebhaften und lauten Lissabon. Natürlich darf eine Fahrt mit der museumsreifen **Eléctrico Nr. 28** nicht fehlen. Seit 1901 ist die elektrische Straßenbahn im Einsatz, rumpelt durch enge Gassen, quietscht sich in unglaubliche Haarnadelkurven hinein und bewältigt schnaufend enorme Steigungen – bis zu 13,5 %! Anfangs- und Endhaltestelle der Nr. 28 ist der Platz **Martim Moniz**. Wer hier zusteigt, hat die größten Chancen auf einen der raren Fensterplätze, aber faszinierend ist die Fahrt mit dem »Nationalheiligtum« von jedem Platz aus. Viel zu bestaunen gibt es zudem von den zahlreichen **Miradouros**, den Aussichtspunkten der Stadt. Bei Sonnenuntergang genießen Einheimische und Urlauber hier die Magie des Augenblicks! Dabei wird geschwatzt und sinniert, gesungen und musiziert.

Sommerfrische der Könige

Wer bei seinem Lissabonbesuch dem Atlantik so nahe kommt, dass er ihn bereits riechen kann, will ihn natürlich auch sehen. Per Zugfahrt von Lissabon aus geht dies am besten Richtung Estoril und Cascais. Die beiden mondänen Seebäder gelten als bevorzugter Rückzugsort der portugiesischen Oberschicht. **Estoril** ist berühmt für sein 1931 erbautes **Casino**, in dem schon James-Bond-Autor Ian Fleming sein Glück bei Roulette und Black Jack versuchte. In Estoril finden sich Reste römischer Villen aus der Zeit um Christi Geburt. Das Stadtzentrum besteht aus eleganten Herbergen entlang palmengesäumter Alleen und endet an der gepflegten **Costa do Estoril**.

Auch **Cascais** hat eine sandige Bucht zu bieten, überdies einen Jachthafen mit rund 600 Liegeplätzen. Sehenswert sind der Leuchtturm **Farol de Guia** am westlichen Stadtrand und die meerwasserunterspülte Schlucht **Boca do Inferno**. Wer mit dem Mietwagen unterwegs ist, sollte noch einen kurzen Abstecher Richtung Nordwesten machen, zum **Cabo da Roca**, dem »Ende Europas«. Westlich des 144 m steil aufragenden Felsenkaps folgt nur noch der Atlantik.

Ähnlich spektakulär geht es in **Sintra** weiter. Die ehemalige Königsstadt trumpft mit prächtiger Architektur auf: verträumte Villen, feudale Herrenhäuser und romantische Paläste. Auf 200 m Höhe am Rande der **Sierra de Sintra** gelegen, bot die frische, kühle Luft die ideale Sommerfrische für Blaublütige. Bis 1580 war Sintra Königsresidenz, und auch danach blieb die Gegend mit ihrer reichen Wald-

Persönlicher Tipp

SPAZIERGANG DURCH BELÉM

Auf den Spuren der großen Seefahrernation Portugal wandelt man in Belém, dem pittoresken Stadtteil am Tejo. 1515 von König Manuel I. in Auftrag gegeben, versinnbildlicht der **Torre de Belém** die Glanzzeit des portugiesischen Seeimperiums. Der Leuchtturm, heute das Wahrzeichen der Stadt, begrüßte einst die ankommenden Seefahrer und Handelsschiffe in Lissabon. Viele von ihnen wurden wenige Meter vom Turm entfernt, im **Padrão dos Descobrimentos**, dem Denkmal der Entdeckungen, verewigt. Der Sarkophag von Vasco da Gama, der im Jahr 1498 den Seeweg nach Indien entdeckte, ruht im **Hieronymuskloster**, dem bedeutendsten Bau der Manuelinik. Kulturfreunden bietet der Stadtteil ein Kutschen-, ein Marine- und ein Kunstmuseum sowie das Centro Cultural de Belém – und weil so viel Entdeckergeist hungrig macht, lockt anschließend die **Pastelaria** direkt neben dem Hieronymuskloster mit ein paar Pastéis de Belém: himmlische, handgefertigte Blätterteig-Sahne-Törtchen, die eine Sünde wert sind.

Das Cabo da Roca markiert das »Ende Europas«. Westlich davon folgt nur noch der Atlantik.

Persönlicher Tipp

ZAUBER DER QUINTA DA REGALEIRA
Mystisch, verwunschen, geheimnisvoll – diese Adjektive beschreiben treffend die Quinta da Regaleira. Zu verdanken ist der verspielte Landsitz – ein Teil des UNESCO-Welterbes Sintra – dem portugiesisch-brasilianischen Kaffeebaron **António Carvalho Monteiro**, der sich mit der Villa einen Kindheitstraum erfüllte. Gemeinsam mit dem italienischen Architekten **Luigi Manini** ließ er das 4 ha große Anwesen von 1904 bis 1910 erbauen. Bereits der **Palast** bietet verspielte Elemente der Gotik und Renaissance und hält Überraschungen wie die optische Täuschung eines nicht vorhandenen Fußbodens parat. Richtig verwunschen wird es im weitläufigen **Park**: mit Türmchen, Skulpturen, Wasserspielen, Teichen und Grotten. Am meisten beeindruckt eine kaum beleuchtete **Labyrinthhöhle**: ein Trip zwischen Licht und Dunkel. Über eine Wendeltreppe gelangt man von ihr wieder nach oben, zum höchsten Punkt des Parks – mit grandioser Aussicht auf die Paläste Sintras. Taschenlampe nicht vergessen!

Die Lisboetas haben einen ganz eigenen Musikstil: den Fado. Unbedingt live anhören!

und Parklandschaft ein beliebtes Naherholungsziel für erlauchte Kreise.

Vom portugiesischen Versailles zum Weltkulturerbe

Eine weitere königliche Sommerresidenz findet sich in **Queluz** rund 15 km nordwestlich von Lissabon: der **Palácio Nacional de Queluz**, oft als portugiesisches Versailles bezeichnet. Das Rokokoschloss mit seinen prunkvollen Gärten wird heute noch für Staatsempfänge genutzt, daneben finden im Sommer Musik- und Tanzveranstaltungen im Stil des 18. Jh. statt.

Eine Busexkursion führt von Lissabon nach **Mafra**. Größte Attraktion der stillen Kleinstadt ist ihr **königliches Kloster**, das König João V. 1717 als Dank für den lange ersehnten Thronfolger erbauen ließ. Hinsichtlich Größe und Prunk ist die Anlage einzigartig in ganz Portugal.

Rund 130 km östlich von Lissabon liegt ein weiteres Highlight der Region: das UNESCO-Welterbe **Évora**. Die Gründung der Stadt geht auf die Zeit der römischen Besatzung zurück, noch heute zeugen der gut erhaltene **Diana-Tempel** mit seinen monumentalen Säulen sowie der **Aquädukt** vom römischen Erbe. DH

Lissabon

Infos und Adressen

ANREISE
Flug: Direktflug nach Lissabon;
Bahn/Auto: Weiter an die Atlantikküste und zu den Seebädern Estoril und Cascais geht es bequem per Bahn oder Mietwagen.

BESTE REISEZEIT
Mai–Okt.;
zum Baden: Juni–September

SEHENSWERT
Castelo de São Jorge, die von den Mauren auf einem Hügel erbaute Festungsanlage bietet einen herrlichen Blick über die Stadt und den Tejo. März–Okt. tgl. 9–21 Uhr, Nov.–Feb. 9–18 Uhr, www.castelodesaojorge.pt
Elevador de Santa Justa, seit mehr als 100 Jahren verbindet der frei stehende Aufzug Lissabons Unterstadt mit der 32 m höher gelegenen Oberstadt.
Eléctrico 28, die elektrische Straßenbahn ist seit 1901 unermüdlich im Einsatz, schnauft durch die engen Gassen Lissabons und enorme Steigungen hinauf.
Oceanário, das Aquarium auf dem Expo-Gelände beherbergt Haie, Rochen, Pinguine und Seeotter. Im Sommer tgl. 10–20 Uhr, im Winter 10–19 Uhr, Esplanada Dom Carlos I, Lisboa, www.oceanario.pt
Museu Nacional do Azulejo, die Herstellung der handbemalten Keramikfliesen geht auf eine jahrhundertealte Tradition zurück. Tgl. 10–18 Uhr, Rua da Madre de Deus 4, Lisboa, www.mnazulejo.imc-ip.pt
Castelo dos Mouros, Ruine einer von den Mauren errichteten Burganlage aus dem 8. und 9. Jh., 1147 von den Portugiesen erobert. Grandioser Blick von der Burgmauer über Sintra

ESSEN UND TRINKEN
Assinatura: regionale Hausmannskost wie der Klippfisch Bacalhau kommt hier modern interpretiert auf den Tisch. Rua do Vale de Pereiro, 19, Lisboa
Cervejaria da Trindade: gemütliches Bierlokal im Stadtzentrum, abends meist brechend voll, benannt nach dem einst hier existierenden Trindade-Kloster. Rua Nova da Trindade 20 C, Lisboa
Feitoria: Restaurant im Hotel Altis mit Michelin-Stern, beste regionale Produkte im Stil der Haute Cuisine. Rua Praia do Bom Sucesso, Lisboa

AUSGEHEN
Sol e Pesca, gemütliche Bar in einem ehemaligen Laden für Fischereibedarf. Rua Nova do Carvalho 44, Lisboa, www.solepesca.com
Mesa de Frades, die ehemalige Kapelle in der Alfama beherbergt ein Restaurant, das bekannt für seinen authentischen Fado ist, den Musikstil der Lisboetas mit arabischen Anklängen. Rua dos Remedios 139 A, Lisboa, www.mesadefrades.com
Lux, der Club am Tejoufer ist einer der angesagten Tanztempel der Stadt; im Sommer bezaubert die Dachterrasse. Avenida Infante D. Henrique, Lisboa, www.luxfragil.com

SHOPPING
Sant'Anna, kein Lissabonbesuch ohne Azulejos als Souvenir, die Manufaktur produziert die bunt bemalten Keramikfliesen seit 1741. Rua Alecrim 95, Lisboa, www.santanna.com.pt

ÜBERNACHTEN
York House: ehemaliges Karmeliterkloster aus dem 17. Jh., lauschiger Innenhof mit Palmen und efeuberankten Mauern. Rua Janelas Verdes, Lisboa, www.yorkhouselisboa.com
LX Boutique Hotel: schicke Unterkunft, hier kann man die Aussicht auf Lissabon wahlweise aus dem Fenster oder via Fototapete über dem Bett genießen. Rua do Alecrim, 12, Lisboa, www.lxboutiquehotel.pt
Heritage Av Liberdade: Boutiquehotel im historischen Zentrum, die Fassade aus dem 18. Jh. leuchtet kornblumenblau, kleiner Spa mit Pool. Avenida Liberdade 28, Lisboa, www.heritage.pt

WEITERE INFOS
Turismo de Lisboa,
Rua do Arsenal, 23, Lisboa, www.visitlisboa.com

Sie rumpeln und quietschen sich spektakulär durch Lissabons Altstadt: die Eléctricos.

73. São Miguel

HIGHLIGHTS

• **Walbeobachtung,** in den Gewässern um die Azoren leben 24 Delfin- und Walarten. Halbtägige Beobachtungsfahrten starten in Ponta Delgada und anderen Hafenorten.
• **Sete Cidades,** »sieben Städte«, so der Name des schönsten Kraters der Insel. Zwei Seen, der eine blau, der andere grün schimmernd, laden zum Baden ein.
• **Lavahalbinsel Peninsula Tufo,** ideal für ein Picknick in märchenhafter Kulisse
• **Ponta Delgada,** die Altstadt mit prachtvollen Kirchen wie der Matriz und dem auf einem Hügel erbauten Mae de Deus, die Uferpromenade voller Restaurants und Cafés sowie das Museu Carlos Machado, das Brauchtum und Geschichte der Insel aufzeigt
• **Gorreana Tea Estates,** einzige Teeplantage Europas, 1883 gegründet und Pionier im organischen Teeanbau

SÃO MIGUEL IM FRÜHJAHR

• **Nach Ostern:** 6-tägiges Fest mit Prozessionen, Feuerwerk, Konzerten; die Straßen sind mit Blumenteppichen geschmückt.

Strände wie der von Sao Roque bei Ponta Delgada sind auf den Azoren recht selten.

Die größte der neun zu Portugal gehörenden Azoren-Inseln mitten im Atlantik offenbart mit großen Kraterseen, zahlreichen Vulkankegeln und heißen Quellen ihren vulkanischen Ursprung. Es gibt gute Strände, aber bei einem Urlaub auf São Miguel steht eindeutig das Naturerlebnis im Vordergrund.

Einmal rund um die Insel

Für eine Rundfahrt auf der 64 km langen und bis zu 15 km breiten Insel sollte man sich entweder ein paar Tage Zeit lassen oder Tagesausflüge von der Hauptstadt **Ponta Delgada** aus unternehmen. Erstes Ziel der Etappe ist der **Vista do Rei**, ein Aussichtspunkt auf 580 m Höhe direkt auf dem schmalen Kraterrand. Der Blick zurück schweift über die sanften, grünen Hänge der Südwestküste mit ihren stillen Dörfern, der Blick voraus fällt in den traumhaft schönen Krater der **Sete Cidades**. Nach der Fahrt in den Krater hinein und intensivem Krater-Erlebnis geht es weiter in die Dörfer der **Bretanha** mit ihren alten, oft noch strohgedeckten Häusern. Vom **Miradouro de Santo Antonio** aus ist dann die **Region der Picos** im Inselzentrum mit vielen kleinen Vulkankegeln bestens zu überblicken. Bei **Capelas** sind noch die Überreste einer Walverarbei-

Portugal/Azoren

Joao da Rita in Vila do Franco ist einer der letzten azoreanischen Töpfer.

Infos und Adressen

ANREISE
Flug: ganzjährig Direktflüge ab München, Nürnberg und Frankfurt, außerdem Umsteigeverbindungen via Lissabon

BESTE REISEZEIT
Mai–Oktober

SEHENSWERT
Pinhal da Paz, 49 ha großer Park in den Hügeln hinter der Hauptstadt mit reizvollen Wanderpfaden. Faja de Cima
Ananas-Treibhäuser, im Tal von Faja de Baixo bei Ponta Delgada. Man kann dort auch Ananaslikör und -marmelade verkosten und kaufen.

ESSEN UND TRINKEN
O Corisco: traditionelle azoreanische Küche auf Basis regionaler Bio-Produkte. Rua Manuel da Ponte 28, Ponta Delgada
Rotas: unprätentiöses Restaurant mit überwiegend vegetarischer Küche. Rua de Pedro Homen 49, Ponta Delgada

ÜBERNACHTEN
Talisman: Stadthotel mit kleinem Pool auf dem Dach. Praca Marques de Praia e Monforte, Ponta Delgada, www.hoteltalisman.com
Camoes: Wohnen im historischen Zentrum, nur 100 m vom Meer entfernt. Largo de Camaoes, Ponta Delgada, www.hoteispontadelgada.com

WEITERE INFOS
Fremdenverkehrsamt Azoren, Av. Infante D. Henrique, 55 3°C, Ponta Delgada, www.visit-azoren.de

Persönlicher Tipp

IM TAL VON FURNAS AKTIV SEIN
Ein Dorf, ein subtropischer Park und das traditionsreiche Hotel Terra Nostra bilden den Mittelpunkt des **Tals von Furnas**, einem Einsturzkrater von über 6 km Durchmesser. Hier sprudeln noch zahlreiche heiße Quellen. Solfataren und Fumarolen stoßen Dampf aus, sogar kleine Geysire schießen nahe dem Kratersee **Lagoa das Furnas** in die Höhe. Im Thermalbecken im **Parque Terra Nostra** kann man das 38 °C heiße Wasser genießen, ebenso im warmen **Paradise Pool** im Bachbett außerhalb des Ortes. Mineralwasser gibt es im **Kurhaus** für Trinkkuren. Auf Golfer wartet ein 18-Loch-Platz und auf Naturfreunde zahlreiche Wanderwege, von denen der schönste auf den 570 m hoch auf dem Kraterrand gelegenen **Miradouro do Pico do Ferro** führt, von dem aus man das gesamte Naturparadies überblicken kann. Kulinarische Spezialität ist der *Cozido das Furnas*, ein kräftiger Eintopf aus Fleisch, Salami, Blutwurst und Gemüse, der in Töpfen in Erdlöchern im heißen vulkanischen Grund stundenlang gegart wird.

tungsfabrik zu sehen; hier starten auch die Walbeobachtungstouren. In der Kleinstadt **Ribeira Grande** beginnt ein Abstecher durch die Teeplantagen zum Kratersee **Caldeira Velha** mit seinen gigantischen Farnen und zur **Lagoa do Fogo**, wo man nach beschwerlichem Abstieg ein Sonnenbad am weißen Sandstrand dieses Kratersees nehmen kann. Über **Gorreana** geht es weiter ins **Tal von Furnas** und dann in die erste Inselhauptstadt, **Vila Franca do Campo**. Im Viertel südwestlich der im Jahr 1624 geweihten Hauptkirche mit ihrer inseltypischen, schwarzen Fassade aus Vulkangestein gibt es noch mehrere Töpfer, denen man bei ihrer Arbeit zusehen kann. Wer sich lieber Badefreuden hingeben will, liegt am Strand des Städtchens goldrichtig. Weitere gute Sandstrände sind **Kaloura Beach** zwischen Agua de Pau und Lagoa sowie die bei den Bewohnern von Ponta Delgada beliebte **Praia do Populo.** KB

74. Algarve

Bis zu 20 m hoch ragen die Felsklippen an der berühmten Ponta da Piedade bei Lagos.

HIGHLIGHTS
- **Igreja da Sé,** vom Turm der Kathedrale bietet sich ein herrlicher Blick über die gesamte Stadt und hinaus auf die Ria Formosa.
- **Archäologisches Museum,** zeigt Funde aus fast allen geschichtlichen Epochen der Region, von der Eiszeit über die Zeit der Römer, die der Westgoten und die der Mauren, vom Mittelalter bis zur Neuzeit
- **Castelo de Loulé,** eindrucksvolle Reste der über 4 m hohen Stadtmauer und des Castelo de Loulé
- **Rua do Prior,** in den vielen Bars dieser Straße spielt sich das Nachtleben Faros ab
- **Bootstour,** so lässt sich die Inselwelt der Ria Formosa am bequemsten erkunden

ALGARVE IM FRÜHJAHR UND SOMMER
- **Ostern,** Mãe Soberana (»Ehrwürdige Mutter«), die Statue der Stadtpatronin wird von der Igreja de São Francisco zur Wallfahrtskapelle Nossa Senhora da Piedade getragen.
- **Aug.:** Festival de Marisco, beliebtes Meeresfrüchte-Festival in Olhão mit viel Musik und kulturellem Rahmenprogramm

Europas südwestlichste Küste beeindruckt durch traumhafte Landschaften, kilometerlange Strände und einladende Fischerdörfchen. Wer möchte, kann sich in den Städten auf Spurensuche nach dem maurischen Erbe machen. Überall laden zahlreiche Restaurants dazu ein, den Tag mit einem leckeren Fischgericht und einem Glas Wein ausklingen zu lassen.

Faro und die Lagune Ria Formosa

Die **Cidade Velha**, Faros historische Altstadt, kann man in 2 Std. bequem zu Fuß erkunden. Dabei zeigen sich die maurischen Einflüsse auf die Stadt. Neben dem **Wachturm** am Stadttor **Arco do Repouso** findet man ein blauweißes Azulejo-Bild. Die Kunst der bemalten Kacheln stammte von den Mauren, überdauerte aber deren Vertreibung und existiert bis heute. Maurischen Ursprungs ist auch die Kathedrale **Igreja da Sé**. Im 13. und 14. Jh. wurde sie auf den Resten der zerstörten Moschee erbaut: Das Hauptportal ist noch im Original zu sehen, die bunten Azulejos an Alter und Seitenwänden stammen aus dem 17. Jh. Vom Turm aus hat man einen schönen Blick auf die **Altstadt** und die **Ria Formosa**.

Direkt vor den Toren Faros liegt Europas größtes lagunares **Schutzgebiet**. Naturliebhaber freuen sich besonders über die

Portugal

vielfältige **Vogelwelt**. Auf ihrer langen Reise nach Afrika nutzen viele Zugvögel das reichhaltige Nahrungsangebot zu einer Rast. Einen guten Überblick über die Ria Formosa erhält man auf dem Gelände der **Quinta do Marim bei Quelfes**. Dort gibt es neben **Aquarien** auch einen **Lehrpfad** durch die Lagune.

Durch die kopfsteingepflasterten Gassen von Loulé kann man sich wunderbar treiben lassen. Rund um den Largo Dom Pedro finden sich viele kleine Galerien und Ateliers, die zum Besuch einladen. Lauter geht es dagegen in der rosafarbenen Markthalle mit ihren zwiebelförmigen Ecktürmen zu. Nicht nur in der Architektur zeigt sich der algarvisch-neoarabische Stil, auch im Inneren geht es zu wie auf einem arabischen Souk. Die Bauern und Fischer beliefern die Händler jeden Morgen mit frischen, regionalen Produkten: Obst, Gemüse, Käse und Wurst sowie alle Arten von Fisch und Meeresfrüchten werden hier angeboten. Red.

Infos und Adressen

ANREISE
Flug: Direktflüge von München, Frankfurt und Berlin nach Faro;
Bahn: mehrmals tgl. von Lissabon nach Faro

BESTE REISEZEIT
Mai–Oktober

SEHENSWERT
Museu Marítimo Almirante Ramalho Ortigão, interessante Dauerausstellung zum Thema Schiffe und Seefahrt. Mo–Fr 9.30–12 und 14.30–17 Uhr, Rua da Comunidade Lusíada
Arco da Vila, barockes Stadttor am Platz Jardim Manuel Bívar, von Storchennestern bekrönt

ESSEN UND TRINKEN
Restaurante Entra: Erfrischend originell zu vernünftigen Preisen. Praca Alexandre Herculano 21, Faro
Museu do Lagar: traditionelle Küche der Algarve. Largo Batalhão Sapadores, Loulé
Restaurante 3 Wonders: reiche Auswahl an Tapas, Panoramaterrasse. Alto do Relógio, Betunes

ÜBERNACHTEN
Casa do Alto: hübsches Landhaus mit Garten. Monte do Poço, Vale Judeu, www.hotel-casadoalto.com
Hotel Sol Algarve: gepflegtes Hotel mit Pensionscharakter. Rua Infante D. Henrique 52, www.hotelsolalgarve.com

WEITERE INFOS
Portugiesisches Touristikamt, Schäfergasse 17, Frankfurt a. M., www.visitportugal.com

Persönlicher Tipp

DELFINBEOBACHTUNG
Zwar kann man in allen großen Hafenorten eine **Delfintour** buchen, besonders schön ist es aber, in **Olhão** zu starten. Von dort aus fährt man zuerst durch die **Lagunenlandschaft der Ria Formosa**, bevor das Boot Richtung offenes Meer dreht. Wo die Delfine auftauchen werden, weiß niemand im Voraus. Aber die Kapitäne kennen sich aus, und so hat man gute Chancen, auch wirklich Delfine zu Gesicht zu bekommen. Vor allem im August ist die Wahrscheinlichkeit sehr groß.

ILHA FARO
Auf einer kleinen Insel südwestlich von Faro findet sich mit der Ilha Faro ein wahres **Badeparadies**. Lange Strände säumen die Insel. Da die Lagune flach und vor Wellen geschützt ist, ist das Wasser angenehm warm. Zunehmend entdecken auch Fans diverser Sportarten das Eiland für sich. So kann man hier beispielsweise **Kite- und Windsurfern** bei ihrem rasanten Hobby zusehen.

Jahrtausende hat das Meer gebraucht, um dieses Tor durch die Felsen der Ponta da Piedade zu graben.

75. Walachei und Transsylvanien

Das Katharinentor von 1559 ist Teil der mittelalterlichen Stadtbefestigung von Brașov.

HIGHLIGHTS

- **Palast des Parlamentes** in Bukarest, ein Bauwerk der Superlative, von der Architektin Anca Petrescu 1983 bis 1991 nach den Vorstellungen des Diktators Ceaușescu geschaffen
- **Dorfmuseum in Bukarest,** 50 typische Bauernhäuser aus ganz Rumänien
- **Schloss Peleș in Sinaia,** Sommerresidenz vor der Kulisse der Karpaten
- **Schloss Bran bei Brașov,** Graf Draculas vermeintliche Felsenburg
- **Schäßburger Stundturm,** Uhrenturm mit Figurenspiel und Museum in der Welterbe-Altstadt von Sighișoara

RUMÄNIEN VON FRÜHJAHR BIS SOMMER

- **Erste Woche nach Ostern (Orth.):** »Die Tage Kronstadts« auf dem Markt mit Parade, Volkskunst und Klassikkonzerten
- **Ende Juli:** Festival der Mittelalterlichen Kunst an neun Tagen in Sighișoara (Schäßburg)
- **Ende Aug.:** Sommer-Musikfestival »Little Paris«, europäische Orchester und Meisterklassen in den besten Konzertsälen von Bukarest

In den Karpaten oder in Siebenbürgen soll er gelebt haben – der berüchtigte Graf Dracula. Der blutdürstige Vampir ist beileibe nicht der einzige Mythos mit historischem Kern, der in Rumäniens Grasweideland und zivilisationsfernen Gebirgstälern beheimatet ist. In Bukarest, dem einstigen »Paris des Ostens«, prallen die Gegensätze auf abenteuerliche Weise aufeinander.

Land der Gegensätze

Wer in **Bukarest**, Rumäniens 1,7-Millionen-Metropole, angelangt ist, mag die Hände über dem Kopf zusammenschlagen. Auf sechsspurigen Straßenachsen drücken Blechlawinen aus allen Richtungen ins Zentrum. Aus dem Boden gestampfte Bürotürme, schillernde Gebrauchtwagensalons, windschiefe Provisorien der Straßenhändler und mittendrin die gründerzeitlichen Wohnpaläste, die an die Prachtbauten am Champs-Élysées erinnern. Wo in Bukarest vorne und hinten ist, lässt sich nur schwer erschließen, und es bliebe dabei, würde man nicht gezielt die Sehenswürdigkeiten der Stadt aufsuchen.

Rumänien

Prunkvoller Brunnen mitten auf dem Piața Unirii, dem Platz der Vereinigung, in Bukarest.

Eine große Hilfe ist die neue Touristinfo in der Metro-Station am **Universitätsplatz**. Von hier aus kann es gleich losgehen in das alte Handelsviertel mit seinem Gassengeflecht rund um die **Leipziger Straße** (Str. Lipscani). Das **Hanul lui Manoc** blieb als eine der Karawansereien der Fernhändler aus Osmanenzeiten erhalten, heute mit Hotel und Restaurants. Entlang der französisch inspirierten Prachtboulevards **Calea Victoriei** und **Bd. Regina Elisabeta** beeindrucken vor allem die **Monumentalbauten** der Jahrhundertwende des 19./20. Jh. wie die Konzertrotunde des **Athenäums** und der **Triumphbogen**. Vor allem der **Palast des Parlamentes**, Nicolae Ceaușescus größenwahnsinniges Ungeheuer aus Beton und Marmor, angeblich das drittgrößte Gebäude der Welt, macht den Besucher rat- und sprachlos. Das Vermächtnis des Diktators im Inneren ist eine unbedingt sehenswerte Ansammlung von Kitsch und nationaler Baukunst. Ein Fünftel der Altstadt wurde für den Koloss mitsamt axialer Wohnstadt der kommunistischen Nomenklatur in den 1970er- und 1980er Jahren platt gemacht. Im Schatten der Blöcke, in Hinterhöfen und Nischen, stehen noch einige **orthodoxe Kirchlein**, die das goldene 17. und 18 Jh. hervorgebracht hat.

Klöster und Bären

Die Bukarester Kirchen sind nur ein Vorgeschmack auf die schönsten Klöster des Landes, die es vor allem im **Nordosten** Rumäniens gibt und die zum UNESCO-Welterbe zählen. Bei etwas mehr Zeit sollte ein Mehrtagesausflug zu einem guten Dutzend der **Moldauklöster** an der ukrainischen Grenze eingeplant werden.

Auch im Bukarester Umland, der **Walachei**, gibt es Klöster zur Genüge. Im kleinen Luftkurort **Sinaia** am Fuße der Karpaten liegt das wunderschöne **Sinai-Kloster** von 1695. Gleich nebenan steht die Sommerresidenz des einstigen rumänischen Königshauses, das **Peleș-Schloss** im Stil der Romantik und mit eklektizistischer Einrichtung von Arabien bis Venedig. Durch das **Parahova-Tal** nach Norden, in **Predal** und **Busteni**, bringen Lifte und Standseilbahnen Wander- und Skitouristen auf den Kamm des **Karpatenbogens**. Wer kein Rumänisch spricht, sich jedoch als Liebhaber der Bergwelt zeigt, dem bieten die einsamen Menschen der Hochebene immer gern einen guten Marillenlikör oder einen anderen Obstbrand an.

Wer sein Zelt in der Einsamkeit der **Berglandschaft** aufschlägt, sollte vielleicht ein Feuer entfachen, sich ansonsten

Persönlicher Tipp

PALAST DES PARLAMENTES IN BUKAREST
275 x 235 m breit, 86 m hoch und 92 m tief – ein Koloss mit 65 000 m², das größte Bürogebäude nach dem Pentagon. Wer sich der gut einstündigen Führung durch das letzte Prestigeprojekt von Hardline-Diktator Nicolae Ceaușescu anschließt, kommt aus dem Staunen nicht mehr heraus. Erst im Inneren wirkt der Palast, der als »**Haus des Volkes**« zwischen 1983 und 1991 errichtet wurde, und mit Marmor, Kristallleuchtern und wahnwitzigen Säulen überfrachtet ist. 100 % Rumänien soll im Gebäude mit 5100 Räumen drinstecken, denn parallel zur Errichtung mit 10 000 Arbeitern und 700 Architekten verzichtete die Volksrepublik auf sämtliche Importe – mit katastrophalen Folgen für die Versorgung der Bevölkerung. Nach der **Revolution** und Exekution von Ceaușescu war die Meinung zwiespältig: fertig bauen oder abreißen? Der Palast mit seinen vielen Anekdoten ist ein unterhaltsames, surreales Lehrstück der jüngeren Landesgeschichte – nicht nur für politisch interessierte Besucher ein spannender Ort.

Der Konzertsaal des Bukarester Athenäum bietet fast 900 Menschen Platz.

Persönlicher Tipp

MOLDAUKLÖSTER IM NORDOSTEN RUMÄNIENS

Man muss nicht bis zur tschechischen Moldau, sondern nur ins einstige Fürstentum Moldau – die heutige **Bukowina** im nordöstlichsten Zipfel des Landes – und der weite Weg in die Provinzstadt **Suceava** lohnt sich schon wegen der landschaftlich reizvollen Strecke. Von den über 40 rumänisch-orthodoxen **Kirchen** des 15. und 16. Jh. in dieser Gegend gehören acht zum UNESCO-Weltkulturerbe. Die aufwendigen Fassadenreliefs und kostbaren Wandmalereien machen auch profane Touristen zu eifrigen Pilgerbrüdern. Zu den schönsten Vertretern der kapriziösen Sakralarchitektur zählen die Klöster **Moldoviça**, **Suceviça** und **Voroneç**. Verbinden lässt sich der Kunstgenuss mit der Unbekümmertheit der rumänischen Lebensart und Gastfreundschaft und des in großen Teilen unberührten Waldgebirges. Die Nähe zur Ukraine und Moldawien bietet sogar noch die Möglichkeit, den Reisepass etwas interessanter zu gestalten. Ein Zwischenstopp in **Iaçi**, Rumäniens Kulturhauptstadt, sollte mit eingeplant werden.

Farbenfrohe gut erhaltene Fresken schmücken das Sucevita-Kloster in der Bucovina, eins der schönsten Moldauklöster überhaupt.

aber nicht von den Warnungen der Hirten verrückt machen lassen. Natürlich gibt es in den Wäldern Bären und Wölfe. Aber rund um die Bergweiden, von denen stets eine in Rufweite ist, tun die Hirtenhunde nach Einbruch der Dunkelheit ihr Bestes, um Meister Petz und Isegrim auf Distanz zu halten. **Poiana Braşov** ist eine exklusive Bergfrische, die sowohl mit Gasthäusern als auch mit Campingwiesen aufwartet und nur wenige Kilometer außerhalb einer der schönsten Altstädte des Landes liegt: Braşov, das von der deutschsprachigen Minderheit Rumäniens **Kronstadt** genannt wird.

Dracula in Transsilvanien

Noch ursprünglicher ist **Sighişoara** (Schäßburg), etwa 100 km nördlich von Braşov, tief im Landesteil Siebenbürgen gelegen, auch als Transsilvanien bekannt. In einem der Fachwerkhäuser von Sighişoara soll Vlad Ţepeş, der Sohn des Drachen (Drăculea), geboren sein, die historische Person des Grafen Dracula. Dieser Walachenfürst des 15. Jh. liebte es, seine osmanischen Feinde gleich massenweise zu pfählen. Bram Stoker entwickelte aus dem Mythos, der bei den Völkern des Balkans die Runde machte, seine berühmte Romanfigur. **Draculas Schloss** soll inmitten der Karpaten beim Ort **Bran** liegen. Wer es aufsucht, wird zugeben müssen, dass es zumindest als Filmkulisse überzeugend wirkt. Ansonsten soll an den Vampir-Geschichten rund um die mittelalterliche Burg auf wildromantischem Felsen nicht viel dran sein. Aber welchen Lokalpatrioten und Rumänienfan interessiert das schon? Das Abenteuer Rumänien fühlt sich hier mehr als echt an.   RT

Rumänien

Infos und Adressen

ANREISE

Flug: von vielen deutschen Flughäfen nach Bukarest; der Flughafen liegt 17 km vom Stadtzentrum entfernt. Der Coanda-Expresszug fährt ins Zentrum. Die Fahrt mit dem Bus 783 dauert 1 Std.; Taxis kosten ca. 1 €/km; **Bahn:** von München oder Berlin mit dem EC bis Budapest, dann mit dem Nachtzug nach Bukarest (Fahrzeit: 24–30 Std.)

BESTE REISEZEIT

Mai–Oktober; zum Wandern und Bergsteigen im Frühjahr und Herbst

SEHENSWERT

Hanul lui Manuc, historisches Geschäftshaus eines armenischen Fernhändlers. Str. Franceza 62-64, Bukarest
Athenäum, Philharmonie-Konzerthaus von 1888 im Stil eines römischen Rundbaus. Ateneul Roman, Str. Benjamin Franklin 1, Bukarest, www.fge.org.ro
Nationales Kunstmuseum, rumänische Kunst und die Crème de la Crème europäischer Meister im Königlichen Palast. Tgl. (außer Mo, Di) 11–18 Uhr, Calea Victoriei 49–53, Bukarest, www.mnar.arts.ro
Sinaia-Kloster, orthodoxes Kloster von 1695, das dem Katharinenkloster vom Sinai-Berg in Ägypten nachgebildet ist. Strada Mănăstirii 2, Sinaia
Snagov-Kloster und See, 25 km nördlich von Bukarast gelegene Kirche auf einer Insel im See mit vermeintlichem Dracula-Grab. Snagov

ÜBERNACHTEN

Hotel Berthelot: schlicht und modern eingerichtetes Hotel in Zentrumsnähe mit günstigen Preisen. Bulevardul Berthelot, nr. 9, Bukarest, www.hotelberthelot.ro
Grand Hotel JW Marriott Bucharest: modernes 5-Sterne-Hotel, teilweise mit Blick auf den Ceaușescu-Palast. Sowohl vom Komfort her als auch vom Preis gehobene Kategorie. Calea 13 Septembrie 90, Bukarest, www.marriott.de
Hotel Bella Muzica: geschmackvoll eingerichtetes Hotel im ländlichen Stil. Direkt im Zentrum. Piata Sfatului 19, Brașov, www.bellamuzica.ro
Pension am Schneiderturm in Sighișoara: Im historischen Burgkomplex gelegen, wurde das Haus nach historischem Vorbild restauriert und eingerichtet. Str. Zidul Cetatii nr.4, Sighișoara, www.schneiderturm.ro

SHOPPING

Amzei-Markt, nächstgelegener Markt zur Innenstadt mit vielen lokalen Produkten. Wer seinen Stand in der Markthalle nicht zahlen kann, bietet seine Waren im Freien an. Die Händler kommen auch aus entfernten Regionen wie der Dobrudscha.
Lipscani-Viertel, einst das Händlerviertel, in dem es viele Geschäfte und Cafés gibt; auch heute sind noch Teile der alten Bausubstanz erhalten.

AUSGEHEN

Green Hours 2, beliebte Jazz-Bar mit Livekonzerten. Șoseaua Ștefan cel Mare nr. 7-9, Bukarest, www.greenhours.ro

ESSEN UND TRINKEN

Locanta Jaristea und Bistro Jaristea: Hier kommt köstliche rumänische Küche auf den Tisch. Im Locanta Jaristea gibt es häufig Livemusik und Tanzabende. Str. George Georgescu 52 und Henri Coanda 5, Bukarest, www.jaristea.ro
Restaurant Sergiana: Rumänische Küche lässt sich in urigem Kellergewölbe-Ambiente genießen. Muresenilor 22, Brașov, www.sergianagrup.ro
Roata Norocului: Auf der Karte finden sich traditionelle rumänische Speisen wie Cevapcici, Suppen (ciorbe) und Fleischgerichte. Im Sommer kann man sie auf der herrlichen Terrasse einnehmen. Strada Crisan nr. 6, Brașov, www.roata-norocului.ro

WEITERE INFOS

Touristinfo Bukarest, 1 Valea Parcului Stree, Mogosoaia, www.romaniatourism.com

Auch bei Regen wird man hier nicht nass: originelles Café mit Innenarkaden im Zentrum von Bukarest.

76. St. Petersburg und Umgebung

St. Petersburg, die 5-Millionen-Metropole am Fluss Newa, ist die europäischste unter den russischen Städten. Luxus der Neuzeit und Glanz der Zarenzeit liegen hier dicht beieinander. Mit 68 Kanälen und 600 Brücken gilt die Stadt als »Venedig des Ostens«. Urbane Lebensader ist die von Palästen und anderen Sehenswürdigkeiten gesäumte Prachtstraße Newskij Prospekt.

HIGHLIGHTS

- **Winterpalast mit Eremitage,** Museumskomplex von Weltrang mit rund 3 Mio. Exponaten, darunter Werke von da Vinci, Tizian, El Greco, Rubens, Picasso …
- **Schloss-Platz,** an Größe, Schönheit und Historie nicht zu überbieten. Im Januar 1905 ging er als Schauplatz des »Blutigen Sonntags« in die Geschichte ein.
- **Mariinskij-Theater,** Wiege der russischen Ballettkunst, die Größen wie Anna Pawlowa und Rudolf Nurejew hervorgebracht hat
- **Bootsfahrt auf der Newa und den Kanälen,** Blick aus der Schwanenperspektive auf die Prachtbauten der Zarenstadt
- **Isaakskathedrale,** wer die Mühe des Aufstiegs bis zur goldenen Kuppel auf sich nimmt, wird mit einem Traumblick belohnt.

ST. PETERSBURG IM MAI UND JUNI

- **27. Mai:** Stadtgeburtstag mit Schiffsparade auf der Newa, Straßenkonzerten und Feuerwerk
- **Ende Mai/Anfang Juni:** »Weiße Nächte« (Tussowka) mit hochkarätigem Kulturprogramm (Ballett, Theater, Musik, Film)

Das Ufer der Newa ist gesäumt von Prachtbauten wie der Isaakskathedrale (links im Bild).

Zauber der Zarenstadt

Wer das erste Mal in St. Petersburg weilt, ist leicht versucht, zuviel in das Besuchsprogramm zu packen. Daher sollte man zunächst die 4,5 km lange Prachtmeile **Newskij Prospekt** entlang spazieren, wo einem die schönsten Palais, Kirchen und Brücken en passant begegnen. Apropos Brücken: Eine der anmutigsten ist die **Anitschkow-Brücke** mit ihren vier Rossbändigern. Eine Verschnaufpause bietet sich im geschichtsträchtigen **Literaturcafé** an, wo Alexander Puschkin im Februar 1837 vor seinem tödlichen Duell eine letzte Tasse Tee trank. Hinter der **Erlöserkirche** mit ihren prachtvollen Kuppeln wartet ein kleiner **Markt**, eine Fundgrube für Kunst, Kitsch und Trödel. Museumsbesuche, die anderswo Pflichtprogramm sind, werden hier zur Kür; **Winterpalast** mit **Eremitage** oder das **Russische Museum** im Michailowski-Palais begeistern selbst Museumsmuffel.

Russland

Wie ein Traum aus 1001 Nacht mutet die Auferstehungskirche mit ihren prächtigen Kuppeln an.

Infos und Adressen

ANREISE
Flug: Direktflug von allen großen deutschen Flughäfen nach Pulkowo; **Tipp:** Visum und Auslandskrankenversicherung erforderlich!

BESTE REISEZEIT
Im Mai und Juni zu den »Weißen Nächten«

SEHENSWERT
Peter-Paul-Festung, hier wurde im Jahr 1703 der Grundstein der Stadt gelegt
Admiralität, das Bauwerk mit der Goldenen Nadel ist ein Wahrzeichen St. Petersburgs.

ESSEN UND TRINKEN
Yolki-Palki: All you can eat auf Russisch. Im »Donnerwetter« locken regionale Speisen. Newskij prospekt 88, St. Petersburg

SHOPPING
Newskij Prospekt, prachtvolle Einkaufsmeile mit luxuriösen Kaufhäusern und Designershops; unbedingt das altehrwürdige Kaufhaus **Gostinnyj Dwor** besuchen! Kusnetschnyij-Markt, ein Fest für alle Sinne mit Erzeugnissen aus der Region

ÜBERNACHTEN
W Hotel: Luxustempel, Dachterrasse, Wellness-Bereich. Wosnesenskij Prospekt 6, St. Petersburg, www.wstpetersburg.com
Alexander House: ein Boutique-Hotel, ruhig. 27 Kryukov Canal Embankment, St. Petersburg, http://a-house.ru/en/

WEITERE INFOS
City Tourist Information Center, Sadovaja uliza 14/52, St. Petersburg, www.visit-petersburg.com

Persönlicher Tipp

DAS BERNSTEINZIMMER
Kaum ein Besucher, den es nicht wie magisch nach **Zarskoje Selo** (Zarendorf), 25 km südlich von St. Petersburg, zieht. Dort erwartet ihn im prunkvollen **Katharinenpalast** das größte »Puzzle der Welt«: das Bernsteinzimmer, ein Traum in Honigfarben und anderen Gelbtönen. Wände und Paneele bestehen aus mehr als 500 000 Teilchen des »Goldes der Ostsee«. Das sogenannte »achte Weltwunder«, ein Geschenk von Preußenkönig Friedrich Wilhelm I. an Zar Peter im Jahr 1716 war 200 Jahre lang zunächst im Winterpalast und später im Katharinenpalast zu bewundern. Im Zweiten Weltkrieg wurde es von deutschen Truppen abgebaut und sollte in 27 Kisten verpackt nach Königsberg transportiert werden. Auf dem Weg dorthin verschwand es auf mysteriöse Weise. Seither ranken sich viele Geschichten um den verschollenen Schatz. Dank einer 3,5 Mio. US-Dollar teuren Rekonstruktion ist aus der Legende wieder Realität geworden. Seit Mai 2003, dem 300. Geburtstag St. Petersburgs, erstrahlt es in neuem Glanz.

Ein besonderes Flair strahlt die Metropole an der Newa in den berühmten **Weißen Nächten** aus. Wenn es im Mai und Juni Nacht wird, überzieht ein blaugläserner Himmel die Stadt. Dann entschädigt »Väterchen Frost« Russlands Bürger für einen langen, dunklen Winter. In diesen Nächten steppt der Bär auf den Straßen und Plätzen, in den Restaurants und Nachtclubs. Wem nach alldem der Sinn nach Grün steht, der erkundet das nahe **Umland** mit seinen Wäldern, Feldern, Alleen und Datschen, den entzückenden Sommerhäuschen der Städter. Ein beschaulicher Ausflug führt ins 5 km entfernte **Pawlowsk** mit der Sommerresidenz Pauls I., Musikhalle und herrlichem Landschaftspark. Auch der einstigen Zarenresidenz **Gatschina** mit Prioratsschloss und Park sollte man seine Aufwartung machen, ebenso dem kleinen Malerort **Repino,** der noch bis 1948 zu Finnland gehörte. RE

77. Småland

HIGHLIGHTS
- **Carl von Linnés Råshult,** der große Park ist originalgetreu angelegt und spiegelt den Garten, in dem Carl von Linné, der Vater der modernen Biologie, aufwuchs.
- **Store Mosse Nationalpark,** Südschwedens größtes Moor bei Hillerstorp beheimatet mehr als 100 Vogelarten.
- **Insel Öland:** Steinmonumente, Windmühlen, Heideland und herrliche Badestrände prägen die 137 km lange Insel.
- **Bruno Mathsson Center:** Vieles kommt einem bekannt vor – so groß war der Einfluss von Bruno Mathsson als Möbeldesigner
- **Astrid Lindgrens Näs,** in dem roten Bauernhof wuchs die Schriftstellerin auf, im Garten steht ein Limonadenbaum.

SMÅLAND VON FRÜHJAHR BIS WINTER
- **Ende Mai:** Vårstadt, Frühlings- und Straßenfest in Växjö
- **Mitte Juni:** Hultsfredsfestival, Schwedens größtes Musikfestival mit internationaler Besetzung
- **Anfang Nov.:** Smålands Kulturfestival, viele Künstler, viele Veranstaltungsorte

Revier für Kanuten: Misterhults Skärgård nördlich von Oskarshamn.

Wer Schweden sagt, denkt Småland – denn die »kleinen Länder«, so die Übersetzung des Provinznamens, stehen für Seen und Wälder, für rote Holzhäuser und fröhliche Familienferien. Auch wenn die ganz großen Attraktionen fehlen, zählen hier die »weichen Argumente«: die friedliche Landschaft, die köstlichen Naturprodukte, das besondere Design.

Bullerbü – Landschaft und Badeseen

Ein rotes Haus, ein klarer See und rundum nichts als Ruhe – so das Klischee von Südschweden. Spätestens seit den Verfilmungen der Astrid-Lindgren-Romane ist das so. »Bullerbü-Syndrom« nennt sich die Prägung, die tiefer reicht als alle realen Nachrichten aus dem Hohen Norden. Wobei Småland für schwedische Verhältnisse nicht tatsächlich nördlich liegt, sondern sich oberhalb von Schonen über 30 000 km^2 ausdehnt, was der Fläche von Belgien entspricht.

Småland ist das Land der Wälder und Wiesen mit Wacholderbüschen und dicken Findlingen, das Land der niedlichen Holzhäuser und tiefblauen Seen. Völlig verschieden sind diese Seen, vom kraterrunden **Mien** über den verzweigten **Åsnen** und den geheimnisvollen **Sommen** an der Grenze zu Östergötland bis zum **Bolmen**, der für jeden Tag des Jahres eine eigene Insel hat. Zwischen diesen großen Seen liegen 5000 andere – manche

Schweden

Schwedisches Sommermärchen: ein rotes Ferienhäuschen mit blühender Wiese in Småland.

Infos und Adressen

ANREISE
Flug: von Berlin-Tegel und Weeze nach Växjö; **Auto/Fähre:** aus dem Westen Deutschlands über die Linie Helsingør–Helsingborg, aus dem Osten über Rostock–Gedser und weiter über die Öresundbrücke nach Malmö. **Weitere Linien:** Rostock–Trelleborg, Travemünde–Trelleborg, Travemünde–Malmö

BESTE REISEZEIT
Mai–September

SEHENSWERT
Schloss Kalmar, ein Schloss mit dicken Mauern und Türmen. Jan.–Juli 10–18 Uhr, sonst bis 16 Uhr, Kalmar Slott, www.kalmarslott.se
Tändsticksmuseet, das einzige Zündholzmuseum der Welt. Sommer Mo–Fr 10–17 Uhr, Sa/So 10–15 Uhr, Tändsticksgränd 27, Jönköping, www.matchmuseum.se

ESSEN UND TRINKEN
Konserthus Växjö: Veranstaltungszentrum mit feiner nordischer Küche. Esplanaden 10–14, Växjö

SHOPPING
Kallfeldts Läder, hier steckt Elch drin: in Geldbörsen, Gürteln, Taschen, direkt ab Fabrik. Norra Bruksgatan 5, Nissafors

ÜBERNACHTEN
Kosta Boda Art Hotel: schlafen im durchgestylten Glashotel. Stora vägen 75, Kosta, www.kostabodaarthotel.com

WEITERE INFOS
Smålands Turism, Västra Storgatan 18A, Jönköping, www.visitsmaland.se

Persönlicher Tipp

GLASREICH
Noch vor 100 Jahren gehörte die Glasindustrie zu den größten Arbeitgebern der Region, jetzt gilt sie als aussterbendes Gewerbe. Die Betriebe des sogenannten »Glasreichs« sind dennoch beliebte Ausflugsziele. Jede »Glasbruk« pflegt ihr eigenes Design: So werden in **Skruf** schlichte, farblose Gebrauchsgegenstände entworfen, während in **Måleras** die expressiven, bunten Werke von Mats Jonasson dominieren. In der hellen Verkaufshalle von **Åfors** steht Glaskunst im Mittelpunkt, in **Nybro** werden sämtliche Stücke von Hand bemalt. Insgesamt 13 Glashütten gehören heute zum Verband des »Glasreichs«: Die größte Glasbläserei befindet sich in **Orrefors**, das umfangreichste Sortiment wird im recht kommerziellen **Kosta** verkauft. Die einzige Glashütte aus Holz, noch im originalen Zustand von 1889 erhalten, befindet sich in **Bergdala** – sie ist ein besonderer Tipp für den Hytsill. Für diese festlichen Abendessen werden lange Tafeln in den Hütten aufgestellt, und die Besucher genießen lokale Gerichte. www.glasriket.se

---

für Schwimmer durch einen *Badplats* erschlossen, viele so unberührt, als hätte seit der Eiszeit keiner seinen Zeh ins Wasser gehalten. Dieser Eindruck täuscht, denn Småland ist vergleichsweise dicht besiedelt – mit den Städten **Växjö**, **Värnamo** und **Jönköping** als Handelszentren. In **Älmhult** steht das Ur-Ikea – noch ein Lieferant skandinavischer Träume. Als Design-Hochburg Smålands gilt allerdings **Lammhult**.

Das Beste an der Nord-Sehnsucht: Sie wird ganz von selbst Wirklichkeit in so einem roten Haus am See, an einem der nicht-alltäglichen und darum umso kostbareren Sommertage mit bis zu 11 Std. Sonnenschein. Interessant wäre zu wissen, wie sich die Atmosphäre der finsteren Nordland-Krimis in ein paar Jahren auf das Skandinavienbild auswirken wird. Aber vermutlich siegt Pippi Langstrumpf. BM

78. Südschwedens Westküste

HIGHLIGHTS
- **Malmö,** sehenswert sind die Burganlage Malmöhus, der Lilla Torg mit seinen Fachwerkhäusern und der 190 m hohe Turning Torso.
- **Göteborg,** punktet u. a. mit seinen Kunst- und Maritimmuseen, dem Vergnügungspark Liseberg und der malerischen Lage am Göta älv.
- **Wikingerreservat Foteviken,** Dorf aus dem 12. Jh. mit ehrenamtlichen Living-History-Darstellern
- **Bohuslänküste,** kleine Buchten, Schären und idyllische Ferienorte prägen die Region nördlich von Göteborg.
- **Felsritzungen von Tanum,** die über 10000 Gravuren geben Aufschluss über das religiöse und soziale Leben der Bronzezeit.

SÜDSCHWEDENS WESTKÜSTE ZU JEDER JAHRESZEIT
- **Jan.:** Göteborg International Film Festival
- **Juni:** Midsommar – der längste Tag des Jahres am 21.6.
- **Aug.:** Malmö Festival mit Theateraufführungen, Live Acts und Feuerwerk; Way out West Musikfestival in Göteborg
- **Sept.:** Rainbow Festival in Malmö (Lesben- und Schwulenfest)

Für Wasserratten und Freizeitkapitäne sind Strand und Hafen nahe Malmö ideal.

Es muss nicht immer Stockholm sein! Kultur, Design und einen entspannten Lifestyle bieten ebenso die beiden südschwedischen Metropolen Malmö und Göteborg. Landschaftliche Schönheit und Weite gibt es an der malerischen Bohuslänküste sowie im Schärengarten vor Göteborg, und das dänische Kopenhagen ist von Schwedens Westküste auch nur eine Brücke entfernt!

Von Meer und Wind geformt

Ob per Auto oder Wohnmobil: Südschwedens Westküste ist das ideale Reiseziel, um es auf vier Rädern zu erkunden. Die Straßen entlang von **Öresund**, **Kattegatt** und **Skagerrak** sind perfekt ausgebaut. Man kann also einfach gemütlich dahinfahren und dort anhalten, wo es einem gefällt. Der Süden lockt mit langen Sandstränden, weiter nördlich prägen Felsen die Küstenlandschaft, und im Meer finden sich kleine Inseln und Schären. Die üppige Vegetation trotzt dem starken Westwind, auch die Bedingungen für Landwirtschaft sind hier nahezu ideal. So finden sich zwischen den tiefen Einschnitten in der Berglandschaft auch immer wieder schmucke Bauernhöfe.

Startpunkt der Reise ist entweder **Trelleborg** – hierhin setzt die Fähre von Travemünde oder Rostock über – oder **Malmö**. Schwedens drittgrößte Stadt ist via Flug bis Kopenhagen und weiter über die knapp 8 km lange **Öresundbrücke** erreichbar.

Schweden

Schären und Beschaulichkeit an der Bohuslänküste nördlich von Göteborg.

Infos und Adressen

ANREISE
Flug: Direktflug nach Göteborg oder Kopenhagen und weiter per Bahn oder Leihwagen über die Öresundbrücke; **Fähre:** von Rostock oder Travemünde nach Trelleborg

BESTE REISEZEIT
Juni–September

SEHENSWERT
Nordens Ark, Schneeleoparden, Wölfe, Luchse und bedrohte Vogelarten im Tierpark bei Uddevalla. Juni–Aug. tgl. 10–19 Uhr, sonst bis 17 Uhr, www.nordensark.se
Marstrand, bezaubernder Badeort auf einer kleinen Insel mit alten Holzhäusern und Kurhaus

ESSEN UND TRINKEN
Solde: Espresso direkt vom Barista, Panino & Cornetto. Malmö, www.soldekaffebar.se
Smaka: schwedische Hausmannskost von Matjes über Lachstartar bis Lammcarpaccio. Vasaplatsen 3, Göteborg

AUSGEHEN
Lokal, eine der besten Bars der Stadt mit raffinierten Drinks und toller Musik. Kyrkogatan 11, Göteborg

ÜBERNACHTEN
Quality Hotel 11: Wohnen in einer ehemaligen Schiffswerft, von hier geht es per Fähre über den Fluss Göta älv ins Zentrum. Maskingatan 11, Göteborg-Eriksberg, www.hotel11.se

WEITERE INFOS
VisitSweden, Michaelisstr. 22, Hamburg, www.visitsweden.com

Persönlicher Tipp

GÖTEBORGS SCHÄRENGARTEN
Genauso wie Stockholm an der Ostküste hat auch Göteborg einen vorgelagerten **Schärengarten**. Die flachen Inseln sind während der Eiszeit entstanden und wenige Quadratmeter bis einige Quadratkilometer groß. Auf manche Inseln des autofreien Archipelagos gelangt man ganz unkompliziert per ÖPNV-Fähre, etwa auf das idyllische Inselchen **Brännö**. Das 700-Einwohner-Eiland wird von **Saltholmen** aus mit den Fähren der »Styrsöbolaget« angefahren, die zu den öffentlichen Verkehrsmitteln Göteborgs zählen. Für einen Spaziergang über die Insel sollte man gut und gern 3 bis 4 Std. einplanen, um zudem ein wenig am **Badeplatz** verweilen zu können. Sehenswert sind das alte **Dorf** mit seinen denkmalgeschützten Häusern aus dem 18. und 19. Jh. sowie das – nur sonntags geöffnete – **Heimatmuseum**, wo man viel über das Inselleben erfährt und alte Gerätschaften bestaunen kann. Wer diese Idylle länger genießen möchte, findet auch eine kleine Pension und ein Restaurant auf Brännö.

Auf den Spuren der Wikinger wandeln können Südschwedenbesucher in **Foteviken am Öresund**, 20 km südlich von Malmö. Weiter nördlich lockt **Helsingborg** mit seinem mittelalterlichen **Burgturm Kärnan**. Weiter geht es nach **Göteborg**, das der Hauptstadt in Sachen Kultur, Gastronomie und Nachtleben in nichts nachsteht. Wie Stockholm besitzt Göteborg einen reichen **Schärengarten**. Die nördlich gelegene **Bohuslänküste** begeisterte bereits Ingrid Bergman: Auf der **Insel Dannholmen** vor Fjällbacka machte sie Urlaub. Kulturell spannend wird es in **Tanumshede**, die Felsritzungen von Tanum zählen seit 1994 zum UNESCO-Welterbe.

Wer noch ein paar ruhige Tage in einem gemütlichen Holzhaus am See verbringen will, fährt am besten noch ein Stück Richtung Landesinneres, zum **Vänernsee**, der zum Baden, Segeln, Surfen und Bootfahren einlädt. DH

79. Berner Oberland

Der 2669 m hohe Rotstock ist ein Vorgipfel des berüchtigten Eiger.

HIGHLIGHTS
- **Jungfraujoch,** die Fahrt mit der Zahnradbahn begeistert wegen der Stationen Eigerwand und Eismeer und führt auf knapp 3500 m.
- **Triftbrücke,** die längste Hängeseilbrücke der Alpen führt über den graugrünen Gletschersee zur Trifthütte.
- **Trümmelbachfälle,** zehn Wasserfälle stürzen zu Tal und entwässern die Gletscher von Eiger, Mönch und Jungfrau
- **Trottinett Adelboden,** Downhill-Rollern auf dem »Trotti«; 45 km Routen zwischen gemütlich und rasant
- **Gelmerbahn,** 106 % (!) beträgt die Steigung auf dem Weg zum 1800 m hoch gelegenen Gelmersee.

BERNER OBERLAND VON FRÜHJAHR BIS HERBST
- **Feb.:** beim »Horäschlittä Renä« geht's zünftig zu, wenn 100 Zweierteams ihre Hornschlitten ins Tal lenken
- **Sept.:** »Chästeilet« auf der Mägisalp am Hasliberg: erst wird der Käse aufgeteilt, dann werden die geschmückten Tiere ins Tal getrieben.

Mächtige Gipfel und grüne Täler, Gletscherzungen und tiefe Schluchten – die Landschaft der Zentralschweiz ist an Schönheit und Dramatik kaum zu übertreffen. Wanderwege und Bergbahnen erschließen saftige Almen und eisige Höhen wie das gut 3450 m hohe Jungfraujoch, seit 100 Jahren der höchste Bahnhof Europas.

Giganten der Alpen

Wer je am Fuß des Eigers gestanden hat und die konkave Nordwand 1700 m hat aufragen sehen, hält jede Art von Besteigung fast für unmöglich, erst recht in knapp zweieinhalb Stunden. Der Bergsteiger Daniel Arnold hat es geschafft und ist einer der vielen Pioniere, die das Berner Oberland magisch angezogen hat. Neben den **Nordwand**-Bezwingern waren das auch die Erbauer der **Jungfraubahn**. Bei einer Wanderung kam dem Industriellen Adolf Guyer-Zeller die Idee zur Erschließung des berühmtesten Schweizer Berges für die Allgemeinheit. Gut 16 Jahre später war es so weit: Am 1. August 1912 fuhr die erste Zahnradbahn aufs Jungfraujoch. Seither machen jährlich bis zu 830 000 Besucher Station im höchstgelegenen Bahnhof Europas, schlittern über den ewigen Schnee, um dann ins Tunnelsystem des Erlebnisrundgangs

Schweiz

Persönlicher Tipp
WANDERUNG IM HASLITAL DURCH DIE AARE-SCHLUCHT

»Alpine Sensation« einzukehren. Etwa 3000 m tiefer liegt **Lauterbrunnen**. Beinahe senkrecht ragen die vom **Staubbachfall** benetzten Felswände über dem Dorf auf. Wie das Musterbeispiel eines Trogtals wirkt das »Tal der 72 Wasserfälle« tief unter den Bergriesen, das viele Künstler inspiriert hat: Goethe zum Gedicht über die Wassergeister, die James-Bond-Macher zu »Im Geheimdienst Ihrer Majestät«. Im 007-Klassiker stürzt sich der Agent vom Panoramarestaurant **Piz Gloria** auf Skiern zu Tal, so wie die Rennläufer der Lauberhornabfahrt gegenüber in **Wengen**. Auch für Laien spektakulär ist die **Via Ferrata**, ein Klettersteig zwischen Mürren und Gimmelwald, der an der Abbruchkante der Mürrenfluh entlangführt. Richtig abgehoben, wenn auch im Seil sitzend, sausen Mutige im »First Flieger« 800 m von First nach Schreckwald oberhalb von **Grindelwald**; schneller, als Kühe und Wanderer neidisch werden können. BM

Das Haslital liegt abseits der großen Berner-Oberland-Sensationen, bietet aber den Vorteil guter Infrastruktur und erschwinglicher Quartiere. Wanderungen sind auch für Familien machbar, z. B. von **Hasliberg-Goldern** nach **Reuti** und über grüne Almwiesen und dichte Laubwälder bis **Innertkirchen**. Von dort geht es an der Aare entlang über eine Art Damm bis zum erhöht liegenden Eingang in die Schlucht. Ein gut abgesicherter Plankenweg führt entlang der bis zu 200 m hohen und an manchen Stellen nur wenige Meter voneinander entfernten Kalksteinwände. Unten schäumt die Aare, Wasserfälle stürzen herab, und Aussichtskanzeln bieten besondere Blickwinkel auf das Naturschauspiel. Nach 1,5 km weitet sich das Tal. Hinter einem Wäldchen liegt **Meiringen**. Der Ort ist für zwei Dinge berühmt: für eine Eischnee-Zucker-Sünde namens Meringue und für den (vorübergehenden) Tod von Sherlock Holmes. Der geniale Detektiv stürzte gemeinsam mit seinem Widersacher die **Reichenbachfälle** hinab.

Seit 100 Jahren klettern Zahnradbahnen zum höchstgelegenen Bahnhof Europas aufs Jungfraujoch.

Infos und Adressen

ANREISE
Flug: bis Zürich, Bern, Basel und Genf; **Bahn:** mit CityNightLine ab Deutschland nach Basel oder Zürich, dort Anschluss nach Adelboden, Grindelwald, Interlaken und Meiringen; **Auto:** von Osten A 1 Zürich–Bern, von Westen A 2 über Basel, ab Bern A 6/A 8

BESTE REISEZEIT
Mai–September

SEHENSWERT
Touristik-Museum Jungfrau-Region, Reisen & Tourismus, seit 200 Jahren ein wichtiger Wirtschaftszweig. Mai–Okt. Di–So 14–17 Uhr, Obere Gasse, Unterseen, www.touristikmuseum.ch
Schweizer Holzbildhauerei Museum, alles, was mit Holz möglich ist: Kunst, Kitsch, Kuriosa. Feb.–April, Okt., Dez. Di–Sa 13.30–17.30, Mai–Sept. 9–18 Uhr, Hauptstr. 111, Brienz, www.museum-holzbildhauerei.ch

ESSEN UND TRINKEN
Harder Kulm: Bergrestaurant mit Spitzenaussicht auf Eiger, Mönch und Jungfrau. Mitte April–Mitte Okt. tgl. 9.30–18.30 Uhr

ÜBERNACHTEN
Parkhotel Gunten: Villa am Thuner See mit herrlichem Garten. Seestr. 90, Gunten, www.parkhotel-gunten.ch

WEITERE INFOS
Schweiz Tourismus, Rossmarkt 23, Frankfurt a. M., www.myswitzerland.com

80. Tessin

Malerischer Flecken und Zufluchtsort für Künstler – Ronco sopra Ascona über dem Lago Maggiore.

HIGHLIGHTS
- **Brissago-Inseln,** zwei Sommerparadiese im Lago Maggiore: Auf der Isola di San Pancrazio gedeihen 1500 Pflanzenarten.
- **Monte Verità,** hier suchten Naturisten nach dem Sinn des Daseins. Die Licht-Luft-Hütte Casa Selma erinnert daran.
- **Verzascatal,** Tauchen im kristallklaren Flusswasser, Sonnenbaden auf den glattgeschliffenen Felsen.
- **Castello di Sasso Corbaro,** die höchste der drei Burgen von Bellinzona, im 15. Jh. errichtet und perfekt erhalten, mit Osteria im Burghof
- **San Nicoloa in Giornico,** die Kirche (12. Jh.) ist ein Musterbeispiel der lombardischen Romanik.

TESSIN IM SOMMER
- **Juni/Juli:** Lugano Estival Jazz, Jazz unter freiem Himmel in Lugano
- **Juli:** Piazza Blues Festival unter der imposanten Kulisse des Castelgrande in Bellinzona
- **Aug.:** Internationales Filmfestival in Locarno (seit 1946)

Der südlichste Schweizer Kanton, das Tessin, ist eine kleine Welt für sich: eingebettet zwischen der rauen Berglandschaft am Gotthard und den lieblichen Seen an der Grenze zu Italien. Die Kontraste auf kleinem Raum sind es, die das Tessin so attraktiv machen – und die vollkommen entspannte Lebensart.

Mediterranes Lebensgefühl mit Alpenblick

Wer unter Palmen im zauberhaften **Parco Scherrer** oberhalb des Luganer Sees steht oder den Künstlerort **Morcote** sieht, wie er auf einem Felsvorsprung balanciert, der könnte denken, er sei an einem südlicheren Flecken Erde gelandet, aber sicher nicht in der Schweiz. Ganz schweizerisch ist dagegen das **Bedrettotal**, wo schneegepuderte Bergspitzen über saftigen Almwiesen aufragen. Oder das hintere **Val Bavona**, wo die Straßen immer holpriger werden, die Orte immer winziger, und wo Wasserfälle von den Bergen herabstürzen. Vom rauen **Gotthard,** der europäischen Wetterscheide, bis zum lieblichen **Lago Maggiore** wird der Süden auf jedem Meter Tessin greifbarer. Klammern sich auf der Passhöhe nur ein paar Bergblumen an die

Schweiz

Felsen, gedeihen eine Autostunde weiter schon Palmen und Südfrüchte.

Bergnester im Dornröschenschlaf

Neben den mondänen Ortschaften um die Seen, allen voran Ascona und Lugano, gibt es fernab vom Promi-Chi-Chi winzige Bergnester: **Scudellate** etwa, das heißt »Milchschüsselchen«, ein paar Häuser nur im letzten Winkel des **Muggiotals**. Dieses südlichste Tessiner Tal wäre beinahe ausgestorben, doch inzwischen erweist sich sein Dornröschenschlaf als großer Vorteil. Hier wurden kulturelle Techniken und Traditionen bewahrt wie in einem Freilichtmuseum: die Dörr- und Kühlhäuser »Graa« und »Nevèra« beispielsweise, die Maismühle von **Bruzella**, die Vogeltürme oder die Kastanienverarbeitung. Wanderwege erschließen diese kulturhistorischen Schätze und führen bis auf den Gipfel des **Monte Generoso**, der aus 1700 m Höhe tief blicken lässt auf den Comer See im Osten und den Luganer See im Westen.

Spektakel unterm Sternenhimmel

Ein Platz mit Starcharakter ist die **Piazza Grande in Locarno**. Alle Straßen der Altstadt laufen auf den kopfsteingepflasterten Platz zu, der je nach Anlass im passenden Gewand erscheint: Am Donnerstag zum Markt wirft er den Flickenteppich aus bunten Budendächern über, im Winter deckt ihn bei »Locarno on ice« eine große Eisfläche zu, und im August legt er die ganz große Divengarderobe an. Dann reihen sich die Stühle vor der riesigen Leinwand, und das kleinste der großen **Filmfestivals** zeigt neue Produktionen – fast sieht es so aus, als würden sich auch die Fassaden der Palazzi vorneigen, um am Spektakel unterm Sternenhimmel teilzunehmen.

Wie reizvoll das Zusammenspiel der Kulturen im Tessin ist, zeigt sich auch in der Architektur. Der Architekt **Mario Botta**, selbst im Ticino geboren, hat an verschiedenen Stellen Glanzpunkte gesetzt: im hinteren **Maggiatal** in der Bergkirche San Giovanni Battista oder in der unwirklich schönen Capella Santa Maria degli Angeli auf dem 1960 m hohen **Monte Tamaro**. Eine Kirche wie die Startrampe zur Himmelfahrt und zugleich ein fantastischer Aussichtspunkt. Den Blick aufs Detail schärft dagegen der **Sentiero per l'arte** im Verzascatal. Der »Weg der Kunst« führt 5 km vorbei an Konstruktionen und Skulpturen, die Wind und Wetter trotzen und ein harmonisches Bild vom Zusammenspiel von Kunst und Natur hinterlassen.

Persönlicher Tipp

RUSTIKAL GENIESSEN AN FRISCHER LUFT

Klingt unterirdisch, ist aber fantastisch: **Grotti** heißen die Tessiner Lokale, die zwischen März und Oktober gute, meist einfache Gerichte unter freiem Himmel auftischen. Der Name leitet sich von den Felsgrotten ab, die den Tessinern als begehbare Kühlschränke dienten. Man traf sich in den *Grotti* zu Weinproben und Verkostungen, stellte Tische und Bänke hinein. Die kleine Speisekarte (wenn es denn eine gibt) führt lokale Spezialitäten wie Polenta und Risotto, den Brotkuchen *(torta de pane)* oder den Nusslikör *Ratafia*. Außerdem gibt es eingelegten Käse und Mortadella, oft aus eigener Herstellung, dazu Merlot und Nostrano aus dem bauchigen Tonkrug, dem *boccalino*. So gut wie die rustikale Küche ist oft die Lage der *Grotti*. So klammert sich das **Grotto Eremo di San Nicolao** bei Mendrisio 300 m über dem Tal an den Felsen. Die Aussicht auf die Grenzstadt **Chiasso** ist unübertroffen. In **Sonlerto** im Val Bavona kann man es sich im **Grotto Bavona** zwischen Fluss und Felsen munden lassen.

Steinalt: Brücke über den Bavona-Fluss im gleichnamigen Tessiner Tal.

Ort der Ruhe: Rasa über dem Centovalli liegt etwa 900 Meter über dem Alltagsstress.

Persönlicher Tipp

AUSFLUG NACH RASA

Klingt rastlos, ist aber die Ruhe selbst – **Rasa** ist ein völlig abgeschiedener Ort oberhalb des **Centovalli**. Hier gibt es keine Autos, Busse oder andere Verkehrsmittel, höchstens vielleicht einmal eine Kutsche. Nur 13 km von Locarno entfernt ist das friedliche Dorf nur per Seilbahn ab der Talstation **Verdasio** erreichbar. Von dort schaukelt die **Gondel** gemächlich alle 20 Min. zum Almdorf auf 900 m Höhe. Nur 20 Menschen leben heute hier, im 17. Jh. waren es zehnmal so viele. Die schöne **Kirche** aus dem Jahr 1753 mit Glockenturm und einer kostbaren Orgel legt noch Zeugnis dieser besseren Tage ab. Heute sorgt **Campo Rasa**, ein Seminar- und Ferienort der »Vereinigten Bibelgruppen«, für eine Belebung des Ortes – es existiert sicher kaum ein Dorf, das besser geeignet ist, vom einfachen Leben zu künden. Außerdem gilt die **Sonnenterrasse** über dem Centovalli als idealer Ausgangsort für Wandertouren (www.ticino.ch, dort gibt es auch Informationen zur Seilbahnverbindung).

Tal der Extreme

Der Kunstweg spiegelt aber nur eine Seite des Verzascatals – unter (Extrem-)Sportlern ist das herbe Bergtal vor allem für seine Thrill-Qualitäten bekannt. Die fangen bei der blau-weiß markierten **Via Alta delle Verzasca**, eine der härtesten Wanderstrecken der Schweiz, an. Die Gipfeltour über fünf Schutzhütten ist an manchen Stellen mit Seilen und Metallbügeln gesichert und nur für erfahrene Bergsteiger geeignet. Aber auch weniger ambitionierte Wanderer finden Routen und Übergänge in die Leventina oder ins Maggiatal, denn das Verzascatal hat als einziges Tessiner Tal keine »Außengrenze«. Durch die abgeschiedene Lage hat es seine Ursprünglichkeit bewahrt. Mit den gewonnenen Höhenmetern ändert sich auch das Klima – vom mild-mediterranen über die Hügel- und Bergzone bis zum alpinen Klima vereint das vom Verzascafluss eingeschnittene Tal alle Lagen und gibt beinahe jeder Tessiner Tier- und Pflanzenart einen Lebensraum. Die Verzasca-Vielfalt macht an der Wasseroberfläche nicht Halt. Taucher lieben den kristallklaren Fluss mit seinen tiefgrün schillernden, flachen Buchten, glattgeschliffenen Felsen mit Quarzadern. An den Ufern bilden die hellen Steine einladende Sonnenterrassen. Freeclimber finden an der Verzasca unzählige Schluchten, Felsen und Krater zum Überspringen und Abrollen. Richtig fallen lassen können sie sich an der Verzasca-Staumauer: 220 m tief ist der Sprung am Bungeeseil, James Bond hat's in »Golden Eye« vorgemacht.   BM

Am Abend erstrahlen Wallfahrtskirche und Ort über dem friedlichen Lago Maggiore.

Tessin

Infos und Adressen

ANREISE
Flug: wichtigster Flughafen ist Lugano-Agno, von dort fahren Busse und Bahnen auch in die entlegensten Winkel; **Bahn:** von München nach Lugano ca. 7 Std.; ein Klassiker im Tessin ist die Panoramastrecke durchs Centovalli mit der gleichnamigen Bahn; **Tipp:** Swiss Pass, Flexi Pass oder Swiss Card reduzieren die Fahrtkosten und geben Vergünstigungen bei Fahrten mit den Bergbahnen.

BESTE REISEZEIT
Mai–Oktober

SEHENSWERT
Themenpark Sasso San Gottardo, eingebettet in Stollen der ehemaligen Festungsanlage auf der Passhöhe werden dem Besucher Themen der Nachhaltigkeit wie Wasser, Energie, Mobilität, Wetter und Klima vor Augen geführt. Geöffnet (so lange der Pass befahrbar ist) ganzjährig tgl. 10–18 Uhr, www.sasso-sangottardo.ch
Museum Hermann Hesse, Leben und Werk des berühmten Schriftstellers, der einen Großteil seines Lebens in Montagnola verbrachte. Dass er sich auch als Maler versuchte, zeigen die ausgestellten Aquarelle. März–Okt. tgl. 10–20 Uhr, Nov.–Feb. 10–17.30 Uhr, Fondazione Hermann Hesse Montagnola, Ra Cürta, Torre Camuzzi, Montagnola
Parco Scherrer, ein Kleinod hoch über dem Luganer See, wo Kunst, Architektur und Pflanzenwelt einträchtig nebeneinander harmonieren. Prunkstück ist eine Nachbildung der Nofretete-Statue. März–Okt. tgl. 10–18 Uhr, Morcote, www.lakelugano.ch
Museo del Vino, in einem eindrucksvollen Gewölbekeller wird die Geschichte der Weinerzeugung im Tessin dokumentiert. Tenero, Mo–Fr 8–12 und 13.30–18.30 Uhr, Sa 8–17 Uhr, www.matasci-vini.ch
Weg der Kunst, Kunst trifft auf Natur im Verzascatal, von Lavertezzo bis Brione Verzasca. www.tenero-tourism.ch

ESSEN UND TRINKEN
Restaurant Conca Bella: hinter einer eher unscheinbaren Fassade verbirgt sich eine kulinarische Wunderwelt: Das Restaurant ist michelin-prämiert. Via Concabella 2, Vacallo Grotto
Osteria al Bivio: mit Blick auf die Verzasca-Schlucht schmeckt die Polenta doppelt gut. Vogorno-Corippo, www.grottoalbivio.ch
Grotto Baldoria: Hier gibt es nur ein (ausgezeichnetes) Menü. Via Omobono 9, Ascona, www.grottobaldoria.ch

SHOPPING
Lugano, schicke italienische Labels aus den Nobelgeschäften auf der Via Nassa in Lugano
Mendrisio, Outlet-Schnäppchen kann man bei FoxTown bei Mendrisio erstehen.

In allen Orten, kulinarische Spezialitäten wie Ziegenkäse, Ziegenfleischwürste, mit Leber angereicherte Mortadella oder flüssige Exportwaren wie der Walnusslikör Ratafia oder eine Flasche Grappa. Außerdem gibt es immer wieder kleine Kunsthandwerkstände an der Straße.

ÜBERNACHTEN
Dazio Grande: Das frühere Zollhaus im Transittal Leventina ist eine total ruhige und sehr geschmackvoll eingerichtete Unterkunft. Dazio Grande, Rodi-Fiesso (Ausfahrt Quinto), www.daziogrande.ch
Osteria-Locanda Brack: klein, versteckt, mit herrlichem Garten und toller Aussicht auf der Strecke von Locarno nach Bellinzona. Via delle Vigne, Guo, www.osteriabrack.ch
Stazione Tesserete: empfehlenswert für Familien mit Kindern – mit großem Spielplatz, Terrasse und einfachen, zweckmäßigen Zimmern. Stazione Tesserete, Tesserete, www.besomi-stazione.ch

WEITERE INFOS
Ticino Turismo, Villa Turrita, Via Lugano, 12, Bellinzona, www.ticino.ch

Kunterbunter Kurort – Ascona mit der Uferpromenade Giuseppe Motta am Nordufer des Lago Maggiore.

81. Vierwaldstätter See mit Luzern

Mit dem Raddampfer auf dem Urnersee: Am Ufer lockt der hübsche Ort Bauen mit einigen guten Restaurants.

HIGHLIGHTS
- **Pilatus,** Luzerns 2132 m hoher Hausberg bietet einen guten Überblick über den verwinkelten See.
- **Schifffahrt,** bequem die Schönheiten des Sees erkunden, u. a. auf einer Fondue-Raclette-Fahrt oder einer Torten-Tour
- **Zahnradbahn Rigi,** Europas erste Bergbahn zwischen Vitznau und Rigi Staffelhöhe/Kaltbad sowie Rigi Kulm
- **Risletenschlucht,** fast ein Geheimtipp: die Wanderung durch die Schlucht vorbei an Felsen und Strudellöchern
- **Rütliwiese,** die Eid-Stätte ist nur per Schiff oder zu Fuß zu erreichen.

VIERWALDSTÄTTER SEE IM WINTER UND SOMMER
- **Feb.:** vom »schmutzigen Donnerstag« bis »Güdisdienstag« tobt die Luzerner Fasnacht
- **Mai:** Ob- und Nidwaldner Kantonalschwingfest; ruppiges Ringen auf dem Sandplatz in Kerns
- **Aug.:** »Alpentöne«, Musikprojekte aus dem gesamten Alpenraum in Altdorf

Wenn es so etwas gibt wie die geschichtliche und gefühlsmäßige Mitte der Schweiz, dann liegt sie am Vierwaldstätter See. Denn an seinen Ufern reihen sich die (touristischen) Klassiker: landschaftliche Höhepunkte wie Rigi, Pilatus und Uri-Rotstock, geschichtliche Schauplätze wie Rütliwiese und Schillerstein und die Stadt Luzern als kulturelles Zentrum.

Im Herzen der Schweiz

Das Gras glänzt, der See funkelt, am Ufer gegenüber erheben sich die Schwyzer Gipfel der Mythen – fast könnte man meinen, es handele sich nur um eine besonders satte Bergwiese. Dabei steht man auf geschichtsträchtigem Boden, denn auf der **Rütliwiese** sollen vor mehr als 720 Jahren die Vertreter der drei Urkantone den Bündnisschwur geleistet haben, aus dem die heutige Eidgenossenschaft hervorgegangen ist.

Kaum zu glauben, dass dieser See nur der fünftgrößte von 1600 (!) Schweizer Seen ist. Allerdings werden nur 17 befahren und vermutlich keiner so leidenschaftlich wie der Vierwaldstätter. Fünf Dampf-, 15 Motorschiffe und ein Katamaran durchpflügen die 114 km² See-Oberfläche, vorbei an den dramatisch schönen Ufern des **Urner Sees** und den sanfteren Hängen im Nordwesten. Die Sicht vom Wasser aus ist eine Erkundungsmöglichkeit, das Abheben eine andere: z. B. mit den

Schweiz

Persönlicher Tipp

WEG DER SCHWEIZ
Eine echt schweizerische Erfindung anlässlich der 700-Jahr-Feier 1991 ist der »Weg der Schweiz«, der 35 km entlang des **Urner Sees** führt. Angefangen mit den Urkantonen Uri, Schwyz und Unterwalden repräsentiert je ein **Markierungsstein** die 26 Teilstaaten bis zum 1979 gegründeten Kanton Jura. Mit der Gestaltungsfreiheit sind die Kantone sehr unterschiedlich umgegangen – nur die Weglänge zwischen den Steinen ist festgelegt: 5 mm Strecke für jeden Einwohner.
Mit einem der schönsten Abschnitte geht es los: auf der **Rütliwiese**, gleich am Gasthof Rütli bis ins 350 m höher gelegene **Seelisberg** und über das Schlösschen **Beroldingen** nach **Bauen**, dem kleinsten Dorf Uris. Bis zum nächsten Ziel, der Schiffsanlegestelle von **Isleten**, führt die Wanderroute durch mehrere **Felsgalerien** am Ufer entlang. Der Weg endet in **Brunnen**, am Platz der Auslandsschweizer; damit sind nicht etwa die Fremden gemeint, die in der Schweiz leben, sondern die 700 000 Eidgenossen im Ausland.
www.weg-der-schweiz.ch

Schnell ein Foto, bevor das Schiff kommt: am Bootsanleger von Weggis am Vierwaldstättersee.

Infos und Adressen

ANREISE
Flug: Direktflug von deutschen Flughäfen nach Zürich; **Bahn:** Luzern ist über Basel, Zürich und Zug gut mit dem deutschen Netz verknüpft. Zwischen Luzern und Engelberg bzw. Interlaken verkehrt die Zentralbahn;
Auto: Luzern liegt zwischen N 4 und A 2/N 2 an der Gotthard Nord-Süd-Verbindung

BESTE REISEZEIT
Mai–Oktober

SEHENSWERT
Verkehrshaus, das größte Museum der Schweiz zeigt Fortbewegungsmittel aller Art. Sommer 10–18 Uhr, Winter 10–17 Uhr, www.verkehrshaus.ch
Hammetschwand-Lift, über den historischen Felsenweg gelangt man zum höchsten freistehenden Außenlift Europas. Mai–Okt., www.buergenstock-bahn.ch

ESSEN UND TRINKEN
Bergrestaurant Timpelweid: stilgerecht hochgondeln, das Fondue oder die Knöpfli-Pfanne wählen und die Aussicht genießen. Hoch über Brunnen am Urmiberg

ÜBERNACHTEN
Bürgenstock Resort: erstklassiges Hotel mit dem höchstgelegenen Außenlift Europas. Obbürgen, www.buergenstock.ch

WEITERE INFOS
Vierwaldstätter Tourismus, Bahnhofplatz 4, Stans, www.lakeluzern.ch

Luftseilbahnen auf die **Bannalp** oder von Engelberg ins **Ristis** und weiter zur **Brunnihütte** oder mit der Klewenalpbahn zur **Stockhütte**. Auch Zahnradbahnen stürmen die Gipfel: Die Bahn auf die **Rigi** ist die älteste Europas, die auf den **Pilatus** die steilste. Bodenständig und luftig zugleich hebt der Hammetschwand-Lift ab, dessen Panoramakabine 150 m zum Nobelort **Bürgenstock** überwindet. Zwischen Höhenmetern und Wassertiefen locken Radwege, Wanderstrecken, Klettersteige – und natürlich **Luzern**. Vollgepackt mit historischen Schätzen wie der Kapellbrücke oder dem Renaissance-Rathaus hat sich die junge Universitätsstadt mit dem **Kultur- und Kongresszentrum** einen modernen Kontrapunkt geleistet. Direkt an der Bucht gelegen, nimmt der **Jean-Nouvel-Bau** architektonisch Verbindung mit dem See auf und vereint mit Konzertsaal, Kunstmuseum und Kongressbereich verschiedenste Sparten unter einem Dach. BM

82. Genfersee

Am Genfersee tummeln sich so viele Prominente, wie ein Schweizer Kaffeehersteller an Dollars ausgeben muss, um mit George Clooney Werbung für seine Produkte zu machen. Kein Wunder, denn die Landschaft ist zauberhaft; eine Runde um den See führt durch die Schweiz und Frankreich zugleich und vermittelt mediterranes Lebensgefühl.

Schmuckstücke am See

Die Skulptur von Freddy Mercury in **Montreux** vor der Kulisse des Genfersees erinnert an eine der schillerndsten Figuren der Musikszene. Die zum Jubel hochgereckte Faust entspricht dem Gefühl, das sich einstellt, wenn man sich von den Bergen her dem See nähert. Sonne, Strand und Palmen künden von der Ankunft in einer Region, deren landschaftliche Vielfalt dem musikalischen Repertoire der Rocklegende gleicht, die sich in Montreux niedergelassen hatte. Wenn man von den Rhône-Alpen kommend Richtung See fährt, ist das wie ein Crescendo, das unweigerlich zum Höhepunkt führt: dem malerischen See mit seinen türkisfarbenen Wellen. Das renommierte **Jazzfestival**, das jedes Jahr im Juli in Montreux stattfindet, ist gewiss nicht der einzige Grund für Menschen aus aller Welt, hierher zu kommen.

HIGHLIGHTS
- **Château de Chillon,** Wehrtürme und Rittersaal zeugen von einer bewegten Geschichte.
- **Montreux,** dem Charme des Belle-Époque-Flairs erlagen schon Charlie Chaplin und Igor Strawinsky
- **Vevey – Chexbres – Puidoux,** »Weinzug« durch das zum UNESCO-Welterbe ernannte Weinbaugebiet Lavaux
- **Altstadt von Genf,** sie bietet alles: von mittelalterlicher Architektur bis hin zu exklusiven Geschäften.
- **Évian-les-Bains,** die Kurstadt besticht durch ihre preisgekrönten Gärten und die Berge im Hinterland.

GENFERSEE VON FRÜHJAHR BIS HERBST
- **März:** auf dem Automobilsalon in Genf warten edle Karossen auf eine Ausfahrt in die Berge.
- **Juni–Sept.:** Lausanne Estivale, Theater, Tanz, Musik, Kino … mehr als 400 Künstler
- **Juli:** Montreux Jazzfestival, das bedeutendste Jazzfest Europas, zu dem sich auch Größen aus der Rock- und Popszene »verirren«
- **Aug.:** Fêtes de Genève, Stadtfest mit Blumenkorso, Konzerten und Feuerwerk

Eine Fähre verlässt den Anleger des Château de Chillon. Dahinter schillern die Lichter von Montreux.

Schweiz

Straßencafé am Place de la Palud in Lausanne: Mediterranes Flair prägt die Stadt und die Menschen.

Infos und Adressen

ANREISE
Flug: Direktflug von allen deutschen Großstädten nach Genf; **Bahn:** die Anreise mit dem ICE erfordert Umsteigen in Basel oder Zürich; **Auto:** A 5 bis Basel, von dort auf der A 1 Richtung Lausanne und Genf; in Bern zweigt die A 12 nach Montreux ab.

BESTE REISEZEIT
März–Oktober

SEHENSWERT
Museen im Château de Morges, historische Schlachten mit 10 000 Zinnsoldaten. März–Ende Nov. Di–Fr 10–17 Uhr, Sa, So 13.30–17 Uhr, Morges, www.musees.vd.ch/fr/chateau-morges
Mines de Sel de Bex, die faszinierende Unterwelt der Salzminen. März–Nov. Di–So geöffnet, Route des Mines de Sel 55, Le Bouillet, Bex, www.mines.ch/de

ESSEN UND TRINKEN
Les Cygnes: gutes Essen auf einer Terrasse direkt am Wasser. 8, Av. de Grande Rive, Évian-les-Bains, www.hotellescygnes.com

ÜBERNACHTEN
Château d'Ouchy, Vier-Sterne-Komfort in einem Burg-Hotel. Place du Port, Lausanne, www.chateaudouchy.ch

WEITERE INFOS
Schweiz Tourismus, Rossmarkt 23, Frankfurt a. M., www.myswitzerland.com

Persönlicher Tipp

MIT DEM RADDAMPFER ÜBER DEN GENFERSEE

Sieht man einmal von einem gemütlichen Bummel in den malerischen Gassen der Altstädte ab, gibt es wohl keine beschaulichere Art, die Region um den See zu erkunden als bei einer Fahrt mit einem der insgesamt acht nostalgischen Raddampfer der Genfersee-Flotte aus den Jahren 1900–1930. Entlang der Montreux Riviera, vorbei an **Montreux**, **Vevey** und **Château de Chillon**, bietet sich ein traumhafter Ausblick auf Hafenkulissen, Schlösser, Villen und Weinberge. Die fünf Schaufelraddampfer mit echten Dampfmaschinen und die drei Belle-Époque-Radschiffe (mit elektrischem Antrieb) verströmen das einzigartige Flair der Gründerjahre. Mit den angebotenen Kombitickets spart man nicht nur Geld, wenn man die Sehenswürdigkeiten erkunden möchte, sondern kann dies auch noch mit einer **Feinschmeckerkreuzfahrt** verbinden, z. B. im Sommer an Bord der »Savoie«, wo Meisterkoch Philippe Chevrier für kulinarische Glanzlichter sorgt. Im Winter werden »Fondue-Spezial«-Kreuzfahrten angeboten.

Jedes Jahr im Frühling funkeln in **Genf** die Karossen der namhaftesten Automobilhersteller mit den ersten Sonnenstrahlen um die Wette. Cabriolets und offene Sportwagen gleiten am Seeufer dahin, von dem man auf die majestätischen Gipfel des **Mont Blanc** und des **Matterhorns** blickt. Richtung Osten künden am Nordufer die Spitzen der Kathedrale Notre-Dame **Lausanne** an. Der alte Bischofssitz, der auch für sein reges Nachtleben bekannt ist, wirkt so typisch schweizerisch wie die Gondeln Venedigs in Las Vegas. Französisch und italienisch parlierende Damen in luftigen Sommerkleidern flanieren entlang der **Promenade** unterhalb der Altstadt und lauschen den Künstlern auf dem **Sommerfestival** »Lausanne Estivale«. Vom mondänen Jachthafen sieht man die Lichter des mittelalterlichen Städtchens **Yvoire** vom französischen Südufer herüber scheinen. Die Terrassen der Weinberge muten dann an wie Stufen einer Himmelsleiter. CD

83. Hohe Tatra und Slowakisches Paradies

HIGHLIGHTS

- **Štrbské Pleso, Starý Smokovec** und **Tatranská Lomnica** sind die alpinen Tourismuszentren unterhalb des Hauptkamms der Hohen Tatra.
- **Demänovská Dolina,** spektakuläres Tal der Niederen Tatra mit Tropfstein- und Eishöhlen bei Liptovský Mikuláš
- **Nationalpark Slovenský raj,** Wanderparadies, über Stege und Leitern geht es durch Schluchten und an Wasserfällen entlang.
- **Freilichtmuseum Stará Ľubovňa,** Volksarchitektur der Ruthenen, Goralen und Zips unterhalb der mittelalterlichen Burg
- **Dunajec-Canyon,** der Taldurchbruch kann auf Holzflößen befahren werden, z. B. ab Červený Kláštor

HOHE TATRA VON FRÜHJAHR BIS HERBST

- **Mitte Mai:** Folklorefest der Goralen in Červený Kláštor am Dunajec-Ufer
- **Juli:** Zipser Märkte in Spišská Nová Ves, regional bedeutende Handwerksschau unterhalb der größten slowakischen Burganlage
- **Sept.:** Radvaň-Jahrmarkt in Banská Bystrica, slowakisches Handwerk, Musik und Tanz

Die Hohe Tatra ist das kleinste Hochgebirge der Welt, zugänglich von der Slowakei und Polen her.

Das kleinste Hochgebirge der Welt hat nicht nur den höchsten Gipfel der Karpaten, sondern noch sieben weitere Piks über 2500 m. Die Hohe Tatra bietet im Winter und Sommer eine echte Alpen-Alternative. Einmalig sind die Wasserkaskaden des Slowakischen Paradieses. Spektakuläre, aber leichte Klettersteige schneiden sich durch den Fels.

Zwischen Gletscherseen und Katarakten

Der Hauptkamm der Hohen Tatra hat eine Länge von nur 27 km, dessen höchster Punkt der **Gerlachovský štít** mit 2655 m ist – der mächtigste Gipfel der Karpaten. Der Hauptteil der Miniaturalpen liegt auf slowakischem Staatsgebiet, wenngleich der polnische Teil dem slowakischen an Attraktivität in nichts nachsteht. Gletscherseen, schroffe Felswände und faszinierende Kammwege machen das **Nationalparkgebiet** zu einem lohnenden Hochgebirgs-Wanderparcours. Drahtseilbahnen und Sessellifte bringen die Gäste aus den Tourismuszentren in hohe Lagen. Eine spektakuläre Kabinenfahrt bietet sich ab Tatranská Lomnica zur **Lomnica-Spitze** auf 2632 m Höhe. In **Štrbské pleso**, einem renommierten Wintersportort, spiegelt sich das Bergpanorama auf über 1300 m im Tiefblau des **Zirbener Sees**. Vom

Slowakei

ältesten Zentrum des Bergtourismus, **Starý Smokovec**, führt eine mehrtägige Wanderroute über den Zbojníka-Pass auf 2373 m über das langgestreckte Bielovodská-Tal nach **Zakopane** in Polen, vorbei an den majestätischen Gipfeln der Tatra, Bergseen und Wasserfällen.

Im östlichen Gebirgsvorland der Hohen Tatra locken viele Ausflugsziele, etwa eine Floßfahrt entlang des Dunajec durch den **Kalkfelsencanyon** oder die prächtig erhaltenen Renaissance-Städtchen **Levoča** und **Kežmarok**. Doch nichts beeindruckt so sehr wie ein Wanderwochenende im **Nationalpark Slowakisches Paradies**. Von einem Plateau auf 1000 m Höhe ergießen sich Wasserströme in alle Himmelsrichtungen durch ein Dutzend Felsklammen ins Tal, häufig mit spektakulären Wasserfällen und Katarakten. Fast all diesen Wasserstürzen kann über Halbtageswanderungen durch die Flussbetten mit Brücken, Leitern und Stegen zur Quellwiese hinauf gefolgt werden. RT

Infos und Adressen

ANREISE
Bahn: Fahrt über Bratislava bis Poprad, von dort regelmäßige Züge nach Tatranská Lomnica;
Auto: von Berlin auf der E 40 über Breslau und Krakau

BESTE REISEZEIT
Im Frühjahr und Herbst zum Wandern und Klettern

SEHENSWERT
Spišský hrad, die Zipser Burg aus dem 12. Jh. bei Spišská Nová Ves ist die größte Burganlage Mitteleuropas. Mai–Sept. tgl. 9–18 Uhr, April, Okt., Nov. bis 16 Uhr, www.spisskyhrad.com
Banská Bystrica, in der hübschen Altstadt rund um den Marktplatz kann man flanieren und stundenlang in Läden stöbern.

ESSEN UND TRINKEN
U Jakuba: Restaurant »bei Jakob« mit slowakischer Küche und urigem Ambiente in der Altstadt von Kežmarok. Starý trh 522/39, Kežmarok,
www.penzionujakuba.sk

ÜBERNACHTEN
Villa Dr. Szontagh: rührende Hotel-Pension in einer Villa von 1914 am Fuß der Tatragipfel. Vysoké Tatry, Nový Smokovec 39, www.szontagh.eu
Aplend Apartments & Resort, gemütliche Ferienwohnungen Tatranská Lomnica, www.aplend.com

WEITERE INFOS
Offizielles Tourismusportal der Slowakai,
www.slovakia.travel

Persönlicher Tipp

DEMÄNOVSKÁ DOLINA
Nicht immer spielt das Wetter in der Hohen Tatra mit, und dann bieten sich Ausflüge in das Vorgebirgsland an. **Liptovský Mikuláš** liegt nur eine halbe Stunde mit dem Auto entfernt und bildet das Eingangstor in das **Demänovská-Tal**. Auf 16 langgestreckten Kilometern kann man hier in zwei Schauhöhlen dem Tageslicht entfliehen sowie etliche leichte Wanderungen unternehmen, die direkt durch die Filmkulisse eines Rotkäppchenwaldes zu führen scheinen. Wölfe und Bären soll es hier auch geben. Am Ausgang des Tales liegt der **Liptauer Stausee**, der vor den Gipfeln der Hohen und Niederen Tatra ein ausgezeichnetes Windsurfrevier abgibt, mit Verleihstationen und Surfschulen. Auch ungeübte Mountainbiker kommen rund um den See auf relativ flachen Etappen vor dem Bergpanorama voll auf ihre Kosten. Für einen Spaziergang durch eine lebendige, slowakische Stadt fernab der Touristenhochburgen bietet sich das reizende **Banská Bystrica** an, etwa 70 km südlich von Liptovský Mikuláš.

Wandern in der Hohen Tatra genügt jedem Anspruch – von einfach bis schwindelerregend.

84. Triglav-Nationalpark Julische Alpen

Die Vintgar-Klamm in der Nähe von Bled ist ein geschütztes Naturdenkmal.

HIGHLIGHTS

- **Aljažev stolp,** auf 2864 m Höhe bietet das Häuschen auf dem Triglav-Gipfel Wanderern seit fast 120 Jahren Schutz.
- **Vintgar-Klamm,** bis zu 300 m tief hat sich der Radovna-Fluss durch die Berge Horn und Boršt gegraben und schlängelt sich tiefgrün durch die 1600 m lange Schlucht.
- **Weg des Friedens,** in fünf Etappen folgt die Wanderung der Isonzofront am Fluss Soča, an der im Ersten Weltkrieg mehrere Hunderttausend Soldaten starben.
- **Jama pod Babjim zobom,** die 300 m lange Höhle in der Nähe des Bohinj-Sees zählt zu den schönsten der slowenischen Karsthöhlen.
- **Soča-Tal,** von der Quelle über die Mlinarica-Klamm bis zum Boka-Wasserfall und der Thermalquelle an der Tolminka-Schlucht

SLOWENIEN VON FRÜHJAHR BIS WINTER

- **Mai/Juni:** beim Wildblumen-Festival dreht sich alles um die alpine Flora der Region Gorenjska.
- **Nov.:** das Oberkrainerfest in Bled bietet zur Schunkelmusik Schmankerln.

Wie kann etwas so sehr in der Mitte und trotzdem beinahe ein Geheimtipp sein? Die Regionen Gorenjska und Goriška im Nordwesten Sloweniens schaffen das und gelten als nachhaltig erschlossene Ziele. Die wunderbare Berglandschaft des Triglav-Nationalparks mit blumenübersäten Almen und karstigen Gipfeln gilt unter Wanderern und Mountainbikern als erstklassiges Revier.

Paradies für alle Jahreszeiten

Selbst wer noch nie in Slowenien war, kennt wahrscheinlich **Bled**. Den Ort an dem tiefblauen See, in dem ein Inselchen schwimmt mit einer kleinen weißen Kirche darauf. Hinter dem Ort erheben sich die eindrucksvollen Berge der Julischen Alpen – und wenn das Wetter mitspielt, spiegelt sich das ganze Ensemble im **Bleder See**. Das Wetter spielt meistens mit, weil der Bergriegel das Städtchen vor kalten Nordwinden schützt. Seit mehr als 300 Jahren genießt Bled den Ruf als ideale Sommerfrische mit einer Badesaison, die weit in den September hineinreicht. Auf dem See sind keine Motorboote zugelassen, zur **Marienkirche** auf der kleinen Insel gelangt man nur in Ruderbooten. Wer genau aufpasst, kann bei der Überfahrt eine Glocke hören, die eigens für die Kirche gegos-

Slowenien

sen wurde. Beim Transport zur Insel anno 1543 soll das Boot mitsamt seiner wertvollen Fracht gekentert sein, seitdem tönt sie aus 30 m Tiefe.

Kranjska Gora hat einen alpinen Weltcup-Zirkus zu bieten. Jedes Jahr treffen sich hier die weltbesten Slalomläufer unter den malerischen Felszacken von **Razor** und **Prisojnik**. Kransjka Gora ist angenehm unprätentiös. Von der Dorfmitte aus verlaufen sich Gassen, die mit jedem Schritt schmaler werden. Oder wirkt alles nur so klein vor den mächtigen Julischen Alpen? Bis Italien und nach Österreich sind es wenige Kilometer, nur die Karawanken trennen Kärnten von der Region **Gorenjska**. Ihr Wahrzeichen markiert zugleich den Höhepunkt Sloweniens: Der 2864 m hohe **Triglav** überragt Sloweniens einzigen Nationalpark – und ist auch zu hören. Mussorgskis sinfonische Dichtung »Eine Nacht auf dem kahlen Berge« erzählt vom Tanz der Hexen auf dem Triglav. BM

Der Aufstieg zum Triglav führt durch die herrliche Natur der Julischen Alpen.

Infos und Adressen

ANREISE
Flug: nächstgelegene Zielflughäfen sind Ljubljana und Klagenfurt;
Bahn: ab der Grenzstadt Jesenice Züge nach Bled und Kransjka Gora; Auto: von Österreich über Wurzenpass und Karawankentunnel ins nordwestliche Slowenien

BESTE REISEZEIT
Mai–September;
im Winter zum Skifahren

SEHENSWERT
Sennereimuseum, Räume voller Geschichte: zu Milch und Käse, zum Leben der Hirten und den Härten bäuerlichen Lebens. Juli–Aug. Di–So 11–19 Uhr, Stara Fužina 181, Bohinjsko jezero, www.gorenjski-muzej.si
Burg Bled, die Festung am nördlichen Seeufer ist die älteste Burg Sloweniens. Im Sommer tgl. 8–21 Uhr, Bled, www.blejski-grad.si

ESSEN UND TRINKEN
Pri Martinu: Im unscheinbaren Gasthaus ragen Wildgerichte und Nachspeisen heraus, z. B. der Walnusskuchen štrukel. Borovška 61, Kranjska Gora

ÜBERNACHTEN
Hotel Bohinj: einfaches Haus am Bohinj-See, gute Ausgangsbasis zur Erkundung des Bohinj-Tals. Ribc̃ev Laz 45, Bohinjsko jezero, www.hotel-bohinj.com

WEITERE INFOS
Slowenische Tourismuszentrale, Krekov trg 10, Ljubljana, www.slovenia.info/de

Persönlicher Tipp

BOHINJ UND VOGEL
Kein Druckfehler! Vogel heißt wirklich so, wird aber Wogell ausgesprochen und ist ein herrliches **Skigebiet**. Herrlich, weil es einen Gala-Blick auf den **Triglav** samt **Nationalpark** bietet; weil hier nur auf Naturschnee gefahren wird (die Schneesicherheit des Gebietes bringt es mit sich) und weil das Skifahren hier noch etwas Gemütliches hat, das den meisten anderen Wintersportorten verloren gegangen ist. Die Pisten sind zwar wenig anspruchsvoll, dafür gut präpariert, der Skipass verhältnismäßig preiswert. Vogel liegt abgelegen am Südwestrand des **Bohinj-Sees**. Der Bohinjsko jezero ist der größte See Sloweniens, eine dunkelblaue »Perle«, in dem sich die Gipfel der Zweitausender ringsum spiegeln. 24 Dörfer gehören zu **Bohinj**, dem Wocheinertal, wie es auf Deutsch heißt (angeblich abgeleitet von der Frage »wohin?«). Wegen seiner Abgeschiedenheit, des schönen Panoramas und – im Sommer – der Bergflora gilt das Bohinj-Tal als eines der schönsten Urlaubsziele der Region Gorenjska.

85. Malaga und Costa del Sol

Wer Picassos Geburtsort Malaga nur als Durchgangsstation für einen Badeurlaub im Süden Spaniens sieht, verpasst eine wunderbare Stadt, die in Kirchen, Museen und Bodegas viel (Lebens-)Kultur bietet. Vom Klima begünstigt, ist die gesamte »Sonnenküste« der Provinz Malaga ein Ganzjahresziel mit weiten Landschaften und traumhaften Stränden.

HIGHLIGHTS
- **Santa Iglesia Catedral Basilica de la Encarnacion,** Kathedrale im Stilmix, wegen des fehlenden zweiten Turms »die Einarmige« genannt
- **Alcazaba,** die maurische Festung aus dem 11. Jh. beherbergt heute das faszinierende Archäologische Museum.
- **La Malagueta,** die Arena von 1874 zählt zu den ältesten und schönsten des Landes.
- **Museo Picasso,** beeindruckende Sammlung mit Werken aus allen Schaffensperioden des berühmten Künstlers
- **Selwo Aventura,** schöner Tier- und Natur-Erlebnispark in Estepona

MALAGA VON FRÜHJAHR BIS HERBST
- **März/April:** Semana Santa (Karwoche), Prozessionen mit prunkvoll geschmückten Christus- und Marienfiguren
- **Aug.:** Feria de Agosto in Malaga, gilt als größtes Sommerfest des Mittelmeerraums, mit Musik, Tanz, Stierkampf und Reitvorführungen
- **Sept.:** Bienal de Flamenco, alle zwei Jahre (2013, 2015) spielen in Malaga die besten Musiker Spaniens auf

An der Playa Carabeo bei Nerja ist die Küste besonders wild und romantisch.

Andalusischer Kontrast

Vielleicht liegt das Geheimnis Malagas darin, dass dies eine Stadt des »Und« ist und nicht des »Oder«. Phönizier und Römer, Strand und Universität, Kirchen und Bodegas, Berge und Meer, strenger Glaube und fröhliche Feste – um nur ein paar scheinbare Widersprüche zu nennen. Auch im Stadtbild finden sich Kontraste: So liegt mitten in den Hochhäusern des Strandviertels die alte Stierkampfarena **La Malagueta**.

Die sechstgrößte Stadt Spaniens blickt auf fast 3000 Jahre Geschichte zurück: Von den Phöniziern gegründet, von den Römern zur Weltstadt entwickelt, von Mauren besetzt und von Berbern erobert, übernahmen mit der **Reconquista** die katholischen Könige das Regiment. Stellvertretend für diese vielen Einflüsse steht die **Kathedrale**. Die im Volksmund »La Manquita« genannte Kirche im Gotik-Renaissance-Barock-Stilmix wurde vermutlich auf den Mauern einer Moschee erbaut. Auch die Burgruine **Castillo de Gibralfaro** hat seit der

Spanien

Errichtung auf den Mauern eines phönizischen Leuchtturms Herrscher aller Couleur erlebt.

An den Stränden der 160 km langen Küste prägen Meer, Sand und Felsen die wichtigsten Orte: das mondäne **Marbella**, das verbaute **Torremolinos**, das raue **Torrox**. Berge schützen vor kühlen Nordwinden und bescheren der Costa del Sol Occidental und Oriental, westlich und östlich von Malaga, 320 Sonnentage im Jahr. Selbst wer nicht ins Hinterland fährt, findet naturbelassene Landschaften: die **Steilküste Maro-Cerro Gordo** bei **Nerja** etwa oder der aus Flusssedimenten gebildete weite **Strand von Guadalmar**. Dazwischen locken jede Menge Traumstrände, einfach von der Küstenstraße N 340 abbiegen und das Badetuch ausbreiten. BM

Fröhlicher Feier-Abend in Malagas Altstadt; im Hintergrund erhebt sich die Kathedrale.

Infos und Adressen

ANREISE
Flug: von allen großen deutschen Airports Flüge nach Malaga;
Bahn: im 30-Min.-Takt fahren Regionalzüge vom Flughafen zum Hbf. Maria Zambrano. Gutes Streckennetz an der Costa del Sol.

BESTE REISEZEIT
Mai–Oktober

SEHENSWERT
Museo del Vino, alles rund um Tropfen, Trauben, Anbaugebiete. Mo–Fr 12–14.30 und 16.30–19.30 Uhr, Plaza de los Vineros 1, Malaga, www.museovinomalaga.com
Plaza de los Naranjos, Marbellas lauschiger »Platz der Orangenbäume«

ESSEN UND TRINKEN
Marisqueria Santa Paula: Meeresfrüchte und gehobene regionale Küche. Avenida de los Guindos 28, Malaga

SHOPPING
Calle Marques de Larios, beliebteste Einkaufsmeile in Malaga

AUSGEHEN
Amargo, authentische Flamenco-Kneipe mit Livemusik (Fr und Sa). Calle Franquelo 1, Malaga

ÜBERNACHTEN
Petit Palace Plaza Malaga: ruhiges, modern ausgestattetes Stadthotel. Nicasio Calle 5, Malaga, www.peitipalaceplaza.com
Parador de Turismo de Nerja: Tophotel in bester Lage. Calle Almunecar 8, Nerja, www.parador.es

WEITERE INFOS
www.malagainformation.com, www.malagaweb.com

Persönlicher Tipp

PLAYA DE LA MALAGUETA
Der **Stadtstrand** ist ein Prachtstrand: 2,5 km lang, 60 m breit, gesäumt von Cafés, Restaurants und ein wichtiger Schauplatz des Stadtlebens. Jüngst frisch gesäubert und herausgeputzt, ist die Playa de La Malagueta nur einer von acht Stränden, die zum Stadtgebiet Malagas gehören. Um die Infrastruktur und die sanitären Anlagen zu verbessern, wurden in den letzten Jahren große Anstrengungen unternommen – der Lohn der Mühen sind die insgesamt 30 »Blauen Flaggen«, die die Region Malaga erhalten hat. Die Strände an der westlichen Costa del Sol zeichnen sich durch feinen Sand und klares Wasser aus, die östlicheren Buchten sind meist steiniger und weniger gut besucht. Ein bei Einheimischen beliebter Stadtstrand mit Promenade ist die schmale **Playa Huelin** westlich des Hafens. Die feinsandige **Playa Pedregalejo** östlich des Zentrums wird gern von Familien aufgesucht, weil dort Buhnen die Wellen brechen. Von umgebauten Fischerbooten werden Sardinen-Spieße, frittierte Sardellen und Calamares verkauft.

86. Teneriffa und Kanarische Inseln

HIGHLIGHTS
- **Dünen von Maspalomas,** ein Stück Sahara mitten im Atlantik, das nur zu Fuß oder per Kamel erkundet werden darf. Gran Canaria
- **Nationalpark Garajonay,** immergrüner Nebelwald mit Lorbeerbäumen und Baumheide rund um den Berg Alto de Garajonay. La Gomera
- **Jardin de Cactus,** von César Manrique angelegter Kakteengarten in Guatiza. Lanzarote
- **Acantilados Los Gigantes,** schwarze Klippen mit tollem Fernblick. Teneriffa
- **Teide,** mit 3718 m der höchste Berg der Kanaren und Spaniens. Teneriffa

DIE KANARISCHEN INSELN IM WINTER UND SOMMER
- **Feb.:** Fiesta del Carnaval, Teneriffa im Ausnahmezustand
- **30. Mai:** Dia de las Islas Canarias, am Nationalfeiertag der Kanaren kann man Flaggen, Trachten und Traditionen wie das Kanarische Ringen »Lucha Canaria« bestaunen.
- **Mitte Juli:** Umzug der »Mascarones« in Santa Cruz de La Palma, mit einer Parade von Riesen und großköpfigen Figuren. Alle fünf Jahre (2015)

Der Teide überragt die Nordküste Teneriffas um 3718 Meter.

Sieben Inseln, die geografisch zu Afrika und politisch zu Spanien gehören und – vom kargen Fuerteventura bis zum subtropischen La Palma – größtmögliche Abwechslung bieten. Dank des angenehmen Klimas und der vielen Sonnentage sind die Kanaren touristische Klassiker, die dem Badegast wie dem Wanderer ideale Möglichkeiten eröffnen.

Inseln mit vielen Facetten

Es ist für den Teneriffa-Besucher von einiger Bedeutung, von welcher Seite er sich der größten Kanarischen Insel nähert: Landet er im **Süden** (auf dem Flughafen Reina Sophia), findet er karges, spärlich bewachsenes Land vor. Kommt er dagegen von **Norden**, bietet sich ihm ein völlig anderes Bild: Sattgrüne Hänge mit Palmen, Lorbeerbäumen und den exotischen Drachenbäumen, Hibiskus, Orchideen und Papageienblumen setzen bunte Farbtupfer. Unabhängig von dieser Vorzugslage findet ein Großteil des Tourismus im Süden statt: Rund um die **Playa de las Americas** quartieren sich 75 % der Teneriffa-Reisenden ein und verbringen ihren Urlaub zwischen Hotelpool, Sandstrand und Einkaufszone.

Die Ursache der klimatischen Teilung Teneriffas ist der **Teide** – Spaniens höchster Berg mit 3718 m. An seinen Nordhängen stauen sich die Wolken auf und regnen ab,

Spanien

während kaum etwas nach Süden dringt. Wenn ihm aber mal ein Guss durchgeht, geschieht rund um Los Cristianos und die Hauptstadt Santa Cruz de Tenerife ein Wunder, und überall sprießt frisches Grün hervor. Rund um den Teide ist ein **Nationalpark** angelegt – der beliebteste der vier Kanaren-Reservate mit drei Millionen Besuchern pro Jahr.

Santa Cruz de Tenerife, mit 220 000 Einwohnern die zweitgrößte Stadt der Kanaren, setzt vor allem architektonische Akzente: 2003 eröffnete die Kongress- und Konzerthalle Auditorio de Tenerife des spanischen Architekten Santiago Calatrava. Wie ein Blatt wölbt sich eine Betonsichel über der Dachkuppel des Auditoriums, die Außenhaut des Gebäudes ist mit Bruchstücken weißer Kacheln besetzt – eine Reminiszenz an Antoni Gaudí. Nur einen Steinwurf entfernt liegt der **Parque Maritimo César Manrique**, eine 22 000 m² große Bade- und Liegelandschaft mit Zugang zum Meer.

Vulkanisches Gesamtkunstwerk

Das eigentliche Schaffenszentrum Manriques war aber **Lanzarote**. Die nordöstlichste Kanareninsel hat einen spröden Charme – kein Grundwasser sprudelt hier, der Großteil der gut 200 Küstenkilometer sind Felsen. Der eigenwillige Künstler hat die besonderen Landschaftsformen architektonisch genutzt: Die Gebäude der **Fundacion César Manrique in Tahiche** sind auf einem erkalteten Lavastrom errichtet, die Räume in den unterirdischen Lavablasen erhalten über Gasaustrittslöcher Licht und Luft. Zum Künstlerrepertoire gehörten neben Skulpturen auch **Windspiele**, in die erst durch das Wetter Leben kommt. Diese Bewegungsmelder (etwa bei Arrieta und Tahiche) verdeutlichen, wie wichtig Manrique Umwelt und Umgebung waren. Kein Gebäude dürfe höher sein als eine Palme, so lautet die Bauvorschrift, für die sich Manrique stark gemacht hat. Doch 20 Jahre nach seinem Tod gibt es immer mehr Hotels, die dieses Gesetz brechen; trotzdem gilt Lanzarote nicht als Massenziel.

Anders verhält es sich in Teneriffa mit fünf Millionen Besuchern und in Gran Canaria, das jedes Jahr knapp vier Millionen Touristen ansteuern. Die beliebtesten Ziele liegen auch dort im Süden, rund um **Playa del Inglés** und **Maspalomas**. Letzteres ist der älteste Urlaubsort Gran Canarias, berühmt vor allem wegen seiner kilometerlangen Dünenlandschaft.

Zur Fundacion César Manrique auf Lanzarote weist ein Windspiel des Künstlers.

Persönlicher Tipp

LORO PARQUE TENERIFFA
Sie sind die Stars des Loro Parque: Vier Orcas bereichern seit 2006 die Tierwelt des zunächst auf Papageienarten ausgerichteten Parks (loro ist das spanische Wort für Papagei). Die Schwertwale sind im weltweit modernsten, 120 m langen und bis zu 12 m tiefen Becken untergebracht, die 22 Millionen Liter Meerwasser kommen aus 65 m Tiefe. Pro Vorführung locken **Orcas** und die fünf **Delfine** bis zu 3000 Besucher nach Puerto de la Cruz auf Teneriffa. Neben den »tierischen« Attraktionen des Parks begeistert auch die florale Vielfalt die Besucher. Fast 3000 verschiedene **Pflanzenarten** gedeihen auf den Kanarischen Inseln, die als »Galapagos der Pflanzenwelt« gelten. Zwei Drittel des Wildwuches sind heimische Arten, davon einige endemisch, etwa 35 % haben die Menschen sozusagen »eingeschleppt«, außerdem gedeihen hier Kulturpflanzen wie Tomaten, Orangen und Bananen. Man erreicht den Park von Puerto de la Cruz aus (ohne Zwischenhalt) mit einer gelben Bimmelbahn.
www.loroparque.com

Die Kanaren gelten als Angler-Dorado – hier suchen zwei Angler vor El Pris ihr Glück.

Persönlicher Tipp

WHALE- UND DOLPHINWATCHING
Es gibt nur drei Gebiete auf der Erde, wo sich die Grind- oder Pilotwale permanent in Familien und größeren Gruppen aufhalten: bei Hawaii, vor Australien und zwischen **Teneriffa und La Gomera**. In dieser an der schmalsten Stelle 20 km breiten Meerenge findet die Delfinart mit der abgerundeten Rückenflosse ideale Lebensbedingungen vor. Einerseits ist das Wasser eher warm, andererseits aber enorm tief. Das muss es sein, um die bevorzugte Nahrung der Grindwale zu beherbergen: Tintenfische, die aus einer Tiefe von 1000 auf 800 m steigen und dort zum begehrten Eiweißlieferanten der bis zu 7 m langen Meeressäuger werden. Die **Kanaren-Kolonie** umfasst bis zu 500 Tiere, sodass mancher Anbieter von **Whalewatching** eine 100-prozentige Garantie auf eine Begegnung mit den Tieren gibt. Nicht ganz so hoch liegt die Wahrscheinlichkeit, **Delfine** anzutreffen. Bei Umweltschützern sind die Fotosafaris allerdings umstritten, weil nicht immer der geforderte Mindestabstand eingehalten wird.

Weiße Ferienhäuschen schmücken die Marina Rubicon im Touristenzentrum Playa Blanca an der Südspitze Lanzarotes.

Ein Alleinstellungsmerkmal Gran Canarias ist der **Roque Nublo**, der Wolkenfels. Gut 1800 m hoch, galt der Basaltbrocken schon bei den Ureinwohnern als Kultplatz. Dabei ist der 65 m über dem Gipfelplateau aufragende Fels das über Millionen Jahre erodierte Überbleibsel eines Schichtvulkans. An klaren Tagen reicht der Blick bis zum Teide.

Insel des starken Windes

Neben Lanzarote wurden auch **El Hierro** und La Palma zum Biosphärenreservat erklärt, insgesamt stehen 300 000 ha unter Naturschutz – fast die Hälfte der Kanaren-Landfläche. El Hierro ist die kleinste der sieben Inseln, aber landschaftlich enorm abwechslungsreich. Bis auf 1500 m steigen die Berge an und formen eine zerklüftete Küstenlinie. Die westlichste, abgelegenste und erdgeschichtlich jüngste Insel ist ein Ziel für Individualreisende und Hobbybiologen. Ein Relikt aus der Urzeit hat hier überdauert, **Lagarto gigante**, die Riesen-Eidechse. Seit kurzem hat El Hierro komplett auf Windenergie umgestellt, das Element, das **Fuerteventura** im Namen führt. Die Insel des »starken Windes/Glücks/Abenteuers« ist der Strand-Star unter den Sieben: Es gibt weiße, goldgelbe und schwarze Sandstrände und davor mal türkisfarbene Lagunen, mal stahlblaue Buchten. Im Osten finden sich auch windgeschützte Stellen, auf der Westseite bläst dagegen beständig der Wind – zur Freude der Surfer. BM

Teneriffa

Infos und Adressen

ANREISE
Flug: von allen größeren deutschen Flughafen Direktflüge auf die Kanaren; **Fähre:** Zwischen den sieben Inseln verkehren (meist) regelmäßig Fähren; **Bus:** gut ausgebautes Nahverkehrsnetz zwischen den größeren Orten

BESTE REISEZEIT
Dezember–März

SEHENSWERT
Gran Canaria: Museo Elder de la Ciencia y la Tecnologia, interaktive Präsentation der großen Menschheitserfindungen auf 7000 m² Ausstellungsfläche. Di–So 10–20 Uhr, Parque Santa Catalina, Las Palmas
Lanzarote: Fundacion Cesar Manrique, nichtkommerzielle Stiftung des Künstlers in seinen ehemaligen Wohngebäuden mit wechselnden Ausstellungen. Im Sommer tgl. 9–19 Uhr, nördl. von Arrecife bei Tahiche, José Louis Borges 10, www.fcmanrique.org
Teneriffa: Naturkundemuseum, hier ist die Vielfalt des kanarischen Lebens archiviert. Di–So 9–19 Uhr, Calle Fuente Morales, Santa Cruz de Tenerife

ESSEN UND TRINKEN
Fuerteventura: Casa Chano, die köstliche Paella lockt selbst Prominenz an. Constitucion 12, El Cotillo
La Gomera: Restaurante Breñusca, traditionelle kanarische Küche, preiswert und gut seit mehr als 60 Jahren. Calle Real 3, San Sebastian de la Gomera
La Palma: Taberna del Puerto, Lokal an der Uferpromenade, spezialisiert auf Fisch und Desserts. Plaza Castilla 1, Tazacorte
Lanzarote: El Diablo, Restaurant in Vulkankraterform im Nationalpark Timanfaya. Der riesige Grill wird vom Magma beheizt. Yaiza
Teneriffa: La Estancia, französisch-mediterrane Gerichte vom Feinsten. Calle Armiche 1, Chayofa

AUSGEHEN
Fuerteventura: Club & Lounge El Navegante, Cocktailbar mit Livemusik, legendäre Partys auf der Dachterrasse. Calle San Juan 3, Morro Jable
La Gomera: Bar Cacatua, seit 20 Jahren eine erste Anlaufstation für Nachtschwärmer. Vueltas, Valle Gran Rey
Lanzarote: Emporium, in Puerto del Carmen, dem größten Touristenort der Insel; Nachteulen zieht es auch in die Diskotheken **Dreams** oder **La Biosfera.**
Teneriffa: Das Epizentrum des Nightlife ist **Las Americas** mit **The Patch, Veronicas** und dem **Starco Commercial Centre**
Gran Canaria: Hier tobt das Nachtleben in **Playa del Inglés, Maspalomas** und **Meloneras.** In-Adresse ist die Disco **Pacha,** wo auf 1000 m² die Post abgeht. Sargentos Provisionales 10, Playa del Inglés

ÜBERNACHTEN
Teneriffa: Parador de Cañades del Teide, das einzige Gebäude im Nationalpark bietet auf 2000 m Höhe beste Aussicht auf Teide, Caldera von Chaorra und Montaña Blanca. La Orotava, www.parador.es
Gran Canaria: Finca Las Longueras, abseits vom Trubel inmitten supbtropischer Vegetation. Los Berrazales, Valle de Agaete, www.laslongueras.com
Fuerteventura: Bungalow Resort Costa Real, ruhige Lage, gehobene Ausstattung, traumhafte Sonnenuntergänge. Avenida del Istmo, La Pared
La Palma: La Palma Romantica, Hacienda in 600 m Höhe mit Pools und Jacuzzi. Topo de las Llanadas, Barlovento, www.hotellapalmaromantica.com
El Hierro: Hotel Punta Grande, groß der Name, klein das Hotel, das auf einem Felsen am Meer thront – lange war es als kleinstes Hotel der Welt der Rekordhalter im Guinness-Buch. Las Puntas, Frontera, www.portal-de-canarias.com

WEITERE INFOS
www.turismodecanarias.com,
www.canary-network.net,
www.portal-de-canarias.com

Im Mikroklima der Teide-Hänge gedeiht eine Vielzahl seltener Pflanzen – etwa der bis zu 3 m hohe Natternkopf.

87. Andalusiens Südosten

HIGHLIGHTS
- **Mulhacén,** mit 3482 m ist der höchste Gipfel der Sierra Nevada ein Höhepunkt im wahrsten Sinne des Wortes.
- **Alhambra in Granada,** die einstige maurische Fürstenresidenz ist UNESCO-Welterbe und eine der meistbesuchten Touristenattraktionen Europas.
- **Albaicín und Sacromonte,** die zwei spannendsten Stadtviertel Granadas – mit maurischem Gassengewirr im Albaicín und Flamenco live in Sacromonte
- **Höhlenwohnungen von Guadix,** die konischen Hügel mit weißgetünchten Fassaden und Schornsteinen muten ein wenig wie »Schlumpfhausen« an.
- **Alcazaba von Almería,** ab 955 errichtete maurische Festung, später ergänzt um christliche Architektur, perfekter Blick über ganz Almería

ANDALUSIENS SÜDOSTEN ZU JEDER JAHRESZEIT
- **März:** Fiesta de la Primavera in Granada
- **April:** Semana Santa in Granada
- **3. Mai:** Fiesta de la Cruces in Granada und Almería
- **Aug.:** Feria mit Flamencofestival in Almería

Egal, ob tagsüber oder beleuchtet bei Nacht: Die Alhambra ist immer imposant.

Neben der klangvollen Costa del Sol liegen Granada und Almería am Mittelmeer touristisch etwas abseits. Dabei bieten die beiden andalusischen Provinzen mit der fast 3500 m hohen Sierra Nevada Berge und Meer im Doppelpack. Krönung ist sicher ein Besuch der berühmten maurischen Stadtburg Alhambra und eine Fahrt nach Tabernas, Europas einziger Wüste.

Von Bergen und Meer eingerahmt

Wer im andalusischen Südosten Ferien macht, kann am selben Tag Dreitausender in der **Sierra Nevada** erklimmen und sich danach in die Fluten des Mittelmeers stürzen. Reizvoll für Wanderer, aber auch für natur- und kulturinteressierte Tagesausflügler aus dem nahegelegenen Granada sind die **Alpujarras** am Südhang der Sierra Nevada. Wasserläufe aus der Sierra sowie das milde Mittelmeerklima sorgen für eine fruchtbare Vegetation. Bekannte Siedlungen des Bergtals sind der Kurort **Lanjarón**, das maurische **Pampaneira** sowie **Trevélez**, auf 1650 m eines der höchst gelegenen Dörfer Spaniens und bekannt für seinen luftgetrockneten Serranoschinken.

Geprägt werden die beiden südostandalusischen Provinzen von ihrer jeweils gleichnamigen Hauptstadt: der Universitätsstadt Granada und der Hafenstadt Almería.

Spanien

Von maurischem Welterbe und Zigeunern

Bei **Granada** denkt man natürlich zuerst an die weltberühmte maurische Festungsanlage **Alhambra**. Doch auch weniger Bekanntes hat seinen Reiz. Vieles davon liegt ihr gleich gegenüber: im **Albaicín**. Das älteste Viertel der Stadt geht ebenso zurück auf die maurische Ära. Im Treppauf und Treppab seines Gassengewirrs lässt es sich wunderbar flanieren, pausieren und Neues entdecken, etwa die **Cármenes**, blumenreiche Hausgärten, die ihre Schönheit hinter weiß getünchten Hausfassaden verbergen. Ein Postkartenmotiv der Alhambra bietet sich dem Besucher vom Platz vor der **San-Nicolás-Kirche**, besonders stimmungsvoll ist der Anblick bei Sonnenuntergang! Von hier sollte man Richtung **Sacromonte** weiterziehen, ins traditionelle Zigeunerviertel, wo der Flamenco regiert. Seit dem 19. Jh. kultivierten die *Gitanos*, aus dem indischen Raum stammende Zigeuner, diesen Musikstil in Andalusien. Auch heute wird er noch allabendlich in den Lokalen des **Sacromonte** zelebriert.

Ebenso von Zigeunern geschaffen wurden die bewohnbaren Höhlen im Tuffgestein bei **Guadix**: Schornsteine auf grasbewachsenen Hügeln, manche qualmen tatsächlich, darunter Höhlenzimmer an Höhlenzimmer. Heute lebt in den Höhlen ein buntes Völkchen von Künstlern und Aussteigern. Manche unterirdische Behausung ist sogar als Ferienwohnung zu mieten.

Hochprozentig geht es in **Salobreña** an der **Costa Tropical** zu. In der örtlichen Zuckerrohrfabrik, der letzten Europas, wird – in Zusammenarbeit mit der Fabrik Ron Montero in Motril – der bei Spaniern beliebte Rum »Ron Palido« hergestellt. Sofort verkosten kann man ihn in den Kneipen der modernen Neustadt. Auf dem mächtigen Felsen darüber thront das maurische **Castillo**.

Manitus Schuh und viele Häppchen

Nanu, das kommt mir hier doch bekannt vor? Das dürfte sich so mancher Reisende der Provinz Almería denken, wenn er die **Wüste von Tabernas** besucht. Die steinige Halbwüste am **Cabo de Gata** – übrigens Europas einzige natürliche Wüste – dient nämlich wegen ihrer Ähnlichkeiten mit den Wüsten Nordamerikas, Nordafrikas und Arabiens seit den 1950er-Jahren als Kulisse für zahlreiche Abenteuerfilme und Western. Hier wurden beispielsweise das Oscar-prämierte Wüstenepos

Persönlicher Tipp

SPAZIERGANG DURCH DIE GÄRTEN DER ALHAMBRA

Mit einer Länge von 750 m und einer Breite von mehr als 200 m thront die berühmte Alhambra auf dem **Sabikah-Hügel** über Granada. Die Besichtigung dieser bedeutenden Stadtburg im maurischen Stil ist für jeden Andalusien-Besucher ein Muss. Daher empfiehlt sich ein Ticketkauf vorab. Wer die **Alcazaba**, die **Nasridenpaläste** und den Sommerpalast **Generalife** besuchen möchte, kommt um eine genaue Vorausplanung nicht umhin, z. B. via www.alhambra-ticket.es. Doch auch wer sich spontan zum Besuch entschließt, muss nicht verzagen: Ein Ticket für die Besichtigung der **Gärten** ist jederzeit zu erstehen und nicht nur für Botanikfreunde sind sie das Schönste der ganzen Anlage! An einem heißen Tag durch den lauschigen **Zypressenweg** der Alhambra spazieren, die gepflegten **Gärten des hl. Franziskus** und die arabischen Gebäuderuinen der **Jardines del Secano** bestaunen oder sich an den **Wasserspielen** der Gärten des Generalife-Palasts erfreuen und erfrischen: Todo muy bien!

Hinter den bunten Mauern im Albaicín-Viertel verstecken sich lauschige Gärten.

Salobreña an der Costa Tropical: Hoch über der Stadt thront eine maurische Burg.

Persönlicher Tipp

ZU DEN TRAUMBUCHTEN AM CABO DE GATA

Fast einen Mythos stellt das Cabo de Gata im Südosten der Provinz Almería dar: Es zählt zu den rar gewordenen Stellen am andalusischen Mittelmeer, die vom Massentourismus verschont geblieben sind. Weitgehend unverbaut ist dieser Landstrich mit **Halbwüste** und vulkanischen **Bergen** eines der letzten Paradiese am Mittelmeer. Wer hier seine Ferien verbringt, erfreut sich an kleinen **Fischerdörfern**, einsamen **Buchten**, dünenreichen **Stränden**, spektakulären **Steilküsten** – und **nachhaltigem Tourismus**. Damit dies so bleibt, ist die rund 35 000 ha große Halbinsel als **Naturpark** ausgewiesen. Ein Ausflug in dieses wenig erschlossene Gebiet ist nur per Auto möglich. Wer es vor Ort erwandern möchte, sollte dies im Frühjahr tun: Dann blühen viele Sträucher und verströmen ihren Duft. Bis in den Herbst hinein laden angenehme Wassertemperaturen zu einem erfrischenden Bad ein. Nur im heißen Sommer sollte man sich keine allzu langen Touren vornehmen, denn Schatten gibt es hier kaum.

Maurische Fassaden und andalusische Keramik schmücken Albaicín, das älteste Viertel Granadas.

»Lawrence von Arabien«, Steven Spielbergs Abenteuerfilm »Indiana Jones und der letzte Kreuzzug« sowie Bully Herbigs Westernklamauk »Der Schuh des Manitu« gedreht. Die **Filmkulisse Fort Bravo** mit Saloon, Gefängnis und staubigen Straßen ist zugleich eine Art Freizeitpark, mit täglichen Western-Stunt-Shows und Ausritten in die Umgebung auf dem Rücken echter Westernpferde.

Nach so viel Staub wird es Zeit für eine Erfrischung, am besten im Tapas-Dorado **Almería**. Die Tapasbars der Altstadt servieren zu jedem Glas Wein oder Bier kleine Appetithäppchen, von frittiertem Fisch über Fleischspieße, Oliven, Schinken-, Wurst- und Käsebissen. Nach soviel getankter Energie sollte man den Sehenswürdigkeiten der Stadt seine Aufwartung machen: der maurischen Festung **Alcazaba** und der nicht minder gewaltigen **Kathedrale**.

Immer einen Ausflug wert ist **Aguadulce**, 10 km westlich von Almería. Mit seinen feinsandigen Stränden, dem eleganten Sporthafen und der palmenbestandenen Meerespromenade erfüllt das Ferienzentrum jedes Klischee vom typischen Sommer-Sonne-Meer-Urlaub.

Mojácar, nordöstlich von Almería, bietet schon von Weitem einen zauberhaften Anblick. Wie ineinander verschachtelt wirken die malerisch auf einer Anhöhe der Sierra de Cabrera gelegenen weißen Häuschen. Ein Spaziergang durch die verwinkelten Gassen führt vorbei an Restaurants, Bars und Läden mit hübschem Kunsthandwerk und allerlei Tand. Am Fuß der Ortschaft erstrecken sich schöne Strände, die zum Sonnen und Baden einladen. DH

Andalusien

Infos und Adressen

ANREISE
Flug: Direktflug nach Granada, Almería oder Malaga;
Bus/Auto: Vor Ort verkehren Busse, ein Mietwagen ist jedoch deutlich praktischer.

BESTE REISEZEIT
Mai–Oktober; zum Baden: Juni–September

SEHENSWERT
Arabische Bäder, fürstlich entspannen am Fuße der Alhambra in einem der ältesten Hamams Spaniens, stimulierende Reinigungsmassagen. http://granada.hammamalandalus.com
Kathedrale von Granada, erbaut ab 1523 im Renaissancestil, erst 1704 vollendet, beeindruckt das Gotteshaus im Inneren mit seiner Höhe und Weite sowie mit kostbarem Bild- und Schnitzwerk in den Chor- und Seitenkapellen.
Salobreña, die Stadt liegt auf einem Felsen oberhalb der Costa Tropical und besitzt eine maurische Burg, schmale Gassen und alte Fischerhäuser im Altstadtkern; örtliche Zuckerrohrfabrik, herrlicher Strand
Kathedrale von Almería, Kirchenburg im Stil der Gotik und Renaissance, die lange Zeit nicht nur dem Gebet, sondern auch dem Schutz vor Piratenüberfällen diente
Arabische Zisternen, einstige Wasserversorgung Almerías aus dem 11. Jh., das Tonnengewölbe beherbergt heute ein Flamencolokal.
Museo de Almería, preisgekrönter Museumsneubau mit prähistorischen Funden, alten muslimischen Grabsteinen, Waffen und Töpferwaren. Di 14.30–20.30 Uhr, Mi–Sa 9–20.30 Uhr, So 9–14.30 Uhr, Carretera de Ronda 91, www.turismodealmeria.org
Mojácar, ein hispanoarabisches Bilderbuchdorf. Die weißen Häuser bezaubern ebenso wie das muntere Gassengewirr mit Bars und Restaurants sowie Kunsthandwerksläden im Zentrum.

ESSEN UND TRINKEN
Tendido 1: typisch andalusische Küche und edle Weine in der Stierkampfarena von 1928, schick-rustikal und mit stilvollem Außenbereich. Av del Doctor Oloriz 25, Granada
Páprika: Wer Abwechslung von den deftigen Tapas sucht, genießt Knackiges und interessant Kombiniertes in diesem vegetarischen Lokal. Cuesta de Abarqueros 3, Granada
La Encina Plaza Vieja: am Fuß der Alcazaba gelegen, eine typische Taberna mit Tapas und ein gemütliches Restaurant mit mediterraner Fisch- und Fleischküche. Calle Marín 16, Almería
Casa Puga: beliebte und immer proppenvolle Tapasbar, zum Wein werden Häppchen von Schinken, Käse, Fleisch und Gemüse gereicht. Calle Jovellanos 7, Almería

AUSGEHEN
El Bribón de la Habana, der Tanztempel im Kolonialstil mit Außenterrasse und Meerblick lockt auch Gäste aus dem 10 km entfernten Almería an. Aguadulce, www.ibribones.com

SHOPPING
Alcaicería, einst war hinter der Kathedrale Granadas maurischer Seidenmarkt zu Hause, heute gibt es hier Kunsthandwerk, Schmuck und Souvenirs.

ÜBERNACHTEN
Palacio de Santa Inés: Stadtpalast aus dem 16. Jh. im Mudéjarstil mit teils antiken Möbelstücken. Cuesta de Santa Inés 9, Granada, www.palaciosantaines.es
Alhambra Palace: komfortables Hotel gleich an der Alhambra mit maurisch inspirierter Einrichtung, schöne Aussicht auf die Stadt von allen Dachterrassen. Plaza Arquitecto García de Paredes 1, Granada, www.h-alhambrapalace.es
Nuevo Torreluz: neueröffnetes Hotel in fußläufiger Entfernung zu allen Sehenswürdigkeiten der Stadt, Zimmer in modernem Design. Plaza Flores 10, Almería, www.torreluz.com

WEITERE INFOS
Turismo Andaluz, www.andalucia.org

Malerisch auf einer Anhöhe der Sierra de Cabrera liegen die weißen Häuser von Mojácar.

88. Menorca

HIGHLIGHTS

- **Monte Toro**, mit 357 m der höchste Berg der Insel. Von Es Mercadal aus führt eine serpentinenreiche Straße hinauf. Der Rundblick lohnt die Mühe.
- **Talati de Dalt**, eindrucksvolle Überreste einer prähistorischen Siedlung, nur 4 km von Maó entfernt
- **Moli des Comte**, Windmühle aus dem 19. Jh. an der Plaça de ses Palmeres am Altstadtrand von Ciutadella
- **Claustre del Carmen**, in den Zellen des ehemaligen Karmeliterklosters in Maó sind heute Markt- und Souvenirstände angesiedelt.
- **Hafenrundfahrten**, durch den Naturhafen von Maó werden mehrmals Bootsrundfahrten angeboten. Einige Boote bieten durch große Fenster im Rumpf auch die Möglichkeit zu Unterwasser-Beobachtungen.

MENORCA VON APRIL BIS JUNI

- **April/Mai:** 6 Wochen lang ertönen Jazz und Blues auf verschiedenen Bühnen in Ciutadella und Maó.
- **Ende Juni:** Festa de Sant Pere im Hafen von Maó, Fischerfest mit Segelregatta

Die Cala Macarellata ist eine für Menorca typische Strandbucht zwischen Felsen.

Die nordöstlichste Insel der Balearen ist die ruhige, naturnahe Alternative zu Ibiza und Mallorca. Fast die Hälfte des Eilands steht unter Natur- und Landschaftsschutz. Viele Strände laden zum Baden ein, viele Relikte der prähistorischen Talayot-Kultur zu kleinen Entdeckungstouren.

Auf kleinen Straßen kreuz und quer

50 km ist die Straße lang, die die ehemalige Inselhauptstadt **Ciutadella** im Norden mit der heutigen Inselmetropole Maó im Süden verbindet. Eher unbeabsichtigt entstand im Norden der Insel nahe Ciutadella die wohl aufregendste und bizarrste Landschaft der Insel: der Steinbruch **S'Hostal**. Frei stehende Kalksandsteinblöcke sehen wie Kunstwerke aus, romantische Gärten vor steilen Felswänden laden zum Träumen ein. Ein **Botanischer Rundweg** zeigt inseleigene Pflanzen. Frühes Menschenwerk ist die nahe **Naveta des Todons**, ein vorgeschichtlicher Grabbau in Form eines kopfüber liegenden Bootes aus großen, mörtellos ineinander gefügten Steinen. Die vollkommen erhaltene Stadtmauer von **Son Catlar** aus der Zeit des Talayotikums, der prähistorischen Kultur Menorcas vom 13.–2. Jh. v. Chr., steht in einsamer Landschaft 8 km südlich von Ciutadella. Einen in den Fels gehauenen Friedhof jener Kulturepoche bilden die Höhlen des kleinen Naturhafens

Balearen / Spanien

Cala Morell. Ein besonders schönes Inselstädtchen ist dann **Es Mercadal** im Inselzentrum mit langen, geraden Straßenzügen und vielen historischen Häusern. Eine Stichstraße führt von hier nach **Fornells** an der Nordküste, wo die Festung **Castell de Sant Antoni** aus dem 17./18. Jh. und der **Torre de Fornells** aus dem frühen 19. Jh. von einer bewegten Inselgeschichte erzählen. Kurz vor Maó zeugen dann die schönen Bodenmosaike aus dem 6. Jh., die einst zu einer frühchristlichen Basilika gehörten, von byzantinischer Präsenz auf Menorca. Ungewohnt betriebsam geht es dann wieder in der Inselhauptstadt **Maó** zu, die sich rund um ihren 5,5 km langen, fjordartigen Naturhafen ausdehnt und zum Bummeln, Flanieren, Shoppen und Einkehren einlädt. KB

Das kleine Ciutadella gehört ohne Zweifel zu den schönsten spanischen Städten.

Infos und Adressen

ANREISE
Flug: Direktflüge nur im Sommer, sonst via Mallorca; **Fähre:** ab Barcelona und Alcudia/Mallorca

BESTE REISEZEIT
Mai–Oktober

SEHENSWERT
Museo de Menorca, Geschichte und traditionelles Inselhandwerk in einem ehemaligen Kloster. Di–Fr 10–13 und 17.30–20 Uhr, Sa/So 10.30–14 Uhr, Plaça des Monestir, Maó
Cala Turqueta, naturbelassene Sandstrandbucht nahe Ciutadella
Finca Hort de Sant Patrici, im Käsemuseum der Insel erfährt man alles über den inseltypischen *Quese de Mahón*. Keine festen Zeiten, meist Mo, Di, Do und Sa 9–11 Uhr, Ferrier, www.santpatrici.com

ESSEN UND TRINKEN
Café Balear: Tapas, Fisch und Krustentiere. Am Hafen von Ciutadella
Càn Bep: typisch menorquinische Küche nahe der Kathedrale. Passeig de Sant Nicolau Ciutadella

ÜBERNACHTEN
Sol Menorca: »Adults only«-Hotel am langen Sandstrand. Sant Tomas Beach, http://de.melia.com
Geminis: traditionelles kleines Stadthotel. Josepa Rossinyol 4, Ciutadella, www.hotelgeminismenorca.com

WEITERE INFOS
Tourist-Information, Plaça de la Catedral 5, Ciutadella, www.menorca.es

Persönlicher Tipp

EIN TAG IN CIUTADELLA
Die alte Inselhauptstadt Ciutadella im Norden Menorcas zählt zu den schönsten spanischen Kleinstädten und hat sich noch ein wenig maurisches Flair bewahren können. Durch ihre stillen Altstadtgassen weht der Hauch vergangener Zeiten. Die gotische **Kathedrale** wurde bereits im 14. Jh. errichtet, die kleine **Markthalle** aus dem 19. Jh. ist ein Kleinod des täglichen Lebens. Ein Muss ist der Gang hinunter zum **Bootshafen** in einem langgestreckten, schmalen Fjord. Seine Ufer werden von **Fischtavernen** gesäumt, in denen man oft auch eine Inselspezialität genießen kann: die einer Bouillabaisse ähnliche *Caldereta de Llagosta*, für die Langusten statt Fisch verwendet werden. Nach einem gemütlichen Stadtbummel bleibt sicher noch Zeit, um ein paar Stunden an einem der stadtnahen **Strände** zu verbringen, zu denen Linienbusse fahren: beispielsweise zum sandigen und vielbesuchten **Cala'n Bosch** oder zur benachbarten reizvollen Badebucht Son Xoriguer.

89. Barcelona

Strand, Meer und Kultur sind die Zutaten zum Katalonien-Urlaub, hier in Tossa de Mar an der Costa Brava.

HIGHLIGHTS
- **Aquädukt von Tarragona,** die 30 m hohe Wasserleitung ist eine von vielen römischen Hinterlassenschaften.
- **La Suda in Lleida,** ursprünglich maurisch, wurde die Burg immer wieder zerstört und neu aufgebaut; bemerkenswert sind auch die Festungstürme und die Mudejar-Motive in der Kathedrale Seu Vella.
- **Parque Natural Garrotxa,** im Naturpark gibt es auch Römer-Spuren und schöne Beispiele romanischer Baukunst.
- **Aigüestortes,** der einzige Nationalpark Kataloniens in den Pyrenäen ist ein ausgezeichnetes Wandergebiet.
- **Terra Alta,** auf der Hochebene reifen die Reben für hervorragende Weine in einer von Wind und Wetter gestalteten Landschaft.

KATALONIEN IM SOMMER
- **Aug.:** Festa Major de Gracia, größtes Straßenfest Barcelonas im Stadtviertel Gracia mit Umzug der Giganten und Feuerlauf
- **Sept.:** beim Fest zu Ehren von Santa Tecla in Tarragona werden Menschentürme gebildet, komplexe Gebilde in vielen Varianten.

Traumhafte Strände, eingefasst von rauen Felsen, hohe Gipfel und viel Grün – auf mehr als 580 km Länge geizt die Mittelmeerküste in Spaniens nordöstlicher Region Katalonien nicht mit sinnlichen Reizen. Costa Brava und Costa Dorada machen Sonnenanbeter wie Aktive glücklich, für den Kontrast sorgen Barcelona und das bergige Hinterland.

Zwischen Traum und Wirklichkeit

Es gibt Stellen an der Costa Brava, da verschwimmen die Grenzen zwischen Traum und Wirklichkeit, beispielsweise in der Bucht von **Aiguablava**. Dort ist das Wasser so klar, dass die Segelboote einen Schatten auf den Meeresboden werfen. Oder an der **Cala de Sa Conca** in S'Agaró, wo türkisgrün schimmernde Wellen an die Felsen schlagen und duftender Pinienwald den Sandstrand säumt. Mar y Muntanya heißt Kataloniens Nationalgericht aus Huhn und Shrimps, und das Zusammenspiel von Berg und Meer umschreibt treffend die Schönheit der autonomen Region. Ihre Küste wird in vier Abschnitte geteilt: **Costa Brava,** die »Wilde«, und **Costa Dorada,** die »Goldene«, sind die Vorzeige-Küsten, dazwischen umschließen die **Costa del Garraf** und die **Costa del Maresme** den Ballungsraum **Barcelona**.

Spanien

Mit Attraktionen wie der quirligen Einkaufsstraße **La Rambla**, der Markthalle **Mercat de la Boqueria**, den verwinkelten Gassen des Gotischen Viertels oder den architektonischen Zeugnissen Antoni **Gaudís** ist die katalonische Hauptstadt ein beliebtes Städtereiseziel.

Weiter südlich erstreckt sich an der **Costa Dorada** ein unendlicher Sandstrand-Gürtel. Rund 60 Strände, die meisten mit flachem Zugang ins saubere Meer, bilden die perfekte Kulisse für den Familienurlaub, z. B. bei **Cambrils** oder rund um **Roda de Barà**.

Nur 40 km von Barcelona entfernt liegt das **Kloster Montserrat**, umgeben vom gleichnamigen Bergmassiv. Nördlich von Girona sind die Vulkankegel von **Garrotxa** eine geologische Sensation: Mehr als 30 Vulkane, zum Teil dicht mit Eichen- und Buchenwäldern bestanden, dazwischen Basaltschluchten, tief eingeschnittene Flusstäler und versteinerte Lavaströme formen eine in Europa einmalige **Vulkanlandschaft**. BM

Infos und Adressen

ANREISE
Flug: von allen größeren deutschen Flughäfen nach Barcelona, Regionalflughäfen in Girona (Costa Brava) und Reus (Costa Dorada)

BESTE REISEZEIT
Mai–Oktober

SEHENSWERT
Teatre-Museu Dalí, ein Museum der Fantasie, gewidmet dem Werk des Surrealisten Salvador Dalí in seiner Heimatstadt Figueres. Juni–Sept. tgl. 9–18 Uhr, Gala-Salvador Dali Square 5, Figueres, www.salvador-dali.org
Kathedrale Barcelona, unvermittelt aus dem Gassengewirr Barcelonas erhebt sich die mächtige Basilika aus dem 13. Jh.
Aqualeon, Wasserpark und Wildtiergehege, ein einmaliges Erlebnis für Familien. Juni–Sept. tgl. 11–18 Uhr, www.aqualeon.es

ESSEN UND TRINKEN
Gaig: Im Reich des Meisterkochs Carles Gaig setzen die Gerichte aus frischen Zutaten Glanzlichter. Carrer d'Aragó 214, Barcelona

ÜBERNACHTEN
Hotel Cal Barber: stilvolle Herberge mit Vier-Sterne-Komfort. Pl. Esglesia 2, Botarell (bei Reus), www.calbarber.com

WEITERE INFOS
Turismo de Cataluña, C/Paseo de Gracia 105, Barcelona, www.catalunya.com

Persönlicher Tipp

GIRONA
Manche Orte muss man sich bei der Anfahrt durch unschöne Gewerbegebiete ein wenig erarbeiten und wird dann im Stadtzentrum reich belohnt. Girona ist so ein Fall. Doch alle vorschnellen Urteile sind gleich vergessen beim Anblick der bunten Häuserzeilen, die sich friedlich im **Riu Onyar** spiegeln. Als wollten sie auch einen Platz am Wasser, rücken die Häuser der Altstadt **Barri Vell** am Ostufer dicht nach, überragt von der gotischen Kathedrale **Sant Feliu**. Im Inneren der Kirche, deren Bau mehr als 400 Jahre dauerte, ist eine kleine Kostbarkeit aus dem 11. Jh. ausgestellt: Der **Schöpfungsteppich** auf einer etwa 4 x 4 m großen Leinwand ist farbig bestickt mit biblischen Motiven. Fast ein Wunder, dass er die Zeit unbeschadet überstanden hat, denn die Universitätsstadt wurde seit ihrer Gründung im 5. Jh. v. Chr. mehr als 30-mal belagert – das hat ihr den Beinamen »die Unsterbliche« eingetragen. Heute könnte sie auch »die Beliebte« heißen, denn Girona gilt im Land als die Stadt mit der höchsten Lebensqualität.

Vom Meister der beschwingten Form: Antoni Gaudís Casa Battló am Passeig de Gràcia in Barcelona.

90. Mallorca

HIGHLIGHTS

- **Kathedrale von Palma,** das bedeutendste Kunstwerk der Balearen, 1230 begonnen und erst 1904 durch Antoni Gaudí beendet
- **Valldemossa,** ein pittoreskes Dorf und ein ehemaliges Kloster, das ein weltberühmtes Paar romantisch verklärte
- **Kloster Lluc,** der bedeutendste Wallfahrtsort der Insel strahlt noch viel Ruhe aus.
- **Kap Formentor,** 210 m über dem Meer steht ein Leuchtturm an der Spitze einer schmalen, felsigen Halbinsel mit grandiosen Aussichtspunkten.
- **Cala Figuera,** das schönste ehemalige Fischerdorf der Insel

MALLORCA VON FRÜHJAHR BIS HERBST

- **März/April:** »Semana Santa«, am Gründonnerstag große Prozession in Palma, Karfreitag in Pollenca
- **20. Juni:** Schiffsprozessionen in Port Alcúdia, Port d'Andratx und Port de Sóller
- **15. Aug.:** an Mariä Himmelfahrt grandioses Feuerwerk über dem Hafen von Ca Picafort
- **Ende Sept.:** am letzten Sonntag des Monats Weinfest in Binissalem

Unbestrittenes Wahrzeichen von Palma ist seine gotische Kathedrale über dem Hafen.

Die Lieblingsinsel vieler Europäer ist trotz Massentourismus abseits ihrer Strände und Küstenorte überraschend authentisch geblieben. Wer Highlife rund um die Uhr sucht, wird hier ebenso fündig wie Liebhaber wilder Steilküsten und einsamer Berglandschaften, geselliger Dorfplätze und exzellenter Restaurants, mittelalterlicher und moderner Kunst.

Unterwegs in Palma

Palma de Mallorca ist eine quicklebendige spanische Großstadt, in der die Urlauber nur eine Nebenrolle spielen. Ihre zahlreichen Plätze sind fast rund um die Uhr von Leben erfüllt, das Shopping-Angebot ist schier unermesslich. Historischer Mittelpunkt der Stadt ist die gotische **Kathedrale La Seu** gleich gegenüber dem **Palau de l'Almudaina** aus dem 14. Jh., in dem heute noch der spanische König bei Inselbesuchen residiert. Durch enge Gassen geht es von hier zu den ehemaligen arabischen Bädern **Banys Arabs** aus dem 10.–12. Jh. und zum **Museu de Mallorca**, in dem die Inselgeschichte lebendig wird. Zentraler Platz in der Altstadt ist die **Placa Major** mit ihren vielen Straßencafés. Von hier führt die traditionelle Shoppingmeile Sant Miguel zur Markthalle **Mercat Olivar** mit ihren kulinarischen Genüssen. Nur wenige Schritte entfernt bildet die **Placa d'Espanya** am

Spanien

Straßencafés wie das Forn de Teatre in Palma laden zu entspannten Pausen ein.

Altstadtrand den Verkehrsmittelpunkt der Metropole, von wo aus Züge und Busse in alle Inselteile starten.

Durch die Serra de Tramuntana

Am abwechslungsreichsten und imposantesten präsentiert sich Mallorcas Landschaft im bis zu 1445 m hohen Gebirgszug Serra de Tramuntana, der sich stark zerklüftet und über eine Länge von 100 km an der Nordwestküste erhebt. Ein Ausflugstag könnte im Landstädtchen **Inca** beginnen, einem Zentrum der mallorquinischen Lederindustrie. Von hier folgt die Straße einem alten Pilgerweg hinauf zum **Santuari de Lluc**, Mallorcas bedeutendstem Wallfahrtsort. In einem stillen, grünen Talkessel steht dort ein ausgedehnter, überwiegend barocker Klosterkomplex. Auf der Weiterfahrt gen Westen eröffnen sich immer wieder prächtige Ausblicke aufs Mittelmeer: Am schönsten sind sie vom **Mirador de sa Casa Nova** aus. Kurz darauf zweigt eine der abenteuerlichsten Inselstraßen ab, hinunter nach **Sa Calobra**. In unzähligen Kurven windet sich die schmale Straße durch ein verkarstetes Tal, 800 m tief zur Bucht von Calobra hinab. Nur zu Fuß geht es durch ein Spalier von Restaurants und durch einen in den Fels geschlagenen Fußgängertunnel weiter zur Mündung der **Torrent de Pareis** am Ausgang des eindrucksvollsten Canyons der Insel. Wer mag, kann hier auch baden. Die Tramuntana-Höhenstraße windet sich dann an zwei Stauseen und dem höchsten Inselgipfel **Puig Major** vorbei ins Bergdorf **Fornalutx**, das mit seinen vielen renovierten Bruchsteinhäusern und seinem maurischen Gassengewirr als eines der urigsten Inseldörfer gilt. Wenig später ist das Tal von **Sóller** erreicht. Seine Plaça Constitució ist einer der schönsten anheimelnden Plätze der Balearen; ein Altstadtbummel lohnt wegen der vielen Jugendstilelemente an Pfarrkirche und Häusern.

Kurven, Künstler und ein Kloster

Die letzte Etappe der Tramuntana-Tour ist besonders aussichtsreich. Am kurvenreichen Weg liegen das Künstlerdorf **Deià** mit steilen Gassen, kleinen Cafés und Galerien sowie zwei ehemaligen Landsitzen des österreichischen Erzherzogs Salvator aus dem 19.Jh., **Son Marroig** und **Son Miramar**. Beide bestechen auch durch ihre grandiose Lage hoch über der Küste. Krönung der Reise ist das **Tal von Valldemossa** mit seinem schönen Ort und vor allem der Kartause.

Persönlicher Tipp

MODERNE KUNST IN PALMA
Joan Miró, einer der bedeutendsten Künstler Spaniens, lebte von 1956 bis zu seinem Tod 1983 in **Cala Major**, einem Vorort von Palma. Sein Atelier ist heute Teil eines Miró-Museums der **Fundació Pilar i Joan Miró**. Miró, Cézanne, Gauguin, Picasso, Magritte und viele andere Künstler sind mit Werken im **Museu Es Baluard** in einem alten Festungsbau nahe der Kathedrale vertreten. Noch mehr moderne Kunst bietet das **Museu Palau March** im Westflügel des Inselparlaments, auf dessen grandioser Aussichtsterrasse u. a. Skulpturen von Henry Moore und Auguste Rodin Aufstellung fanden. Auf moderne Kunst stößt man in Palma auch dort, wo man sie am wenigsten erwartet: beispielsweise in der altehrwürdigen **Kathedrale La Seu**. Da hat einer von Spaniens teuersten Gegenwartskünstlern, der aus Felanitx stammende Bildhauer Miquel Barceló, in der **Capella de Sant Pere** 300 m² Wand- und Deckenfläche mit 15 t Terrakotta gestaltet. Thema des imposanten Werkes ist die neutestamentarische »Speisung der 5000«.

An der Nordküste liegen viele Dörfer wie Lluc Alcari hoch über dem Meer

Persönlicher Tipp

BAHNFAHRT NACH SÓLLER

»Roter Blitz« nannten die Einheimischen früher den **»Tren de Sóller«**. Seit dem Tag des Untergangs der »Titanic«, dem 16. April 1912, verbindet er in einstündiger Fahrt die Placa d'Espanya in der Hauptstadt **Palma** mit dem Orangenanbauzentrum **Sóller**. 1929 wurde die Strecke elektrifiziert. Damals wurden auch die Siemens-Lokomotiven und die hölzernen Waggons angeschafft, die bis heute ununterbrochen auf der 27 km langen Strecke ihren Dienst versehen. Der spannendste Abschnitt ist der zwischen **Bunyola** und **Sóller**, denn hier muss die Schmalspurbahn die fast 500 m hohe **Serra d'Alfàbia** überwinden. Auf 7 km schraubt sie sich in engen Kehren, durch 13 Tunnels und über den Viadukt **Cinq Ponts** in die Höhe. Ein zweites Bahnerlebnis schließt sich gleich an: Vor dem Jugendstilbahnhof von Sóller wartet meist schon die 1913 in Betrieb genommene Tramvia, die Sóller in 20-minütiger Fahrt mit dem Hafenort **Port de Sóller** verbindet. Sie fährt dabei auch mitten durchs Städtchen. www.trendesoller.com

Das Kloster Monestir de Miramar gehört zu den Sehenswürdigkeiten von Valldemosa

In diesem ehemaligen Kloster verbrachten der Komponist Frédéric Chopin und die Literatin George Sand den Winter 1838/1839 – das daraus hervorgegangene Buch »Ein Winter auf Mallorca« gilt heute noch als Mallorca-Klassiker schlechthin.

Mehr als 200 Strände

Wer nach Mallorca kommt, will natürlich auch baden. Die Inselverwaltung hat über 200 Strände gezählt, über mehr als 40 von ihnen weht die »Blaue Flagge«, die ungetrübtes Badevergnügen bezeugt. Da kann jeder seinen Traumstrand finden. Die Badeorte sind meist vom Tourismus geprägt, nur wenige von ihnen haben historischen Charakter und entsprechendes Flair. An ein typisches Fischerdorf erinnert heute beispielsweise noch **Cala Figuera**. Es flankiert einen tief eingeschnittenen Fjord, der sich landeinwärts in zwei Arme teilt. Die alten Häuser stehen auf steilen Klippen, die Bootsschuppen klammern sich eng an die Felsen. Auch in **Cala Rajada** gruppieren sich die Häuser, Cafés und Restaurants um einen quirligen Fischereihafen mit der zweitgrößten Fangflotte Mallorcas. Im Gegensatz zu Cala Figuera gibt es hier auch im unmittelbaren Ortsbereich gute Sandstrände. Wer Baden mit der Nähe einer historischen Altstadt verbinden will, wählt **Alcúdia** als Urlaubsziel: Der Sandstrand ist breit und viele Kilometer lang, die historischen Stätten reichen bis in die Römerzeit zurück. KB

Mallorca

Infos und Adressen

ANREISE
Flug: ganzjährig Direktflüge ab fast allen Flughäfen in den deutschsprachigen Ländern;
Fähre: Autofähren tgl. ab Barcelona, Fahrzeit 8 Std.

BESTE REISEZEIT
Mai–Oktober; zum Baden: Juni–September

SEHENSWERT
Playa de Palma, Mallorcas Party-Strand samt Ballermann muss man einmal gesehen haben, auch wenn man schnell wieder flieht.
Jardins d' Alfábia, am direkten Weg von Palma nach Sóller liegen neben einem Landhaus aus dem 17. Jh. die ganz im maurischen Stil angelegten Gärten.
Altstadt von Alcúdia, umgeben von einer sehr gut erhaltenen mittelalterlichen Stadtmauer, römische Gebäudereste, am Hafen Grundmauern eines römischen Amphitheaters, Dienstags und sonntags großer Markt in der Altstadt
Coves del Drac, beim Ort Portocristo gleitet ein Miniorchester auf einem Boot über den größten unterirdischen See Europas durch eine Tropfsteinhöhle.

ESSEN UND TRINKEN
Nautic: edles Fischrestaurant mit Superblick auf Hafen und Kathedrale. Muelle de San Pedro 1, Palma
Simply Fosh: Spitzenküche vom britischen Sternekoch zu (vor allem mittags) erschwinglichen Preisen. C. Missió 7a, Palma
Moli ca'n pere: echt mallorquinische Küche in einer Windmühle von 1631. Ctra. S'Arenal-Llucmajor
Ca'n Boqueta: gehobene internationale Küche, das Preis-Leistungs-Verhältnis stimmt. Gran Via 43, Sóller
Joan Marc: mallorquinisch inspirierte, moderne Küche, auch halbe Portionen. Placa del Blanquer, Inca

AUSGEHEN
Abaco, eine der berühmtesten Bars am Mittelmeer im alten Stadtpalast. Carrer Sant Joan 1, Palma
Coco la Nuit, aufwendige Travestieshow in gepflegtem Ambiente. Carrer Sant Miguel 29, Palma
Tito's, legendäre Riesen-Discothek, geöffnet ab Mitternacht. Passeig Maritim, Palma
Oberbayern, das Mekka für alle Fans des deutschen Schlagers. Playa de Palma
RIU Palace, Mega-Discothek mit perfekten Sound- und Lichtinstallationen, überwiegend junges Publikum. Playa de Palma

SHOPPING
Rialto Living, Edel-Kaufhaus mit allem, was modisch im Trend liegt. Calle Sant Feliu 3 C, Palma
Corte Ingles, das traditionelle spanische Warenhaus schlechthin. Av. De Jaime III 15, Palma
Mercado Ecológico, Mallorcas erster Öko-Markt, immer samstags. Placa Obispo Berenguer de Palou, Palma
Tabacos Roig, Zigarren aus aller Welt zu günstigen Preisen. Passeig des Born 20, Palma
Camper, Factory-Outlets der aus Mallorca stammenden Schuhmarke in Inca und Marratxi

ÜBERNACHTEN
Born: stilvoll möbliertes Hotel in einem ehemaligen Stadtplast, zentral und relativ ruhig gelegen, exzellentes Preis-Leistungs-Verhältnis. Carrer Sant Jaume 3, Palma, www.hotel-born.tobook.com
Castillo Hotel Son Vida: das traditionsreichste Luxushotel der Insel. Son Vida/Palma, www.hotelsonvida.com
Cas Ferrer Nou: kleines, modernes Designhotel in einer ehemaligen Schmiede. Carrer Pou Nou 1, Alcúdia, www.nouhotelet.com
La Villa: Boutiquehotel mit vielen Jugendstilelementen direkt im Stadtzentrum. Palca Constitució 14, Sóller, www.lavillahotel.com
Finca es Figueral: Bauernhof-Hotel mit Pool und vielen Tieren. Carretera Campo-Santanyí km 42, Campos, www.esfigueral.com

WEITERE INFOS
Spanisches Fremdenverkehrsamt, Kurfürstendamm 63, Berlin, www.spain.info;
Fomento de Turismo, Carrer Constitució 1, Palma, www.fomentmallorca.org

Durch die Gassen von Valldemossa bummelten schon George Sand und Frédéric Chopin.

91. Böhmisch Krumau und Böhmerwald

Menschenscheu darf man als Besucher des südböhmischen Krumau nicht sein: Seit das hübsche Städtchen im Jahr 1992 von der UNESCO zum Weltkulturerbe ernannt wurde, flanieren täglich Tausende von Touristen durch seine mittelalterlichen Gassen. Wem es zu trubelig wird, der macht einfach einen Ausflug in den Böhmerwald und genießt die herrliche Natur.

Barockes Kleinod an der Moldau

Mehrfach windet sich die Moldau durch Český Krumlov (Krumau), umschließt gleichermaßen das imposante **Schloss** und den **Stadtteil Latrán** sowie die verwinkelten Gassen der **Altstadt**. Mit ihren verspielten Häuserfassaden, den barocken Brunnen und historischen Stadttoren, dem allgegenwärtigen Kopfsteinpflaster, den Arkadengängen und den vielen Brücken zählt Krumau zweifelsohne zu den schönsten Städten Europas. Kein Wunder also, dass das mittelalterliche Kleinod Ziel vieler Japaner und Amerikaner ist, die einen **Abstecher von Prag** hierher unternehmen, ebenso von Deutschen und Österreichern, die von hieraus per **Rad oder per pedes den Böhmerwald** erkunden sowie von Tausenden von Tschechen, die von Krumau zu **Kanufahrten auf der Moldau** starten. Abends, wenn viele Tagesausflügler Český Krumlov verlassen haben,

HIGHLIGHTS
- **Schloss**, die weitläufige Anlage, bestehend aus Burg, Schloss, Schlossturm und Rokokogarten, ist das Wahrzeichen der Stadt.
- **Egon Schiele Art Centrum**, in den Räumen der einstigen Stadtbrauerei hängen Werke von Egon Schiele und namhaften Künstlern wie Andy Warhol und Salvador Dalí.
- **Moldaufahrt**, per Kanu oder Raftingboot von Rožmberk ins 25 km entfernte Český Krumlov, auch für Paddelanfänger machbar
- **Wandern im Böhmerwald**, entlang wilder Bergflüsse, steinerner Meere und durch herbstschöne Natur
- **Moldaustausee**, der See wird auch als »Böhmische Rivieria« bezeichnet

KRUMAU ZU JEDER JAHRESZEIT
- **Juni**: Fest der fünfblättrigen Rose mit historischem Markt, Konzerten und Feuerwerk
- **Juni–Sept.**: Theatersaison der drehbaren Freilichtbühne
- **Sept.**: Barockfestival; St.-Wenzels-Festival
- **Okt.**: Krumauer Wassermarathon mit Kanuten auf der Moldau
- **Dez.**: Altböhmischer Weihnachtsmarkt

Das Wahrzeichen von Krumau ist seine mittelalterliche Schloss- und Burganlage.

Tschechien

Die Berge des Böhmerwalds erstrecken sich entlang der deutsch-tschechischen Grenze.

Infos und Adressen

ANREISE
Flug: Direktflug nach Prag und weiter per Bahn oder Bus bis Český Krumlov; **Auto:** A 3 bis Passau, weiter über B 12 Richtung Böhmerwald
Tipp: Zur Sicherheit empfiehlt sich ein bewachter Parkplatz.

BESTE REISEZEIT
Von Frühjahr bis Herbst

SEHENSWERT
Schlossturm, mit herrlichem Blick über die Stadt. Der Turm gehört zum ältesten Teil der Krumauer Burganlage.
Graphit-Bergwerk, Abbaugebiet mit langer Tradition. Die Stollen können besichtigt werden. www.grafitovydul.cz

ESSEN UND TRINKEN
Krçma U dwau Maryí: altböhmische Gerichte, darunter auch Vegetarisches aus Hirse und Buchweizen. Parkány. p. 104, Krumau
Pizzeria Latrán: Einst war hier Egon Schiele Stammgast, heute bietet eine krosse Holzofenpizza willkommene Abwechslung zum ewigen »Kloß mit Soß'«. Latrán 37, Krumau

ÜBERNACHTEN
Hotýlek U malého Vítka: die Zimmer tragen so hübsche Namen wie »Gespenst Buru Buru« und »Fröschchen Terezka«. Radniční 27, Krumau, www.vitekhotel.cz

WEITERE INFOS
Infocentrum Český Krumlov, Námûsti Svornosti, Krumau, www.ckrumlov.info

Persönlicher Tipp

SPAZIERGANG ZUR TEUFELSKANZEL
Wandern »light« verspricht ein Ausflug auf Schusters Rappen zur erhabenen Felsformation Teufelskanzel, der Čertova kazatelna. Rund eineinhalb Stunden wandert man von **Vyšší Brod am Moldau-Stausee** durch den vielfach besungenen schönen Böhmerwald, ehe das **Naturreservat Čertova kazatelna** erreicht ist: Im Landschaftsrelief aus Felsen und Zwergkiefern erhebt sich die Felsenzunge **Teufelskanzel** – und bietet einen spektakulären Blick über die Höhen des **Böhmerwalds** und hinunter zur **Moldauschlucht.** Eine wahrlich große Belohnung für einen kleinen Aufstieg von rund 130 Höhenmetern! Übrigens: Die Teufelskanzel soll den Komponisten Friedrich Smetana zu seiner gleichnamigen Oper inspiriert haben. Wer noch ein wenig »klettern« will, nimmt den recht unebenen Pfad durch den Wald hinunter zum Moldauufer. An der rauschenden **Stromschnelle** direkt unterhalb der Teufelskanzel kann man kühnen Kanuten bei ihren wagemutigen **Moldaufahrten** zusehen – Eskimorolle inklusive.

wird es wieder etwas ruhiger in der 15 000-Einwohner-Stadt. Idyllisch speist man dann in einem der zahlreichen Terrassenlokale direkt am Moldauufer, gönnt sich zum böhmisch-deftigen Essen ein Bier der ortsansässigen **Eggenberg-Brauerei** und zum Verdauen einen ehrlichen **Sliwowitz** (Pflaumenobstbrand) oder einen **Becherovka** (Kräuterbitter).

Bei Speis und Trank plant man die Ausflüge für die nächsten Tage, etwa eine Wanderung durch den ursprünglichen Böhmerwald oder einen Badetag am nahen Moldau-Stausee. Bei **Horní Planá** im Norden des Sees lockt sogar ein kleiner Sandstrand. Ein unbedingtes Ausflugs-Muss sind das Städtchen **Vyšší Brod** mit seinem mächtigen Zisterzienserkloster, das idyllische Frymburk am Stausee sowie das barocke Bauerndorf **Holašovice,** ebenfalls UNESCO-Welterbe. **Budweis,** die berühmte »Bierstadt« ist übrigens auch nicht weit.   DH

92. Mittelböhmen

HIGHLIGHTS
- **Höhlen von Koněprusy,** faszinierende Unterwelt mit sagenhaften Kalksteinformationen
- **Dom der hl. Barbara in Kutná Hora,** Meisterwerk der Spätgotik, deren Bau mehrmals unterbrochen wurde (endgültige Fertigstellung 1905)
- **Schloss Konopiště,** Ende des 19. Jh. ließ Franz Ferdinand das Schloss im Stil der Neugotik renovieren. Beachtlich ist die Sammlung an Kunstgegenständen.
- **Hradschin,** Burgberg in Prag mit Palast, Kirchen, Museen, Wohn- und Bürogebäuden
- **Karlsbrücke,** älteste Prager Brücke mit zwei Brückenhäuschen und 30 Statuen

MITTELBÖHMEN IM SOMMER
- **Ende Juni:** Königliches Silberfest in Kuttenberg, jährlicher Mittelaltermarkt mit Gauklern und Musikanten
- **Juni/Juli:** »Prague Proms«, Konzertsommer mit Klassik, Jazz, Filmmusik u.v.m. in Prag und der Region
- **Aug.:** Stadtfest mit Veranstaltungen in vielen Prager Einrichtungen, Konzerte, Traditionsumzüge und kulinarische Spezialitäten

Das Schloss Mělník mit mittelalterlichen Grundmauern liegt am Zusammenfluss von Elbe und Moldau.

Eine Reise nach Mittelböhmen führt in Naturschutzgebiete mit dichten Laubwäldern, zu beeindruckenden Karstlandschaften mit prähistorischen Höhlenwelten, zu Märchenschlössern und Königsburgen. Die barocke Moldaustadt Prag wird von Naturschönheiten eingerahmt. Mit Hradschin, Karlsbrücke und pulsierendem Leben steht sie bei Europa-Reisenden hoch im Kurs.

Böhmische Dörfer und Burgen

Die meisten Tschechien-Reisenden zieht es in die Hauptstadt Prag, dabei bietet gerade das mit Zug und Auto leicht zu erreichende Umland eine Fülle von Attraktionen. Westlich der Stadt liegt das UNESCO-Biosphärenreservat **Křivoklátsko**. Schier undurchdringbare Mischwälder bieten vielen geschützten Tierarten einen Lebensraum. Der Fluss **Berounka** mäandert nahe der Stadt **Křivoklát** durch steile Schluchten. Im weiteren Verlauf durchquert er den Böhmischen Karst, bevor er südlich von Prag in die Moldau mündet. Oberirdisch versetzen gewaltige Kalksteinformationen ins Staunen. Die gesamte Schönheit offenbart sich erst unterirdisch mit den 2 km langen Tropfsteinhöhlen von **Koněprusy**. Seit 1959 können zwei der drei Ebenen und 620 m dieser faszinierenden Welt besichtigt werden.

Tschechien

Im 16. Jh. wurden die Kirchtürme der Teynkirche am 9000 m² großen Altstäder Ring von Prag erbaut.

Zwischen Baumwipfeln ragen unzählige mittelalterliche Burgen hervor. Die Nähe zum Hradschin in Prag und mehrere durch Böhmen führende Handelsrouten sorgten für einen regen Bau dieser Festen. **Burg Karlštejn** (1348) und **Český Šternberk** (1241) gehören zu den ältesten.

Die auch wegen ihres Weins geschätzte Fachwerkstadt **Mělník** lohnt ebenso den Besuch wie die durch Silberminen bekannt gewordene Stadt **Kutná Hora (Kuttenberg)**, deren historische **Altstadt** zum UNESCO-Weltkulturerbe zählt. Hier wurde vom 14. bis ins 16. Jh. der Prager Groschen geprägt: Die Silbermünze war in weiten Teilen Europas gängiges Zahlungsmittel. Ein außergewöhnlicher Ort ist die **Knochenkirche** im Stadtteil Sedlec. 1870 schuf der Holzschnitzer František Rint das komplette Inventar der Kirche aus Menschenknochen.   ChD

Infos und Adressen

ANREISE
Flug: Direktflüge von allen großen deutschen Städten;
Bahn: von allen großen deutschen Bahnhöfen;
Auto: von Berlin über die A 13, von München über die A 93 und E 50

BESTE REISEZEIT
Mai–Oktober

SEHENSWERT
Burg Karlštejn, 1348 als kaiserliche Burg gegründet. Tgl. außer Mo 9.30–17.30 Uhr, Karlštejn, www.hradkarlstejn.cz
Welscher Hof in Kutná Hora, in dem Gebäude aus dem 13. Jh. wurde das Silber gelagert und der Prager Groschen geprägt. April–Sept. 10–18 Uhr, www.kutna-hora.net/de

ESSEN UND TRINKEN
Restaurace u parlamentu: böhmische Küche mit Knödeln und Gulasch. Valentinská 8, Prag

SHOPPING
Prag, Havelmarkt (Havelský trh), Souvenirs und Kunsthandwerk am Ende des Wenzelsplatzes
Pariser Straße, Einkaufsmeile für den gut gefüllten Geldbeutel

ÜBERNACHTEN
Sax Vintage Design Hotel: Zurück in die 1960er-Jahre geht's in diesem liebevoll dekorierten Hotel. Jánský vršek 328/3, Prag 1 Malá Strana, www.hotelsax.cz

WEITERE INFOS
Touristinfo, Staroměstské náměstí 1, Staré Město, Prag, www.praguewelcome.cz

Persönlicher Tipp

DIE GOLDENE STADT
Der Charme der historischen Stadt Prag mit ihren verwinkelten Gassen, einem Epochen umfassenden Baudenkmalkomplex und einer mehr als 1000-jährigen Geschichte zog schon Mozart, Beethoven und Kafka in seinen Bann. Auch auf Touristen wirkt die Stadt wie ein Magnet. Ganz oben auf dem Besuchsprogramm steht der Burgbezirk **Hradschin**. Der einstige Sitz der Könige ist seit 1918 Residenz des Präsidenten. Leicht erhöht liegt er von Gärten gesäumt über der Stadt. Kirchen, eine Gemäldegalerie, Festungstürme und das Goldene Gässchen mit seinen gotischen Häusern prägen ebenfalls das Viertel. Mindestens einmal wird man die Moldau auf der **Karlsbrücke** überqueren. Eingerahmt von zwei mittelalterlichen Brückentürmen und mit 30 Statuen versehen, verbindet sie die alte und neue Stadt. Zu jeder vollen Stunde zwischen 9 und 21 Uhr versammeln sich Besucher am **Rathaus** der Neustadt. Grund ist die **Astronomische Uhr** von 1410 an der Südseite des Rathausturms, aus der einmal pro Stunde die zwölf Apostel grüßen.

93. Tunesien

HIGHLIGHTS
- **Ruinen von Karthago,** mit römischen Thermen, Zisternen, Basilika und unterirdischem Museum
- **Medina von Tunis,** historische Altstadt mit der Ez-Zitouna-Moschee, hübschen Marktgassen und dem Platz des Sieges
- **Kolosseum von El Djem,** im weltweit drittgrößten römischen Theater (2. Jh.) finden im Sommer Konzerte und Theateraufführungen statt
- **Al-Ghriba,** älteste erhaltene Synagoge in Nordafrika und bedeutendste jüdische Kultstätte des Maghreb. Er-Riadh, Djerba
- **Chott El Djerid,** mit einer Fläche von 7700 km² ist sie das größte Salzseengebiet der Sahara.

TUNESIEN VON SOMMER BIS WINTER
- **Juni/Juli:** Klassikmusik-Festival von El Djem im Kolosseum mit internationalen Orchestern
- **Juli/Aug.:** Internationale Sommerfestivals in Karthago und Hammamet, Theater und Konzerte
- **Dez.:** Saharafestival von Douz, Folklore der Berber- und Nomadenstämme mit Kamelwettrennen

In der Medina von Tunis: Blick auf die prachtvolle Ez-Zitouna-Moschee.

Von Deutschland kaum zweieinhalb Flugstunden entfernt bietet Tunesien in Nordafrika sowohl Strandurlaubern als auch Kulturbegeisterten einen abwechslungsreichen Aufenthalt. Das knapp 164 000 km² große Land, das sich seit der Jasminrevolution neu definiert, wartet gleich mit acht historischen Städten auf, die von der UNESCO zum Welterbe erklärt wurden.

Landschaftliche und kulturelle Vielfalt

Im Gegensatz zu anderen arabischen Ländern weist Tunesien Spuren zahlreicher Zivilisationen auf und war oft Drehscheibe für politische Machtspiele. Phönizier, Römer, Vandalen, Osmanen und Franzosen gaben sich hier die Klinke in die Hand. Im 15. Jh. siedelten Mauren und Juden aus Andalusien über.

Mittelmeerstädte wie **Sousse**, **Monastir** und **Tunis** geben sich europäisch. Im Inland dagegen halten sich islamische Traditionen, und in der **Sahara** trifft man noch einige, seit dem 3. Jh. v. Chr. in der Region ansässige Berberstämme.

So vielfältig wie die Geschichte ist auch die Landschaft des maghrebinischen Landes: Im Norden herrscht mediterraner Laub- und Buschwald vor, hier gedeihen auch Datteln, Oliven und Weinreben. Wanderer werden sich an den bunten Blumenwiesen und Korkeichenwäldern im **Kroumiri-Gebirge** erfreuen, die an die **Korallenküste** bei Tabarka grenzen.

Tunesien

Im 1980 südwestlich von Bizerte eingerichteten, 12 600 ha großen **Nationalpark Ichkeul**, der zum Weltnaturerbe gehört, leben vom Aussterben bedrohte Tierarten. Für Ökotouristen wird es besonders im Winter spannend, wenn Hunderttausende Zugvögel aus Europa im Feuchtgebiet um den **Ichkeul-See** ihr Winterquartier beziehen. Beeindruckend ist die Steppe mit den **Salzebenen der Schotts** in der Mitte des Landes; die **Sahara** im Süden zieht, auch wenn sie relativ vegetationsarm ist, viele Besucher in ihren Bann.

Neben attraktiven Stränden hat das Land auch in Sachen **Wellness** einiges zu bieten. Rund 50 Thalasso-Zentren nutzen die heilende Wirkung des Meerwassers, darüber hinaus locken moderne Balneo-Zentren und Beauty-Spas. **Aktivurlauber** wie Segler und Taucher können an der landschaftlich einzigartigen Küste ihrem Hobby frönen. Auf Golfer warten anspruchsvolle Plätze in reizvoller Lage mit günstigen Greenfees.

Reiches UNESCO-Welterbe

Archäologie-Fans haben in Tunesien die Qual der Wahl, an vielen Orten wurden antike Stätten freigelegt. Das **Ausgrabungsgelände von Kerkouan** auf der Halbinsel Cap Bon ist eines der archäologisch bedeutsamsten in Nordafrika und zählt zum UNESCO-Welterbe, da es vermutlich die einzige erhaltene **punische Stadt** ist. Das bei Touristen beliebte **Monastir** gehört zu den ersten arabischen Siedlungen Afrikas und wurde auf den Ruinen der phönizisch-römischen Stadt Ruspina erbaut. Teile der im Jahr 796 errichteten **Festung** beherbergen heute ein Museum mit Exponaten aus der Region und aus Kairouan.

Kulturinteressierte finden in nahezu jeder größeren Stadt ein archäologisches Museum. Das 1888 eröffnete **Nationalmuseum von Bardo** in Tunis, zweitgrößtes Museum Nordafrikas, zeigt Exponate der punischen, griechischen, römischen, frühchristlichen und arabischen Epoche. Neben rund tausend **Mosaiken** und Fußbodendekorationen kann man Schmuck, islamische Kunst, eine christliche Taufkapelle und alte Paläste der Beys bestaunen.

Anhand von Plänen und Modellen, Artefakten wie Grabbeigaben und Statuen von Puniern und Römern dokumentiert das **Nationalmuseum von Karthago**, welche bedeutende Rolle die Mittelmeerstadt innehatte – lange, bevor sie in einen hübschen Vorort von Tunis verwandelt wurde.

Persönlicher Tipp

IM MALERISCHEN KÜNSTLERDORF SIDI BOU SAÏD

Das am Felsen von Karthago liegende ehemalige Fischerdorf Sidi Bou Saïd ist für seine weißen Häuser mit meerblauen Türen und seine verwinkelten Gassen bekannt. Diesen **Baustil** prägten die Mauren, als sie sich im 16. Jh. hier niederließen. 1912 begeisterte sich der englische Baron und Maler **Rodolphe d'Erlanger** für den Ort und setzte sich so für Sidi Bou Saïd ein, dass es 1915 unter Denkmalschutz gestellt wurde. In seinem Salon empfing er Kunst- und Musikliebhaber. Auch die Maler **August Macke** und **Paul Klee** ließen sich von dem charmanten Ort inspirieren. Dieser **Ennejma Ezzahra** getaufte Palast von Erlanger beherbergt heute das Zentrum der arabischen und mediterranen Musik sowie ein **Museum für Musikinstrumente**. Eindrucksvoll ist auch der kunstvoll gestaltete Garten. Touristen besuchen gern den quirligen **Souk** oder das durch ein Aquarell Mackes bekannt gewordene maurische **Café des Nattes**, in dem die traditionelle Shisha (Wasserpfeife) gereicht wird.

Charakteristisch für Sidi Bou Saïd sind kunstvoll verzierte Fassaden mit blauen Erkern und Ziergittern.

Die Oasenstadt Douz, bekannt als „Tor zur Sahara", ist ein Ausgangspunkt für Wüstentrekkings.

Persönlicher Tipp

BESONDERES ERLEBNIS

SPUREN DER ANTIKE IN DER SAHARA

Eine unvergessliche Reise führt zum Sandmeer vom **Grand Erg oriental** bis zum trockenem **Dahargebirge**. Im Süden Tunesiens strahlt die Wüste eine besondere Faszination aus. Ob Sie sich die Wüste rasant auf dem **Motorrad**, unsanft im **Geländewagen** oder gemächlich auf dem Rücken eines **Dromedars** erobern – die Sahara zieht alle Besucher in ihren Bann. Sternenklare Nächte, eine geradezu feierliche Stille, beeindruckende Sonnenaufgänge. **Wüstentrekkings** werden meist im Herbst oder Frühling gebucht. Highlights sind die **Ksours** (15./16. Jh.), Speicherburgen oder Siedlungen mitten im Nirgendwo wie die **Ksar Ouled Soltane** bei Tataouine. Auch die unterirdischen Berberbehausungen von **Matmata** und **Tamezret** sind historisch interessant: Hierhin zogen sich Berberstämme zurück, als sie von den arabischen Eroberern vertrieben wurden. In der archäologischen **Ausgrabungsstätte von Gigthis** sind Ruinen von Tempeln erhalten, u. a. die unter Hadrian erbauten Thermen und Hafenanlagen.

Die Medina von Tunis besteht aus verwinkelten Gassen, überdachten Passagen und lebhaften Souks.

Moscheen, Strände und Souks

Seine weißen Strände und das hübsche Ortsbild machen **Sousse** zum Touristenmagnet. Die Stadt beherbergt eine der schönsten und größten Festungsanlagen im arabischen Raum, die 1100 errichtete und 1600 umgebaute Kasbah, die erhaben über den malerischen weißen Häusern der Medina thront. Abseits der quirligen Altstadt mit ihren bunten Märkten und eifrigen Händlern erwartet Besucher in der Zitadelle ein abgeschlossener Ort mit kühlen Gassen und Arkaden. Hier befindet sich auch das Archäologische Museum.

Tunis, die Hauptstadt Tunesiens, gehört weniger zu den typischen Reisezielen Erholung suchender Urlauber. Wer sich ihr jedoch öffnet, wird von der Vielfalt überrascht sein. Die Stadt ist geprägt vom Kontrast zwischen orientalischem Kulturerbe und französischen Einflüssen. Die Medina mit der mächtigen Ez-Zitouna-Moschee gehört zum UNESCO-Weltkulturerbe. Faszinierend ist das Labyrinth aus verwinkelten Gassen, überdachten Passagen und lebendigen Souks, das sich in Bereiche für Parfum-, Schuh- oder Stoffhandel gliedert. Modernes Shopping bietet die Neustadt auf ihrer langen Prachtstraße, der Avenue Habib Bourguiba, die von Geschäften, Cafés und Hotels, teilweise im Art-déco-Stil, gesäumt ist. Nach einer kurzen Taxifahrt von Tunis aus erreicht man den langen Strand von **Gammarth** und kann sich Badefreuden hingeben. KS

Tunesien

Infos und Adressen

ANREISE
Flug: Direktflüge von München und Frankfurt nach Djerba, Monastir und Tunis; innerhalb des Landes werden Tunis, Tabarka, Djerba, Tozeur und Sfax angeflogen; **Auto:** Anreise über Italien, Fähren von Genua nach Tunis

BESTE REISEZEIT
Mai–Oktober

SEHENSWERT
Musikbrunnen, bunt beleuchtete Wasserspiele mit klassischer Musik, inmitten von Grünflächen und tropischen Pflanzen. Port el Kantaoui

Medina Méditerranea, Nachbau der schönsten tunesischen Altstadtecken von Tunis bis Tozeur mit Restaurants und Cafés. Hotelzone Hammamet-Yasmine

Bou-Fatata-Moschee, älteste Moschee der Stadt mit einer vorgelagerten Musallā (Gebetsplatz); an der Außenwand befindet sich die älteste sakrale Inschrift Nordafrikas. In der Nähe des Südtors, Sousse

Mausoleum der Familie Bourguiba, letzte Ruhestätte des Republikgründers und im Jahr 2000 verstorbenen Präsidenten Habib Bourguiba, der 1903 in Monastir geboren wurde. Besichtigung tgl. 9–12 und 14–18 Uhr, Festung Monastir

Festung El Ribat, die im Jahr 796 vom Kalifen Harun ar-Raschid zum Schutz gegen die Angriffe byzantinischer Flotten errichtete, mehrfach zerstörte und in den 1970er-Jahren sorgsam restaurierte Festungsanlage bietet viele geschichtliche Informationen. Vom Turm bietet sich ein wunderschöner Blick auf den Hafen und den Strand. Monastir

ESSEN UND TRINKEN
Dar El Jeld: pittoresk in einem traditionellen Innenhof in der Medina gelegenes Restaurant mit besonderem Charme. Rue Dar El Jeld, Tunis

La Petite Etoile: sympathisches Lokal mit Meeresfrüchte-Spezialitäten. Port de la Goulette

Shakespeare: Das englische Restaurant serviert einfache Gerichte, oft von Livemusik, Karaoke oder Tanzaufführungen begleitet. Neben dem Hotel Bel Air, Hammamet

AUSGEHEN
Café Sidi Bou Hdid, Teespezialitäten in einem maurischen Gebäude mit gemütlichen Sitzecken und Blick aufs Meer sowie auf die Kasbah. Am Meerjungfrauen-Statuen-Brunnen, Hammamet

Café Diwan, in die Stadtmauer integriertes Lokal mit landestypischen Getränken und Snacks. Borj erssas, Sfax

Le Grand Café du Théâtre, schicke Café-Bar an der Haupteinkaufsstraße. Avenue Habib Bourguiba, Tunis

SHOPPING
Friday Market, großes Angebot von traditionellen Waren wie kunstvoll bemalte, glasierte Keramik, Töpferwaren sowie Teppiche und Wandbehänge in Nabeul

Office National de l'Artisanat, staatliche Verkaufsausstellung von Kunsthandwerk am alten Hafen von Bizerte

Medina Shopping Center, Open-Air-Shoppingcenter mit kleinen Galerien, Cafés und Souvenirläden. Bd. du 7 Novembre, Sousse

Souk el Attarine, ein seit dem 13. Jh. bestehender Markt in Tunis, auf dem Parfümhändler orientalische Düfte und Kräuter feilbieten

ÜBERNACHTEN
Iberostar Sahara Beach: großer Hotelkomplex mit originellen Swimmingpools und Zugang zum Strand. Skanes, Monastir, www.iberostar.com

Aldiana Tunisie: luxuriöse Club-Anlage am Strand mit attraktiven Wellness-Angeboten, Abendveranstaltungen und Kinderbetreuung. Merazka, Nabeul, www.aldiana.de

Dar Bibine: B&B in familiärer Atmosphäre. 7, rue Abdel Wahab, Erriah, Djerba, www.darbibine.com

WEITERE INFOS
Fremdenverkehrsamt Tunesien, Bockenheimer Anlage 2, Frankfurt a. M., www.tunesien.info

Beim Saharafestival in Douz steht die Folklore der Berber und Nomaden im Mittelpunkt. Auch Kamelrennen gehören zu den Darbietungen.

94. Türkische Ägäis

HIGHLIGHTS
- **Pergamon,** Spuren der großen Zivilisation an der türkischen Ägäis, mit Akropolis, Palästen und dem Athena-Tempel
- **Ritterburg in Bodrum,** schön restaurierte Johanniterburg mit dem weltweit bedeutendsten Museum zur Unterwasserarchäologie
- **Troja,** Homers mythischer Ort stellt Archäologen noch heute vor Rätsel.
- **Ephesos,** gehört zu den weltweit berühmtesten antiken Stätten aus vorchristlicher Zeit.
- **Kemeraltı,** Izmirs Basarviertel aus dem 17. Jh. mit der schönen Kızlarağası-Karawanserei

DIE TÜRKISCHE ÄGÄISKÜSTE IM SOMMER
- **Mai:** Marmaris-Festival, mit großer Parade, Folklore und abschließendem Feuerwerk
- **Juni:** Internationales Izmir Festival mit Aufführungen im antiken Theater von Ephesos
- **Juli:** Müzik Festivalı in Çeşme mit Open-Air-Konzerten westlicher und türkischer Popmusik
- **Aug.:** Kulturfestival in Bodrum, größtes kulturelles Ereignis an der Ägäisküste, mit Kunst, Musik und Folklore

Über die Halbinsel Bodrum wacht das mächtige Kastell. Bei Seglern ist der Jachthafen beliebt.

Eigenwillige Hügellandschaften und Zypressenwälder, kleine Buchten mit schönen Sandstränden und vorgelagerte Inseln locken zahlreiche Touristen an die türkische Seite des Ägäischen Meeres. Doch die 79 000 km² umfassende Region rund um Izmir besitzt auch eine mehr als 7000-jährige Geschichte, auf deren Spuren historisch Interessierte wandeln können.

Zeitreise durch die Antike – Strandfreuden inbegriffen

Dank des mediterranen Klimas und ungezählter Freizeitmöglichkeiten am Meer halten sich die meisten Besucher an der Küste auf. Doch wer die kulturell bedeutende Vergangenheit der Türkei kennenlernen und in die Geschichte eintauchen will, begibt sich auf Spurensuche. Um **Troja** im Nordwesten der Türkei ranken sich viele Mythen, doch Reste der Stadt zeigen sich nur an wenigen Stellen. Im antiken **Pergamon**, heute Bergama, wird Antike dagegen in Hülle und Fülle präsentiert. Im **Archäologischen Museum** werden große Exponate und kleinteilige Glaswaren aus erfolgreichen Grabungen ausgestellt, und im Café können sich Besucher leibhaftig in die Antike

Türkei

versetzen lassen: Hier stehen antike Originalmöbel. Wer mehr Zeit hat, kann vom 330 m hohen **Burgberg**, einst die Residenz der Könige von Pergamon, durch die Ruinenlandschaft hinunter in die Stadt spazieren, vorbei an Tempeln, Bädern und dem **Asklepieion**, dem ehemals größten Kurzentrum Kleinasiens. Besonders beeindruckend ist die **Kızıl Avlu** (Rote Halle), ein 20 m hoher Ziegelsteinbau mit zwei Rundtürmen, von denen heute einer als Moschee, der andere als Museum genutzt wird. Die Handwerkskunst ist hier traditionell geprägt: Auf dem **Basar** bieten Kesselschmiede, Schuhmacher und Verzinner wie eh und je ihre Waren feil.

Einen Kontrast zum Sonnenbaden und zur Besichtigung von Ausgrabungen bietet die drittgrößte Stadt der Türkei: **Izmir**. Hier mangelt es weder an Shoppingangeboten noch an kulturellen Veranstaltungen. Im Gassengeflecht des Kemeraltı-Basars laden Werkstätten in Handelshöfen zum Kauf von Schmuck, Lebensmitteln und Teppichen ein. Im **Kültür Parkı** kann man auf einem See Boot fahren oder den **Luna Park** besuchen. Wichtigster Treffpunkt des modernen Izmir ist der **Kordon**, ein bis zum Meeresufer verlaufender Platz mit langer Kneipenmeile.

Antike Stätten und schmucke Dörfer

Die einst riesige Hafenmetropole **Ephesos**, eine der best erhaltenen Ausgrabungsstätten der Türkei, lässt sich bei einem Spaziergang erkunden. Ausgehend von **Selçuk** wandert man westwärts zur Ruine des großen **Artemis-Tempels**. Der größte Tempel der Antike war das bedeutendste Wallfahrtsziel in Kleinasien und zudem eines der sieben Weltwunder.

In der Region um Bodrum locken reizvolle Landstriche und kleine Dörfer. Die Bodrum-Halbinsel ist von Zypressen- und Olivenhainen und kleinen Sandbuchten geprägt. Zwischen **Badeorten** führen Wege entlang eines Bachlaufes vorbei an urigen Bauernhöfen. Malerische Orte mit Häusern aus Bruchstein und **Fischrestaurants** sind über die Insel verstreut. An der Westküste liegt das für seine am Strand liegenden Tavernen und die Ruinen der antiken Stadt Myndos bekannte **Gümüşlük**. Von den höher gelegenen Ruinen eines griechischen Klosters oberhalb der stillen Bucht von **Gündoğan** aus überblickt man die Küste bis nach **Didyma**.

Die Kalkterrassen von Pamukkale sind ein beliebter Ausflugsort für Touristen und Einheimische.

Persönlicher Tipp

ANTIKE THERMALQUELLEN IN DER WEISSEN BURG

Unwirklich scheint die Szenerie der schneeweißen Sinterterrassen von **Pamukkale**, der »Weißen Burg«. Das Wasser der 30–50 °C warmen **Thermalquellen in Hierapolis** schimmert im Sommer türkis und bringt im Winter dampfende Schwaden hervor. Kalk lagert sich ab und verwandelt die Fläche in eine Szenerie aus flachen Terrassen, tiefen Becken und versteinerten Wasserfällen. Über den Kaskaden liegt das 190 v. Chr. vom Pergamon-König Eumenes II. gegründete Kurzentrum **Hierapolis**. Interessant sind der **Apollon-Tempel**, die für den Unterweltsgott bestimmte **Pluto-Höhle** und das antike Schwimmbad, in dem noch heute zwischen umgestürzten Säulen gebadet wird. Wenn man durch den nahegelegenen Ort **Aphrodisias** spaziert, scheint die Antike gar nicht weit zurückzuliegen. Hier wurden so bedeutende Bildhauer ausgebildet, dass es mit Florenz in der Renaissance verglichen wird. Das prunkvolle Zeremonientor **Tetrapylon** mit spiralförmigen Säulen zeugt von dieser Kunst.

In Bodrum bieten beliebte Strände Erholung. Am Hafen finden Touristen viele Restaurants.

Persönlicher Tipp

DIE BLAUE REISE
Ein Segeltörn heißt auf Türkisch: mavi yolculuk, »Blaue Reise«. Neben den ganzjährig milden Temperaturen reizt auch die Möglichkeit, nahe den Anlegestellen antike Ausgrabungsstätten zu besichtigen. In der Meerenge der Dardanellen startet man von **Çanakkale** aus. Das riesige **Trojanische Pferd** an der Marina verrät den nächsten Stopp: In **Troja** wandelt man auf Odysseus' Spuren und kann Schliemanns Ausgrabungen besichtigen. Die aus mehreren Armen bestehende Bucht des Golfes von **Sigacik** verlangt Seglern viel Geschick ab, zur Belohnung warten im Hafen von **Alibey** ein windstiller Badestrand und kleine Restaurants. In der Nähe befinden sich Reste des **Dionysos-Tempels**, und vom verfallenen antiken **Theater von Teos** bietet sich ein weiter Blick bis nach **Samos**.
Von einer Küstenlandschaft mit üppiger Vegetation umrahmt, liegt vor der Halbinsel Bodrum der türkisblaue **Gökova-Golf**. Im Wasser thront die **»Jungfrau auf dem Felsen«**, die in einer Inschrift Besucher bittet, ihre natürliche Heimat zu schützen.

Die Celsus-Bibliothek in Ephesos zählt zu den bekanntesten antiken Monumenten der Türkei.

Meeresschildkröten und versunkene Schiffe

Bei einem Spaziergang durch **Bodrum** erfreut der Farbkontrast das Auge: weiße Häuser zwischen grünen Bäumen und tiefblauem Meer, hoch oben wacht das imposante **Kastell** mit seinen Treppen und Gräben über die Stadt. Mit der Fähre gelangt man auf die 100 km lange **Reşadiye-Halbinsel** und den Jachthafen im idyllischen Städtchen **Datça**. Fährt man entlang der von Kiefernwäldern gesäumten Küste, trifft man auf verschlafene, von Vieh- und Holzwirtschaft lebende Dörfer und bei **Mesudiye** auf einsame Strände. Am äußersten Zipfel der Halbinsel liegt die antike Hafenstadt **Knidos**. Schon im Altertum war sie beliebt, nicht zuletzt, weil im **Aphrodite-Tempel** die erste griechische Darstellung eines nackten Frauenkörpers, ein Werk des Bildhauers Praxiteles, zu sehen war.

Abseits der Touristenorte an der türkischen Küste stößt man landeinwärts auf ein natürliches Kleinod. Vor einigen Jahren haben Naturschützer den Bau einer Hotelanlage rund um die Stadt **Dalyan** verhindert und bewirkt, dass eine einzigartige Landschaftszone als **Naturschutzgebiet** ausgewiesen wurde. Im meterhohen Schilf brüten 150 Vogelarten, am ellenlangen Sandstrand legen im Sommer **Meeresschildkröten** ihre Eier ab. Ein Highlight wartet auf dem **Daylan-Fluss**, der den Köycegiz-See mit dem Meer verbindet. Auf einer **Bootsfahrt** durch ein Labyrinth natürlicher Kanäle erblickt man bereits aus der Ferne in den Felsen gemeißelte ionische Gräber (4. Jh. v. Chr.). Auch die Ruinen von Kaunos mit der Akropolis, einem Theater und einer Thermenanlage ziehen Besucher an. Viele Einheimische schwören auf die heilsame Wirkung der Schlammbäder von **Dalyan**. KS

Türkische Ägäis

Infos und Adressen

ANREISE
Flug: Direktflüge von allen großen deutschen Flughäfen nach Izmir, im Sommer auch Charterflüge nach Milas-Bodrum und Dalaman

BESTE REISEZEIT
Mai–Okt.; zum Baden: Juni–September

SEHENSWERT
Kadifekale-Berg, von den Mauern der Akropolis hatte man im 3. Jh. einen schönen Blick auf das antike Theater, das Stadion und die Agora. Heute blickt man über die Dächer von Izmir.

Mausoleion, ursprünglich 46 m hoher Grabtempel des von 377 bis 353 v. Chr. regierenden Fürsten Maussollos mit einem 24 m hohen Sockel und Ringhallentempel. In der Antike zählte er zu den Sieben Weltwundern. Turgut Reis Cad, Bodrum

Didyma, hellenistischer Apollon-Tempel und antike Orakelstätte in der Nähe von Milet (Bauzeit: über 500 Jahre); gehört trotz der Zerstörung während der Perserkriege zu den am besten erhaltenen Großbauten des Altertums

ESSEN UND TRINKEN
Kahveci Ömer Usta: traditionelles, Einheimische wie Touristen anlockendes Kaffeehaus mit schattigen Plätzen unter einer lauschigen Weinlaube. 863 Sok. 75, Izmir

Chez Ahmet: sympathisches Lokal mit Blick auf den Jachthafen, der Besitzer serviert auch Crêpes, da er lange in Frankreich gelebt und gearbeitet hat. Iskele Mevkii 26, Bodrum

Three Palms: idyllisch unter Palmen gelegenes Lokal, das internationale Gerichte auftischt. Dachterrassenplätze sollten reserviert werden. Kordon (Barbaros Caddesi 1), Marmaris

AUSGEHEN
Greenhouse, eine der beliebtesten Diskotheken der Türkei mit mediterranem Dekor und tropischem Garten, zog 1987 als Vorreiter weitere Bars in die Straße. Bar Street 93, Marmaris, www.greenhouse.com.tr

Küba Bar, in Weiß und Schwarz gehaltene Designer-Café-Bar in einem ehemaligen Kapitänshaus. Neyzen Tevfik Cad. 62, Bodrum, www.kubabar.com

Club Street Bar, im Zentrum gelegene Music Bar mit guter Cocktailkarte. Inkilap Cad. 66, Çeşme

SHOPPING
Markt in Bergama, traditioneller Montagsmarkt mit zahlreichen Teppichen, Haushaltswaren sowie frischem Obst und Gemüse aus der Region; hier kaufen Einheimische wie Touristen ein.

Kızlarasğası Han, 4000 m^2 großer Handelshof aus dem 18. Jh. mit maurischen Fensterbögen im Kemeraltı-Basar in Izmir. Hier genießt man Cay oder Kahveci in kleinen Lokalen. Zum Kauf angeboten werden u. a. Textilien, Gewürze oder Luxusartikel.

Basarviertel in Bodrum, an der Long Street zwischen Kastell und Hafen werden modische Lederwaren, Souvenirs und Markenware feilgeboten.

ÜBERNACHTEN
Athena Pansiyon: ehemals griechisches Haus mit schön begrüntem Innenhof in der Altstadt, romantisches Flair in traditionell eingerichteten Zimmern. Cami Kebir Cad., Imam Sok, Bergama

Lavanta: in der Nähe von Gündoğan auf der Halbinsel Bodrum idyllisch am Hang liegende Apartmentanlage, hier bäckt man Brot noch wie anno dazumal im Holzofen und serviert edle Tropfen aus dem Weinkeller. Suluklu Mevki Papatya Sok. Nr. 32, Yalikavak, www.lavanta.com

Mandalinci: direkt am Strand gelegenes Komforthotel mit moderner Spa-Anlage und gepflegtem Swimmingpool. Belediye Cad. 19/1, Turgutreis, www.mandalincihotel.com

WEITERE INFOS
Informationsbüro der Türkei, Frankfurt a. M., Baseler Str. 37, www.reiseland-tuerkei-info

In den Ruinen der Akropolis von Pergamon liegt der Trajan-Tempel. Die Säulen müssen eine Höhe von mehr als 20 m gehabt haben.

95. Türkische Riviera

HIGHLIGHTS
- **Theater von Aspendos,** eines der am besten erhaltenen römischen Theater, gelegentlich Opern und Ballettaufführungen
- **Mamure Kalesi,** gut erhaltene Kreuzritterburg (12. Jh.) mit mehrstöckigen Mauern, im 19. Jh. von den Osmanen restauriert
- **Apollontempel in Side,** teilweise rekonstruierter Tempel (2. Jh. n. Chr.) direkt am Strand, im Sommer finden hier Konzerte statt
- **Ruinen von Termessos,** wer vermutet schon in über 1000 m Höhe Ausgrabungen? Felsgräber, Amphitheater, Nekropole …
- **Archäologisches Museum in Antalya,** prähistorische Funde und Originalstatuen aus der antiken Stätte Perge

DIE TÜRKISCHE RIVIERA VON FRÜHLING BIS HERBST
- **April/Mai:** Mersin Uluslararası Müzik Festivali, internationales Musikfestival (Klassik, Jazz, Pop)
- **Juni:** Manavgat Kulturfestival mit Konzerten und Tanz
- **Juni/Juli/Sept.:** Aspendos Opern- und Ballettfestival im antiken Theater mit internationalen Ensembles

Der alte Hafen Antalyas ist größtenteils umgeben von Teilen der hellenistischen Stadtmauer.

Östlich der Lykischen Küste zwischen Antalya und Anamur ist die Mittelmeerküste dank ihrer kilometerlangen Strände als Türkische Riviera bekannt. Neben klassischem Badeurlaub empfehlen sich Ausflüge ins Inland, zum Beispiel ins Taurusgebirge. Bootsfahrten auf Flüssen vorbei an Erdnussfeldern, Bananenplantagen und Gemüsekulturen zeigen die fruchtbaren Flächen der zu 90 % aus Gebirgsland bestehenden Türkei.

Baden am Kleopatra-Strand und Musizieren am Apollontempel

Als die vielseitigste Stadt an der Türkischen Riviera darf sich **Antalya** bezeichnen: Hier können Besucher Shopping, Besichtigungen und Strandaufenthalt bestens kombinieren. Wer durch die historisch bedeutende Altstadt **Kaleiçi** mit ihrem Labyrinth aus Gässchen geht, entdeckt große Stadtvillen, die sorgfältig restauriert wurden. Neben dem **Yivli-Minarett**, dem **Uhrenturm** und dem **Hadrianstor** ist insbesondere das **Archäologische Museum** interessant.

In der Altstadt des 2500 Jahre alten **Side** sind antike Stätten der Griechen und Römer erhalten und werden teilweise noch in das Kulturleben integriert. Im Theater von **Aspendos**, das einst 15 000 Menschen fasste, sowie an den Säulen des

Türkei

Ein Zeitung lesender, türkischer Schuhputzer wartet im Zentrum Antalyas auf Kunden.

Infos und Adressen

ANREISE
Flug: Direktflüge von großen deutschen Flughäfen nach Antalya; **Schiff:** Kreuzfahrtschiffe steuern Antalya und Alanya an; **Auto:** von Antalya mit dem Mietwagen entlang der Küste

BESTE REISEZEIT
Mai–Oktober

SEHENSWERT
Oymapınar-Talsperre, der türkisfarbene Stausee im Taurusgebirge liegt in einer naturbelassenen Landschaft.
Damlataş-Höhle, Bootsfahrt in die ca. 30 m lange Tropfsteinhöhle am Burgberg von Alanya

ESSEN UND TRINKEN
Hisar Restaurant: türkische Küche in seldschukischem Ambiente. Kaleiçi, Cumhuriyet Cad., Antalya
Filikia Restaurant: Am Kleopatra-Strand lockt internationale Küche mit schönem Ausblick aufs Meer. Saray Mahallesi, Güzelyalı Cad., Alanya

ÜBERNACHTEN
Delphin Palace: Luxushotel mit riesigem Pool und Aquapark, Riesenrad, Autoscooter und Karussells. Lara Turizm Merkezi, Lara Beach, Antalya, www.delphinpalace.de

WEITERE INFOS
Informationsbüro der Türkei, Frankfurt a. M., Baseler Str. 37, www.reiseland-tuerkei-info.de

---

Artemis- und des **Apollontempels** finden regelmäßig Konzerte direkt am Strand statt. Lange, besonders bei Familien beliebte Sandstrände ziehen sich von Side aus bis nach Titreyengöl.

Ein kulturelles Highlight der Region Mersin befindet sich bei **Anamour**: Die auf einer Landzunge gelegene **Mamure Kalesi** ist die besterhaltene **Kreuzritterburg** (12. Jh.) der Südtürkei. Man sollte auf den Turm an der Seeseite klettern, um den ganzen Komplex mit seinen massiven Mauern, dem Wassergraben und der Zugbrücke zu überblicken. Zwischen dem Taurus im Norden und der Adria im Süden befindet sich **Alanya** auf einer kleinen Halbinsel. Sehenswert sind die Seldschukenfestung **Alara Kalesi** und das **Basar-Viertel** am Hafen, wo nachts fröhlich gefeiert wird. Der **Kleopatra-Strand** ist der berühmteste weit und breit. Als der römische Feldherr Antonius der ägyptischen Königin Kleopatra das Gebiet um Alanya schenkte, soll sie täglich am Fuße der Klippen gebadet haben.   KS

Persönlicher Tipp

DEN GÖTTERN SO NAH
In der Nähe von Kemer finden Mutige ein wahrhaft himmlisches Vergnügen. Die **Luftseilbahn** Olympos Teleferik fährt seit 2007 zum Gipfel des **Tahtalı** zwischen Antalya und Finike auf 2365 m. Je 80 Personen fassen die beiden Panorama-Kabinen, die eine Höhendifferenz von 1639 m in 10 Min. überwinden. In luftiger Höhe genießt man einen Blick aufs Meer sowie auf das 34 425 ha umfassende Naturschutzgebiet **Olympos-Beydagları-Milli-Park**. Die Seiltrasse läuft über vier Seilbahnstützen mit einer maximalen Geschwindigkeit von 36 km/h. Auf der Sonnenterrasse bzw. im Restaurant der **Bergstation** finden auch Events statt. Wer es bodenständiger mag, kann auf Wanderungen die antiken Städte **Olympos**, **Phaselis** und **Idyros** erkunden und Pausen an ruhigen **Naturstränden** einlegen. Dank des Schutzes der Flora wachsen im **Nationalpark** mehr als 800 Pflanzenarten, darunter Rote Pinien, Zedern und Schwarzkiefern. Wildziegen oder Wölfe haben hier ebenso ihren Lebensraum wie der majestätisch dahinsegelnde Östliche Kaiseradler.

96. Vom Weingebiet Tokaj bis zum Balaton

HIGHLIGHTS
- **Fischerbastei**, um 1900 im neoromanischen Stil errichtete Bastei mit Aussichtsterrasse auf dem ehemaligen Fischmarkt
- **Ungarisches Parlament**, die neogotische Bauweise der 268 m langen Fassade an der Donau erinnert an den Londoner Westminster-Palast.
- **Kettenbrücke**, 1849 eingeweiht, überspannt sie auf Triumphbogenpfeilern die 300 m breite Donau.
- **Balaton**, aufgrund der geringen Tiefe von max. 12,5 m erwärmt sich das Wasser im Sommer auf bis zu 30 °C.
- **Tokaj**, das fast 90 x 4 km große Gebiet liegt im Norden Ungarns am Theiß. Der Name geht zurück auf die Stadt Tokaj.

UNGARN VON FRÜHJAHR BIS SOMMER
- **März/April:** Budapester Frühlingsfestival, größtes Kulturfestival Ungarns mit Musik und Theater
- **Ostern:** Osterfestival in Hollókő, hier leben die Traditionen der Palozen in Nordungarn auf.
- **Anf. Aug.:** Sziget Festival auf der Donauinsel in Budapest, ein Popmusik-Festival mit 400 000 Besuchern

Das Ungarische Parlament am rechten Ufer der Donau in Budapest hatte London als Vorbild.

Ungarn ist ein kleines Land. Überall gelangt man rasch hin, da von der Kulturmetropole Budapest aus Schnellstraßen in alle Landesteile führen. Morgens fährt man vom osmanischen Thermalbad über die Kettenbrücke zur Großen Markthalle über die Donau, abends zur Open-Air-Sinfonie am Balatonufer, und die Nacht wird in einer Czárda bei süffigem Wein zum Tag gemacht.

Ungarische Lebensart zwischen Metropole und Melonenfeldern

Budapest allein bietet mehrere Tage volles Programm zwischen Hochkultur und Seele baumeln lassen. Ausflüge ins Umland bringen dem Besucher die ungarische Identität ein Stück weit näher. Ist Budapest immer nah dran am Glanz des einstigen habsburgischen Doppelstaates, führt das Landesinnere zu ganz eigenständigen Traditionen. Im Nordosten, noch hinter der Stadt **Miskolc**, die ein herrliches **Höhlenthermalbad** besitzt, erheben sich die lieblichen Weinberge von **Tokaj** – mit der wohl bekanntesten ungarischen Traube, die den gleichnamigen goldgelben Dessertwein hervorbringt.

Der Osten und Süden des Landes ist von der steppenartigen **Puszta** beseelt. Weideland mit den traditionellen Brunnentränken wechselt sich hier mit Mais-, Sonnenblumen- und Melonenfeldern ab.

Ungarn

Volkstrachten, Musik und Tanz bietet das jährliche Weinfestival in Badascony am Balaton.

Infos und Adressen

ANREISE
Flug: von allen großen deutschen Städten nach Budapest; **Bahn:** mit dem Europa-Spezial oder dem Nachtzug direkt nach Budapest, gute Verbindungen nach Sárospatak; **Auto:** vom Süden Deutschlands auf der A 8 bis Linz, weiter auf der A 1, A 21 und A 23 bis Wien, auf der A 5 zum Grenzübergang Nickelsdorf/Hegyeshalom und auf der M 1 bis Budapest

BESTE REISEZEIT
Mai–Oktober

SEHENSWERT
Vasarely Museum, Op-Art-Museum, das 1987 von Victor Vasarely eröffnet wurde. Di–So 10–17.30 Uhr, Szentlélek tér 6, Budapest, www.vasarely.hu

Bäderkultur in Budapest, traumhaft schöne Thermalbäder wie Kyráli-Bad, Rudas-Bad, Gellért-Bad, Széchenyil-Bad oder Lukács-Bad locken Besucher an.

ESSEN UND TRINKEN
Belvárosi Lugas Étterem: zentral gelegenes Restaurant mit solider ungarischer Küche. Bajcsy-Zsilinszky út 15/A, Budapest

ÜBERNACHTEN
Hapimag Stadtresidenz Budapest, logieren in historischem Ambiente im Burgbezirk. Fortuna út 18, Budapest, www.hapimag.com

WEITERE INFOS
Touristinfo, Sütý út 2 (bei Deák tér), Budapest, www.budapest.com

Persönlicher Tipp

BUDAPESTER IMPRESSIONEN
Am Donauufer liegen sich die historischen Stadtteile **Buda** und **Pest** gegenüber. Am Westufer fällt das architektonische Ensemble auf dem **Burgberg** ins Auge. Hinter der **Fischerbastei** erhebt sich die **Matthiaskirche**, ein neugotisches Kleinod. Gassen mit Renaissancehäuschen laden zum Bummeln ein. Direkt am Donauufer residiert das **Ungarische Parlament**. Zusammen mit der **Kettenbrücke** ist es Wahrzeichen und nationales Symbol zugleich.
Das Besichtigungsprogramm könnte auf dem 2,5 km langen Prachtboulevard **Adrássy Ut**, vorbei an eleganten Bürgerpalästen des Historismus bis zum monumentalen **Heldenplatz** fortgesetzt und mit einem Besuch der **Nationalgalerie** oder der im Neorenaissancestil errichteten **Oper** gekrönt werden. Beschaulich gestalten sich ein Bummel durch die 1890 erbaute **Zentrale Markthalle** oder ein Spaziergang in den Parkanlagen der **Margareteninsel**. Ein Besuch im schönen **Gellért-Bad** im Sezessionsstil sowie im fast 500 Jahre alten **Rudas-Bad** in osmanischem Gewölbe sollte nicht fehlen.

Ungarns kleines Binnenmeer ist der 79 km lang gestreckte **Balaton**, etwa eine Autostunde südwestlich der Hauptstadt gelegen. Während die Touristenorte an der **Südküste**, der ungarischen Riviera, im Hochsommer fast im Touristentrubel ersticken, reizt das ruhige **Nordufer** mit sanft ansteigendem grünen Hinterland. Dort findet sich manch schönes ungarisches Wirthaus (*Czárda*) unter Weinranken, in der allabendlich die **Czárdakultur** auflebt. Dazu gehören natürlich Wein, schmackhafte **Hausmannskost** wie Gulasch oder gefüllte Paprikaschoten sowie ein Teufelsgeiger, der den Gästen der *Czárda* einheizt. Auf der **Tihany-Halbinsel** lockt das **Amphitheater** mit abwechslungsreichem musikalischem Sommerprogramm. Sportliche Wasserwanderer kommen auf der **Donau** zwischen der Residenzperle **Esztcrgom** und **Budapest** auf 70 km gemütlicher Panoramafahrt in Schwung, unterstützt vom Service lokaler Kanu-Anbieter. RT

97. Westungarn

Blitzblank und prächtig: der Ehrenhof von Schloss Esterhazy mit barocker Gartenanlage.

HIGHLIGHTS
- **Bad Sárvár,** einst als römische Siedlung gegründet, zählt heute zu den schönsten Städten zwischen Budapest und Wien.
- **Herend-Porzellan-Manufaktur,** in Ungarns ältester Porzellanmanufaktur kann man auch an Kursen in Porzellanmalerei teilnehmen.
- **Köszeg,** historische Altstadt mit mittelalterlicher Apotheke, Heilkräutergarten und Marzipanmuseum
- **Pécs,** mediterran anmutende Stadt mit frühchristlichen Grabbauten. Zum UNESCO-Welterbe gehören zudem ein frühchristliches Museum und Grabkammern.
- **Fertöd,** das Esterházy Schloss zählt zu den bedeutendsten Kulturdenkmälern Ungarns.

WESTUNGARN VON SOMMER BIS HERBST
- **Juli:** Nádasdy-Festival in Bad Sárvár. Minnesänger, Gaukler und Kanonendonner entführen ins Mittelalter.
- **Sept.:** Internationales Husarentreffen und Kürbisfestival in Sávár
- **Ganzjährig:** Schloss Esterházy bildet den Rahmen für Streichquartette, Picknick-Konzerte und Kammeropern.

Noch weitgehend unbekannt für den deutschen Urlauber ist der idyllische Westen Ungarns. Er grenzt im Westen an Österreich, im Norden an Tschechien und im Süden an Slowenien. Kulturelle und landschaftliche Vielfalt prägen das Bild Westungarns mit seinen sehenswerten kleinen Orten. Aus der Tiefe sprudelnde Heilquellen werden schon seit der Römerzeit genutzt.

Im Land jenseits der Donau

Historische Städte, altehrwürdige Schlösser und malerische Weinberge machen den Reiz **Transdanubiens** aus, wie die Römer die Region »jenseits der Donau« nannten. Im sanften Hügelland zwischen Seen und Teichen südlich des Balaton ist **Pécs** das städtische Zentrum. Der kleine Ort mit einer 2000-jährigen Geschichte war 2010 Europäische Kulturhauptstadt. Man staunt u. a. über farbig ausgemalte frühchristliche Grabanlagen (Katakomben) und einen Moscheebau, der heute das **Museum für Kunsthandwerk** beherbergt. Auf dem großen Gelände der renommierten Zsolnay Keramik- und Porzellanfabrik des ungarischen Jugendstils am Stadtrand entsteht derzeit ein **Themenpark** mit einem Zentrum für Design und moderne Kunst. Jeden Vormittag findet in der Stadt ein bunter **Obst- und Gemüsemarkt** mit vielen hausgemachten Köstlichkeiten statt. Am ersten Wochenende im

Ungarn

Monat lockt darüber hinaus ein riesiger Markt mit Antiquitäten und Kunsthandwerk Händler und Besucher aus dem In- und Ausland an. Schattige Plätze, gesäumt von hübschen Restaurants und Cafes, die dem Besucher eine fast mediterrane Atmosphäre vermitteln, laden in der »Stadt der schönen Künste« zum beschaulichen Pausieren ein.

Thermalquellen und uralte Bäume

Drei Flüsse und eine tausendjährige Geschichte prägen das nördlich des Balaton gelegene barocke Zentrum der Stadt **Györ**: Donau, Rába und Rábca. Mit 130 000 Einwohnern ist sie die größte Stadt Westungarns und wartet mit einer verträumten Altstadt und vielen Einkehrmöglichkeiten auf. Die Mauern der mittelalterlichen Basteien ziehen sich den Hügel hinauf. Eine Puppenausstellung im **Zichy-Palais** begeistert Klein und Groß. Südwestlich, durch liebliche Wäldchen und blumenreiche Auen, erreicht man das pittoreske Örtchen **Sárvár**, umgeben von sieben Seen mit Bade- und Paddelmöglichkeiten. Tiefbohrungen ließen hier 1961 erstmals Heilwasser sprudeln. Seither hat sich das Städtchen zu einem erstklassigen Kurzentrum gewandelt, in dem eine 3600 m^2 große seidenweiche Wasserfläche in Becken aller Art mit Temperaturen zwischen 35 und 44 °C sowie ein Erlebnisbad Spaß und Wohlbefinden für die ganze Familie bieten. Vor kurzem wurde Bad Sárvár sogar in die Königsriege der bisher nur sieben »Royal Spas of Europe« aufgenommen und befindet sich nun in bester Gesellschaft mit Baden-Baden, Bayreuth oder Marienbad. Ausschlaggebend für diese Ehrung war das 2007 eröffnete, märchenhafte Fünf-Sterne Spirit Thermal Spa Hotel am Stadtrand. Mitten im Ort, gegenüber der großen mittelalterlichen **Burganlage**, in der im Sommer Ritterspiele stattfinden, kann man in einem **Arboretum** wandeln, einem 10 ha großen Park mit jahrhundertealten Bäumen. Übrigens: Kein geringerer als der letzte Bayernkönig, Ludwig III., und seine Nachkommen lebten bis 1921 auf **Schloss Nádasty** in Sárvár.

Ungarisches Versailles

Nördlich von Sárvár, im Örtchen **Fertöd**, liegt das ungarische Versailles, das der Dichter Johann Wolfgang von Goethe ein »Feenreich« nannte: **Schloss Esterházy**, die größte und prunkvollste Barock-Schlossanlage Ungarns. Auf einem blauen, goldverzierten Seidenbett schliefen die Fürsten. Der

Persönlicher Tipp

EIN MÄRCHEN AUS 1001 NACHT
Orientalisches Flair strahlt der sich über 10 000 m^2 erstreckende Spa- und Wellnessbereich des **Fünf-Sterne-Spirit-Hotels Thermal Spa** in **Bad Savar** aus. Arabische Bögen und Brücken überspannen 22 fantasievoll gestaltete Becken; elf von ihnen werden jede Nacht mit frischem, aus über 1000 m Tiefe kommendem Heilwasser neu gefüllt und auf 38 und 34 °C herabgekühlt. Baldachinartige Ruhebetten, von hauchzarten Schleiern umgeben, geben das Gefühl von Geborgenheit. Die Saunalandschaft wartet mit finnischer, Stollen- und Rosensauna, Aromakabine, Dampfbad, Frigidarium und Biosanarium auf. Groß ist nicht nur der Fitnessbereich, sondern auch die Palette der Wellness- und Beautyangebote. Die 273 Zimmer sind elegant ausgestattet. Im türkischen Hamam wird man in das Geheimnis eingeweiht, eine Wasserpfeife mit Genuss zu rauchen. Zudem können die Dienste zweier Ärztinnen in Anspruch genommen werden. Im Gourmet-Restaurant des luxuriösen Spa Hotels beginnt der Tag mit einem Sektfrühstück.

Orientalisches Flair vermittelt auch der großzügig bemessene Swimmingpool des Hotels, das uralte Badetradition und moderne Wellnesstrends verbindet.

Rund um die barocke Dreifaltigkeitssäule auf dem Marktplatz von Sopron herrscht reges Treiben.

Persönlicher Tipp
AUSFLUG BEI MEHR ZEIT

DIE BALATON-RIVIERA
Als Balaton-Riviera gilt der Norden des berühmten Plattensees – Balaton auf Ungarisch. Der schönste Abschnitt ist der zwischen den Orten **Balatonfüred** und **Balatonalmádi** im Nordwesten des 77 km langen Sees. In der Region, die auch ein Schlemmerparadies ist, bieten fast alle Restaurants den edlen Balaton-Zander an und die nicht weniger köstliche Fischsuppe. Vom Frühjahr bis weit in den Herbst kann man an den meist flachen Stränden herrlich baden. Nur wenige Kilometer sind es von **Balatonalmádi** durch malerische Hügellandschaft zum mittelalterlichen Ort **Veszprém**, der »Stadt der Königinnen«. In der fast 500 Jahre alten Stadt regierten ausnahmslos kluge und schöne Frauen. Der Aufstieg zur **Burganlage** mit dem 48 m hohen **Feuerturm** wird mit einem herrlichen Blick belohnt. Eine weitere Etappe ist die nur 15 km entfernte berühmte **Porzellanmanufaktur in Herend**. Hier kann man Porzellanmalern über die Schulter schauen und im dazugehörigen Café sogar von dem kostbaren Porzellan speisen.

Der Fertö-See im Nationalpark Fertö-Hanság ist einer der schönsten Natur- und Badeseen Ungarns.

österreichische Komponist Joseph Haydn, der einen Großteil seines Lebens in Fertöd verbrachte, komponierte hier für Nikolaus Esterházy die sogenannte »Abschiedssinfonie«, die Sinfonie Nr. 45. Im Sommer finden Schlosskonzerte statt.

Wo früher die Wellen des Neusiedler Sees bis ans Schloss schwappten, beginnt heute der grenzüberschreitende **Nationalpark Fertö-Hanság**, ein einzigartiges Biosphärenreservat, das 2001 zum UNESCO-Welterbe erklärt wurde.

Das beschauliche Städtchen **Köszeg** mit seiner denkmalgeschützten Altstadt wird von den Günser Bergen eingerahmt und durch die mittelalterliche Stadtmauer mit schönen Toren beschützt. Eine Besonderheit ist die mittelalterliche Apotheke mit der Originaleinrichtung von 1743. In den umliegenden Bergen können sich Wanderer körperlich ertüchtigen.

Südlich des Neusiedler Sees, zwischen den Balfer und Soproner Hügeln, liegt das mittelalterliche Städtchen **Sopron**. Nicht nur barocke Architektur und Museen lassen den Besucher staunen, hübsche Geschäfte verführen zum Kauf, Restaurants und Cafés laden zum Verweilen ein. Besonders schön ist der Blick über das Städtchen und die Landschaft vom Arkadengang des Feuerturms aus. Fast jeden Samstag zieht in Sopron See mindestens ein Brautpaar mit Gefolge, nach alter Tradition geleitet vom Brautwerber, durch die Gassen der Altstadt zum Standesamt. RvS

Westungarn

Infos und Adressen

ANREISE
Flug: von allen großen deutschen Flughäfen bis Budapest; alternativ Flug ab Wien oder Graz; **Bahn:** über München nach Budapest und weiter mit Regionalbahnen; **Auto:** aus Richtung Österreich von Wien bis Eisenstadt auf der A 3, über die Grenze bei Klingenbach/Sopron, von dort die Hauptstraße 84 bis Sárvár. Von Graz auf der A 2 bis Ausfahrt Oberwart, über die Grenze bei Schachendorf/Bucsu, dann Richtung Szombathel und auf den Hauptstraßen 86 und 88 weiter bis Sávár

BESTE REISEZEIT
Mai–Oktober; zum Baden von Juli bis August

SEHENSWERT
Therme Bad Sárvár, Kurbad auf hohem Niveau. Von Sauna über Hallenbad mit Außenbecken, Beautyanwendungen bis hin zu Lavasteinbehandlung, Therapie und Massagen ist alles unter einem Dach. Ganzjährig (je nach Einrichtung) tgl. von 8–22 Uhr, Sárvár, www.sarvarfurdo.hu
Heimatmuseum auf Schloss Nádasdy, mit schönem Barocksaal und wertvollen Gemälden. Ein Ausstellungsraum zeigt bayerisches Königssilber und kostbares Porzellan.
Di–So 8–22 Uhr, Sárvár
Örség, 18 Dörfer, die ihre Siedlungsform aus dem Mittelalter bis heute bewahrt haben
Nationalpark Öörség, auf fast 44 000 ha ist das durch Flüsse und Bäche geformte Gebiet Heimat vieler geschützter Tierarten wie Waldstorch, Donaupricke und Fischotter.
Szombathely (Pannonien), der Ort, in dem der hl. Martin geboren ist, besitzt mit der 1791 erbauten Basilika (Templon tér) eine der größten Barockkirchen Ungarns.
Somló, idyllisches Weinbaugebiet an einem vulkanischen Basaltberg, dessen Rebsorten (u. a. Juhfark) sich durch einen hohen Säuregehalt auszeichnen

ESSEN UND TRINKEN
Susogo Restaurant: gutes und günstiges Essen mit 14 Kochmützen im Gault Millau. Király u. 14, Pécs, www.enotecapecs.hu
Restaurant Ráspi: urgemütliches rustikales Restaurant auf einem Weingut. Fö u. 72, Fertörákos, www.raspi.hu
Tercia Hubertus: deftige Hausmannskost in rustikaler Landhausatmosphäre. Hubertusz út 1, Sopron, www.terciarestaurants.hu/etterem-de/hubertus
Taverna Flórián: mediterranes Flair und ein Innenhof, der im Sommer die ungarischen Gerichte zu einem Hochgenuss macht. Várkör 59, Köszeg, www.tavernaflorian.hu

SHOPPING
Bad Sárvár, Hauptstraße, hübsche Geschäfte mit ungarischen Spezialitäten und Kunsthandwerk
Pécs, der Ort ist bekannt für seine Lederwaren; hübsche Mitbringsel wie Handtaschen oder Geldbörsen gibt es bei Blázek im Stadtzentrum, in der Teréz utca 1.

ÜBERNACHTEN
Spirit Hotel: individuell und elegant gestaltete Zimmer, zum Teil mit Jacuzzi, Thermal Spa und Fitnessraum. Vadkert krt. 5, Sárvár, www.spirithotel.eu
Hotel Palatinus: historisches Gebäude, das noch den Glanz vergangener Tage ausstrahlt. Király utca 5, Pécs, www.danubiushotels.com
Schlossgasthof Új-Ebergény: romantischer Gasthof mit Schwimmbad, Sauna, Solarium, Restaurant und Bierstube sowie Tennisplätzen und Spielplätzen für Kinder. Kossuth u. 36, Vasszécseny, www.kastelyszallo.hu
Pihenökereszt Pension: kleine, günstige Pension in einem 2005 errichteten Gebäude mit einfachen, aber modern eingerichteten Zimmern. Töpler Kálmán Str. 8, Sopron, www.pension-sopron.eu

WEITERE INFOS
Ungarisches Tourismusamt, Wilhelmstr. 61, Berlin, www.ungarn-tourismus.de

Im Prunksaal des Schlosses Nádasty in Sárvár kann man Stunden verbringen, um die wunderschönen Fresken zu bewundern.

98. New York City

Die größte Plakatwand der Welt – auf dem Times Square leuchten seit fast 100 Jahren die Reklamen.

HIGHLIGHTS
- **Metropolitan Museum of Art,** ein Muss für Kunstfreunde mit drei Millionen Exponaten und reizvoller Gartenlage am Central Park
- **Ellis Island,** einst das Tor zum Paradies für die Einwanderer des späten 19. und 20. Jh., heute ein Ort, der Geschichte atmet
- **Central Park,** grüne Stadtlunge und meistbesuchter Park der Welt
- **Cooper-Hewitt National Design Museum,** Schlaraffenland für Design-Jünger mit 250 000 Ausstellungsstücken
- **Bronx Zoo,** über 6000 Tiere bevölkern den Tierpark, darunter eine stattliche Gorilla-Kolonie

NEW YORK ZU JEDER JAHRESZEIT
- **Jan./Feb. und Juli/Aug.:** Fast 3000 Lokale jährlich nehmen an der »Restaurant Week« teil.
- **April:** Robert de Niros »Tribeca Film Festival« bietet über 100 Filmen aus aller Welt eine Plattform.
- **Mitte Juni:** »River to River Festival« mit Tanz, Theater und Musik rund um die Uhr

Die Großartigkeit dieser Weltstadt hat eine einfache Ursache, New York ist alles zugleich: die Stadt der superreichen Central-Park-Apartmentbesitzer und der verarmten Bronx-Bewohner, der funkelnden Glaspaläste und der heruntergekommenen Brownstones, die Stadt des Börsen-Hypes und der Banken-Crashs, des Waldorf Astoria und der Armenküchen.

Die Stadt, die niemals schläft

In New York, dem berühmten *big apple*, ist die Überraschung an jeder Ecke perfekt, so gedrängt liegen hier die architektonischen Attraktionen, so vielfältig ist das Kulturangebot, so bunt die Mischung aus Restaurants, Bars und Shops. Gut acht Millionen Menschen leben in der größten Stadt Amerikas, in der Metropolregion sind es noch mal zehn Millionen mehr. Fünf Stadtteile, *Buroughs*, bilden New York City, und doch zieht es Touristen meist nur in den einen – **Manhattan,** die Indianerinsel Manna-Hatta. Dort wechseln die hippen Viertel im Drei-Jahres-Rhythmus, aktuell gilt der frühere Schlachthofbezirk **Meatpacking District** als Szene-Liebling. Der Raum der schmalen Halbinsel

USA

ist eng begrenzt, nur knapp 60 km² umfasst die Landfläche Manhattans. Bloß nach oben ist keine Grenze gesetzt, und so ist der Blick der Fremden ständig himmelwärts gerichtet, während sie täppisch vorwärts gehen, gelassen umkurvt von den zielstrebig dahineilenden New Yorkern. Nackenstarre verheißt auch der neueste Höhe-Punkt der Skyline: das **One World Trade Center** oder kurz 1WTC. Ende 2013 soll das 540 m hohe Welthandelszentrum eröffnet werden. Es entsteht auf **Ground Zero** und wächst langsam in die Leere, die viele New-York-Besucher immer noch empfinden, wenn sie während einer Bootsfahrt auf dem **Hudson River** im Geiste die Zwillingstürme des World Trade Centers rekonstruieren.

Touristenmagnet New York

Mehr als 52 Millionen Touristen strömten 2012 in die Stadt, darunter etwa 600 000 Deutsche. Sie nehmen sich durchschnittlich sieben Tage Zeit, um die Highlights zu erkunden: **Freiheitsstatue** und **Ellis Island**, **Brooklyn Bridge**, **Rockefeller Center**, **Wall Street**, das **Museum of Modern Art** und die trendigen **Neighborhoods**. Soho, Tribeca und Meatpacking District ziehen in **Manhattan** »Trendscouts« an, Dumbo, Flatbush und Williamsburg heißen die In-Viertel von **Brooklyn**. Eine erste Orientierung bietet der Skyride: Im **Empire State Building** wird auf einer 6 m hohen Leinwand Sightseeing aus der Vogelperspektive präsentiert. Es liegt nahe, die virtuelle Stadtführung mit einem Ausflug auf die Aussichtsplattform zu verbinden. Das gedrängte Nebeneinander von Büros, Hotels und Geschäften, dazwischen die engen Straßenschluchten, die sich ein paar Blocks weiter im Häusermeer verlieren – die Aussicht vom 102. Stockwerk in 381 m Höhe reicht an klaren Tagen bis 120 km weit.

Aber auch bodenständige Touren machen mit dem Schachbrett aus Streets und Avenues vertraut: die **Private New York Photo Walking Tour** z. B. oder, per Fahrrad, die **Brooklyn Bridge Bike Tour**. Nachts präsentiert die **New York Lights Tour** die Stadt, die niemals schläft; mit den dunklen Seiten ihrer Vergangenheit beschäftigt sich die **NYC Mob Tour**. Sämtliche Tickets können online bestellt werden – am besten zusammen mit einem **Citypass**. Die Pässe bieten den großen Vorteil, dass keine wertvolle Urlaubszeit an Ticketschaltern verloren geht.

Ungeachtet der Attraktionendichte ist eine New-York-Besichtigung denkbar einfach: am besten immer den Men-

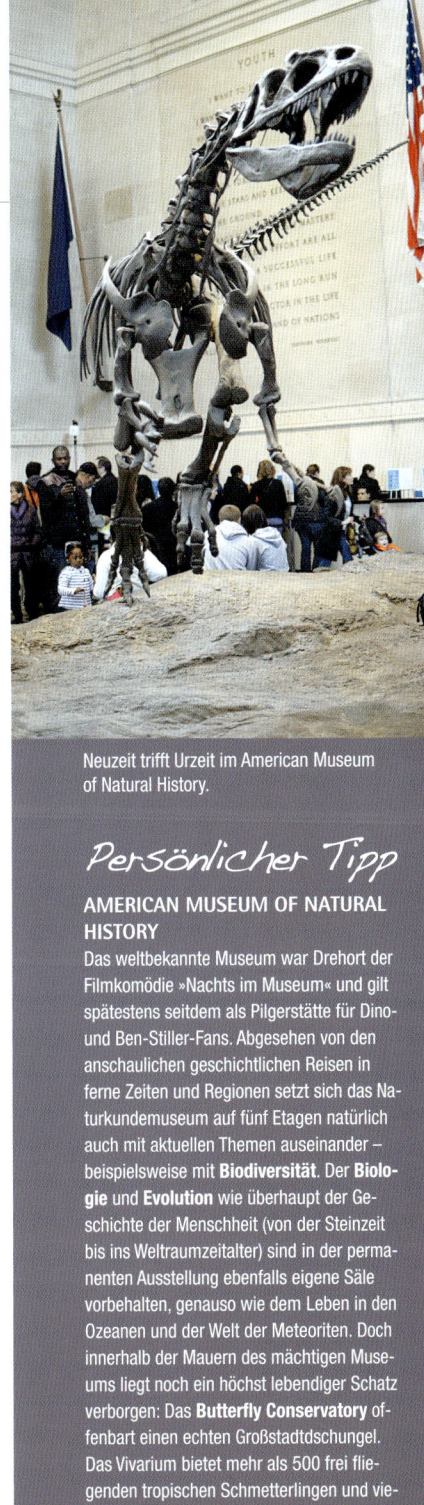

Neuzeit trifft Urzeit im American Museum of Natural History.

Persönlicher Tipp

AMERICAN MUSEUM OF NATURAL HISTORY

Das weltbekannte Museum war Drehort der Filmkomödie »Nachts im Museum« und gilt spätestens seitdem als Pilgerstätte für Dino- und Ben-Stiller-Fans. Abgesehen von den anschaulichen geschichtlichen Reisen in ferne Zeiten und Regionen setzt sich das Naturkundemuseum auf fünf Etagen natürlich auch mit aktuellen Themen auseinander – beispielsweise mit **Biodiversität**. Der **Biologie** und **Evolution** wie überhaupt der Geschichte der Menschheit (von der Steinzeit bis ins Weltraumzeitalter) sind in der permanenten Ausstellung ebenfalls eigene Säle vorbehalten, genauso wie dem Leben in den Ozeanen und der Welt der Meteoriten. Doch innerhalb der Mauern des mächtigen Museums liegt noch ein höchst lebendiger Schatz verborgen: Das **Butterfly Conservatory** offenbart einen echten Großstadtdschungel. Das Vivarium bietet mehr als 500 frei fliegenden tropischen Schmetterlingen und vielen exotischen Pflanzen einen Lebensraum. Central Park West at 79th Street.

Bügeleisen im Großformat – das Flatiron Building gehört zu den Wahrzeichen der Stadt.

Persönlicher Tipp
BESUCH IN LONG ISLAND

Wer im Meer der Wolkenkratzer Lust auf weite Horizonte verspürt, sollte einen Ausflug nach Long Island einschieben. Die Strände der »Hamptons« – dahinter verbergen sich die Orte Southampton, East Hampton und Bridge Hampton – sind beliebte Naherholungsgebiete der Großstädter. Feinster Sand pudert den Strand von **Long Beach**, von Juli bis September finden dreimal pro Woche kostenlose Konzerte statt. Über 2 km erstreckt sich der **Long Beach's Boardwalk**, über dessen Holzplanken die Jogger federn. Seit den 1920er-Jahren zieht es Künstler an den Atlantik: Roy Lichtenstein und William de Kooning haben hier gelebt, Eric Fischl und Gideon Stein genießen noch heute die Nähe von Stadt und Strand. Die Weinberge, Garten- und Ackerflächen der 190 km »langen Insel« versorgen die *green markets* der *Buroughs* mit Farmprodukten. Die Long Island Rail Road (LIRR) fährt zum 1929 gegründeten Vergnügungspark **Jones Beach State Park**, in seiner Nähe liegt das Naturschutzgebiet **Robert Moses State Park**.

Fast 350 ha misst der Central Park, er ist die grüne Lunge New Yorks.

schenströmen folgen und in die breitesten Straßenschluchten abbiegen. Allein die **Fifth Avenue**, die Einkaufsmeile mit den höchsten Ladenpreisen weltweit, ist gepflastert mit Sehenswürdigkeiten. Auf insgesamt 11 km Länge stehen die steinernen Zeitzeugen Spalier: z. B. das **Flatiron Building**, eines der ersten Hochhäuser Manhattans, das seinen Namen der Bügeleisenform verdankt. Oder das **Crown Building** mit niedlicher Turmspitze, heute das Quartier von Bulgari. **Tiffany's** liegt an der Fifth Avenue, aber auch die **New York Public Library** mit dem mächtigen neugriechischen Fries oder der aalglatte Glaspalast des **Trump Towers**. Wer sich in ihre Eingangshallen vorwagt, erlebt diesen merkwürdigen New Yorker Effekt: Von außen wirken die Gebäude eng und gequetscht, innen öffnet sich dagegen eine ungeahnte Weite.

Lebensader Broadway

Die andere Lebensader der Stadt, sozusagen das nächtliche Pendant zur Fifth Avenue, ist der **Broadway**. Er durchschneidet am Times Square den **Theaterdistrikt**. Dessen 38 Theaterbühnen sind Spielstätten der »Broadway plays«. Ein unvergessliches Erlebnis ist der Jahreswechsel. Krönender Abschluss und wunderbarer Start in einem ist die Silvesterfeier auf dem **Times Square**. Bereits ab Mittag füllt sich der Platz, später werden nur noch diejenigen durchgelassen, die eine Eintrittskarte für eine Veranstaltung in einem der vielen Clubs, Hotels oder Restaurants vorlegen können. Also warm anziehen und jemanden zum Kuscheln mitnehmen! BM

New York City

Infos und Adressen

ANREISE
Flug: von den größeren deutschen Airports tgl. Flüge nach New York. Ankunft nach gut 8-stündigem Direktflug entweder auf dem J. F. Kennedy International Airport oder auf New York La Guardia; **Tipp:** Citypass besorgen!

BESTE REISEZEIT
ganzjährig

SEHENSWERT
Chinatown, die Stadt in der Stadt: Mehr als 200 000 Chinesen leben in der größten chinesischen Siedlung außerhalb Asiens. Auf dem Fake Market gibt es Souvenirs zum Schnäppchentarif, für den Genuss vor Ort zahllose Spezialitätenrestaurants und Straßenlokale.
Museum of Modern Art (MOMA), Picasso, Van Gogh, Meret Oppenheim, Mondrian, Pollock, Rosenquist, Lichtenstein – um nur ein paar Künstler zu nennen, deren Bilder hier ausgestellt sind. Tgl. (außer Di) 10.30–17.30 Uhr, 11 West 53rd Street, www.moma.org
Washington Square Park, zwischen Greenwich Village und East Village gelegen, bekannt für den Triumphbogen Washington Square Arch und die vielen Studenten ringsherum
Grand Central Terminal, 100 Jahre alt und noch immer höchst lebendig, ist ganz großer Bahnhof. Auf zwei Ebenen, 44 Bahnsteigen und fast 70 Gleisen wuseln täglich 500 000 Pendler.

ESSEN UND TRINKEN
Oyster Bar: der beste Fisch und die frischesten Austern der Stadt. Im unteren Bahnhofslevel, 89 East 42nd Street
Union Square Cafe: beliebt, erlesen und nicht ganz billig. Hier kocht Michael Romano lecker amerikanisch. 21 East 16th Street
Katz's Delicatessen: Feinkost seit 125 Jahren, hier schrieben »Harry und Sally« Filmgeschichte. 205 East Housten Street
Jean Georges: garniert mit einem tollen Blick auf den Central Park schmecken die Gerichte des französischen Meisterkochs noch mal so gut. 1 Central Park West, im Trump International Hotel

AUSGEHEN
675 Bar, rustikale In-Bar im angesagten Viertel. 675 Hudson Street, Meatpacking District
Art Bar, schummrig und atmosphärisch, eine Bar zum Abtauchen. 52 Eight Avenue, West Village
Bemelmans Bar, hier spielt die Musik, nostalgisch und stilvollendet! The Carlyle, 353 E. 76th Street, Upper East Side
Sky Room Times Square, des Nachts, ringsum das Häusermeer, das Empire State Building zum Greifen nah – das muss ein Film oder der Sky Room sein. 330 W. 40th Street, Theater District

SHOPPING
Macy's, zehn Etagen, 3000 Mitarbeiter, riesiges Angebot, ungezählte Besucher: Macy's ist die erste Einkaufsadresse und angeblich das größte Kaufhaus der Welt. Herald Square, 151 West 34th Street
FAO Schwarz, im riesigen Flagship Store werden Kinderträume wahr. Spielzeug für jedes Alter: von quietschbunt bis anspruchsvoll. 767 Fifth Avenue

ÜBERNACHTEN
Trump Soho: schick und gediegen, nah am Hudson und mittendrin – ein Spitzenhotel. 246 Spring Street, www.trumphotelcollection.com
Andaz Wall Street: der stylische Hyatt-Ableger für ein junges solventes Publikum. 75 Wall Street, www.wallstreet.andaz.com
Aloft Harlem: modernes Stadthotel ohne Schnickschnack zu Top-Preisen. 2296 Frederick Douglas Boulevard, www.aloftharlem.com
Fashion 26: klare Linien, farbenfrohes Design, tolle Lage – ein Hilton-Hotel, das Spaß macht. 152 West 26th Street, www.newyorkfashiondistrict.hilton.com
The Distrikt: außen mit Blumendekor, innen klar und nüchtern. 342 West 40th Street, www.distrikthotel.com

WEITERE INFOS
Official NYC Information Center – Midtown, 810 Seventh Ave., New York, www.nycgo.com.

Eine spiralförmige Rampe verbindet im Guggenheim Museum die Stockwerke.

99. Von Dubai bis Abu Dhabi

HIGHLIGHTS
- **Burj Khalifa,** mit 828 m (noch) das höchste Gebäude der Welt, fantastischer Blick vom Aussichtsdeck in der 124. Etage
- **Sharjah,** historisches Zentrum mit prächtigen historischen Wohn- und Handelshäusern sowie dem sehenswerten Museum der islamischen Kultur, Al-Mujarra Corniche
- **Hadschar-Berge,** beeindruckend ist eine Fahrt durch die unwirtliche Landschaft der Berge, in den kühlen Monaten sind faszinierende Wanderungen möglich
- **Liwa,** Oasen in der Rub-al-Khali-Wüste mit gigantischen Sanddünen
- **Sheikh Zayed Grand Mosque,** opulent ausgestattete, riesige Moschee. Abu Dhabi

VAE IM WINTER UND SOMMER
- **Jan./Feb.:** ab Mitte Januar lockt in Dubai das »Shopping Festival« rund einen Monat lang mit steuerfreien Sonderangeboten Besucher an; dazu gibt es ein Kulturprogramm mit Straßenkünstlern, Modenschauen und Konzerten
- **Juni/Juli:** »Dubai Summer Surprises«, ähnliches Programm wie beim »Dubai Shopping Festival«

Die Sheikh Zayed Grand Mosque ist die drittgrößte Moschee der Welt und das berühmteste Wahrzeichen von Abu Dhabi.

Extreme Landschaften, extreme Bauwerke, extreme Shoppingzentren: An Superlativen haben die Emirate einiges zu bieten, aber auch an orientalischem Flair. Dieses findet man hauptsächlich in den alten Vierteln und Souks der Städte, aber auch in den Oasen des Hadschar-Gebirges und den Heritage Villages.

Zukunftsvisionen und Tausendundeine Nacht

Wie eine silberne Rakete ragt der schnittige 828 m hohe Turm des **Burj Khalifa** in den Himmel über Dubai – Weltrekord. Vom Aussichtsdeck in der 124. Etage reicht der Blick wie aus einem Flugzeug weit über die Wüste und den Persischen Golf. Es kostet ein wenig Überwindung, durch die Glasscheiben rund 450 m in die Tiefe zu spähen. Von hier oben wirkt Dubai wie eine von Kinderhand gestaltete Playmobillandschaft in einem gigantischen Sandkasten. An den Fuß des Kolosses schmiegt sich ein **künstlicher See**. Nachts ist dort das mit Licht und Sound untermalte Spektakel der bis zu 150 m hohen Wasserfontänen eine Attraktion für das bunt gemischte Publikum, das die angrenzende gigantische **Dubai Mall** durchstreift. Darin lädt u. a. eine **Eisbahn** auch bei Außentemperaturen von über 50 °C zum Wintersport ein.

Verein. Arab. Emirate

Natürlich macht die Mall mit zahllosen Geschäften und glitzerndem Goldsouk Dubais Spitznamen alle Ehre: Do Buy.

Orient zwischen Wolkenkratzern

Orientalische Romantik findet man im historischen **Bastakiya-Viertel**. Von dem alten persischen Quartier setzen *abra* genannte hölzerne Fähren auf dem Dubai Creek nach **Deira** über. Dort verströmen die weitläufigen alten Gold- und Gewürzsouks orientalisches Flair.

Wer jedoch den rastlosen Pulsschlag der arabischen Moderne spüren möchte, lässt sich im Auto auf der sechsspurigen **Sheikh Zayed Road** quer durch die fieberhafte Millionenmetropole treiben. Über 200 Wolkenkratzer ragen in den Himmel über der Stadt. Weltberühmt sind spektakuläre Bauprojekte wie die Retorteninseln **Palm Islands** und **The World** oder das segelförmige »Sieben-Sterne-Hotel« **Burj Al Arab**. Kräne gehören zu Dubais Silhouette wie das Amen in der Kirche. Richtung Norden führt der Weg nach **Sharjah City**. Die 5000 Jahre alte Siedlung ist mit einer schönen altarabischen Innenstadt und rund 20 Museen ein kultureller Hotspot in der Region. Zahllose Restaurants servieren hier asiatische Küche: von Indien bis Afghanistan.

Durch die Berge

Von den babylonischen Türmen Dubais führt die Emirates Road schnurgerade rund 80 Kilometer nach Ras al Khaimah im Norden. In dem relativ wasserreichen Emirat erstrecken sich große Dattelplantagen und spielt die Landwirtschaft eine bedeutende Rolle. Die Hauptstadt **Ras al Khaimah City** hat sich erst in den letzen Jahrzehnten aus einem Fischerdorf an der »Piratenküste« zu einer Großstadt entwickelt. Trotz breiter Straßen und einiger Hochhäuser ist sie ein Provinznest geblieben. Beim Autofahren muss man hier besonders auf freilaufende Kamele achten, die das Gras auf den Grünstreifen der Schnellstraßen lieben. Richtung Osten schraubt sich die Straße in das **Hadschar-Gebirge**: eine faszinierende Mondlandschaft mit tiefen Canyons und steinigen *Wadis*. Hier und da wachsen Akazien und harte Gräser, begegnen einem meckernde Ziegen oder trottet ein Esel über das Geröll. Doch sobald im Untergrund Wasser vorhanden ist, unterbrechen üppig-grüne Oasen die graubraune Kargheit der Landschaft. Von der Leichtigkeit der Badeorte, die einige Kilometer weiter am malerischen Golf von Oman liegen, spürt man hier oben nichts.

Ein edles Rennkamel aus dem Stall des Präsidenten der Emirate, Chalifa bin Zayid Al Nahyan, in al-Ain (Abu Dhabi).

Persönlicher Tipp

AUSFLUG IN DIE WÜSTE

Eine faszinierende Alternative zum Trubel in den Städten und dem Unterhaltungsangeboten in den Hotels ist die weite Landschaft der **Wüste**, deren Stille man schier mit den Händen greifen zu können scheint. Wer keine Zeit für einen mehrtägigen Wüstentrip hat, sollte zumindest einen mehrstündigen Ausflug mit **Geländewagen** unternehmen. Beim »dune bashing« wird dabei halsbrecherisch über die steilsten Dünen gebrettert. Nördlich von Ras al-Khaimah ist die zu Oman gehörende Exklave **Musandam** mit Fjorden, grünen Dattelplantagen und steilen Bergstraßen landschaftlich außerordentlich reizvoll. Zur Halbinsel Musandam gelangt man mit der Fähre oder dem Leihwagen, Ausflüge werden in den VAE von vielen Veranstaltern angeboten. Hier findet man großartige Bedingungen zum Tauchen und Schnorcheln, im Wasser trifft man häufig auf neugierige Delfine.

Eine – noch dazu kostenlose – Leidenschaft der Emiratis sind **Kamelrennen**. Die spektakulären Wettbewerbe können freitags und samstags auf der Rennbahn südlich von Dubai City erlebt werden.

Rund 40 000 Gläubige finden unter den Marmorkuppeln der Sheikh Zayed Grand Mosque in Abu Dhabi Platz zum Beten.

Persönlicher Tipp

BLICK INS DUBAI VON EINST

Das Bewusstsein für die traditionelle Vergangenheit des Landes ist in Dubai nicht zwangsläufig verbreitet. Umso spannender ist es zu beobachten, wie diese Vergangenheit dargestellt wird. Zum Beispiel im Heritage Village am Creek. Das **Heritage and Diving Village** gibt einen ersten Einblick in die Kultur und das Leben in Dubai vor der Entdeckung des Erdöls. Besonders der Alltag des Seevolks, unter anderem als Fischer und Perlentaucher, wird dem Besucher nähergebracht. Aber auch das traditionelle Leben der Beduinenvölker wird erklärt und beispielsweise von Töpferinnen und Händlerinnen lebhaft dargestellt. Wer die arabische Welt wirklich erleben möchte, sollte die Speisen an den Garküchen probieren, die während der »Show Cookings« zubereitet werden. Auch wenn die Köchinnen offiziell eine Bezahlung ablehnen, freuen sie sich über ein paar Dirhams.
Dubai Desert Conservation Reserve: www.ddcr.org/en. Infos zum Heritage and Diving Village: www.dubai.de

Lobby des Atlantis auf der Palme von Jumeirah; zu dem Luxushotel auf der künstlichen Insel gehört ein Wasserpark mit Delfinbecken.

Durch die Wüste zur großen Schwester

Auf der Westseite der Hadschar-Berge gelangt man durch die Wüste zur **Oasenstadt Al-Ain**. Immer wieder türmen sich orange-goldene Sanddünen auf, noch weiter im Süden werden sie bei den **Oasen von Liwa** mehrere hundert Meter Höhe erreichen. Sie sind Ausläufer der **Rub al-Khali**, der größten Sandwüste der Welt. Unwirtlich und fast menschenleer, zählt sie zu den letzten kaum erforschten Gebieten der Erde. Al-Ain ist eine moderne Universitätsstadt, und doch kann man hier freitags auf dem **Kamelmarkt** beim Feilschen der Händler authentischere arabische Tradition erleben als in sämtlichen Heritage Villages des Landes. Am Westrand der Wüste schließlich liegt **Abu Dhabi** auf einer Sandinsel an der Küste des Persischen Golfes. Wie in Dubai versuchen sich hier verspiegelte Hochhäuser, Luxushotels, Villen im neoarabischen Stil, Shopping Malls und immer größere Megaprojekte gegenseitig zu übertrumpfen. Dennoch wirkt Abu Dhabi wie die strengere große Schwester von Dubai, prägen hier doch auch die Kuppeln und Minarette hunderter Moscheen das Stadtbild. Die prächtigste ist die mit gleißendem Marmor verkleidete **Sheikh Zayed Grand Mosque**. Diese drittgrößte Moschee der Welt zieren Gold und Halbedelsteine sowie einer der gewaltigsten Kronleuchter der Welt – ein wahrer Luxustempel.   BR

Von Dubai bis Abu Dhabi

Infos und Adressen

ANREISE
Flug: von mehreren deutschen Städten tgl. Direktflüge nach Dubai; **Auto:** Vor Ort lassen sich die Emirate mit einem Leihwagen erkunden, außer in Dubai ist Autofahren unproblematisch. In die Wüste sollte man nicht selbst, sondern mit einheimischen Profis fahren.

BESTE REISEZEIT
Oktober–April, dann herrschen angenehme Temperaturen zwischen 25 und 35 °C, im Sommer kann das Thermometer über 50 °C klettern

SEHENSWERT
Aquarium, in der Dubai Mall, gigantisches Bassin über drei Etagen für Meerestiere aller Art inkl. Haie. Tgl. 10–22 Uhr, www.thedubaimall.com/en
Al-Ain, der größte Tierpark des Nahen Ostens mit seltenen weißen Oryx-Antilopen, Riesenschildkröten und Vogelschau. So–Fr 8–20 Uhr, Al-Ain, Zayed Al-Awal St.
Wasserpark Aquaventure, Hotel Atlantis, auf der künstlichen Palmeninsel The Palm Jumeirah mit Delfinen schwimmen. www.atlantisthepalm.com

ESSEN UND TRINKEN
In den Emiraten gibt es eine Fülle von guten Restaurants, in den Shopping Malls wird in den **Foodcourts** zudem preiswertes Essen aus aller Welt serviert. Besonders hübsch sind die Restaurants auf den umgebauten alten Dhaus am Dubai Creek, hier speist man arabische Gerichte und Meeresfrüchte mit Blick auf die Skyline von Dubai.
Burj Al Arab: Auch wer sich das Hotel nicht leisten kann, mag sich an einem Freitag einmal den opulenten Brunch gönnen: Außer Meeresfrüchten und feinstem Kaviar wird ein fantastischer Blick aus 300 m Höhe über »The Palm« und das Meer und das Gefühl von einmaligem Luxus geboten.
Dubai, www.jumeirah.com

AUSGEHEN
Dubai: Vu's Bar, schicke Cocktailbar im 51. Stock des Hotel Turms der Jumeirah Emirates Towers, großes Angebot und fantastischer Blick. Reservierung notwendig. www.jumeirah.com
Abu Dhabi: Zenith, beliebter Nachtclub mit gepflegter Lounge-Atmosphäre, breites Cocktailangebot, Reservierung empfehlenswert.
www.zenithabudhabi.com

SHOPPING
Allein in Dubai und in Abu Dhabi gibt es jeweils über 40 Shopping Malls, z. B. die riesige **Mall of the Emirates,** hier gibt es nichts, was es nicht gibt – und außerdem ein gigantisches In-house-Skigebiet quasi in der Wüste. Al Barsha 1, Dubai www.malloftheemirates.ae
Gold- und Gewürzsouks in Deira. Baniyas Road, Dubai
Karama Shopping District, feine Tücher aus Seide, Schals aus Kaschmir. Bur Dubai
Souk al-Arsah, Antiquitäten sowie Waren aus Kupfer und Silber, Kunsthandwerk und Schmuck, arabische Gewänder, Heilkräuter. Emirat Sharjah nördlich von Dubai an der Hisn Ave., Al Marijah

Tipp: In den Souks lohnt sich Feilschen auf jeden Fall und gehört zum guten Ton. Hinzu kommen die riesigen Duty-free-Shops in den Flughäfen von Dubai und Abu Dhabi.

ÜBERNACHTEN
Dubai: Orient Guest House, kleines charmantes und gepflegtes Hotel im alten Stadtteil Bastakiya von Dubai, bezahlbar. Historic Bastakiya Area, gegenüber Al Musalla Post Office, Al Fahidi Street, Dubai, www.orientguesthouse.com
Abu Dhabi: Hotel Traders Qaryat Al Beri Abu Dhabi, modernes Stadthotel in Abu Dhabi City direkt am Strand, mit kleinem Pool, gutem Restaurant und Fitnessraum. www.shangri-la.com/abudhabi/traders
Ra's al-Chaimah: Al Hamra Fort Hotel and Beach Resort, direkt am Strand gelegen, sehr schöne großzügige Zimmer und Anlage im arabischen Stil. Al Jazeerah St., www.alhamrafort.com

WEITERE INFOS
Dubai Department of Tourism, Bockenheimer Landstr. 23, Frankfurt a. M., www.dubaitourism.ae

Arabischer Hof in der Dubai Mall in Dubai – mit rund 1200 Läden eines der größten Einkaufszentren der Welt.

100. Paphos

HIGHLIGHTS
- **Archäologischer Park Paphos,** römische Mosaike sind hier wie Bilderbücher der Mythologie; antikes Theater, die Kreuzritterfestung Saranda Kolonnes.
- **Königsgräber von Paphos,** hellenistische Prachtgräber in schönster Küstenlandschaft
- **Kloster Chrissoroyiatissa,** mittelalterliches Kloster am Rande des Troodos-Gebirges mit Weinkellerei und Ikonenmuseum
- **Kloster Ayios Neophytos,** Kloster mit über 900 Jahre alten Fresken in der Höhlenkirche
- **Lemba,** in Zyperns Künstlerdorf liegen die rekonstruierten Hütten eines 4500–5000 Jahre alten Dorfes.

PAFOS VON FRÜHJAHR BIS HERBST
- **Ostern:** orthodoxer Karfreitag mit Prozessionen in Paphos und allen Dörfern der Region; Ostersamstag, ab 23 Uhr eindrucksvolle Ostermesse im Kloster Agios Neophytos
- **April–Juni:** Musical Sundays mit Konzerten und Folklore vor der Hafenfestung
- **Sept.:** Paphos Aphrodite Festival mit drei Open-air-Opernabenden vor der Hafenfestung

Urlaubsstimmung pur an der Uferpromenade zwischen Hotelviertel und Hafen von Paphos.

In der schönsten Stadt an der zyprischen Südküste sind Gegenwart und Vergangenheit eng miteinander verwoben. Die Archäologen waren hier schneller als die Baulöwen und zwangen sie, um alles Alte herum zu bauen. Viele Ausgrabungen sind zugleich ein Naturerlebnis. Das Klima ist hier im Winter besonders mild, sodass in der Umgebung sogar Bananen unter freiem Himmel gedeihen.

2300 Jahre Geschichte sind allgegenwärtig

Das heutige Paphos ist deutlich zweigeteilt. In der Oberstadt lebten die Paphioten wie schon seit 500 Jahren. Das alte Türkenviertel mit seinen **Moscheen und türkischen Bädern** erinnert an die osmanische Epoche, zierliche klassizistische Bauten fügten die Briten hinzu, als sie von 1878 bis 1960 über die Insel herrschten. Hier in der Oberstadt, traditionell Ktima genannt, stehen die **Markthalle** und das **Archäologische Museum**. Dessen originellstes Ausstellungsstück ist ein römisches Wärmflaschensystem, das Rheumakranken am ganzen Körper Schmerzlinderung versprach. Ein **Ikonenmuseum**, ein **Volkskundliches Museum** und eine kleine **Geologische Sammlung** ergänzen das Museumsangebot. Deren Inhaber bieten auch geführte **naturkundliche Wanderungen** in der Region an.

Zypern

Die sandige Coral Bay ist einer der schönsten und meistbesuchten Strände bei Paphos.

Unterwegs in Kato Paphos

Erst nach der Eröffnung eines internationalen Flughafens ist Ktima seit den 1980er-Jahren über seine Grenzen hinaus vor allem entlang der Küste gewachsen. So ist das sehr touristisch geprägte Kato Paphos entstanden. Doch zuvor hatten schon tatkräftige Archäologen die wichtigsten Bauten aus der Antike ausgegraben, die alle nahe dem Meer lagen. Im heutigen **Archäologischen Park** legten sie Dutzende von römischen **Bodenmosaiken** frei, die fröhlich und farbenfroh antike Mythen erzählen. Gleich nebenan restaurierten sie das antike **Odeon**, ein kleines Musiktheater, und entdeckten die Umrisse der antiken **Agora**. Mit zum Park gehört auch die **Kreuzritterfestung Saranda Kolonnes**, in der antike Säulen in Türrahmen, Futtertrögen und Viehtränken verbaut wurden. Jünger als diese Burg ist das **Türkische Fort** direkt am Hafen, das auch die britischen Kolonialherren weiter benutzten. Der **Hafen** selbst ist inzwischen völlig versandet, bietet nur noch Sport- und Ausflugsbooten Schutz. Sein Kai wird von mehreren guten Fischtavernen gesäumt.

Westlich schließt sich an Hafen und Parkgelände das weite Feld der sogenannten **Königsgräber** an, in denen während der ptolemäischen Herrschaft über die Insel wohlhabende Ägypter beigesetzt wurden. Östlich des Parks wird in den Ruinen einer ehemals siebenschiffigen frühchristlichen **Basilika** ein Säulenstumpf gezeigt, an dem der Legende nach der Apostel Paulus während seines Missionsaufenthalts in Paphos gegeißelt wurde. Gleich daneben stehen die Grundmauern einer **gotischen Kirche** aus Kreuzritterzeiten und eines byzantinischen Gotteshauses, das heute für anglikanische Gottesdienste genutzt wird. Wiederum nur einige Gehminuten entfernt steht über dem Zugang zur **Felskapelle Ayia Solomoni** ein typisch zyprischer Wunschbaum: Früher knoteten Gläubige Tücher an die Zweige, um die Heilige dauerhaft an die an sie gerichteten Gebete zu erinnern. Heute wird die Sitte von Touristen – oft leider recht respektlos – nachgeahmt.

Strandfreuden und Kultur in der Umgebung

Im Osten geht das Hotelviertel von Paphos inzwischen nahtlos in das von **Yeroskipos** über. In dessen altem Dorfkern steht mit der schon im 9. Jh. erbauten **Kirche Agia Paraskevi** eine der ältesten intakten Kirchen der Insel. Sie

Persönlicher Tipp

AUF DEN SPUREN DER LIEBESGÖTTIN

Zypern gilt als Heimatinsel der griechischen Göttin **Aphrodite**, die die Römer später Venus nannten. Hier setzte die aus Meeresschaum Geborene der Legende nach am malerischen Kiesstrand von **Petra tou Romiou** östlich von Pafos erstmals ihre zarten Füße auf irdischen Boden. Unter ihren Schritten erblühte alles Land, als sie ins nahe **Paleo Pafos** ging. Dort haben die Archäologen im heutigen Dorf **Kouklia** eins der berühmtesten Aphrodite-Heiligtümer des Altertums freigelegt, das über 1500 Jahre lang bedeutendes Wallfahrtsziel vor allem von Männern war. Ihrem Gatten, dem antiken Kriegsgott Ares (römisch: Mars) war sie nicht sonderlich treu. Auf Zypern pflegte sie eine intensive Liebesbeziehung mit dem jungen Helden **Akamas**, nach dem die gesamte heute völlig unbewohnte Halbinsel westlich von Pafos benannt ist. Das Liebespaar traf sich zu trautem Liebesspiel im **Bad der Aphrodite**, einem lauschigen Quellteich in einer Grotte an der Nordküste nahe dem Küstenort **Polis**.

Neu, aber prunkvoll ausgestattet ist die Hauptkirche von Kato Paphos.

Persönlicher Tipp

DIE ALTEN DÖRFER DER LAONA
Große Teile der **Akamas-Halbinsel** im äußersten Westen Zyperns wurden zum **Nationalpark** erklärt. Trotz schöner Sandstrände steht hier kein einziges Hotel, die Natur regiert. Am Rande der Halbinsel führt eine kleine Panoramastraße hoch über der Halbinsel durch Rebgärten und durch die kleinen Dörfer der **Laona** mit ihren jahrhundertealten Natursteinhäusern. Viele sind unbewohnt, manche werden an Feriengäste vermietet. Von Polis an der Nordküste steigt die Straße nach **Droushia** mit kleinem Weberei-Museum hinauf. Weiter geht es über **Ineia** mit dem Korbflechter-Museum. **Kato Arodes** war bis 1974 ein nur von türkischen Zyprioten bewohntes Dorf, ihre griechischen Landsleute lebten gleich nebenan in **Pano Arodes**. Bei Kathikas kann die **Weinkellerei Sterna** besichtigt werden, in Kato Arkoudaleia das **Volkskunstmuseum** in der alten Dorfschule. Besonders reizvoll ist die Fahrt über **Pegeia** hinunter nach Pafos, entlang der Südküste bieten sich immer wieder prächtige Blicke.

Westlich von Paphos, in Kouklia, befindet sich bedeutende Tempel der Aphrodite.

steht wahrscheinlich an der Stelle eines antiken Aphrodite-Schreins. Nur wenige Schritte entfernt erzählt ein **Volkskundliches Museum** von der Seidenraupenzucht, die in dieser Region noch bis zum Zweiten Weltkrieg betrieben wurde. Direkt am Kirchplatz bietet sich eine »süße« Einkehr an; hier können mehrere kleine Konditoreien besucht werden, in denen die typisch zyprischen Leckereien Loukoumia hergestellt werden, mit Puderzucker bestäubte Pralinés aus verschiedenen eingedickten Obstsäften.

Fährt man von Paphos in westlicher Richtung an der Küste entlang, erreicht man bald die heute von Hotels umstandene **Coral Bay** mit ihrem Sandstrand aus fein zermahlenen, einst rötlichen Korallen. Hier lässt sich ein herrlicher Ferientag verbringen, mit Sonnen und Faulenzen, Baden und Windsurfen. Auf einer Landzunge zwischen den beiden Hälften der Bucht zeugen Spuren der bronzezeitlichen Siedlung **Palekastro-Maa** davon, dass sich auf Zypern schon vor 3200 Jahren die ersten Griechen niedergelassen haben.

Paphos ist auch ein idealer Ausgangspunkt für zahlreiche Tagesausflüge. Zwischen **Agios Georgios**, **Coral Bay** und **Yeroskipos** verkehren in dichten Abständen preiswerte Linienbusse, **Polis** an der Nordküste ist bestens mit öffentlichen Minibussen zu erreichen. Für alle anderen Touren in die Umgebung jedoch ist ein Mietwagen erforderlich. KB

Paphos

Infos und Adressen

ANREISE
Flug: ganzjährig Direktflüge Paphos von vielen Flughäfen in den deutschsprachigen Ländern aus, alternativ nach Larnaca (Transferzeit ca. 2 Std.)

BESTE REISEZEIT
Mai–Okt.; zum Baden: Juni–Okt.

SEHENSWERT
Agios Georgios, 20 km westl. von Páphos sind im kleinen Hafenort in den Überresten frühchristlicher Basiliken Mosaike mit Abbildungen von Vögeln und Schildkröten erhalten.
Pafos Zoo: im 100 000 m² großen Zoo westlich von Pafos fühlen sich über 200 Arten wohl, darunter viele Vögel und Säugetiere aus aller Welt, www.pafoszoo.com
Emba, im Dorf mit einer Kirche aus dem 12. Jh. kann man in einer Mosaikwerkstatt zusehen, wie heute noch Mosaike hergestellt werden.
Panagia, im Bergdorf erinnern eine Ausstellung und sein Geburtshaus an Erzbischof Makarios, den ersten Präsidenten des unabhängigen Zypern (1960–1977).
Polis, das Städtchen an der Nordküste, 45 Busminuten von Pafos entfernt, liegt noch abseits des Massentourismus.
Stavros tis Psokas, bei der Forststation im ausgedehnten Pafos-Wald im westlichen Teil des fast 2000 m hohen Troodos-Gebirges sind in einem großen Freigehege zyprische Mufflons zu sehen.
Tsada Golf, im Zentrum des Golfplatzes in einem grünen Hochtal steht ein uraltes Kloster.

AUSGEHEN
Demokritos, große Taverne im Hotelviertel Kato Paphos, an vielen Abenden sehr gute Folklore-Show. Dionysos Street 1
Rainbow, die bekannteste Diskothek der Stadt im Hotelviertel-Kato Paphos, klimatisiert. Agios Antonios Street 1
Boogies Karaoke Club, für alle, die selbst einmal singen wollen. Agios Antonios Street/Bar Street, Kato Paphos

SHOPPING
Markthalle, in der Oberstadt Ktima gibt es Souvenirs aller Art und ein wenig Kunsthandwerk. Agoras Street
Cyprus Handicraft Service, staatlicher Kunsthandwerksladen zwischen Oberstadt und Hotelviertel. Apostle Paul Avenue 64

ESSEN UND TRINKEN
Laterna: kleine Taverne im Hotelviertel von Kato Paphos, hervorragendes typisch zyprisches Mezé-Essen. Apollonos Street 2
Laona: typische Markttaverne in der Oberstadt Ktima, viele seltene Inselspezialitäten zum günstigen Preis. Votsi Street 6
Othomanic Bath Coffee Shop: traditionelles Café in einem ehemaligen türkischen Bad, gute Kuchen und Süßspeisen. Parkplatz unterhalb der Markthalle, Ktima
Zaffron: mediterrane Küche vom Feinsten, im Westen der Hotelstadt Nea Paphos. Tombs of the Kings Road 110
Amore: sehr preisgünstiges Pizza- und Pasta-Büffet im Hotelviertel. Dionysos Street 1
Theo's: 1962 gegründete Fischtaverne am Hafen von Paphos, abends am schönsten

ÜBERNACHTEN
Annabelle: Luxushotel direkt am Meer und doch zentral, grandiose Badelandschaft im blütenreichen Garten. Posidonos Street, Paphos, www.thanoshotels.com
Coral Beach: Luxushotel direkt an der Coral Bay mit eigener Marina und großem Wellness-Bereich. www.leptos-hotels.com
Roman: originelles Hotel in Kato Paphos, viele Anklänge an antike römische Architektur und Kunst. Ayios Lambrianos Street, www.romanhotel.com.cy
Kiniras: kleines Hotel in einem alten Stadthaus mit Innenhof in der Oberstadt Ktima. Archbishop Makarios Ave. 91, www.kiniras.cy.net

WEITERE INFOS
Fremdenverkehrszentrale Zypern, Zeil 127, Frankfurt a. M., www.visitcyprus.compph

Ein Erzengel und Sarah, die Gemahlin Abrahams, auf einem Fresko im mittelalterlichen Kloster Ayios Neophytos bei Paphos.

Der Corbiere-Leuchtturm wacht im Südwesten der Kanalinsel Jersey und ist bei Ebbe zu Fuß erreichbar.

Register

A
Aalborg 20 f
Aberdeen 210 f
Aberffraw 75
Abu Dhabi 272 f
Achensee 180
Ærø 22 f
Ærøskøbing 22
Agadir 166 f
Ägäis 97
Agios Georgios 98, 278
Agua de Pau 197
Aguadulce 238
Aiguablava 242
Ait Ben Haddou 158
Akamaš-Halbinsel 278
Akrotiri 96, 105
Al-Ain 274
Alanya 261
Alatsee 56
Alba 121
Albena 13
Alcúdia 246
Alesund 168
Algarve 204
Alghero 130
Alicudi 134
Aljažev stolp 228
Almería 236
Älmhult 213
Alpen 61
Alpujarras 236
Alt-Schwerin 41
Altja 79
Altusried 56
Amboise 80
Ameland 166
Ammersee 62
Amrum 28
Amsterdam 164
Anamur 260
Andalusien 236
Andechs 63
Angers 80
Anglesey 75
Anklam 48
Anstruther 210
Antalya 260
Antipaxos 99
Antrim 106
Antwerpen 10
Aphrodisias 257
Apulien 132
Apollonia 7
Arcachon 86
Ardèche 77
Arhus 21
Arlberg 180
Arnea 100
Arrieta 233
Aschau 67
Ascona 219
Åsnen 212
Asti 120
Auener Joch 114
Auschwitz-Birkenau 187
Avranches 88
Azoren 202

B
Bacharach 52
Bad Birnbach 55
Bad Füssing 55
Bad Gastein 179
Bad Griesbach 55
Bad Sárvár 264
Bad Schandau 46
Bad Wörishofen 56
Baffin Bay 16
Balagne 84 ff
Balata Berge 13
Balaton 262
Balatonalmádi 266
Balatonfüred 266
Balchik 13
Ballygalley 106
Balos 102
Baltrum 32
Bannalp 223
Banská Bystrica 226
Barbaresco 121
Barberino Val d'Elsa 122
Barcelona 242
Barentssee 170
Barmouth 76
Bärnbach 172 f
Barneville-Carteret 90
Bärnsee 67
Barolo 120
Baška 146
Basteifelsen 47
Bayerischer Wald 54
Bayern 62
Beaumaris 75
Bedrettotal 218
Beer 73
Belém 192 f
Belgien 212
Belgodére 86
Bellagio 118
Bellinzona 218
Beram 144
Berat 6 f
Bergama 256
Bergdala 213
Bergen 38, 169
Bergisel 181
Bernau 67
Berner Oberland 216
Berounka 250
Betws-y-coed 75
Bielovodská-Tal 227
Billund 21
Bingen/Rüdesheim 52
Binger Loch 52
Binissalem 244
Binz 36
Bleckede 50
Bled 228
Bleder See 228
Bletterbach-Schlucht 112
Blois 80
Bodensee 57
Bodø 171
Bodrom 256
Bohimk-See 228
Bohinj-See 229
Böhmerwald 248
Boka-Wasserfall 228
Bolesławiec (Bunzlau) 188
Bollenstreek 165
Bolmen 212
Bologna 134
Boppard 53
Bordeaux 86
Bordelais 87
Bormes-les-Mimosas 82
Bou-Regreg 154
Bozen 112
Braderup 29
Brandenburg 49
Brännö 215
Bratislava 227
Breitachklamm 57
Breslau 194
Bretagne 88
Bretanha 196
Brijuni-Inseln 144
Brioni-Inseln 142
Brissagio-Inseln 218
Bronx 268
Brooklyn 269
Brouwershaven 166
Brügge 10
Bruneck 113
Brunnihütte 223
Bruzella 219
Budapest 262
Budweis 249
Bukarest 206
Burg-Kauper 45
Burgas 13
Bürgenstock 223
Butrint 6
Buxheim 56

C
Ca Picafort 244
Cabo de Gata 237, 238
Cadenabbia 118
Caernafon 75
Cagliari 131
Cala Figuera 244
Cala Major 245
Cala Rajada 246
Caldeira Velha 197
Caldera 96 f
Calobra 245
Calvi 84 ff
Cambrils 243
Campo Rasa 220
Canal d'Amour 98
Cap Bon 253
Capelas 196
Capo d'Otranto 127
Capo Graziano 134
Capo Testa 130
Carnlough 106
Casablanca 154 f
Cascais 192 f
Cassis 82
Castellina in Chianti 123
Castelsardo 130
Cavalaire-sur-Mer 82
Centovalli 220 f
Central Park 268
Cernobbio 119
Červený Kláštor 226
Cesis 149
Chalkidiki 92
Chania 94 f
Château de Chillon 225
Chausey 89 f
Cher 80
Cherbourg 91
Chester 74
Chiemgau 66
Chiemgauer Alpen 66
Chiemsee 64
Chocholowska-Tal 186
Chora Sfakio 102 f
Chott El Djerid 252
Cieplice Śląskie-Zdrój 188
Cirkewwa 152
Ciutadella 240 f
Clenze 50
Clenzer Schweiz 51
Clovelly 73
Comacchio 129
Comer See 124
Como 119
Conwy 75
Coral Bay 278
Corbiere 71
Cornwall 100
Costa Brava 242
Costa del Sol 231, 236
Costa Dorada 242
Costa Smerala 131
Costa Tropical 237
Côte d'Azur 74
Cotentin 89 f
Cres 144
Culloden Battlefield 208
Curral das Freiras 191
Cushendall 106
Częstochowa 187

D
Dahargebirge 254
Dalaman 259
Dalyan 258
Damerower Werder 41
Dannenberg 50
Dannholmen 215
Danzig 182 f
Dardanellen 258
Dartmoor 72
Dartmouth 72
Datca 258
Deauville 88
Deià 245
Delft 167
Demänovská Dolina 226
Demänovská-Tal 227
Den Haag 164
Dettifoss 111
Devon 72
Didyma 257
Dieppe 89
Dießen am Ammersee 62
Dingvellir 108
Disko-Bucht 17
Djerba 255
Dohna-Schlobitten (Słobity) 183
Dolgellau 76
Dolomiten 118
Donau 263 f
Donegal 107
Dönhoffstädt (Drogosze) 183
Dordogne 86
Drenia-Inseln 100
Dresden 188
Dresden 46
Dubai 272
Dunajec 227
Dunajec-Canyon 226
Dundee 211
Dune du Pilat 86
Durres 6

E
Edinburgh 209
Eibiswald 172
Eiger-Nordwand 216
El Hierro 234
Elafonissos 102
Elbasan 8
Elbe 46, 50
Elk (Lyck) 185
Ellis Island 268
Elmau 65
Emba 279
Emilia Romagna 134
Ems 31
Engelberg 223
Ephesos 256
Eppan 114
Erl 180 f
Es Mercadal 241
Esbjerg 20
Essaouira 156
Estland 70
Estoril 193
Esztergom 263
Évian-les-Bains 224
Évora 192 f
Exeter 72

F

Fanø 20, 24
Faros 198
Federow 40 f
Feldberg 41, 60 f
Ferrara 128
Fertö-Hanság 266
Fertöd 264
Fes 155
Filicudi 134
Finike 261
Finnmark 168
Firá 96
Fleesensee 40
Flint 74
Florenz 122
Forggensee 56
Fornalutx 245
Fort Regent 70
Foteviken 215
Frauenau 54
Fraueninsel/Chiemsee 66
Freiburg 60
Freyung 54
Friedrichshafen 58
Frymburk 249
Fuerteventura 232
Fügen 181
Funchal 190
Füssen 57, 65

G

Gallipoli 126
Gammarth 254
Gardasee 122
Gargnano 117
Garonne 86
Garrotxa 243
Gartow 50
Gartower See 51
Geigelstein 66
Geirangerfjord 168
Genf 224
Genfersee 224
Gent 10
Georgshöhe 31
Gerlachovský štít 226
Gerlos 181
Giens 82
Gironde 78
Giverny 88
Giżycko 182
Gjirokastra 8
Glasgow 209
Glenarm 106
Glindow 48
Glottertal 60
Göhrde 51
Göhren 36 f
Golem Grad 163
Gorenjska 228 f
Goriška 228
Gorleben 50
Gorreana 197
Göteborg 214

Gotthard 218
Gozo 151
Grafenau 54
Gramvoussa 104
Gran Canaria 233
Granada 236
Granville 90
Graz 178
Greisdorf 173
Greve in Chianti 123
Grimaud 82
Grindavik 109
Grindelwald 217
Grosnez 71
Großer Geiger 179
Großglockner 179
Großvenediger 179
Groznjan 143
Grunwald 183
Gstadt 67
Guadalmar 231
Guadix 236 f
Guo 221
Györ 265

H

Haarlem 167
Hadschar-Gebirge 272
Hamptons 270
Häntzschelstiege 47
Hardangerfjord 169
Harlech 76
Hasliberg-Goldem 217
Haslital 217
Havel 48 f
Heiligenblut 179
Heimeay 109
Helgoland 34
Helsingborg 215
Henningsvær 170
Herend 266
Herreninsel/Chiemsee 66
Herrsching 63
Het Zuids 10
Hiddensee 38
Hierapolis 257
Hinterhermsdorf 47
Hintertux 181
Hinterzarten 61
Hippach 181
Hirschberger Tal 188
Hitzacker 50 f
Hochalmspitze 179
Hochfeller 181
Hochgrat 57
Hochrhein 60
Hochries 66
Höhbeck 51
Hohe Tatra 186, 226
Hohenberg 175
Holasovice 249
Höllental 61
Holyhead 75
Holywell 74
Honfleur 88
Horní Planá 249

Hörnum 28
Hudson River 269
Hull 209
Hyères 82

I

Ibiza 240
Ichkeul See 253
Idrosee 117
Idyros 261
Îles d'Or 82
Îles Rousse 84
Ilha Faro 199
Ilulissat 17
Imbros-Schlucht 105
Immusouane 155
Inn 180
Innertkirchen 217
Innsbruck 180
Insel Mainau 58
Interlaken 223
Inverness 208
Irland 74
Island 114
Istrien 148
Isznota 184
Izmir 256
Iznota (Isnothen) 182

J

Jakobshavn Isbræ 17
Jakuszyce 188
Jammerbucht 19
Jasmund 36 f
Jelenia Góra 188
Jersey 98
Jeziore łukano (Lucknainer See)
Julische Alpen 228
Jöhvi 79
Jökulsárlón 108
Jönköping 213
Jungfraujoch 216
Jurmala 148

K

Kadzidłowo (Kadzidlowen) 183
Kaiserwinkl 180
Kalamitsi 101
Kälbersteig 65
Kalithea 100
Kalkara 150
Kalkfelsencanyon 227
Kaloura Beach 197
Kalterer See 114
Kaltern 114
Kamàri 96
Kampen 29
Kampenwand 66
Kangerlussuaq 16
Kap Arkona 36
Kap Formentor 244
Kap Kamenjak 145
Kap Sani 100
Kaprun 179

Karersee 112
Kärnten 229
Karpacz 189
Käsmu 79
Kassandra 100
Katalonien 242
Katarakten 189
Kattegatt 214
Kaub 53
Kaufbeuren 57
Kavarna 13
Keitum 29
Kempten 56 f
Kern 222
Kernhof 176
Kętrzyn (Rastenburg) 183
Kežmarok 227
Kirkcudbright 210
Kirkenes 171
Kirnitzschtal 46
Kitzbühel 180
Klarer Berg 187
Kleinpolen (Malopolska) 192
Kleinseenplatte 42
Klink 42
Knidos 258
Kniepenberg 51
Koblenz 52
Kolkas 148
Köln 52
Kölpinsee 40
Koněprusy 250
Königsberg 182
Königstein 46
Konstanz 78
Kopenhagen 214
Korca 8
Korfu-Stadt 90
Korsika 84
Kościelska-Tal 186
Kőszeg 264
Krakau 192
Kranjska Gora 229
Kreta 94
Krimmler Fälle 178
Kristallwand 179
Křivoklát 250
Křivoklátsko 250
Krk 152
Kroumiri Gebirge 252
Kruja 9
Kruklanki (Kruglanken) 184
Krumau 248
Krutynia 184
Ksamil 6
Kufstein 179
Kutná Hora 251
Kvarner Inseln 144

L

La Gomera 234
La Lond-les-Maures 82
La Morra 121
La Palma 232

La Revellata 84
Labin 144
Lærdal 169
Laglio 119
Lago d'Idro 116
Lago di Como 118
Lago di Ledro 116
Lago di Tenno 116
Lago Maggiore 218
Lago Omodeo 130
Lagoa 197
Lagoa do Fogo 197
Lammhult 213
Landeck 180
Landmannalaugar 108
Lange Anna 35
Langhe 121
Lanjarón 236
Lanzarote 233
Laona 278
Larne 106
Lausanne 224
Lauterbrunnen 217
Lazise 116
Le Conchiglie 127
Le Havre 91
Le Lavandou 82
Lecce 127
Ledrosee 117
Lehde 44
Leipe 44
Leknes 171
Lemba 276
Lemgow 50
Lettland 154
Leuca 127
Leventina 220
Levoča 227
Ligist 172
Lilienfeld 175
Limone 117
Lindau 57
Lingotto 120
Lipari-Stadt 138
Liparische Inseln 138
Liptauer Stausee 227
Lissabon 198
Lisse 164
List 28
Litauen 182
Llanberis 75
Llandudno 74
Llanfair PG 75
Llangollen 76
Lleida 242
Llyn 75
Lo Zingaro 144
Locarno 219
Lofoten 176
Loire 72
Løkken 19
Lomnica-Spitze 226
Long Island 270
Loreley 52
Los Christianos 233
Losinj 144

Lough Foyle 107
Loulé 199
Loutra 100
Loutro 102
Lübbenau 44
Lübeln 50
Lublin 186
Lüchow 51
Ludorf 42
Luganer See 218
Lugano 218
Lummenfelsen 35
Lusen 54
Luzern 222 f
Lykische Küste 260
Lyon 84

M
Madeira 196
Mafra 194
Maggiatal 219
Majdanek 187
Malaga 230
Malbork 182
Målerås 213
Mallorca 244
Malmö 214
Malta 156
Mamry (Mauersee) 184
Mamure Kalesi 261
Mangalia 13
Manhatten 268
Manoel Island 150
Manolás 97
Maó 241
Marbella 231
Maremma 125
Mariazell 174
Marienburg 184
Marienhöhe 31
Marokko 160
Marrakesch 164
Marseille 82
Marstal 22
Masuren 188
Massif des Maures 82
Matrei 179
Matterhorn 225
Mayrhofen 181
Mdine 152
Mecklenburg 40
Medulin 142
Meersburg 58
Meiringen 217
Meknes 155
Meleki 149
Mělník 251
Memmingen 57
Menaggio 119
Menorca 240
Menton 82
Meran 113
Mersin 261
Messonghi 99
Mesudiye 258
Mezzogiorno 126

Middelburg 166
Mien 212
Mikołajki (Nikolaiken) 183
Mirador de sa Casa Nova 245
Miradouro de Santa Luzia 192
Miradouro de Santo Antonio 196
Miradouro do Pico do Ferro 197
Mirow 40
Miskolc 262
Mittersill 179
Mlinarica-Klamm 228
Mojácar 238, 239
Moldau 248
Monaco 82
Monastir 252
Mondello 143
Mönchgut 38
Mont Blanc 225
Montalcino 122
Monte Barbaro 142
Monte Caputo 144
Monte Fossa delle Felci 133
Monte Gallo 143
Monte Generoso 219
Monte Grossu 84
Monte Pellegrino 143
Monte Rite 113
Monte san Primo 119
Monte Tamaro 219
Monte Toro 240
Monte Verità 218
Montélimar 85
Montepulciano 124
Monti dell'Uccellina 125
Montiggler See 114
Monto Ortobene 130
Montreux 224
Morcote 218
Morgenbachtal 52
Morsum 29
Mosel 53
Motovun 144
Muggiotal 219
Mulhacén 236
München 62, 116
Munkmarsch 29
Müritz 40
Myndos 257
Mysłakowice 188

N
Naerøyfjord 169
Narva 79
Narvik 171
Nationalpark Bayerischer Wald 54
Nationalpark Hohe Tauern 184
Nationalpark Slowakisches Paradies 227
Néa Kaméni 96

Nea Potidea 101
Nebel 30
Nebelhorn 56
Neive 121
Neos Marmaras 101
Nerja 231
Nes 166
Nessebâr 12 f
Neuhausen am Rheinfall 61
Neusiedler See 266
Neustrelitz 41
New York City 268
Newa 204
Newcastle 209
Niederlande 170
Niederösterreich 180
Niederschlesien 194
Nizza 83
Nordbrandenburg 40
Nordby 24
Norddeich 31
Norddorf 30
Norderney 31
Nordkap 176
Nordsee 34
Normandie 80
Norwegen 174
Novigrad 142
Nussdorf 59
Nybro 213

O
Oberspreewald 44
Oberstdorf 57
Oberwesel 53
Ohrid 162
Ohridsee 8, 162
Oía 96
Olbia 131
Olecko 182
Olhão 198 f
Olimbiada 100
Olsztyn (Allenstein) 183
Olsztynek (Hohenstein) 183
Olympos 261
Oman 273
Opatija 142
Öresund 214
Orkneys 208
Orléans 80
Orrefors 213
Örség 267
Oslo 169
Ostsee 40, 186
Osum 7
Oświęcim 187
Otranto 127
Ouranopoli 101
Owczarnia (Friedenshöhe) 183

P
Padborg 18
Paphos 276-279

Paignton 73
Pakri 78
Palasca 86
Paldiski 78
Paléa Kaméni 96
Paleochora 102
Paleokastritsa 99
Paliouri 100
Palermo 142
Palm Islands 273
Palma de Mallorca 244
Palmeraie 158
Pampaneira 236
Pamukkale 257
Panagia 279
Panarea 134
Parco Scherrer 218
Parma 128
Parthenonas 100
Passau 54
Pawlowsk 205
Paxos 99
Pazin 144
Pécs 264
Peninsula Tufo 196
Pergamon 256
Períssa 97
Phaselis 261
Piacenza 128
Pianicello 134
Piaski 184
Picos 196
Piemont 126
Pienza 124 f
Pilat 84
Pilsensee 62
Pírgos 97
Pirna 46
Pisa 122
Pisz (Johannisburg) 185
Pitigliano 125
Pittenweem 210
Pjerleberg 25
Plau am See 42
Plauer See 40
Plitwicer Seen 143
Plymouth 72
Pogradec 8
Polis 277
Pollara 133
Polygyros 101
Ponta Delgada 196
Pontikonisi 98
Poprad 227
Poreč 142
Port Alcúdia 244
Port D'Antratx 244
Port de Sóller 246
Portbail 90
Portbradden 107
Porthmadog
Portmeirion 75
Porto Koufos 101
Portocristo 247
Portrush 106
Portstewart 107

Possenhofen 62
Potsdam 48
Poznań 185
Prag 248
Präg 61
Preding 173
Preikestolen 168
Prespasee 162
Prien am Chiemsee 64
Prisojnik 229
Profitis Illías 97
Puig Major 245
Pula 142 f
Punat 146
Punta del Corvo 132
Punta di Scario 135
Putbus 36 f

Q
Qeqertarsuaq 16
Queluz 194
Quinta da Regaleira 194

R
Rab 144
Rába 265
Rabat 152, 154 f
Rábca 265
Rachling 173
Radda 123
Raddusch 44
Rahlswiek 37
Ramatuelle 82
Rantum 29 f
Ras al-Khaimah 273
Rasa 220
Rathen 46
Rathenow 48
Rathlin Island 107
Ravenna 128
Razor 229
Regen 54
Regensburg 55
Reichenspitze 181
Reisch 114
Remagen 53
Repino 205
Reszel 182
Retz 176
Reuti 217
Reyadiye-Halbinsel 258
Rhein 53
Rheinsberg 40
Rhodos 98
Rhône 76
Ribbeck 48
Ribe 18 f
Ribeira Grande 197
Richnach 54
Ried 181
Riederau 63
Riesengebirge 189
Riga 154
Rigi 222 f
Rilagebirge 14
Rimini 128

Rindby 25
Ringkøbing 18 f
Ristis 223
Riva 117
Riva del Garda 117
Rivarennes 81
Röbel 40 f
Roda de Barà 243
Rodi-Fiesso 221
Roero 121
Rogaland 168
Rømø 18 f
Roque Nublo 234
Rostock 214
Rotterdam 164
Rotthalmünster 55
Rouen 88
Rovinj 143
Rozel 70
Rub al-Khali 274
Ruciane-Nida (Rudczanny-Nieden) 182
Rudkøbing 23
Ruspina 253
Rütliwiese 222
Ryn (Rhein) 182

S

Sa Calobra 245
Sächsische Schweiz 46
Sahara 252
Salderatzen 50
Salè 156
Salento 126
Salina 133
Salobreña 237
Saltholmen 215
Samaria Schlucht 103
Samos 258
San Gimignano 122
San Martino delle Scale 143
Santa Cruz de La Palma 232
Santa Cruz de Teneriffa 233
Santa Marina Salina 132
Santorin 88
Santurari de Lluc 245
São Miguel 202
Saranda 7
Sardinien 136
Sarti 100
Sassnitz 37
Satemin 50
Sazan 7
Scapa Flow 208
Schachen 65
Scheveningen 164
Schiermonnikoog 166
Schillerstein 222
Schlepzig 44
Schluchsee 60
Schmilka 46
Schnackenburg 51
Schneekoppe 188
Schokland 167
Schondorf 63

Schottland 108
Schreyahn 50
Schwarze Regen 55
Schwarzes Meer 12, 186
Schwaz 180
Sciara del Fuoco 133
Scudellate 219
Seebruck 67
Segesta 142
Selçuk 257
Sellin 37
Senglea 150
Serra d'Alfábia 246
Serra de Tramuntana 245
Sidari 98
Side 260 f
Sidi Bou Said 253
Siena 124 f
Sierra Nevada 236
Sigmundskron 113
Sintra 193
Sirmione 116
Sisimiut 16
Sithonia 100
Sizilien 142
Skagen 18
Skagerrak 214
Skjoldnæs 22
Skopje 168
Skruf 213
Slatni Pjasâzi 13
Sliema 150
Småland 212
Śniardwy (Spirdingsee) 184
Søby 22
Soča-Tal 228
Sofia 12
Soho 269
Sóller 245
Somló 267
Sommen 212
Sonderborg 21
Sønderho 24
Sondomierz 186
Sonntagshorn 66
Sopron 266
Sorkwity (Sorquitten) 184
Sougia 104
Sousse 252
Sozopol 12
Spanien 232
Spiegelau 54
Spišská Nová Ves 226
Spree 44
St-Emilion 87
St-Florent 85
St-François 85
St-Tropez 82
St. Aegyd am Neuwalde 174
St. Anton 180
St. Aubin 70
St. Blasien 61
St. Brelade 71
St. Georgen 60
St. Helier 70

St. Jakob 173
St. Märgen 61
St. Peter 61
St. Petersburg 210
St. Pölten 174
Stadt Luzern 222
Stainz 173
Staniszów 188
Starnberger See 62
Starý Smokovec 226
Stegen 63
Steiermark 172
Stirling 211
Stockhütte 223
Stralsund 38f
Štrbské Pleso 226
Stromboli 132
Struga 162
Stuer 41
Stühlingen 61
Südtirol 118
Svartivoss 109
Svendborg 23
Sveti Konstantin i Elena 15
Svolvær 170
Święta Lipka (Heiliglinde) 183
Szklarska Poręba 189
Szombathely 267
Sztynort 184

T

Tabarka 252
Tabernas 236
Tafelberg Lilienstein 47
Taghazout 155
Tahiche 233
Tahtali 261
Talamone 125
Talati de Dalt 240
Tallinn 78
Tamrakht 155
Tannenberg 183
Tanum 214
Tatihou 89
Tatra 187
Tatranská Lomnica 226
Taurusgebirge 260
Tavarnelle Val di Pesa 123
Teide 232
Tejo 192
Teleferico do Funchal 190
Teneriffa 232
Tennosee 117
Termessos 260
Terneuzen 166
Terra Alta 242
Terschelling 166
Tesserete 221
Tessin 218
Texel 166
The World 273
Theiß 262
Thessaloniki 100
Thirassía 88
Tihany 263

Tirana 6
Tirol 186
Titisee 61
Tizi-n-Tichka 160
Tokaj 262
Tomintoul 207
Torbole 116
Torquay 72
Torremolinos 231
Torrent de Pareis 245
Torrox 231
Toruń 185
Toskana 128
Tours 80
Traisen 174
Tramin 114
Traunstein 66
Travemünde 214
Trelleborg 214
Trevélez 236
Tribeca 269
Triberg 60
Triglav 228
Troja 256
Trouville 91
Tschechien 264
Tuja 149
Tunis 252 f
Turin 120
Türkische Ägäis 256
Türkische Riviera 260
Twente 164

U

Überlingen 58
Übersee 66
Uggiano la Chiesa 127
Ukkusissat 17
Umag 142
Unterspreewald 45
Unteruhldingen 58
Uri-Rotstock 222
Urner See 222
Urnes 169
Utting 63
Uummannaq 16
Uwe Düne 29

V

Val Bavona 218
Valaste 79
Valdemossa 244
Valence 85
Valle dei Mostri 135
Valletta 150
Vamos 105
Vänernsee 215
Vardar 162
Varenna 119
Varna 12 f
Värnamo 213
Växjö 212 f
Venusberg 174
Vercors 84 f
Verdon-sur-mer 86
Verona 117

Verzasca 220
Verzascafluss 220
Verzascatal 218 f
Veszprém 266
Vevey 225
Vierwaldstätter See 222
Viinistu 79
Vila Franca do Campo 197
Villandry 81 f
Villnösstal 113
Virgen 179
Vitsø Nor 23
Vittoriosa 150
Vitznau 222
Vivarit 8
Vlacherna 99
Vlora 6 f
Vösu 79
Vrbnik 146
Vucanello 133
Vulcano 133
Vyssi Brod 249

W

Wachtelberg 49
Walchsee 180
Waldkirch 60
Wales 102
Waren 40
Watteninseln 164
Węgorzewo (Angerburg) 184
Wehlen 46
Weichsel 187
Weiße Düne 31
Weißrussland 182
Wengen 217
Wenningstedt 28
Werder 49
Weser 31
Weßlinger See 62
Westerland 28
Whitepark Bay 107
Wilder Kaiser 180
Wilhelmsburg 175
Wittdün 30
Wolfschanze 185
Wörthsee 62
Würmsee 62
Wutachschlucht 60

Y

Yeroskipos 277
Yvoire 225

Z

Zaandam 165
Zahmer Kaiser 180
Zakopane 186, 227
Zamość 186
Zeeland 164
Zierikzee 166
Zillertal 186
Zirbener Scc 226
Zürich 223
Zwiesel 54

Der Kreuzgang des ehemaligen Benediktinerklosters in Monreale auf Sizilien ist einer der schönsten Italiens: Jede Doppelsäule der 26 Arkaden besitzt ein individuell gestaltetes Kapitell.

Impressum

Textnachweis
Klaus Bötig (KB)
Carsten Dohme (CD)
Christin Drühl (ChD)
Rosemarie Elsner (RE)
Daniela Hansjakob (DH)
Suse Lübker (SL)
Britta Mentzel (BM)
Berni Rensink (BeR)
Barbara Rusch (BR)
Renate V. Scheiper (RvS)
Kathrin Schubert (KS)
Lilo Solcher (LS)
Robert Tremmel (RT)
Redaktion Bruckmann (Red.)

Bildnachweis
Alle Bilder stammen von

Außer:
PD/Cnyborg: S. 25; picture-alliance: S. 6 (prismaarchivo), 8 (Robert Hardin), 50 (dpa), 176 (Bildagentur Huber/Gräfenhain), 266 u. (Arco Images), 267 (Dumont Bildarchiv); shutterstock: S. 7 (ollirg), 172 (travelpeter), 264 (Karel Gallas), 265 (Posztos),

Umschlag:
Vorne: großes Bild: Praia do Paraiso, Algarve, Portugal;
oben v.l.n.r.: Caerlaverock Castle bei Dumfries, Galloway, Schottland, Dubai Jumeirah Strand, Burj al Arab Hotel, Café le Nemours, Place Colette, Paris;
hinten v.l.n.r: Hafen Marina Corta, Liparische Inseln; Chiemsee-Radweg; Strand auf Amrum.

S. 1: Auf der Insel Mainau
S. 2/3: See bei Nikolaiken, Masurische Seen

Produktmanagement: Dr. Birgit Kneip
Lektorat: Rosemarie Elsner, München
Korrektorat: SAW Communications,
Redaktionsbüro Dr. Sabine A.Werner, Mainz
Layoutentwurf: Karin Vollmer, München
Satz: Mediaservice Rudi Stix, München
Umschlaggestaltung: Ulrike Huber, Kolbermoor
Kartografie: gecko-publishing, Bremen
Repro: Repro Ludwig, Zell am See
Herstellung: Bettina Schippel
Printed in Italy by Printer Trento

Sind Sie mit diesem Titel zufrieden? Dann würden wir uns über Ihre Weiterempfehlung freuen.
Erzählen Sie es im Freundeskreis, berichten Sie Ihrem Buchhändler, oder bewerten Sie bei Onlinekauf. Und wenn Sie Kritik, Korrekturen, Aktualisierungen haben, freuen wir uns über Ihre Nachricht an Bruckmann Verlag, Postfach 40 02 09, D-80702 München oder per E-Mail an lektorat@verlagshaus.de.

Unser komplettes
Programm finden Sie unter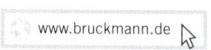

Alle Angaben dieses Werkes wurden von den Autoren sorgfältig recherchiert und auf den aktuellen Stand gebracht sowie vom Verlag geprüft. Für die Richtigkeit der Angaben kann jedoch keine Haftung übernommen werden.

Die Deutsche Nationalbibliothek verzeichnet diese Publikation in der Deutschen Nationalbibliografie; detaillierte bibliografische Daten sind im Internet über http://dnb.d-nb.de abrufbar.

2., aktualisierte Auflage 2014
© 2014, 2013 Bruckmann Verlag GmbH, München
Alle Rechte vorbehalten.

ISBN 978-3-7654-6123-1